U0822788

法学教育研究

Legal Education Research

2023

第四十卷　　范九利 主编

法律出版社
LAW PRESS·CHINA
——北京——

CSSCI来源集刊

《法学教育研究》已许可中国学术期刊（光盘版）电子杂志社在中国知网及其系列数据库产品中以数字化方式复制、汇编、发行、信息网络传播《法学教育研究》全文；《法学教育研究》已许可北大法宝法学期刊数据库以电子形式对本书进行制作、以不脱离于数据库的形式进行传播和销售。本书被北京万方数据股份有限公司、万方数据电子出版社数据库收录，相关著作权使用费和稿费由本书一并支付。本书已被维普网全文收录。如无特别说明，作者提交文章发表的行为即视为同意上述声明。

主办单位：西北政法大学

主　　编：范九利

执行主编：孙昊亮

常务副主编：闫亚林

副 主 编：邱昭继　余　涛

编委会委员（按姓氏笔画排列）：

王　健　王　瀚　王　麟　王晨光

付子堂　叶　青　邬大光　闫亚林

孙昊亮　杨灿明　杨宗科　何勤华

张师伟　张应强　陆根书　陈小君

汪世荣　贾　宇　徐显明　黄　进

眭一凡　阎光才　韩　松

执行编辑：宋鸿雁　王若梅　刘　璞　孙学龙

王国龙　陈　玺

英文编辑：孟　超

网络编辑：朱凤翔

编　　务：吕润平　郭艳利

本书各篇文章中的观点均属作者个人观点，不代表主办单位或其他机构、个人的观点。

法学教育研究 （第四十卷）

Contents

· Special Topics on the Systems of the Civil Law Teaching ·

· Exploration of Theories ·

· Teaching Research ·

专题:民法学教学体系

民法“课程思政”的内在机理与实践路径研究

杨惟钦*

摘　要：高校人才培养是育人和育才相统一的过程。民法课程基于自身特征与实践逻辑，是“课程思政”的重要载体，应重视民法“课程思政”的目的性要求、创新性要求、“人民性”要求与实践性要求。民法“课程思政”为实现因事而化、因时而进、因势而新的高校思政教育要求，应通过加强制度和队伍建设、充分利用思政教育元素、改进并创新教学方法与手段、整合各方力量与资源等措施，协同推进“课程思政”建设。

关键词：课程思政　民法课程　思想政治教育　民法典

高校的立身之本在于立德树人。随着中国特色社会主义进入新时代，我国的高等教育亦迈入新的发展阶段，需要深刻把握大学教育中价值塑造、知识传授和能力培养的统一辩证关系，努力改革和优化高校思想政治教育模式，让思政教育贯穿教育教学

---

* 杨惟钦，云南大学法学院副教授，法学博士。研究方向：民商法学。

全过程。为此,教育部于2020年5月印发《高等学校课程思政建设指导纲要》(以下简称《指导纲要》)明确指出:“全面推进课程思政建设是落实立德树人根本任务的战略举措”“课程思政建设是全面提高人才培养质量的重要任务”,同时明确了课程思政建设的内容重点与目标要求。要用好课堂教学这个主渠道,思想政治理论课要坚持在改进中加强,提升思想政治教育亲和力和针对性,满足学生成长发展需求和期待,其他各门课都要守好一段渠、种好责任田,使各类课程与思想政治理论课同向同行,形成协同效应①的要求。因此,高校应如何做好专业课程的“课程思政”建设成为重要课题。就民法课程而言,在全面推进依法治国及《民法典》颁行的当下,如何践行课程思政,实现民法专业教育与思政教育的协同值得深入研究与思考。

一、民法“课程思政”的价值内涵与本质要求

民法“课程思政”的本质即以民法专业课程承载思政教育,强调在民法知识的教授与传播中实现“育德”,其价值体现为“课程教学对学生成长发展与精神文化需要的满足”②,实现价值理性与工具理性的有机结合,是思政教育理念之变革与创新在民法教育教学中的践行。民法“课程思政”除具有“课程思政”的普遍性特征外,仍应强调以下几点要求。

(一)民法“课程思政”中的目的性要求

开展民法“课程思政”首先应明确目的性要求,使方法服务于目的。

就课程思政的一般性而言,民法“课程思政”作为课程思政的具体实践形式,旨在发挥非思政课程的思想政治教育功能,实现思政课程与民法课程在“立德树人”上的同频共振。思政课程在根植理想信念时恰当融入民法课程的学科知识,可形成素材支撑,增加思政教育的生动性、

① 参见习近平:《习近平谈治国理政》(第2卷),外文出版社2018年版,第378页。

② 邱伟光:《论课程思政的内在规定与实施重点》,载《思想理论教育》2018年第8期。

说服力；而民法课程在专业知识、技能的传播中通过注重品德塑造与价值引领，使专业教育获得生命力与向心力。

就民法课程的特殊性而言，民法“课程思政”目的在于通过“课程”载体构建学生民法知识体系的同时亦构建其价值体系，激发其学习、探究法律知识，思考、解决法律问题，服务社会的精神，并进一步培育法律职业伦理，树立法治观念，使“民法”的实践活动受“德”的规范和指引，实现在马克思主义法学思想和中国特色社会主义法治理论的指导下培养“德法兼修”的法治人才。

因此，民法“课程思政”应与“思政课程”有机结合，实现育德工作多点发力、相互支撑、功能互补、协同育人，最终实现民法课程育才、育德过程的统一。

（二）民法“课程思政”中的创新性要求

在理念层面，民法“课程思政”并非一门新的法学课程，其是一种新的教育理念和思维方法在民法课程教学中的创新性实践，是为实践“高等学校人才培养是育人和育才相统一的过程”③，是为充分发挥民法课程的德育功能以回应提升高校思想政治工作实效与质量之时代需求。因此，在民法“课程思政”的实践过程中，要求教育教学的实践者，主要为教师，在精通民法专业知识的同时秉持创新精神，在“教书”过程中牢记“育人”职责，把握、遵循思想政治教育规律、教书育人规律和学生的成长规律，运用德育的科学思维，在民法专业知识的教授中培养人、塑造人，让民法课程、民法教师担当价值塑造、知识传授和能力培养三位一体的育人目标与育人职责。

在内容层面，民法植根于市场经济，具有鲜明的时代特征。当前，集中反映民事立法的变化与创新之成果的集大成者即为《民法典》及相关司法解释。民事法律的新发展、新变化突出反映了民事法律对公平、文明、和谐等价值观的追求。因此，民法“课程思政”的实践者应高度重视民事法律的创新性及其背后所透示出的价值追求，同时使教学以《民法

③ 教育部：《高等学校课程思政建设指导纲要》，载中华人民共和国教育部网，http://www.moe.gov.cn/srcsite/A08/s7056/202006/t20200603_462437.html。

典》为实定法依据,以保证充分挖掘民法课程中适应时代发展要求与形势变化的思政元素,保持民法"课程思政"的与时俱进性。

在方法层面,囿于理念与内容层面皆存在创新,且法学教育教学历来强调知识更新与信息获取的快捷及理论与实践的结合等,故为使民法"课程思政"教育功能科学、合理、高效发挥,并能应对新时期、新环境、新技术背景提出的挑战,需要在教学方式方法上、教学技术手段的运用上进行有别于传统课程的创新,如互联网技术的运用、翻转课堂的运用、实践课程的多元化开展、网络思政资源的共享等。

(三)民法"课程思政"中的"人民性"要求

我国的民法是中国特色社会主义的民法,其"课程思政"具有"人民性"的内在基因。首先,在受教育者为中心的视角下,民法"课程思政"要求在教学过程中把握思想政治教育规律,实践、贯彻教育的本质要求——"育人",其是对马克思主义"人的全面发展"思想的实践,是对"以人为本"教育理念的升华,[④]旨在实现新时代中国特色社会主义高等教育的新发展与新要求下的"人民性"要求。其次,在法治实践为中心的视角下,"坚持以人民为中心"是习近平法治思想的核心要义,而民法作为"权利法""人法",其是保障人民权益的重要法制基础,其各项制度无不充分体现"人民性"要求。例如,"绿色原则""生态环境损害责任"制度作为解决生态环境问题的民法制度,不仅为了激发全社会保护生态环境之积极性与主动性,更是民法通过制度安排实现对人民之生存权、发展权、健康权的保障,成为民法制度"人民性"的具体体现。[⑤] 为此,民法"课程思政"的开展应通过具体民法知识的传播与民法制度的教授,解析其背后的"人民性"特征与要求,使学习者深刻理解民法的价值取向与追求,并最终将"以人民为中心"的要求内化为学习者精神世界的组成部分,指导其法治实践活动。

---

④ 参见董勇:《论从思政课程到课程思政的价值内涵》,载《思想政治教育研究》2018年第5期。

⑤ 参见王志民:《人民性、系统性和世界性的有机结合》,载《光明日报》2021年12月29日,第10版。

（四）民法“课程思政”中的实践性要求

作为专业课程践行课程思政的具体形式，民法“课程思政”天然地具有普遍意义上的实践性特征。这使民法“课程思政”具有特别的实践性意义与价值，其也最易激活专业知识中思政教育元素的育人效果，实现隐性的思政教育。因此，民法课程的开展应强调理论联系实践，将具体民法知识投射到、运用于学习者对实践性问题的思考与解决中，并加强实践性教学环节，使学习者在直面、解决实践问题中体悟道理、养成德性、升华思想，最终完成价值观构建与民法法治素养的养成，并提高学习者回应新时代人民群众之法治需求的实践能力。

二、民法“课程思政”的应然与必然、实践逻辑

（一）民法课程开展“课程思政”的应然与必然

长期以来，我国高校在教育理念上未能准确认识、深刻把握知识传授和价值引领间的关系，也未充分发掘各专业学科的思政价值与思政元素，导致高校思政教育陷入“孤岛”困境。当今世界价值观多元，各种思潮交锋，人际交往与信息传播已经进入大数据时代，仅仅依靠传统思政课程完成当代大学生的思想政治教育显得力不从心。因此，新时期，必须充分挖掘包括法学课程在内的各类课程的思想政治教育元素，整合各种德育资源，发挥各种德育模式的优势，实现“学科德育”。

“课程”是学科体系的构成与支撑。大学的“课程”内涵既包含了对学生学科专业知识和技能的教授，也包含了对学生人文精神、科学精神、学术素养和家国情怀的培育。⑥ 哲学社会科学通过对学习者的思想观念、精神世界产生影响，为其构建“世界观”与“方法论”应成为高校思政教育的重要载体。习近平总书记在哲学社会科学工作座谈会上指出，高校哲学社会科学有重要的育人功能，要面向全体学生，帮助学生形成正

---

⑥ 参见邱伟光：《论课程思政的内在规定与实施重点》，载《思想理论教育》2018年第8期。

确的世界观、人生观、价值观……促进身心和人格健康发展。⑦ 因此,应充分发挥哲学社会科学学科的“课程思政”价值。

民法属于法学的一个部门,而作为哲学社会科学的法学具有很强的意识形态属性与精神价值意蕴,其课程亦承载了丰富的思政教育资源。我国社会主义法学本身就植根于马克思主义的基本理论,反映社会主义社会的价值追求、运行规律和基本逻辑,其教育目标与社会主义思想政治教育目标具有天然的一致性,其法律意识形态在一定程度上常常反映为以法律规范为表现形式的法学立场、价值观念及理论体系,使法学课程易于在价值引领下筑牢知识之基,在知识传授中构建价值体系。同时,法学总是从某一现存的法秩序中获得立足点,⑧其是“以法律现象为研究对象的各种科学活动及其认识成果的总称”⑨,因此法学教育总是围绕法律现象展开。在广义层面上,法律文化被理解为法律现象,而法律现象被当作一种文化现象来看待,法律文化是法律意识形态以及与之相适应的法律制度、组织和结构的总和,是法律制度、法学理论和观念所组成的特殊文化机制。⑩ 同时,“文化”具有习得性特征,容易通过实践性活动成为主体精神、思想的内生部分。因此,作为“法律课程”的“民法”便能通过法律文化(法律现象)这一认知客体,顺利、自然,而非生搬硬套、机械教条地实现价值观的表达与引导,实现以文化人、润物无声,使其成为最易实现将德育目标与德育内容分解、内化于教学实践过程,将人文精神、社会主义核心价值观等寓于知识、原理、逻辑与规则中的课程之一。

为此,在全面推进中国特色社会主义高等教育的建设与发展进程中,应深入研究、开发民法课程的育人功能。民法“课程思政”的具体实

---

⑦ 参见习近平:《在哲学社会科学工作座谈会上的讲话》,载《人民日报》2016 年 5 月 19 日,第 2 版。

⑧ 参见[德]卡尔·拉伦茨:《法学方法论》,黄家镇译,商务印书馆 2020 年版,第 248 页。

⑨ 张文显主编:《法理学》(第 4 版),高等教育出版社、北京大学出版社 2011 年版,第 3 页。

⑩ 参见马新福主编:《法理学》(第 2 版),吉林大学出版社 1997 年版,第 445 页。

践者应深刻挖掘民法课程所蕴含的思政教育意蕴，在课程教学过程中落实立德树人的根本要求，构建思政课程与民法课程协同育人的综合育人体系，使学生在学习中不仅理解民法原理，掌握民法规则，训练民法逻辑与思维，更可以完成人格养成与理想信念的塑造，使民法教育回应时代要求，更具时代意义。

（二）民法“课程思政”的实践逻辑——“实践性”特征与“规律性”要求的统一

法学学科除具有很强的意识形态属性外，还具有自身学科逻辑与实践性特征。作为被教育之对象的“人”，其作为认识的主体能够对思想政治教育所传导的内涵、要素、信息等“知识”进行识别、挑选，进而吸收、转化成精神内在，并能动地反映于外部，最终形成思想觉悟、情感道德、理想信仰。故法学类课程“课程思政”强调理论联系实践，强调对思政教育规律的把握，通过对现实问题的分析、具体事务的处理深入受教育者的内心，坚持“情”与“理”的结合，在“行”中获“知”。按照哲学家迈克尔·波兰尼的观点，人类的“知识”可以被分为“明确知识”与“默会知识”。所谓“明确知识”，又称为“名言知识”，是那些用书面文字、图表和数学公式加以表述的知识；所谓“默会知识”，是主体在从事某项行动中所拥有的知识。默会知识是一种对事物的领会、对经验的把握，从而实现它对理智的控制。每一个默会知识的行动，都会改变我们的存在，决定着我们参与、介入世界的活动的形式。⑪ 默会知识深度植根于行动、过程、习惯、承诺、理想、价值观和情感之中。⑫ 所以，默会知识的获取过程往往是通过主体对事物的感性认识、经验判断实现对主体内心、意识、思想、情感的塑造与控制，达到精神世界的构建与自我认知的完成，又进而决定着主体参与社会生活之行为习惯的过程。故而，法学类课程的思政教育要求教师通过实践性教育教学，真正触及学生的心灵深处，用“知识”回应、解答学生的各种思想困惑与人生哲思，解决他们在学习实践、生活实践等各种社会实践中的实际问题，通过默会知识的获

⑪ 参见郁振华：《波兰尼的默会认识论》，载《自然辩证法研究》2001 年第 8 期。

⑫ 参见贺斌：《默会知识研究：概述与启示》，载《全球教育展望》2013 年第 5 期。

取,增强教育教学对学生认知、情感、思想、价值观及行为模式的影响与塑造,使“课程思政”真正具有说服力和感染力,从价值观形成根源上为其传道、授业、解惑。

民法是一般社会生活的行动指南,民法智慧来源于生活、建基于价值判断,学习者容易在学习实践中获得知识性认知与思想性真知,且容易将理想信念、价值观寓于其中。故而在民法课程的教学过程中经常实现对受教育者行动与生活的涵摄与映射,这使教学更容易实现受教育者感性与理性的结合、感性实践经验向理性认知的转化、知识获得向价值观形成的升华,完成“默会知识”的获取,最终达成对受教育者以专业知识为载体的思想政治教育。因此,民法课程更宜利用课堂这个大学教育的主阵地,系统、全面阐述民法专业知识背后的逻辑、精神、思想、价值,使社会主义核心价值观等思政元素沁润于心、落实于行。鉴于此,民法课程的思政教育实践既要重视实现学术知识的传承与积淀,又要充分激发学生基于生活实践之需而自发生成的求知欲,将“知识获取”与“品德养成”“人格塑造”统一结合成一种内生性需求,实现哲学家冯契先生提出的“化理论为方法、化理论为德性”⑬,在“该如何行为”“有何种法律效果”等实践性问题与规范性问题的探寻中实现价值观的传播、道德体系的构建,让“知”的获取服务于“德”的养成。

三、民法“课程思政”建设的实践路径

根据教育部发布的《普通高等学校本科专业类教学质量国家标准》,民法课程是法学专业的核心课程,其在学科体系中具有重要地位,随着《民法典》的颁行,民法课程的思政教育意义与功能日益凸显。为深入贯彻落实习近平总书记关于教育的重要论述及《关于深化新时代学校思想政治理论课改革创新的若干意见》的要求,发挥民法课程的育人

---

⑬ 彭漪涟:《化理论为方法 化理论为德性:对冯契一个哲学命题的思考与探索》,上海人民出版社2008年版,第13页。

作用,可从以下方面实践民法“课程思政”建设。

(一)以制度建设、顶层设计为保障,完成民法“课程思政”教学体系的科学设计

1. 制度建设、顶层设计方面

为充分实现民法课程的思政教育功能,应以“制度建设”“顶层设计”为先决条件,使民法“课程思政”在统一领导、统筹规划下进行。其核心要素主要包括学校组织、领导、管理机制等宏观层面的顶层设计,旨在实现组织保障与制度创新,发挥学校的整体优势。其间可考虑设立“课程思政”建设领导小组,统一领导“课程思政”建设工作。按照《指导纲要》的精神,应建立党委统一领导、党政齐抓共管、相关部门联动、院系落实推进的课程思政建设工作格局,充分发挥各职能部门的作用。例如:教务部门要就“课程思政”进行统筹规划,就教学过程中的重要问题进行建章立制,制定学科思政建设目标、人才培养方案等相关规范性文件,明确“课程思政”的总体目标,使其成为细化具体课程之“课程思政”目标的重要依据;人事部门要建立“课程思政”教师的激励机制、考核机制、监督机制等。

2. 教学体系的科学设计方面

学院、系、部、教研室要在落实推进层面完成民法“课程思政”教学体系的科学设计。这一层面要结合民法课程的自身特征、各学校的文化资源优势等,依据“课程思政”立德树人的根本目标,制定民法课程的具体德育目标。在民法课程德育目标的确定过程中,要注意强调培养学生诚信、友善、守法的道德品质,自由、平等、公平、正义的法律素养,并最终形成“经世济民、诚信服务、德法兼修的职业素养”⑭与努力建设社会主义国家的责任感与使命感。学院、系、部、教研室应将以上要求作为重要依据对民法课程的教学大纲、教学方案、课程设计、教材选用、评教标准等课程要素进行设计和调整,改变现行的民法课程教学大纲、教学方案等主要或仅仅强调民法原理、民法规则体系等民法知识的教授,而轻视

⑭ 《教育部关于印发〈高等学校课程思政建设指导纲要〉的通知》,载中华人民共和国教育部网,http://www.moe.gov.cn/srcsite/A08/s7056/202006/t20200603_462437.html。

德育要求的状态,使它们对思想、情感、价值观的教育内容有具体、清晰、明确的反映,从而科学地指导教学工作,强化民法课程的思政功能。此外,院、系还应建立常规性的"课程思政"教研讨论、交流机制,从而针对不断推出的相关司法解释、理论前沿研究动态等进行思政教育元素的研讨与挖掘,并适时地修改教学方案。

通过以上机制的建立及民法课程教学体系的科学设计,做到目标明确、标准清晰、要求具体、有的放矢下解决民法课程思政教育与专业人才培养、学科发展间的协调统一,做到高校育人规范、育人目标与育人时代要求间的高度统一,保证民法"课程思政"建设在正确的思想指引下、政治导向下,高效、有序、规范进行。

(二)以充分挖掘、巧妙运用思政教育元素为突破,实现价值观引导与人格塑造

民法"课程思政"建设的基本途径就是将民法课程的思政元素有机融合到民法专业知识的教授过程中,使"课程思政"体系与专业学科体系结合,形成科学育人的共同体。因此,充分挖掘、合理并巧妙地运用思政教育元素事关"课程思政"的根本,而此前教育部发布的《关于一流本科课程建设的实施意见》,更是要求"以习近平新时代中国特色社会主义思想为指导,贯彻落实党的十九大精神,落实立德树人根本任务,把立德树人成效作为检验高校一切工作的根本标准,深入挖掘各类课程和教学方式中蕴含的思想政治教育元素,建设适应新时代要求的一流本科课程"⑮。需要强调的是,在思政教育元素挖掘与运用的过程中,要注意充分发挥各级教学指导委员会的指导作用,要注意与时俱进,紧跟民事法律的立法动态,更要注意对在建设中国特色社会主义事业伟大进程中产生的马克思主义中国化的最新理论成果的吸收和把握。

如前所述,在整个民法知识体系中,思政教育元素无处不在。民法课程的教学基础《民法典》作为民事领域的基本法、民事活动的基本规范,更是以社会主义核心价值观为指引。《民法典》第1条开宗明义阐明

---

⑮ 教育部:《关于一流本科课程建设的实施意见》,载中华人民共和国教育部网,http://www.moe.gov.cn/srcsite/A08/s7056/201910/t20191031_406269.html。

了“弘扬社会主义核心价值观”是其立法目的,《民法典》在社会主义核心价值观的指引下,既强调权利观念也强调规则意识,既强调权利保障与个人发展也强调社会责任与家国情怀,既强调意思自治与行动自由也强调法律约束与公序良俗,其整个规范体系,无不透露着价值判断与法治精神。因此,其可成为民法课程思政教育的重要资源库,其思政教育元素可谓“灼灼其华”。

首先,应充分重视民法基本原则的思政教育价值。《民法典》第3~9条,规定了“平等原则”“意思自治原则”等民法基本原则,是民事法律制度的根本遵循,更是社会主义核心价值观内涵的民法表达。因此,民法课程应当充分利用“民法基本原则”这个知识点巧妙地将社会主义核心价值观的精髓要义寓于其中,将做人的道理融入课堂,使学生通过民法基本原则的学习,丰富学识,增长见识,塑造品格,陶冶情操,形成正确的价值观。其次,民法具体规范制度中亦有众多的思政教育资源和思政教育元素,典型者如“善意取得制度”“不当得利制度”“缔约过失制度”“环境污染和生态破坏责任制度”等,这些制度不仅调整民事领域的社会关系,更反映民事立法精神与价值追求,并经常与受教育者的生活实践形成映射关系,因此应被充分运用于民法课程思政教育。民法课程可发挥自身优势,将思政教育过程与受教育者的生活经历、人生感悟相结合,激发受教育者的“情感认同”,化“情感认同”为“思想认知”,通过滋养心灵的方式,潜移默化地向受教育者传递精神、思想和价值观,并最终促使其“行为习惯”的形成,从而实现立德树人。

(三)加强教师队伍建设,提高人才培养质量

“课程思政”的具体实施者是教师,“课程思政”建设的效果与教师的思想政治素养、课程思政意识和能力高度相关。所谓师者,传道授业解惑也。然而,“传道者自己首先要明道、信道”。为了成为“课程思政”的合格教师,民法课程教师首先要有坚定的政治立场、正确的价值观、健全的人格,始终践行“学高为师,身正为范”,做到“以德立身、以德立学、以德施教、以德育德”,这既是开展课程思政教育的大前提,亦是讨论教师“思政能力”的大前提。为此,应加强师德师风建设,使教师坚定政治方向与政治立场、强化政治意识、提高思想道德修养，通过自身人格魅力感染学生。

就思政意识与思政能力而言，教师首先要在思想根源层面坚定自己的思政教育职责，深刻理解民法“课程思政”“育人”的价值，增强其思政教育的“使命感”，牢记民法课程教师不仅是专业知识的传播者、专业技能的训导者、专业素养的培育者，更是学生心智的启迪者、思想的引领者、精神的塑造者。在此基础上，民法课程教师应在教学中要勤于发现思政教育元素，善于运用思政教育资源。并且，还应敏锐地掌握学生的思想动态、精神困惑，针对性地结合民法知识为其解惑。同时，要注意自身思政能力的训练与提高，要熟练于对所欲教授的知识和信息进行多维度的理解和阐释，使其通过价值观主导下的解释逻辑，实现民法知识与价值因素间的关联，从而很好地将思政教育内容科学融入民法课程的知识体系、话语体系。这就要求民法课程教师必须学深悟透习近平新时代中国特色社会主义思想、习近平法治思想，并坚持对马克思主义原理等思想政治理论、中华优秀传统文化等的不断学习，夯实自己的思想政治理论基础。

此外，还应开展各种针对民法“课程思政”的技能培训、教学指导、教研室集体研讨、优秀课程示范等，并组织常规化、专题化的“课程思政”教学训练，促进教师掌握思政教育的特征与规律性，从学习中总结思政教育经验与技巧，能够准确运用马克思主义的立场、观点、方法分析民法问题，做到融会贯通、驾轻就熟，让教师成为“先进思想文化的传播者、党执政的坚定支持者、学生健康成长的指导者”⑯。

（四）加强民法课程案例教学方法的运用

“德育”的过程应注重育德于心、明理于事、寓理于情。因此，民法课程思政教育特别应注意遵循思想政治教育的规律性，防止机械性说教与外部式强加，从而增强德育的生动性与说服力。民法案例发生于民事活动，容易与学习者的生活实践呼应或共振，这为我们开展生动的案例

---

⑯ 中共中央、国务院：《关于全面深化新时代教师队伍建设改革的意见》，载中华人民共和国中央人民政府网，http://www.gov.cn/zhengce/2018-01/31/content_5262659.htm。

教学提供了基础。因此，在民法“课程思政”过程中，应当坚持以问题为导向，注重启发性教育，通过实例引导学生发现问题、分析问题、思考问题，多用、善用案例教学。案例教学可以通过把“民法理论”“民法规则”运用于具体案例分析，将价值判断融入规范分析，用生动、鲜活、具体的案例辨析法理、阐明道理，以道理赢得认同，由认同生发理想信念、培养道德情操，并最终将理想信念、道德情操内化于心、外化于行，实现知行合一，从而完成社会主义核心价值观在受教育者内心的塑造，取代简单教授与灌输，使思政教育更具亲和力、感染力与说服力。

（五）注重多种教学形式与手段的联合运用

当前，信息传播与人际交往方式已经发生深刻剧变，学生获取知识与信息，了解世界、认识世界的渠道也越来越多元，为应对这一变化，教育教学的方式与手段也应与时俱进。一是应充分利用现代信息技术、网络平台等（如慕课资源），进行教学辅助，为学生提供有益的教学素材补充，加强专业课与思政课程的联系，实现思政理论知识的及时对应性供给；同时，通过优质教育教学资源的导入，扩宽学生民法专业知识视野的同时也拓宽其认识事物、了解世界、发现规律、发展自己的渠道；并且，可利用网络技术，加强师生间的交流、讨论和互动，使学生及时向教师反馈学业问题、汇报思想动态，教师及时作出回应，答疑解惑，帮助、引领学生健康成长。二是应充分创新课堂形式，突破“师教生学”的传统单向性教学模式，坚持以学生为中心，以产出为导向，加强互动式教学、激发型教学，恰当采用混合式教学、翻转课堂、对分课堂等形式，激发学生的求知欲与探索欲；加强引导式教学，如在翻转课堂中穿插引入引人入胜的民法案例，引导学生进行讨论、辩论，通过讨论、辩论，分析事实、推理逻辑、辨析法理，获得正确的价值判断，从而实现在民法世界的规范分析中自然而然地形成正确的价值观。三是应加强民法课程的社会实践教学环节，实现理论联系实践，如到基层司法部门进行学习、观摩、服务，到社区进行义务法律咨询等。通过社会实践，其不仅可以使学生将理论认知转换为实践性真知，让他们真切感受到民法条文的立法精神、民法规范的价值取向，从实践性工作中培养人文关怀、家国情怀，在具体事务的解决中形成经世济民、德法兼修的职业素养，进一步提升他们建设社会主义法治国家的使命感、为人民群众服务的责任感，使民法课程的学习不仅有广度、深度，更有温度，激发他们用行动践行社会主义核心价值观的原动力，同时还可以反向促进他们自觉学习民法专业理论知识的热情。

（六）各方力量配合、协同推进“课程思政”建设

建设民法“课程思政”，应建立跨专业、跨学科、跨部门、跨学校、跨地区的协同、合作育人工作理念和工作机制，整合各种资源，形成“课程思政”建设的共同合力。其主要内容包括：首先，应建立马克思主义理论学科与民法学科的教学协同、科研协同机制，加强民法课程教师与思政课程专职教师间的沟通、交流与合作，坚持思政课在“课程思政”建设中的政治引领和价值引领作用，实现民法课程教学方案设计、思政教学内容开发、思政资源利用方面与思政专职教师间的协同合作与共享；并使民法课程教师的思政教育获得思政专职教师的理论指导与帮助。在这一过程中，思政专职教师亦可借助民法学科的理论与方法，回应思政教育中的具体问题，将民法案例等作为教学中的素材支撑，对实践性问题进行深入探讨。其次，应加强民法课程教师与其他哲学社会科学课程教师间的合作，实现教育教学中学科知识间的衔接、理论上的支撑、体系间的协调。最后，应加强民法课程教学单位、教师与学校、学院其他职能部门（如教务部门、学工部门）的沟通、交流与合作，实现经验能够交流、信息能够交换、优势能够互补，各有侧重，协同育人，全方位育人。此外，“课程思政”建设亦应强调学校与学校之间、地区与地区之间的交流与合作，实现经验分享、资源共享。

结　语

新时期、新环境、新技术给我们的教育工作带来机遇的同时也提出了挑战，为贯彻落实“把思想政治工作贯穿教育教学全过程，开创我国高等教育事业发展新局面”的重要要求，“民法课程”这一法学专业的核心

课程全面开展"课程思政"建设势所必然。民法课程教学应以"久久为功"的精神,秉持"立德树人"的根本目标,深刻理解"课程思政"的深远意义,充分挖掘"课程思政"的丰富内涵,深入研究民法"课程思政"的实现路径并努力践行之,在思想上、观念上、队伍上、制度上、方法上、行动上切实做到"因事而化、因时而进、因势而新",实现与思政课程同向同行、协同育人,为培养德智体美劳全面发展的社会主义建设者和接班人、担当民族复兴大任的时代新人而努力。

Research on the Internal Mechanism and Practice Path of "Course-Based Ideological and Political Education" in Civil Law

Yang Weiqin

Abstract: The cultivation of talents in higher education is a unified process of educating and cultivating talents. Based on its own characteristics and practical logic, civil law curriculum is an important carrier of "curriculum-based ideological and political education". We should pay attention to the purposeful requirements, innovative requirements, people-oriented requirements and practical requirements of "curriculum-based ideological and political education" in civil law. In order to meet the requirements of ideological and political education in higher education, which refers to adapting to the situation, advancing with the times, and innovating according to the situation, we should promote the construction of "course-based ideological and political education" coordinately by strengthening the institution construction and team building, making full use of ideological and political education elements, improving and innovating teaching methods and means, and integrating the strength and resources of all parties.

Key Words: curriculum-based ideological and political education, civil law curriculum, ideological and political education, the Civil Code of the People's Republic of China

民法典时代民法学教学改革的挑战与应对*

王岩云**

摘　要：随着《民法典》的颁布实施，民法学教学改革不仅要适应当代中国社会发展和中国民事法治实践发展，还必须顺应中国民法学知识体系科学化发展的整体趋势。民法典时代民法学教学面临的挑战主要有深奥庞杂的民法学理论与民法学教学体系的衔接问题，民法学课程体系与民法典制度规则体系的协调问题，民法学传统教学方式与丰富的民法典宣讲资源对接问题等。基于此，应从反思民法学的教学目标、教学内容、教学方式等方面入手，更新民法学课程的使命担当，提升民法学课程的实践品格，重构民法学课程的结构体系，扩充民法学课程的容量体量，优化民法学课程的课堂氛围。

关键词：民法典　民法学教学　课程体系　实践品格

法学是治世之学，法典对于法学课程的影响是

* 基金项目：2020 年度山东政法学院教学研究与教学改革项目“民法典时代民法学教学改革研究”（项目编号：2020JYB001）。

** 王岩云，山东政法学院民商法学院副教授，法学博士。研究方向：法理学、民法学和法学教育。

显而易见的。就基本原理而言,民法学是以民法为研究对象的学科,作为制定法的民法与民法学相辅相成,民法的发展和完善必然会促进民法学的发展。就具体实践而言,各国民法学理论和民法学教学都是以本国民事立法为基础,无论是传统大陆法系的德国、法国和日本等,还是英美法系的英国和美国,以及当代中国,概莫能外。随着中国《民法典》的颁布,民法典对于法学教育的影响引起了越来越多的关注,首当其冲的一个问题就是民法典对于民法学教学的影响。例如:韩世远教授指出,民法典开启了民法教育的新纪元。① 孙宪忠教授指出,目前大学教学体系中的民法知识体系,已不符合民法典的规定;民法典编纂完成后须更加重视民法学的科学性发展问题。② 王利明教授指出,"民法学人应当全面领会《民法典》的精髓,把握其要义,努力提升我国民法研究与教育的质量和水平"③。这些研究都富有远见,但基本属于方向性的,可操作性有待提升。从民法典对于国家治理体系和治理能力现代化的重要意义的高度去认识民法学教学改革的深层次的理论意义和现实意义,民法学教学改革必须坚持德法兼修,以培养高素质应用型、复合型法治人才为根本要求,适应当代中国社会发展和中国民事法治实践发展,顺应中国民法学知识体系科学化发展的整体趋势。

一、民法典时代民法学教学改革面临的主要挑战

如何将民法典的立法成果和支撑性理论成果在民法学教学中全面展现?须立基于中国民法典的开放性、科学性、体系性、时代性、民族性等特征去全面审视以往民法学教学存在的问题,正视和梳理民法学教学面临的挑战。

---

① 参见韩世远:《民法典开启民法教育新纪元》,载《中国教育报》2020年6月11日,第6版。

② 参见孙宪忠、张亨明:《民法典实施后民法知识体系的科学化问题》,载《海南大学学报(人文社会科学版)》2020年第6期。

③ 王利明:《构建中国特色的民法学理论体系》,载《中国大学教学》2021年第3期。

（一）民法学理论深奥、庞杂与民法学教学体系化的衔接问题

民法学知识体量庞大、内容繁杂，其间还不乏深奥难解的理论问题。以往的民法学教学活动主要以民事单行法为基础展开，更多的是按照教学方案和进度，将每一节课的教学集中于民法学理论中某一个具体的知识点，对于民法学的体系性关注不多。的确，民法学知识内容博大精深，理论深刻甚至深奥晦涩，在有限的教学时空，能够讲好和讲透某一个民法知识点已属不易。可能有人据此认为奢论体系化，犹如痴人说梦。然而，必须辩证地看待这一问题，越是体量庞大，越是艰难晦涩，就越需要体系化。全然就事论事，就无法确立一般性规则。而一般性规则是民法学学习的基本任务，它可以约省化简许多烦琐的重复。没有体系化的民法学教学，就如断根浮萍，学习者将无法感知民法学的独特魅力和内在力量。

民法学教学体系化与民法学理论体系密切关联。中国《民法典》的颁布为民法学理论体系的构建和民法学教学的体系化“奠定了良好的实定法基础与条件”。民法学者们在参与民法典编纂过程中，努力推动构建具有中国特色的民法学理论体系。民法学是以现行民事实体法为主要研究对象的学问，民法典是民法学理论研究和民法学教学的主要文本和对象。民法典本身自成体系，随着《民法典》的颁布实施，以民法典的体系结构来构建民法学的教材内容和体系④成为一种有力的声音。处于法典化时代的民法学课程的教与学，必须深刻理解并反映《民法典》颁行的重要意义，展现民法法典化带来的深层次变革，通过对法科学生进行严谨的民法思维训练，使之系统而全面地掌握民法知识，并具备适用民法典的能力，在工作中实现法律理解与裁判案件的统一，培养出具备扎实的专业知识和实践运用能力的合格法律人才。⑤

民法学教学的体系化，就是在民法学教学中要重视学科体系性。它

---

④ 参见王利明：《构建中国特色的民法学理论体系》，载《中国大学教学》2021 年第 3 期。

⑤ 参见孟强：《法典化时代的民法教学变革——兼论教义民法学的运用》，载《中国大学教学》2021 年第 3 期。

涉及外部体系和内部体系两个方面。外部体系即“在整个法学学科所组成的体系中民法学与其他相关法学学科之间的固有联系”;内部体系即“民法学的总论和分论之间的固有联系”。民法学教学中重视和践行体系化思路,有助于提高民法学课程的教学成效,将博大精深的民法学知识内容化繁为简,使民法学的学习者不但能够见到树木,而且能够见到森林,从而对民法学知识和原理的掌握得更加全面、更加准确、更加深刻。⑥

(二)民法学课程体系与民法典制度规则体系的协调问题

如前所述,民法学教学必须重视体系建设,民法典制度规则体系为民法学课程体系奠定了良好的基础。但是,民法学的课程体系并不应局限于对民法典制度规则体系的复述或重述。尽管在《民法典》颁布实施之后,民法学教学中的学理阐释从立法学立场逐渐转向法律注释学,但民法学教学还是应当保留或建立自身独特的理念、价值和体系。近代意大利民法学派的演变或许可以给中国民法学教学体系提供有益的启示。1865年《意大利王国民法典》颁布之初,文本学派采用评注方式探究立法者原意,阐释法典中的规定,推进了法典实施,但其后弊端不断凸显。19世纪80年代之后,体系学派开始兴起,主张按照法律的内在科学来重新描绘民法学的体系,引入潘德克顿学派的体系方法,注重法律解释的体系性,最终实现了民法学的体系化与科学化。⑦

后民法典时代的民法学教育必将“形成以民法典为中心的教学科目”⑧。民法学教学当然要有利于受教育者正确理解和适用民法典,但必须清楚民法学不等同于单纯的民法典法律培训。课程体系以规则体系为主,但又不局限于规则体系。课程体系要注意自身的体系性和科学性。民法典构建起了严密的制度规则体系,这样的规则体系既有自洽

⑥ 参见孙文桢:《学科体系性视角下的民法学教学》,载《中国法学教育研究》2012年第2期。

⑦ 参见唐波涛:《意大利近代民法主流学派的演变及其启示:从文本学派到体系学派》,载《中国应用法学》2020年第6期。

⑧ 刘勇:《民法典的编纂特点与体系展开》,载《东南大学学报(哲学社会科学版)》2020年第4期。

性,更具有开放性。民法学教学应加强对民法学知识体系的建构和把握,并关注民法典制度规则与相邻法律部门在制度规则构建方面的立法协同。

(三)民法学传统教学方式与民法典宣讲资源丰富的对接问题

民法学传统教学方式基本是以教科书为主要教学资源,以教师的课堂讲授为主要教学形式。就民法学教学而言,仅用教科书作为教学材料显然是不够的。积极开拓和扩充包括教材资源在内的各类教学资源,是民法学教学多年来一直努力的方向。然而,从整体上看,民法学教学传统色彩依然很浓厚,依然缺乏行之有效的资源设置。

在中国《民法典》颁布之际,"公检法司律"和文教宣等部门,以及各类平台在组织和实施《民法典》宣讲活动中,推出了视频、漫画、案例资源等多种形式的宣讲资源,其丰富性和多样性均达到了前所未有的程度。毫无疑问,将民法典宣讲中形成的丰富资源引入民法学教学,对传统民法学教学将带来较大影响。但如何充分利用这些资源,需理性应对。初看这些资源,它们是异彩纷呈的,像汩汩泉水,点点滴滴注入民众的心灵;又如星星之火,播撒着法治的火种。但也应看到它们只是民法典中散布的一个个"点",整体而言缺乏系统性,尚不能替代民法学的教学。在民法学教学中,绝不可借口资源丰富而减少民法学的教学内容和降低民法学的授课时数。这些看似异常丰富多样的资源只能满足部分教学需求,无法达到专业、系统的教学要求。

上述这些问题的解决,需要通过具体的民法学教学改革来实现。民法学属于法学的核心知识领域。[⑨] 现代法治人才要求培育的是"完全的法律人",不是单科性的"法律人"。民法学教学必须从专注民法知识传授转向服务于完全法律人格培育。以下将基于对上述问题的认识和分析,从反思民法学的教学目标、教学理念、课程体系、教学内容和教学方

---

⑨ 法学的核心知识领域,通常认为是指与法律实务工作联系更为密切的"三法三诉",即民法、刑法、行政法、民事诉讼法、刑事诉讼法、行政诉讼法。参见《做一个"完全的法律人"——中国政法大学舒国滢教授访谈录》,载桑磊主编:《法学第一课》,中国政法大学出版社2020年版,第78~85页。

式等方面入手,探索民法学教学改革的可行方向。

二、反思教学目标,更新民法学课程的使命担当

教学目标决定着课程的定位,也决定着课程建设和改革的方向。民法学教学改革应深刻反思教学目标,调整课程定位,并在此基础上强化民法学课程的使命担当。

(一)民法学课程宜承担法学启蒙角色

从法学教育的实际看,民法学课程尤其是《民法总论》肩负着法学启蒙课程的重任。民法学所处理的民事法律关系是社会主体日常生活中最容易交织于内的法律关系,无论是有意还是无意,社会主体日常生活都深嵌于各种民事社会关系之中,这就使民法学成为向法科学生传授法学知识时易于与生活经验对接且理解障碍较少的切入口。就生活经验而言,置换为从法学意识和法律思维来理解日常生活中的各种人身和财产关系,更容易使法科学生对法学知识建构起理解的基础。强调民法学课程板块的重要性,并不是要否认理论法学对于法治人才培养的重要奠基作用;相反,它以一种更加贴近日常生活的方式使法学专业学生更容易理解法的基础理论。比如,关于法律行为、法的价值、法的产生和起源等,如果有了民法学的具体实例,对于初入法学专业学习的学生来说,理解起来将会更为得心应手。从这个意义上说,民法学基础的构建,既有助于理论法学学科知识体系的理解和掌握,更有助于理论法学前沿知识在法科学生头脑中的落地生根。现实中一些学校已尝试将民法学放在大一第一学期,而将法理学置于大二讲授。民法学课程实际上担负了打开法学之门的金钥匙功能,对此,民法学教学中要有清晰的认知。民法学教学肩负着法学专业课程启蒙重任,民法学在内的法学既要顶天也要立地,要循序渐进,由浅入深,逐步提升学生对知识的理解和运用,体现知识学习的进阶特点,而不是一竿子插到底。

(二)民法学教学应立足夯实专业之基

法学教育承担着为法治建设提供德才兼备的高素质应用型法治人

才的重要使命。高素质应用型法治人才的培养,须借助于各门具体专业课程教学来推进。民法学课程在法治人才培养中的地位和意义,从民法在整个法律体系中的地位与作用以及民法典对于国家治理体系和治理能力现代化的作用即可窥得。

民法不仅是一个部门法,而且处于基本法的地位。孙宪忠教授指出,“民法在整个法律体系中发挥着基础性的、贯穿性和全局性的作用”。基础性就是“民法提供了社会活动最普遍、最常用、最活跃的法律规范群体,它们构成我国法律体系的基础,也构成我国社会最一般的法律保障”。贯穿性主要指民法规范贯穿不同层级的法律渊源,从具有最高法律效力的宪法、全国人民代表大会及其常务委员会制定的法律、国务院制定的行政法规,再到地方性法规,“民法都要为它们提供常见的、普遍使用的、一般的法律概念”,作为这些法律法规的立法基础。由此,民法学不仅为民法提供法律概念和知识体系,也为“宪法、法律、行政法规提供法律概念和知识体系”。全局性是指“民法作为基本法,其发挥作用的范围并不仅仅限制在民事法律的适用范畴,立法、行政执法等都要以民法为基础”。[10] 例如,刑法和行政法上的“未成年人”都要以民法的规定为依据。民法相对于刑法、行政法等构成前置法与后置法的关系。[11]

《民法典》作为“社会生活百科全书”,契合当代中国社会治理深层变革的需求,蕴含并衍生了许多重要的公法价值,其制度规范涉及社会生活的每一个角落,使民法实现了从“规范私域之法”到“全域治理之基”的变化。正所谓民法典“不仅是私法法典,更具有鲜明的公法外溢价值”[12]。习近平总书记指出,要以保证民法典有效实施为重要抓手推

---

⑩ 孙宪忠:《民法在我国法律体系中的定位》,载《中国社会科学报》2017年7月5日,第5版。

⑪ 参见陈兴良:《民法对刑法的影响与刑法对民法的回应》,载《法商研究》2021年第2期。

⑫ 孔祥俊:《挖掘民法典的公法价值 推进国家治理体系和治理能力现代化》,载《光明日报》2020年11月13日,第11版。

进法治政府建设,把民法典作为行政决策、行政管理、行政监督的重要标尺。[13] 这表明民法典是依法行政的重要标尺,国家机关在行使公权力时必须遵循民法典,尤其是必须切实尊重和积极保护民法典确立的民事权利。[14] 民法典承载的人文主义思想和科学主义思维,也影响着刑法、行政法和其他法律的指导思想。

民法学在法学专业课程设置中居于奠基性地位,决定了民法学教学改革对其他部门法学有着深远的影响。民法学教学必须顺应形势,不再固守传统的社会领域,对于民法典蕴含的治世之道应当作出深度阐释,将民法典的重要意义和重要价值讲清楚、讲透彻。在民法学教学中,除了讲解民法的私法性,还必须讲清楚民法作为私法对于整个法律体系的基础性地位,以及对于公法发展的推动、要求和制约。民法学教学不仅要传递民法知识,讲授民法规范,更要致力于夯实法学专业的根基。

(三)民法学教学应大力弘扬法学之善

民法典明确确立了"弘扬社会主义核心价值观"的立法宗旨,这就要求民法学教学除了注重传授民法知识体系、民法规范体系以及培育民法思维的基本使命,还需将立法宗旨蕴含于民法知识和民法规范的传授之中,即必须坚持双线并重,以知识体系和规范体系为明线,课程思政为暗线推进民法学教学。在民法学教学中,不仅要讲清楚民事法律制度的设计如何精致和力求完美,更要讲清楚制度安排背后的价值考量。扬善惩恶不仅仅是刑法的任务,更是民法的价值底色。在民法学教学中,要全面挖掘民法典各项民事法律制度中所蕴含的思政元素,揭示民法学以人为本的政治导向性,彰显民法学"促进生活之美、张扬人性之善"的内在品性,传播和弘扬民法精神以及蕴含着民法精神的法治理念,启发学生用真正理性的眼光和态度去提升其权利意识。

社会主义核心价值观不仅体现在《民法典》第1条的文字表述,更蕴含于具体的制度安排之中。在民法学教学中,对思政元素需要深入挖掘和深刻阐释。思政是认识法律的一个视角,是解读法律的其中一个维

---

⑬ 参见王利明:《构建中国特色的民法学理论体系》,载《中国大学教学》2021年第3期。

⑭ 参见谢鸿飞:《中国〈民法典〉的实践特色》,载《红旗文稿》2020年第15期。

度，民法典中的许多制度都是符合思政精神的。比如，赠与合同的制度安排就充分体现了扬善惩恶的内在机理。从性质上讲，赠与合同是单务合同，但不是单方合同而是双方合同，这意味着赠与的意思必须被对方接受才能成立。如此安排充分尊重了受赠者的意愿，可以让受赠者选择是否接受赠与，这涉及受赠者的尊严。受赠人有权选择不接受赠与，可让其免于承受自己不愿意欠下的人情债。鉴于赠与是单务行为，按照《民法典》的规定，赠与人在赠与财产转移前享有任意撤销权，这又意味着法律倡导和鼓励赠与人实施赠与行为。允许事后反悔，看似保护赠与人，实则其单务性决定了即使赠与人撤销赠与，受赠人并没有受到损失，因为赠与人本来没有义务实施赠与，受赠人也没有当然的权利得到赠与的标的。另外，《民法典》规定的赠与方的法定撤销权，可视为遏制“恩将仇报”行为的制度安排。法律鼓励善意，但如果受赠人不懂得感恩，以恶对善，那么应允许善意一方撤销自己的善意。在讲授民事法律制度的同时传递正向价值，培养正义品性，是民法学课程应有的使命担当。

三、更新教学理念，提升民法学课程的实践品格

传统民法学教学，主要秉持了民法学的理论立场，着重传授相关的民法理论和学说。新时代的民法学教学改革应更新教学理念，致力于提升民法学课程的实践品格。

（一）民法学教学要深度挖掘民法学的生活品性

中国民法学的知识来源，是中国社会的现实生活样态和生活需求。中国《民法典》被誉为当下中国“社会生活百科全书”，它是当下中国社会所有法律中最具有生活品格的法律。民法典中的任何民事法律制度都有着深厚的生活底蕴，可以从生活中找到制度的“原型”，或者可以“还原”到实际的生活场域中予以解说。只有在教学中将民法学的学科语言与生活语言自如“切换”，才能让学习者切实感受到民法的生活立场，而不是一方面以书面或者口头的形式一再申明民法学具有浓郁的

“生活实践”品格；另一方面在实际讲授民法学内容时又充满云山雾罩的“理论迷思”。当然，这对民法学课程的讲授者提出了看似平常实则颇高的要求，需要讲授者自身能够切实体悟和深刻品味到民法制度的生活实践本性。民法其实就是民事生活的法律指引，民法学知识处理的对象就是生活中你我他曾经或者可能面对的情境。

民法学教学，不仅不应割裂民法学知识与生活的内在联系，而且要能够将民法学知识同民事生活融会贯通，致力于揭示、构建和强化这种内在的关联。概念的魅力在于生活原型，讲授者在教学中讲授概念时要引入真实生活世界的例子，同时要引导和启迪学生用民法学的概念和原理去理解和解释对于街头巷尾市井民情的观察。如果允许，应当安排一定的实训课时，让学生到真实的生活世界和法律场域去感知。遍读群书，未必可以认识深刻，“亲历其境有真实感不容易忘记”⑮，融入生活情境将会使受教育者有更深的理解和体会。

（二）民法学教学要充分反映民法实践的贯通性

法学是社会科学，法律的土壤和根基在社会实践。不了解世事，仅凭聪明才智不仅难以深刻领会法律智慧的精髓，而且思考问题容易出现偏差。民法学教学要特别注重培养学生的实践思维能力，不仅须在理念上对民法学的实践性有深入的认识，而且应将其贯彻于民法学教学实践的始终。

民法学根植于法治实践，在教学中要努力构建“有场景的民法学”，全面充分地展示民法实践的贯通性。民法的实践性特色与民法的性质密切相关，民法具有生活性、自治性、自然性、原始性、整体性等，民法实践与民法的这些性质形成了多方面、多层次的相互对应关系。⑯ 民法是生活法，具有社会本源性，社会生活本身的开放发展，决定了生活的民法与开放的民法实践相得益彰；民法是“自由（自治）法”，倡导“法不限制即可为”，法律并不要求民事主体从事民事活动一定要“遵守法律”，只

---

⑮ 张五常：《五常学经济》（神州增订版），中信出版社2010年版，第31页。

⑯ 参见王斌林：《民法性质民法实践之间对应关系研究》，载《南华大学学报（社会科学版）》2015年第6期。

规定“不得违反法律,不得违背公序良俗”(《民法典》第8条),因为法律不能禁锢社会发展和阻碍民事主体的自主性和创造性,由此自由与自治的民法与灵活多样的民法实践就形成了相互推进并互为诠释的关系。民法又是一种“自然法”,许多民法规则源于自生自发的社会实践,由习惯规则演变而来,《民法典》有37处明确规定了“习惯”,并规定“法律没有规定的,可以适用习惯”,从而赋予习惯以法律的效力,由此民事主体的自主实践构成了民法实践的一部分。民法还是一种“原始法”,民法所调整的人与人之间的继承、抚养及邻里关系等,所体现的是来自人的原始情感本能的人情人性和常理常情,原始的民法与民法的情感实践形成了对应关系。民法还具有整体性的特点,现实中的民法与其他法律相互交融并共同构成了法律体系的整体,如前所述,民法典已发生从“规范私域之法”到“全域治理之基”的转变,民法以其整体特性回应社会的变化,就要求民法实践的综合性作为回应的具体方式。

(三)民法学教学应全方面多层次推进案例教学

“学习法律最好的方法是抽象的问题案例化。”⑰实施案例教学,是提升民法学实践品格的有效教学方式。民法有着纷繁复杂的法律概念和庞大的规则体系,这些抽象的概念和规则需要通过案例这个具体的载体进行有效联结,将抽象和具体建立思维的勾连,从而帮助受教育者构建民法学知识体系。但绝不能将案例分析等同于案例教学思维,或局限于以案释法,而是要放大视野,强化教学案例库建设,形成多元的案例资源。就操作方式而言,可根据具体教学知识点的需要,设置相应的课前引导案例、课堂教学案例、课后讨论案例、章节习题案例以及裁判案例和拓展案例等具体模块,将实践思维通过各种教学环节、各类案例向学生渗透。每一个具体模块应匹配的案例数量和案例类型,应构建团队并由其根据教学需求、授课经验、知识点拓展深度等因素事先妥善考虑和确定。⑱ 法律职业资格考试所采取的考题,就是典型的习题案例方式,参

---

⑰ 王泽鉴:《民法思维:请求权基础理论体系》,北京大学出版社2022年版,第27页。

⑱ 参见唐琳:《法学专业课程交互式教学案例库的构建与应用——以民法系列课程为例》,载《海峡法学》2020年第1期。

加考试被戏称为"一天要判200个案子"。

民法学实施案例教学,应重视案例教学方法的借鉴引进与开发创新。一方面,要吸收和推广相对成熟的案例教学经验,如德国法学教学中普遍采用的鉴定式案例研习方法,其在中国各大高校获得广泛的关注,并以此为主题举办了多场次的研讨;另一方面,要鼓励探索和开发形式各异的案例教学方法。笔者在自身教学实践中探索尝试使用了一种自我命名为"个案全课程教学法"的方法。[19] 从实际教学效果看,"个案全课程教学法"有助于提升学生的法律实践思维能力与表达能力。

四、增加课程体量,重构民法学课程的结构体系

民法学教学改革要实现自身使命,必须扩展教学内容。课程是教学内容的主要载体,重构民法学课程的结构体系,是推进民法学教学供给侧结构性改革的重要举措,在这方面可以做许多工作。

(一)拓宽民法学知识体系下的具体课程类型

《民法典》相较于以往的民事立法,不仅增加了条文、更新了制度,而且其价值理念和立法技术都有了精进。民法典视角下民法学教学须注重知识体系性和培养方案系统性,构建合理的课程体系,包括必修课与选修课的重组、理论课与实训课的调整,增设选修课程(如家事法学课程、亲属法课程)等。

首先,民法学知识体系内部的课程设置要错落有致,有基础性课程、纵深性课程和跨越性课程,有常规性课程、趣味性课程、探索性或前沿性课程。在目前民事案例研究等常规实训课程基础上开设更多的实训类课程,除了已有的家事案件代理业务实训、公司法务实训、合同法务实训、破产法务实训等课程,还可开设买卖合同法律实务、租赁合同法律实务、运输合同法律实务等专门针对某一典型合同的实训课程。应因地制

---

[19] 参见王岩云:《"个案全课程教学法"之初步阐释》,载王岩云:《法治的视界》,中国检察出版社2019年版,第233~239页。

宜地划定课程的必修与选修,如对于知识产权专业而言,可开设专利与技术合同法作为必修课,并可将其作为法学专业的选修课。因应涉外法治人才培育的要求,可根据人才培养目标和师资队伍建设的具体情况,开设外国民法、比较知识产权法、日本民法、德国民法、英美契约法、美国版权法等课程。

其次,可适当增设应立基于民法典的小学分课程(或微课程)。有必要开设人权法通识课,在此基础上,立基于民法典结构体系下权利类型多元化,开设小学分课程,如农民集体成员权利、投资性权利、数据权利(或数据法学)等。

再次,可开设民法学通识课程生活中的民法⑳以及公选课以案释法(民法)。针对不同专业的人才培养需求,应推动构建层次多元、形式多样、特色鲜明、优势突出的民法学课程群,而不是以单一的民法学概论作为非法学专业的民法学课程。比如,新闻传播学专业与行政管理专业的民法学课程虽然从名称上看是近似或相同的,但其内容存在同和异两个方面。从制度上必须确认它们是不同的课程,而不是同一门课程。作为同一门课程对待,意味着只认同"同质"付出,对于教师付出的"异质"劳动价值不予认可。这是不公平的,甚至可能形成逆向激励,有违人才培养的要求。

最后,应当鼓励老师们开发和开设多样化的课程,对于特殊的实务课程和前沿课程,不仅将其作为学生完成学业的学分,而且免费发放单科结业证书,或者只收取适当工本费。如此一来,这些课程不仅有助于增强学生的实操能力,而且可在一定程度上提升学生在就业中的竞争力。

(二)开设对应《民法典》各分则编的多样化课程

《民法典》各分则编均属于相对独立的规则体系,与之对应的学理知识往往自成体系。在民法典时代,分则编的规则架构更加细致严密,秉持精细化和实用性教学的要求,开设对应的课程阐释相关原理,是全

⑳ 参见彭诚信、陈吉栋:《生活中的民法》,上海人民出版社2017年版。

面阐释民法规则的必然要求。以下重点选取新增的“人格权编”和体量最大的“合同编”做一述略。

对应《民法典》人格权编,应开设独立设置的人格权法、个人信息保护法课程,将人格权法课程作为必修课、通识课为宜,而个人信息保护法可作为选修课或前沿类课程。

对应《民法典》合同编,可以开设债法、债法总论、债法各论、合同法等课程,各类典型合同也均可以独立成课。合同编对应课程以实务实训课程为宜,应扩充和完善民事合同实训课程群,具体可包括买卖合同法、建设工程合同法律实务、租赁合同实务、借贷合同实务、运输合同法律实务、技术合同法律实务、担保合同实务、合伙合同法律实务等课程。买卖合同法课程不仅可以讲授《民法典》“买卖合同”章第595~647条相关条文,“供用电、水、气、热力合同”其实也是特殊标的的“买卖合同”,甚至有关知识产权交易的“著作权”“商标合同”也可视为特殊类型的买卖合同。技术合同法律实务课程除讲授《民法典》“技术合同”章的规定外,可同时摄入与之有密切关联的专利法、民事诉讼法的相应内容。每一种典型合同都可与合同总则进行串联讲解,将总则的抽象规定具象到具体的合同类型讲解,合同法的内容必将更加鲜活。这些独立课程既可作为小学分课程提供给在校学生,也可作为服务社会的课程来运行。

对于跨越《民法典》各分则编的知识单元,可针对专门问题组建专门课程。如民法典中的担保规则体系是由物权编和合同编共同塑造的,全面整合以往担保法等相关规定,增加了关于动产担保融资的制度供给,承认了所有权保留、融资租赁和保理合同的担保功能。[21] 担保制度规则形成了“担保概述”+“担保物权”+“保证合同”+“保理合同”+其他非典型担保的“1+2+1+1+N”模式。为此应吸纳和反映制度规则的变化,统筹重构担保法课程。

(三)厘清民法学核心课程与相关课程的关系

民法学课程是法学课程体系的重要组成部分,与其他法学专业课程

---

[21] 参见王乐兵:《动产担保优先顺位的立法构造与适用解释》,载《法学家》2022年第2期。

既相对独立又相互关联。在进行民法学课程体系建设时，要注意厘定民法学核心课程与相关课程的关系，尤其是民法学与商法学、知识产权法学的关系。

必须厘清民法学与商法学的关系。民法典所秉持的民商合一的立法体制，同民法学与商法学的理论研究和课程设置的相对分立，成了现实的悖论，甚至带来了一些困惑，要不要取消商法学，统一到民法学。对此，笔者赞同赵万一教授的观点，“民商合一”并不意味着民商混同，它是以承认民法与商法存在差异性为条件的，在承认民商合一前提下的商法独立性既是必要的，也是可能的。[22] 因此，商法学课程不应被消除或弱化，而是要注意其与民法学课程的衔接和错位发展。具体而言，可保留或开设商法学、商法总论、公司法学、公司法原理、保险法学、破产法学、企业法学、证券法、票据法学、信托法学、英国公司法、公司诉讼、房地产法等课程。

应理顺知识产权法相关课程与民法学课程体系的关系。《民法典》总则编第五章“民事权利”明确了知识产权是与人格权、身份权、物权、债权等并列的民事权利类型。那么，作为保护和规制知识产权的知识产权法，应为民法学课程体系的领域法，而不是特别法。作为领域法，知识产权法就是如同原《物权法》、原《合同法》、原《侵权责任法》一样作为部门法的民法的一个子部门法，而不是民法的特别法。[23] 知识产权法方面的课程，应是民法学课程体系下具有较大相对独立性的课程。具体而言，可开设知识产权法、著作权法、商标法、专利法、公平交易法、技术交易法、知识产权法案例解析、知识产权实务、知识产权国际保护、知识产

---

[22] 参见赵万一：《对民法典背景下民法学教学与研究的若干思考——赵万一教授在“民法典时代的中国民法学教学改革与发展暨民法学课程思政建设研讨会”上的发言（整理稿）》，载微信公众号“商法学研究会”2022 年 3 月 5 日，https://mp.weixin.qq.com/s/Y_j75Zzlu6ZrWIXJzuhcRg。

[23] 刘春田教授认为：“知识产权和知识产权法分别与物权、物权法，以及与债权、债权法处于相同的逻辑层次，分别属于民事基本财产权和民事财产基本法”；“知识产权法制的运作，一直处于民法的阳光普照之下。知识产权的实践，处处浸润着民法的理念”；“知识产权法是民法的组成部分，是民事普通法，不是民事特别法”。刘春田主编：《知识产权法》（第 5 版），中国人民大学出版社 2014 年版，第 23 页。对此，笔者非常认同。

权贸易与许可、美国知识产权法等课程。另外,《民法典》第 123 条第 2 款第 5 项已明确了“商业秘密”为知识产权客体,基于此应开设独立的常规性课程商业秘密法。

五、拓展教学内容,扩充民法学课程的单科容量

实现法学人才培养的要求,民法学改革不仅要在外观上增加体量增设课程,而且要在深挖每一门具体课程的内涵上多下功夫,扩充单门课程的内容。

(一)放宽视野,供给多维度的民法学知识

民法学教学中不读法条,云里雾里的讲授是不可取的,只读法条同样是不可取的。任何一门民法学课程的容量要远远大于《民法典》的对应法条和规则。民法学课程当然要传授民法学知识,这种知识应该是多元而非一元的。王轶教授认为,法学可以分为作为知识的法学、作为技能的法学和作为生活的法学三个维度认知。[24] 这种区分完全适用于民法学。为此,民法学教学需要提供作为知识的民法学、作为技能的民法学和作为生活的民法学。讲授“作为知识的民法学”,目的在于传授民法原理和民法制度规则,使学生能够正确理解和运用民法上的法言法语,知其然并知其所以然;传授“作为技能的民法学”就是要培养学生从事法律职业必备的民事法律技能,为学生成长为适合从事法律职业的法律人提供基础;引导学生体悟“作为生活的民法学”,了解民法对人类所面对的一系列基本问题的看法,从而提升个人的人生境界。“作为知识的民法学”主要通过民法理论课程实现;“作为技能的民法学”主要通过民法实训课程完成;“作为生活的民法学”主要通过在传授知识和培训技能中融入生活元素,揭示民法学知识和民法规则的生活面向,引导学生去领会和体悟。

㉔ 参见《“法治人才培养高端论坛”在京召开》,载中国法学创新网 2022 年 1 月 19 日,http://www.fxcxw.org.cn/dyna/content.php?id=23938。

（二）融入体系，以点线面的结合来传授知识

民法典在一定程度上舒缓了长期以来我国民法学科“理论异常丰富、制度相对落后”的局面，但中国民法学知识体系科学化的任务并不会随着《民法典》的颁布即告完成。以往的民事立法，基本上沿袭的是一条宜粗不宜细、有比无好、成熟一个制定一个的“零售”式和粗放式的发展路径。与之相对应，既往的中国民法学知识体系“整体建立在移植与借鉴的基础之上”㉕。中国《民法典》的制定，特别注重了中国国情和体系性。从仅有156条的《民法通则》到多达1260条的《民法典》，绝不仅仅是法律条文数量的增加；从以往《合同法》《物权法》《侵权责任法》《婚姻法》《继承法》等分而治之，到共为一体的《民法典》颁布实施，更是一种质的跃升。民法学教学必须将其间的差异变化讲精讲透，既包括制度规则的修改更新，也包括精神与理念的转换，以及科学性与体系性的增强。

民法学课程须承担起培育体系思维意识的功能，尽可能彰显民法制度的体系性，避免停留于单独地就条文讲条文，尤其要注意讲透《民法典》的不同条文之间的联系性，以及《民法典》与其他法律条文的联系性。《民法典》诸多法律条文是一个有机的整体，相互之间存在补强、排除、竞存等多种关系。例如，对一个离婚协议的诉讼，既涉及婚姻家庭编的规范，又涉及合同编、物权编的规范。在法院运用《民法典》裁判时，这些规则会产生“规则合力”，对法官形成强烈的约束，并将法官的自由裁量权压缩到最小空间，从而有助于实现公正司法，促进司法平等。

（三）重视教法，增加具体知识单元参照系

鉴于民法学会随着《民法典》的颁布而减少“学术发展参数”，因此民法学教育要扩张历史与价值层面的参照系。㉖ 吉林大学蔡立东教授为首的民法学教学团队创立的“七维民法教学法”就是一个好的参照。

㉕ 本刊编辑部：《中国民法学发展评价(2012—2013)基于期刊论文的分析》，载《中外法学》2015年第2期。

㉖ 参见刘勇：《民法典的编纂特点与体系展开》，载《东南大学学报(哲学社会科学版)》2020年第4期。

该“七维”即以问题为导向，以理念为指针，以技术构成为核心，以体系为背景，以历史演进为线索，以比较法为参照，以诉讼为检验平台。通过逻辑严密、有的放矢、环环相扣、全面系统的七个维度展开民法的教与学，强调民法教学由单纯的知识传授向有机的、系统的思维训练、能力培养转型。在对任何一个具体的知识单元进行讲授时，可以选择上述“问题”“理念”“技术构成”“体系”“历史演进”“比较法”“诉讼”七个维度中的若干维度展开。例如，对《民法典》中的一个条文进行多维度的讲授，可以使学生不但能够搞懂条文的字面含义，还能知悉其背后的立法目的，“只有明确各个法条目的的人才能真正掌握所学的知识”[27]，同时还能明白该条文在整个法条体系中的位置，该条文要解决怎样的现实问题，它所承载的价值理念是什么，以及就比较法学而言，该条文在域外是怎样表述和运行的，在我们的文化或制度框架下是如何引入的，在我们的现实生活和司法实践中又是如何运作的。这势必以丰富扎实的内容充实民法学课程的容量。

在课堂教学课时有限的前提下，实现民法学课程的扩容提效，宜大力推进线上线下混合教学、线上资源与线下授课错落有致的内容设置。线上教学与线下教学相结合的方式，往往需要调整既有的教材结构和教学程序，这就必须尊重教师在课程教学安排上的自主权，为此要求学校在教学管理政策上要为老师留有空间。

六、转变教学方式，优化民法学课程的课堂氛围

在民法学教学改革中，不仅要关注基础性的课程定位问题、宏观性的课程体系问题，也要关注相对具体的课堂氛围。民法学教学应逐步从“教义民法学”转向“亲民民法学”，通过教学方式改革和丰富教学资源，缓解民法学固有的深奥晦涩，增强其亲民和趣味的生活面向，让民法学

[27] ［德］汉斯·布洛克斯、［德］沃尔夫·迪特里希·瓦尔克：《德国民法总论》（第33版），张艳译，中国人民大学出版社2014年版，“第1版前言节选（1976）”。

不再只是体系宏大、思想深刻的庞然大物，而且是有趣、亲民的学问。

（一）有意识地注意民法学课程教学语言的锤炼

以往的民法学教学中比较重视法学教学语言规范化，一贯以教学语言规范严密、教学内容理论性强、教学课堂氛围严肃而著称。民法学课程教学语言规范化与教学科学化目标息息相关。民法学课程中必然要运用到民法典的立法语言和民法学的学术语言，立法语言和学术语言有其严谨的特性。但这并不意味着民法学教学语言只能有“严谨”一种面孔。教学中一味追求严谨规范，极易造成枯燥无趣、沉闷呆板的课堂局面。如果民法学课程不能激起学生的学习兴趣，需要反思教师的语言是否妥切，是否应通过探索引导学生学习兴趣的教学语言来改进教学。其实，严肃与活泼可以并行于课堂之上，民法学教学语言的亲民化与教学语言的规范化并不矛盾。学习民法典普法宣讲的一些技巧对于民法学教学语言的亲民化是有益的，“宣讲不是一股脑地抛出知识点，还需要穿插一些生动翔实的案例，一旦听众觉得听起来有意思，才会主动去分析理解”㉘。民法学教学语言应该能够在立法语言、学术语言与日常语言之间自如“切换”，从而实现民法学教学语言规范化与亲民化的兼顾。

李拥军教授在法理学教学中探索和践行的相声法理学、评书法理学、生活法理学、通俗法理学、故事法理学，并做法理歌诀，㉙其对教学语言的追求值得民法学教学借鉴。其所主张的“故事教学法”，要求讲授者以“故事化”的思维，通过“讲故事”的方式将法学知识和理论传授给学生，将零散归于统一，化抽象为通俗，解决课程中的“高空杂难”问题。㉚ 民法学领域本身具有无穷的案例与故事，当然并不是要求每一个民法学老师都是段子手，但是民法学老师起码应该具备讲好民法学故事的知识储备和业务能力。在民法学教学中，讲授者要努力练就以精练生动、通俗易懂的语言传授深奥晦涩的民法知识的能力，以最大限度减少

㉘ 房佳佳：《李康宁和他的118场宣讲》，载《方圆》2021年第8期。

㉙ 参见李拥军：《法理歌诀的撰写与释义》，载《沈阳师范大学学报（社会科学版）》2019年第3期。

㉚ 参见李拥军：《故事教学法在法理学课程中的功用与应用》，载《中国大学教学》2017年第7期。

民法学课程的晦涩性,帮助学生塑造学习的情境,提升学习的兴趣。

(二)适度调节民法学课程授课内容的难易程度

根据受众能力和教学阶段,适度调节授课内容的难易程度,是优化民法学课程课堂氛围的一种重要方式。民法学的教学应当以一种"亲民"的方式进行和展开。民法学的"高难"印象对于许多法科学生而言都是深深的印记。其实不仅是民法学,任何法学学科都有其高难的领域和问题,也有其舒缓的一面。作为民法学教师,我们既要有所作为,也要有所节制,在教学中必须克制一定要传授"高精尖"民法知识和深奥复杂理论的冲动,尽管那是一个值得期待的美好愿望。但必须分清常规武器与高精尖技艺、普通原理与深奥理论的界限,不能以太高的标准来要求(或谓之"以太过高深的理论恫吓")初学者,要注意课程兴趣的引领和基本功的培养,分层次、分阶段地实施教学。当然,这并不是要将高等教学等同于职业化教育。对于法科教育而言,法学理论知识的教育乃是重中之重,但理论知识教育不是教学的全部,并且理论知识的教育不只是"我说你听"一种单向方式。一味强调民法制度和民法理论的汪洋大海可能会产生拒人于千里之外的效果,使学生只能望洋兴叹甚至避而远之。

笔者赞同中国人民大学李琛教授的主张。对于初学者而言,教学的重点应是介绍共识度高、相对成熟的理论,而对于争议较大的理论,可适当引导学生如何选择立场。基于此,无论是什么层次的教学,都要坚持教服务于学的原则,教的内容要让学生听得进、听得懂,进而营造一种人人参与思考、人人参与讨论的民法学课程课堂氛围。

(三)扩充和合理调配民法学课程各类教学资源

合理调配民法学课程的教学资源,可以助推民法学课程课堂氛围的优化。民法学课程中包含了大量的抽象概念,还涉及一些比较枯燥的法律条文。从民法典的生活面向出发,可借鉴"参与式学习""体验学习""翻转课堂"等理念,更新教学资源,借助富媒体时代更贴近民事生活实践的、超文本的学习材料,尽可能为学生提供法律应用的仿真生活场景。在民法学教学中建立自己的案例库、故事集,适当引入民法典宣讲中的短视频等丰硕资源,将其转化为民法学教学材料,追求寓教于乐,定可事半功倍。将那些优秀的民法典宣讲资源转化为民法学教学资源,加上传统授课中积累的优秀民法学教学经验,发挥资源优势,有助于学生从更加宽广的渠道获取民法知识,锻造民法思维和提升运用民法典的能力。

在扩充和合理调配民法学教学资源时,还应注意强化教师资源建设,推动校内师资和校外师资的优化配置。让民事法官、民事律师和从事民事业务的检察官走进民法学课堂,让民法学教师多接触、多了解、多实操民事法律实务,有助于把民法学课程讲活讲透。实践中出现的法学院与法院联合录制课程,就是一种不错的做法。民法学教学改革要想取得理想成效,必须综合运用各类教学资源。

结　语

《民法典》及相关配套司法解释的颁布,以及以此为背景的民事法治实践为民法学教学改革提供了良好契机,注入了不竭的活力。民法学教学要阐释民法典的原理和制度,宣扬民法典的精神和理念,并推进民法典的精进与完善。为准确理解和阐释民法典的制度和精神,“必须从单行法思维向法典化思维转化,具体包括从多中心思维转向基础性法律思维,从碎片化思维转向体系性思维,从分散思维转向统一思维,从并立思维转向融贯思维”[31]。为适应这一思维转化,民法学教学改革须从反思教学目标、教学理念、课程体系、教学内容和教学方式等入手予以适当调适。这些方面都非常重要又相互关联。教学目标是最为基础的,它决定了课程定位以及教学理念、教学内容、教学方法、教学资源等,教学理念同样决定着教学内容的设置与取舍、教学资源的取舍。而课堂氛围相对微观和具体,但并不意味着它不重要。课堂氛围往往直接反映了教学成效,甚至会反过来决定教学改革的成败。

民法典带来的思维转化需要方方面面的变革才能最终促成,与之相

㉛ 王利明:《论〈民法典〉实施中的思维转化——从单行法思维到法典化思维》,载《中国社会科学》2022 年第 3 期。

应的民法学教学改革乃是一个涉及面极其广泛的课题。本文所作的只是笔者就这一问题从个人经验出发所作思考的阶段性汇报。雄关漫道真如铁,而今迈步从头越。民法典时代的民法学教学改革依然在路上,值得期许。

Challenges and Responses of Civil Law Teaching Reform in the "Era of the Chinese Civil Code"

Wang Yanyun

Abstract: With the promulgation and implementation of the *Civil Code of the People's Republic of China*, the teaching reform of civil law must not only adapt to the development of contemporary Chinese society and the practice of the rule of law in the domain of the civil matters in China, but also conform to the overall trend of the scientific development of China's civil law knowledge system. The challenges faced by the teaching of civil law in the "era of the Chinese Civil Code" mainly include the connection between the profound and complex theory of civil law and its teaching system, the coordination between the curriculum system of civil law and the institutional system rules in the Civil Code, and the combination between the traditional teaching methods of civil law and the rich publicity resources of the Civil Code. Based on this, we should start from reflecting on the teaching objectives, contents and methods of civil law, update the mission and responsibility of this curriculum, improve its practical character, reconstruct its structural system, expand its capacity and volume, and optimize its classroom atmosphere.

Key Words: the Civil Code of the People's Republic of China, civil law teaching, curriculum system, practical character

作为教学方法的请求权基础分析法：澄清误解与展望未来*

刘　凝**

摘　要：请求权基础分析法主导的案例教学在逐步推广的同时也引发了诸多质疑。针对该方法处理范围有限、分析视角单一的质疑实则是误解，法典完备与否和教义学的发展情况并不能用来评价该方法的价值。在相关教学改革中，除了更为全面地引入类似课程，还需要注意提升民法基础课程的质量。有意开设类似课程的院校应充分利用现有资源并尝试建立助教培养机制以实现可持续发展。

关键词：请求权基础分析法　法律关系分析法　法学教育目标　案例分析课程

导　言

回首中国法学教育过去十多年的发展，以请求权基础分析法为代表的鉴定式案例分析教学的推广无疑是其中最为瞩目之事。尤其是过去几年，以该

---

* 本文得到国家留学基金(CSC NO. 202206010145)资助。

** 刘凝，北京大学法学院博士研究生。研究方向：民商法、法学教育。

方法为主导的案例教学逐渐从个别院校的“单打独斗”发展为“蔓延全国”。而在学院之外,最高人民法院作为司法实践的意见权威也在强调请求权基础思维的重要性,①还有法官对该方法表示赞同。② 但随着请求权基础分析法的盛行,质疑的声音一直不绝于耳。从“处理案件范围有限”到“限于法官视角”,从“逊于法律关系分析法”到“不适合当下中国法学教育”,该方法在反对者看来可谓“问题重重”。③ 那么,这一备受推崇的方法真的存在这些问题吗?

不唯如此,以前述分歧为基础,如果观察对立双方的人员构成还可发现,支持请求权基础分析法的学者大多具有留德背景,而持反对或保留的意见的学者所依赖的智识资源往往来自别国。那么,关于该方法的争论是“留学国别主义”在法学教育中的显现吗?有学者指出,同为继受法域的日本虽然深受德国影响,但未系统引入相关教学。④ 如果不同的路也能达至理想彼岸,请求权基础分析法对于当前的中国法学教育意义何在?

针对请求权基础分析法引发的上述问题,笔者不揣浅陋,拟从该方法受教育者与参与教学者的视角出发,结合自身经验进行回答,并对有关该方法的质疑进行回应以及探讨该方法在当下中国法学教育中可能的发展方向。

---

① 《全国法院民商事审判工作会议纪要》(法〔2019〕254 号)引言部分指出,民商事审判工作要“注意树立请求权基础思维”。

② 参见刘力:《论民商事案件裁判方法的反思与完善——以请求权基础分析方法为中心》,载《东方法学》2020 年第 1 期。

③ 参见王利明:《民法案例分析的基本方法探讨》,载《政法论坛》2004 年第 2 期;张凇纶:《作为教学方法的法教义学:反思与扬弃——以案例教学和请求权基础理论为对象》,载《法学评论》2018 年第 6 期;章程:《继受法域的案例教学:为何而又如何?》,载《南大法学》2020 年第 4 期。

④ 参见章程:《继受法域的案例教学:为何而又如何?》,载《南大法学》2020 年第 4 期。

一、关于请求权基础分析法的"三重误解"及回应

结合既有研究，对请求权基础分析法的质疑主要包括三点：(1)相较于法律关系分析法，请求权基础分析法能够处理的案件范围有限，既无法解决确认之诉和形成之诉，对于一些给付之诉也无法直接适用。(2)局限于法官视角，忽略了律师视角和案例事实的训练。(3)不适合当下的法学教育。但细究起来，这些质疑大多是误解，以下将对这"三重误解"进行分析和回应。

(一)请求权基础分析法 vs 法律关系分析法

法律关系分析法又称历史方法，指就案例事实发生的过程，通过确定法律关系的要素及变动情况，依序检讨案件所涉的法律关系。[⑤] 立足于法律关系分析法的批评观点认为，请求权基础分析法无法处理确认之诉和形成之诉，适用范围较窄，对于此类案件只能采用法律关系分析法解决。[⑥]

针对确认之诉和形成之诉，这一批评确有道理。例如，在消极的确认之诉中，原告所主张的是其与被告之间不存在某种法律关系，自然无法直接从请求权基础分析法所强调的"一方得向另一方有所请求"的角度展开分析。但如果认为涉及确认之诉和形成之诉的问题均在请求权基础分析法的涵盖范围之外，则可能存在误解。在实践中，当事人提起确认之诉和形成之诉往往是为了后续的给付之诉，如诉请确认合同有效主要是为了请求履行合同义务或主张违约责任，主张解除、撤销合同也主要是为了后续的返还及损害赔偿。此时，确认之诉和形成之诉与给付之诉存在紧密联系，甚至可能被给付之诉影响或吸收。[⑦] 而在具体的请

---

⑤ 参见王泽鉴：《民法思维：请求权基础理论体系》，北京大学出版社2009年版，第33页。

⑥ 参见王利明：《民法案例分析的基本方法探讨》，载《政法论坛》2004年第2期。

⑦ 参见刘哲玮：《确认之诉的限缩及其路径》，载《法学研究》2018年第1期。

求权基础分析中,也常涉及确认之诉和形成之诉的内容。比如,在《民法典》第235条之下,首先要考虑请求人是否为该法条意义上的物权人,在请求人主张自己是所有权人时,相关分析在内容上与所有权确认之诉并无二致。

考虑多数涉及确认之诉和形成之诉的法律关系均可内化于具体请求权基础的内部分析,前述批评意见就显得说服力有限,再考虑到给付之诉在整体诉讼数量中的占比,请求权基础分析法以给付之诉为框架所引发的消极影响将进一步降低。综合考虑请求权基础分析法相较于法律关系分析法在分析的经济性、思路清晰程度、与诉讼实战契合程度等因素上的优势,⑧以请求权基础分析法为民法案例分析的主要方法应被认为并无不当。

在确认之诉和形成之诉之外,还有观点认为,即使是给付之诉,请求权基础分析法也有力所不及之处。例如,曾有论者认为下述案例必须先用法律关系分析法处理,不能直接采用请求权基础分析法:

> 甲、乙双方当事人基于同一笔款项先后签订《商品房买卖合同》和《借款协议》,并约定如借款到期偿还借款,《商品房买卖合同》不再履行;若借款到期不能偿还借款,则履行《商品房买卖合同》。后来,借款到期,借款人不能按期偿还借款。对方当事人要求借款人通过履行《商品房买卖合同》取得房屋所有权。但借款人认为,双方签订的两份合同是为了规避《物权法》第186条有关"禁止流押"的规定,是以合法的形式掩盖非法的目的,当属无效。因此,另一方不能要求其履行无效的合同。⑨

相关观点认为,该案中首先要确定当事人之间的合同关系是买卖还

⑧ 参见吴香香:《请求权思维及其对手》,载《南京大学学报(哲学·人文科学·社会科学)》2020年第2期。

⑨ 李志刚主编:《民商审判前沿:争议、法理与实务》,人民法院出版社2019年版,第596页。

是借款，而后才能确定出借人可被支持的诉讼请求。此种观点系对于诉讼实践的误解，法官的工作是回应当事人的诉讼请求，而非居于“上帝视角”梳理该案的全部内容后进行裁判。在请求权基础分析法之下，该案并不需要任何“前置的法律关系分析”，以下将结合请求权基础分析法的思考步骤说明该案的分析思路。

请求权基础分析法关注的核心问题是“谁得向谁，依据何种法律规范，主张何种权利”⑩。在分析步骤上要求解题者依次分析如下三层问题：当事人关系、请求权目标和请求权基础。⑪

1. 当事人关系。在进行具体分析前，首先要对案件事实进行考察，从中提取出存在纠纷的当事人关系。为了避免混淆，在存在多个当事人时，需要在分析时将其转化为数个“两两关系”。在有些案例之下，基于分析经济和当事人利益状态的考量，还应确定不同组当事人关系在分析上的先后顺序。⑫ 本案中仅有甲、乙二人（此处假定乙为借款人），需分析的是甲对乙的请求。

2. 请求权目标。确定待分析的当事人关系后，针对每组当事人关系，解题者需基于案情确定一方欲向另一方主张的请求内容，即请求权目标，如“交付某物占有并移转所有权”“返还某物占有”“赔偿损失3000元”等。需注意的是，正如实践中当事人可能存在多项诉讼请求，案例分析也可能涉及多个请求权目标，因而需要区分不同的请求权目标分别予以分析。就每一个请求权目标，必须明确说明具体内容（正如诉讼请求必须清楚明确）。本案中，出借人甲要求借款人乙履行《商品房买卖合同》，所以需分析的请求权目标应为“交付系争房屋并移转所有权”。

3. 请求权基础。针对每个请求权目标，解题者需要基于实证法寻找

---

⑩ 王泽鉴：《民法思维：请求权基础理论体系》，北京大学出版社2009年版，第35、41页。

⑪ 参见［德］迪特尔·梅迪库斯：《请求权基础》，陈卫佐等译，法律出版社2010年版，第15页。

⑫ 参见王泽鉴：《民法思维：请求权基础理论体系》，北京大学出版社2009年版，第234页。

潜在的规范依据,备选的规范在法律效果上必须能够支持请求权目标,此种规范即请求权基础。例如,如果请求权目标是“返还某物占有”,《民法典》第235条便是备选的请求权基础,因为其法律效果是物权人可向无权占有人请求返还占有。如果案件事实满足该法条的构成要件,一项基于《民法典》第235条的请求权便发生。

本案中,在“交付系争房屋并移转所有权”这一请求权目标之下,筛选可能的请求权基础可知,能够支持其法律效果的请求权基础应为甲、乙之间的买卖合同。[13] 基于买卖合同享有的交付系争房屋并移转所有权的请求权是否发生,取决于构成要件是否均满足。此处具体包括:(1)买卖合同成立;(2)买卖合同生效;(3)买卖合同未消灭。[14]

可见,双方当事人之间的核心争论点——买卖担保借贷的效力实则是请求权发生层面第二个构成要件需要考虑的问题。如果适用最高人民法院《关于审理民间借贷案件适用法律若干问题的规定》(2020年第二次修正)第23条第1款,该构成要件不符合,甲不能基于买卖合同请求乙交付系争房屋并移转所有权;如果认为应当尊重当事人合意,[15]则该构成要件满足,在其他生效要件均满足、不存在消灭事由和抗辩权的情况下,甲可以请求乙交付系争房屋并移转所有权。可见,不论教义学上采何种观点,相关分析均能以请求权基础分析法为框架展开。甚至假设该案中买卖合同根本不成立,则在第一个构成要件处即可否定甲的请求权,前置性地分析买卖担保借贷这一问题反倒是“自寻麻烦”。

(二)有限的分析视角

前述质疑侧重于该方法作为案例分析方法的妥当性。还有观点认为,该方法局限于法官视角,忽略了对案件重要事实的考察,不适合作为

---

⑬ 理论上就合同上原给付请求权对应的请求权基础存在分歧,基于当事人意思应有的优先性,应以合同为请求权基础。参见朱庆育:《民法总论》(第2版),北京大学出版社2016年版,第71页。

⑭ 构成要件的拆分参见王泽鉴:《民法思维:请求权基础理论体系》,北京大学出版社2009年版,第62~63页。

⑮ 相关分析参见庄加园:《“买卖型担保”与流押条款的效力——〈民间借贷规定〉第24条的解读》,载《清华法学》2016年第3期。

教学方法（至少不适合低年级学生）。根据此种观点，很多学生毕业后从事律师工作，法学教育不能假设每个学生都成为法官，而以请求权基础分析法为代表的民法教义学式的分析却总采用法官视角，即使区分法官习题和律师习题，二者也均以法官的视角分析问题。[16] 不过，此种观点对于法官能力培养和请求权基础分析法均存在误解。

以请求权基础分析法的来源国德国为例，法学教育中强调以该方法为代表的鉴定式案例分析教学确实服务于法官能力的养成，但法官能力与优秀律师的培养并不冲突。德国法学教育所强调的法官能力主要指在具体案件中适用法律的能力。[17] 这种能力的培养要求学生在接受训练时既不能像律师那样存在预先的利益立场，也不能像学者那样自由地评价现行法的不足，其在解题时所需考虑的目标只有一个，当一位理性的法官面对待分析的案例时会基于现行法得出何种结论。对于从事纠纷解决工作的法律人而言，无论具体职业为何，这种能力的养成都是极为关键的。以反对者提出的律师职业为例，一位合格的律师显然不能在接受当事人的委托后按照所谓的"律师视角"提供意见，相反地，他/她必须先考虑法官可能持何种意见后，才能相应地设计诉讼策略，思考如何通过对事实和法律的理解说服法官按照对己方有利的结果进行裁判。即使是非诉领域的从业者，只要从事的业务仍与法律相关，便同样需要这种能力。[18]

可见，就必备的法律技能而言，律师和法官均需要所谓的法官能力。如果从这个角度出发，法官习题和律师习题确无实质差异，因为二者是以不同形式培养法官能力。但这并不意味着两种题型全无区别，在律师习题之下，解题者需结合当事人关于案件事实的论述给出法律上可能的方案，并说明各种方案的利弊和可能性。相较于法官习题，律师习题需要解题者对于法律体系有着更为全面和体系化的认识，很大程度上已经

---

⑯ 参见张凇纶：《作为教学方法的法教义学：反思与扬弃——以案例教学和请求权基础理论为对象》，载《法学评论》2018 年第 6 期。

⑰ 参见卜元石：《德国法学教育中的案例研习课：值得借鉴？如何借鉴？》，载方小敏主编：《中德法学论坛》（第 13 辑），法律出版社 2016 年版，第 47 页。

⑱ 参见葛云松：《法学教育的理想》，载《中外法学》2014 年第 2 期。

开始从单纯的法官视角转为律师视角。

理想情况下,所有法律职业共同体成员均应具备法官能力。当然,笔者也赞同,一位优秀的律师需要比优秀的法官掌握更多技能。例如:对于诉讼业务的律师而言,在证据收集、会见当事人、团队协作等方面均需要专门训练;对于非诉业务的律师而言,在交易结构设计等方面同样需要实现从事后解决纠纷到事先预防纠纷的思维转变。但这些辅助技能或高阶技能的培养,一则以法官能力的培养为基础,二则大多难以通过法学院的教育实现,[19]即使开设相关课程,往往也需要实务人员的参与甚至主导。请求权基础分析法教学所欲实现的首要目的在于基础的法官能力培养,以该方法未能培养法律人所需的所有技能而对其进行批评似乎略显苛刻。

此外,在前述批评意见看来,局限于法官立场还将导致解题者忽略当事人的考虑等其他视角,无助于学生正确和丰富地理解纠纷和现实。[20] 例如,有学者以"切糕王子"案[21]为例指出:

> 在本案之中,误解的不仅是价格,而是价格和顺序(或者用法学者更熟悉的词"顺位")的双重叠加。由于最后要撤销的是非秒杀的39,900份切糕买卖合同,所以朱晓喆教授认为误解是针对这39,900份切糕的价格。从法官(或许加上阿迪力)的角度看固然如此;不过从当事人的角度看,问题的关键在于,对每个具体的购买人而言,他(或她)都希望自己属于前100人;但以淘宝目前的机制来看,没有办法能确认自己确实入围了这100人。那么购买人会相信阿迪力撤销合同的理由吗?他会不会认为,这不过是阿迪力的一次炒作?尤其是考虑到"切糕"一度背上的骂名,对阿迪力来说,撤销合同是否是最优的选择?他是否有其他弥补损失的方案(如针对淘

[19] 参见何美欢:《理想的专业法学教育》,载《清华法学》2006年第3期。

[20] 张凇纶:《作为教学方法的法教义学:反思与扬弃——以案例教学和请求权基础理论为对象》,载《法学评论》2018年第6期。

[21] 该案情况参见朱晓喆:《"切糕王子"案》,载李昊、明辉主编:《北航法律评论》,法律出版社2016年版,第314~329页。

宝提出赔偿要求)? 作为阿迪力的律师(或者说法律顾问),他(或她)在建议撤销合同之前,当然应当全面地考虑这些因素;而法学院的学生们,当然也应当充分地考虑并比较各种方案。

上述分析确实值得重视,但并不足以评价请求权基础分析法。买受人希望自己属于前100名购买者和事实上的订单顺序是两回事,如果淘宝无法确认先后顺序,则需借助证明责任规则确定由谁承担不利后果。如果阿迪力将某一买受人诉至法院请求撤销双方之间的买卖合同,则需证明自己在订立合同时存在重大误解,即应由阿迪力证明买受人的购买顺序在第100名之后。与之类似,阿迪力是否“炒作”所涉及的也是其是否构成重大误解。如果以买受人可否请求阿迪力履行合同义务为设问,则前述分析均应在合同履行请求权的发生层面的第三个构成要件“合同未消灭”处展开。至于阿迪力针对淘宝可主张的法律救济,则可在另一组当事人关系(阿迪力对淘宝公司)中进行分析。可见,运用请求权基础分析法分析该案时,在批评者看来将被忽略的重要事实并不会被忽略。㉒

对请求权基础分析法局限于法官视角的批评还认为该方法无法进行证明责任和案件事实的训练。有学者结合日本的要件事实论教学指出,要件事实论教学引入了对抗因素,在对要件事实进行明确外还需考虑证明责任,既引入了律师视角,又勾连起实体法和诉讼法。㉓ 在此需要说明的是,请求权基础分析法教学一般不涉及民事诉讼法,案件事实亦均假定真实,但这并不意味着学生无法接受到相关训练。以德国为例,德国的法学教育围绕两次国家考试展开,学生通过第一次国家考试后进入为期两年的国家统一职业培训,而后参加第二次国家考试。在考试内容上,第二次国家考试的考题仍为案例分析,但更加注重考察法律

㉒ 朱晓喆老师在分析中明确强调了是否属于前100名买受人对于可撤销问题的影响。参见朱晓喆:《“切糕王子”案》,载李昊、明辉主编:《北航法律评论》,法律出版社2016年版,第326页。

㉓ 参见章程:《继受法域的案例教学:为何而又如何?》,载《南大法学》2020年第4期。

程序方面的实际运用能力。两次国家考试中间,对于证明责任等诉讼法上问题的训练以及事实认定等实践技能的培养在体制上得益于在实务部门的实践,在方法上则主要依赖于法庭报告技术(relationstechnik)的训练。㉔ 可见,请求权基础分析法是作为整体的案例教学之一部而存在,其主要目的在于培养法律适用的能力,至于该方法不能实现的教学效果,则应考虑配置进阶课程。例如,就诉讼法的训练可以考虑开展类似的案例分析课程。㉕

(三)不适合当下的中国法学教育

新近的质疑观点认为,请求权基础分析法主导的案例教学在当下的法学教育中不宜广泛开展。其原因为:(1)多数法律专业学生将来并不走向职业法律人,法学教育因此不应以培养职业法律人为主要任务,以请求权基础分析法主导案例教学存在培养手段和目标的不适配。(2)以请求权基础分析法为代表的以法释案教学需要稳定的法教义学作为前提,以民法为例,我国法律存在混合继受的因素导致通说不明,应当谨慎采用此种案例教学模式。㉖

关于第一点前述已有所涉及,此处再作补充。一方面,主事者当然可以为法学教育设定不同类型的目标,但考虑到法学院本身的特点,试图以法学院教育实现通识教育在很大程度上并不可行。从比较优势的角度出发,法学院的基本功能应在于专业教育,并且至少就本科阶段而言,这种专业教育的主要内容应与职业训练相匹配,至于研究技能则不应作过高要求,可以在高年级本科阶段设置选修课或者在研究生阶段培养。㉗ 另一方面,从实用性出发,法学教育的培养目标和手段确实应与学生的职业选择相调和。但就目前可获知的数据而言,我国法学院校毕

㉔ 参见吴香香:《Relationstechnik:诉讼实战中的请求权基础思维》,载《燕大法学教室》2021年第1期。

㉕ 参见于飞主编:《鉴定式案例研习:首届全国大赛优秀作品暨会议记录》,中国政法大学出版社2021年版,第466~467页。

㉖ 参见章程:《继受法域的案例教学:为何而又如何?》,载《南大法学》2020年第4期。

㉗ 批评者所谓通过案例研习在法教义学未尽明确之处进行体系延伸的“规范抽取型”案例教学即属此种。法律职业从业者在日常工作中面对的案件大多属于“简单案件”,此种旨在培养应对“疑难案件”能力的教学显然应位居次席。

业生中从事法律相关职业的仍占较高比例[28]，考虑到我国并不存在专门的职业训练过渡阶段（区别于同为继受法域的日本），便更应坚持将职业训练为主导的法学专业教育作为本科法学教育的核心。

至于第二点更是不成立。请求权基础分析法的核心任务是基于现行法解决实际案例，主要的教学内容是通过法律检索和法律解释寻找法律推理的大前提并加以适用，在操作上与实践中的法律适用并无二致。如果欠缺稳定的法教义学及通说影响如此巨大，法官们每天又是如何进行裁判的呢？

诚然，学界就一些理论问题存在根本的意见分歧，但就教义学的主要内容仍然存在相当程度的共识。并且在进行请求权基础分析法的教学时，如果教学者想要避免因实体问题争议而影响教学，大可固定课程所采取的教义学观点，正如基础知识课程中教学者也必须对理论争议进行取舍。

更关键的是，请求权基础分析法最主要的教学目的在于培养法律思维，即依循法律逻辑，以价值取向的思考、合理的论证去解释适用法律。[29] 此种教学是一种方法导向的教学，其价值在于通过实例训练学生就实际问题依据有效规范得出妥当结论的能力。这一过程尽管无法独立于教义学知识展开，但并不必然以稳定的教义学共识为前提。如果案件所涉及的实体法问题在法律依据上并不清晰，学理上也存在争议，学生在解题时可以采纳不同观点。只是，无论采何种立场，按照理想的请求权基础分析法教学的要求，学生必须相应地进行法律检索，结合实证法进行法律解释，说明采纳某种观点的理由，通过结构严密的分析最终给出结论。如果能充分意识到这一点，请求权基础分析法在中国可以发

---

[28] 以2020届本科毕业生为例，北京大学法学院有67名同学直接就业，其中36名同学进入律师事务所工作，19名同学进入企业，考虑到法学院学生进入企业后多从事法务工作，可认为有超过80%的毕业生从事工作与法律直接相关。参见北京大学法学院就业办：《北京大学法学院2020届毕业生就业情况报告》，载微信公众号“pkulawjob”2022年7月12日，https://mp.weixin.qq.com/s/CJaY7NKlBQEnKufbDiAmOg。个别政法院校数据参见《华东政法大学毕业生就业质量年度报告(2020)》，第58页。

[29] 参见夏昊晗：《鉴定式案例研习：德国法学教育皇冠上的明珠》，载《人民法治》2018年第18期。

挥的最大功能反倒胜于德国。对于德国学生而言,案例中所涉问题大多可以通过查阅各种教科书和评注获得通说观点,分析案例的主要工作在于识别问题和形式化地进行法律规范与案件事实间的涵摄。相比之下,面对因混合继受而难言明确的实证法和未臻成熟的法教义学,中国学生在前述工作之外,至少还必须在影响力接近的学说观点之间进行判断和选择,甚至可能需要自己构想出合理的解决方案。[30]

二、回归现实:中国法学教育的未来

通过上述回应可知,请求权基础分析法本身是一种可行的案例分析方法,也有助于培养学生的专业能力。但在理论上的"正名"后还需要面对现实,即在认可该方法价值的前提下,分析如何立足中国法学教育的现状开展教学。

(一)从教学体系出发

在近些年引入请求权基础分析法的过程中,以其为代表的鉴定式案例教学被认为是德国法学教育取得成功的重要原因。但如果忽略对于德国法学教育的整体观察,此种评价很可能走向过度夸张。一方面,请求权基础分析法的教学确实贯穿德国民法教学始终,梅迪库斯以其在慕尼黑大学法学院开设的请求权基础课程为本所著的《民法》一书,在德国也被学生奉为"圣经",对于克服依法典体例展开教学的弊端、帮助高年级学生融会贯通所学习过的知识具有重要作用;[31]另一方面,如果考察发展历史则会发现,该方法的产生其实颇为晚近。一般认为,该方法产生于20世纪50年代,直至80年代才被德国学界广泛接受,并且该方法最早并非源自大学,而是德国的私人讲师为学生提供的国家考试备考

[30] 从教学安排的角度出发,此类案例教学更适合在基础课开设完毕后进行。

[31] 参见苏永钦:《民法典与卷轴式教学》,载苏永钦:《寻找新民法》,北京大学出版社2012年版,第468页。

训练。[32] 但我们显然不会认为德国法学教育在该方法产生之前是失败的。换言之，即使抽离了该方法相关的教学，德国法学教育的质量大概率也不会产生大幅倒退。

那么，从教学体系的视角出发，请求权基础分析法的相关教学到底具有何种作用？在回答这个问题之前，不妨同相关教学在实践中遇到的一个问题进行对比。在教学过程中，学生时常提及的问题是，为什么熟练掌握请求权基础分析法后还是很难对案例作出全面、准确的分析。案例教学都以方法讲授为中心，但把方法运用到具体案例中的效果不仅取决于方法本身，还依赖于对所涉实体知识的掌握。当学生对相关领域缺乏必要了解时，其根本无法意识到争议点的存在，自然难以全面、准确地分析案例。而实体知识的掌握程度，又主要取决于基础课程的讲授质量和相关领域的既有研究。

可见，想要实现案例分析课程所欲达到的教学效果，学生对于该领域的基础知识必须有一定了解，否则将难以达到方法训练的目的。这也反映了基础知识课程和案例分析课程之间在功能上的影响关系。一方面，通过在案例课中将所学规则和理论知识应用于实际案例，学生可以在课后有效巩固所学知识，深化对于授课内容的理解，在本科高年级阶段进行的复杂案例训练还有助于学生整体地理解民法体系的内部关联。此为案例课对于基础课程的“效果提升”。另一方面，案例课的开展效果又受到基础课程质量的影响。基础课程质量越高，以案例课巩固所学知识的必要性也就越低，此时，案例课的意义主要在于方法训练。如果基础课程的讲授者在授课过程中有意识地进行方法训练，专门开设案例课的必要性将进一步降低。

厘清此种影响关系后，也就可以理解德国法学教育为什么不完全依赖于案例教学。从形式上看，德国法学院的课程可以分为讲授课、练习课和研讨课三类。其中，讲授课的任务是讲解相关领域的基本概念和主要知识，由教授主讲。练习课作为讲授课的配套课程，主要包括大课教授组织

---

[32] See Lutz-Christian Wolff, *Structured Problem Solving: German Methodology from a Comparative Perspective*, Legal Education Review 1, 2003, p. 22.

的练习课(Übung)和助教组织的案例练习课(Arbeitsgemeinschaft)。[33] 练习课在如今的德国法学教育中确实有着不可替代的作用,但长期以来,讲授课反倒是教学效果的基本保障。即使学校间教学质量水平不一,德国法学长期的学术积累以及在此基础上产生的经典教科书、评注等也能起到替代教学或者维持教学质量底线的作用。并且,虽然完整的请求权基础分析法在20世纪50年代才产生,但这并不意味着德国学界在此之前不重视请求权基础思维。自温德沙伊德提出纯粹实体法意义上的请求权概念之后,该概念对德国学界及法典编纂均产生深刻影响[34],分析问题时以请求权基础思维展开论述自然也成为教科书作者和讲授课教学的常见之举。

所以,在全面推广请求权基础分析法的同时,还应同时致力于提升民法基础课程的质量。否则,想要以请求权基础分析法教学单独实现专业教育的培养目标,不仅不具有可操作性,反倒可能引发类似上述对于请求权基础分析法本身有效性的质疑。

(二)从现有资源出发

对于中国而言,教学研究体制的限制导致无法配备所需的助教人力与财力,使请求权基础分析法教学方法广泛开展。在教学体制和资源配置方式短期内难以发生根本改变的前提下,如何立足现有资源进一步推进相关方法的教学就显得尤为关键。

依据教学目标上的差异,案例分析课程可分为基础案例练习课和高级案例研习课。前者与讲授课同步开设,旨在巩固讲授课所学知识并进行基本的法律思维培养;后者则在基础课程讲授完毕后开设,意在训练应对复杂法律问题的能力以及相关的法律检索、法律写作等能力。[35] 就请求权基础分析法的教学而言,目前已经开设相关课程的学校大多将其置于综合课程阶段,课程时间一般在民法基础课程结束之后,性质上属于高级案例研习课,形式上多为选修课。从理论上讲,将课程安

[33] 参见韩赤风:《当代德国法学教育及其启示》,载《比较法研究》2004年第1期。
[34] 参见金可可:《论温德沙伊德的请求权概念》,载《比较法研究》2005年第3期。
[35] 参见葛云松:《法学教育的理想》,载《中外法学》2014年第2期。

排在这一阶段的好处在于同学们大多已经完成基础课程学习，可以更好地实现方法训练的目标。但就实际效果而言，即使不考虑基础课程阶段的教学质量，不少同学在修读案例分析课程时也已经遗忘了基础课程阶段的许多内容，导致老师或助教在进行案例教学时不得不同时就实体法知识进行“补课”，原本设计的重点问题的讲解和讨论因而受到影响。从长远来看，以高级案例研习课为基础向基础案例练习课推进应当是相关教学在中国未来的发展方向。并且，当基础课程均配有案例研习课后，某一特定部门法的高级案例研习课作为必修课的意义反倒大大降低。

从现有教学资源来看，开展基础案例练习课的主要困难在于缺少助教。即使在综合类院校，民法基础课程的授课人数往往也超过150人（更遑论政法类院校），参考德国15～20人的小班规模，至少需要8～10名助教引导讨论。并且，考虑到不同年级的民法基础课程可能在同一学期开设，这一数字至少还需要翻倍。可见，想要在授课阶段上从高级案例研习课转向基础案例练习课，需要建立长期的助教培养机制。就此，笔者所在的北京大学法学院或可提供一定参考。[36] 自葛云松老师和许德峰老师于2012年开设民法案例研习课程（以下简称民案课）以来，经过十余年的努力，该课程在教学规模上已经发展到如今的十多个小班，近些年的选课人数一般在230人左右。在助教设置上，每个小班原则上配备一名博士生或高年级研究生作为“大助教”主持讨论，一名低年级研究生或高年级本科生作为“小助教”辅助教学。在经历了由老师主要负责的“初创期”后，民案课如今在助教培养上主要依靠从修读课程的同学中选拔表现较好的同学作为后备助教，后备助教需要先经历“小助教”阶段积累经验后方可担任“大助教”。由于培养方案的要求，民案课目前主要面向高年级本科生和法律硕士，内容上偏向于高级案例研习课。但如果学院进行教学改革，将相关教学提前至基础课程阶段，现有助教储备基本可以满足需求。

---

[36] 参见于飞主编：《鉴定式案例研习：首届全国大赛优秀作品暨会议记录》，中国政法大学出版社2021年版，第435页。

笔者认为,北京大学法学院民案课的快速发展固然存在一些特殊因素,如任课老师多年来不计回报的持续付出、北京大学相对较好的生源质量等,但就助教培养机制而言,北京大学的经验在许多法学院校中同样可以实现。具体而言,有意开设相关课程的院校可以先面向基础课程阶段的学生开设选修性质的基础案例练习课,专门讲授请求权基础分析法。为保证教学质量和将来的助教工作效果,任课老师应当在选课之前进行专业知识考核并提前告知学生将来需要担任相关课程助教。考虑到毕业工作、升学至其他学校等因素的影响,保守估计,4年左右应该可以建立起稳定的助教培养机制并培养出一批足以胜任基础案例练习课助教的同学。如果能够开展相关课程的老师不止一位,这一过程所需时间将进一步缩短。在这些同学进入本科高年级或者研究生阶段后,便可辅助基础课程的老师开展基础案例练习课教学,而原本作为选修课的基础案例练习课可以转为高级案例研习课,从而实现理想的双阶课程结构。

并且,相较于十多年前几无成熟教学资源可供参考,如今的教学局面则大有改观。一方面,随着请求权基础分析法的推广,网络上有越来越多的电子资源可供参考,有意开设相关课程的老师即使并未接受过相关训练,也可以借助网络资源学习该方法,甚至以网络资源为基础开展教学。另一方面,除了既有关于请求权基础分析法的理论性专著,近年来有不少德国案例研习课的教材被引入中国,为有意者提供了系统的练习参考。而在可期待的未来,中国学者也会立足于自身的教学实践出版相关方法论专著和案例练习书,[37]这些对于减轻授课负担、提升教学效果都将大有裨益。

---

[37] 例如吴香香:《请求权基础:方法、体系与实例》,北京大学出版社2021年版。

结 语

在论及近代中国对西方的学习时，史家常用“从器物到制度再到思想”描述这一历程。相比之下，法学的继受在很长一段时间内都处于学习器物的阶段，最典型的就是对于他国法典及相关理论的继受。但在经历了知识输入所带来的短期红利后，越来越多的人认识到仅凭外国的理论（器物之学）不能改变中国法学教育存在的问题，亦无从推动法律人共同体的建立和中国法学的实质进步。而以请求权基础分析法为代表的鉴定式案例教学的兴起，或许正因应了从学习器物到学习制度（教育体制）乃至思想（教育理念）的转变。至于其可能具有的意义，不妨借用马克思·吕梅林（Max von Rümelin）的经典名言：“在所有的改变中，方法的改变才是最大的进步”。[38]

On the Analysis Method of Claim Basis as a Pedagogical Approach: Clarifying Misconceptions and Looking Ahead

Liu Ning

Abstract: Case analysis courses led by the gradually widespread analysis method of claim basis have raised many doubts. Doubts on the perspective and its limited application are misconceptions in fact because the completeness of the code and the development of dogmatics are not eligible to be used to evaluate the method. In addition to the more comprehensive

[38] ［德］菲利普·黑克：《利益法学》，傅广宇译，商务印书馆2016年版，第50～51页。

introduction of similar courses as a companion to lectures, future reform needs to pay more attention to the quality of rudimentary courses of civil law. Schools wishing to offer such courses should make full use of existing resources and try to establish an internal mechanism for the training of teaching assistantsto achieve sustainable development.

Key Words: analysis method of claim basis, analysis method of legal relation, the purpose of legal education, case analysis courses

理论探讨

智能化时代的法学教育革新：需求、困境及路径

王保民*　姚志奋**

摘　要：智能化时代背景下，智能信息技术与法学教育的融合发展，在一定程度上丰富了法学教育的内涵。而智能信息技术在法律领域的应用实践，不仅使法学教育面临法律职业业态智能化转型、教育载体智能化等新变化，更促使法学教育从教育目标、教育内容及教育方式等方面直面革新要求。然而，在当前阶段，法学教育理念与培养目标缺乏智能化定位、法学教育革新实践脱离必要的智能化环境、法学教育过程评价缺失有效的智能化手段，成为法学教育革新的现实困境。为此，需转变教育理念及培养目标以助推"胜任职业"、优化教育革新的实践环境以培育"智能素养"、完善教育过程的评价机制以助力"多元范式"，进而构建智能化时代背景下法学教育革新的基本路径。

关键词：智能化时代　法学教育　法学教育革新

* 王保民，西安交通大学法学院教授，博士生导师。研究方向：立法学、公法理论。

** 姚志奋，西安交通大学法学院博士研究生。研究方向：立法学、法律治理学。

引　言

任何事物都处于不断的运动变化之中,事物的前进与倒退只有被置于一定的历史时期才具有评价的现实意义,教育同样如此。教育因时代变化而变化、因顺应趋势而发展,这体现的是教育的时代性特征。近年来,以AI、云计算、物联网、大数据等为代表的信息技术兴起,对社会生产与人们的生活产生了诸多影响,助推人类社会进入智能化时代。① 在此时代场域下,智能信息技术与法律呈现越发紧密的关系,这不仅体现在法律对智能化技术领域的规制上,也体现在智能信息技术与法学教育的融合互动之中。2018年10月,教育部、中央政法委联合发布的《关于坚持德法兼修实施卓越法治人才教育培养计划2.0的意见》提出,发展"互联网+法学教育",推动现代信息技术与法学教育深度融合。2020年11月,教育部发布的《新文科建设宣言》提出,积极推动人工智能、大数据等现代信息技术与文科专业深度融合。从这一系列政策文件中不难看出,智能化时代场域下法学教育的革新已成必然。既然如此,在智能化时代背景下,法学教育具有怎样的新内涵、出现了哪些新变化、面临哪些新的时代要求?法学教育革新遭遇何种困境,又应当采取怎样的应对路径?对这些问题的梳理、研究及解决,有助于推动我国法学教育在智能化时代下的转型升级,为法治中国建设贡献力量。

一、研究缘起:智能化时代的法学教育面临发展之变

智能化时代背景下,以云计算、人工智能、数据信息化、物联网等为代表的智能技术具有较强的信息化、宽泛的社会应用面等特征,在一定

① 参见陈京春:《人工智能时代法学实践教学的变革》,载《山东社会科学》2020年第11期。

程度上丰富了法学教育的内涵,也促使法学教育面临新的发展之变。

(一)智能化与法学教育

第一,智能化基本内涵与内在特征。智能化属于社会学科的研究范畴,涵括了云计算、人工智能、数据信息化、物联网等技术新领域的出现、应用及发展,智能化具有变革人类生活与生产方式、强化生产力、促进社会进步的作用。至今,智能化的内涵缺乏统一性表述,学者基于不同的学科背景,对智能化作出了不同的概念阐释。从行为角度分析,智能化是一种针对智能行为的综合性表述,这种智能行为包含了在简单及复杂环境中的学习、交流、感知、推理等行为的综合物化,进而形成一种类似于人类智能判断能力的行为能力。② 从工程角度分析,智能化则是将人类本身所具有的感知、理解、推理、运用、设计及规划等能力赋予机械体,使其具有一定的智能属性,从而帮助人类完成工程任务。③ 智能化具有自身的显著特征:一是信息化特征。智能化的形成与发展伴随信息化的技术应用,尤其是以云计算、AI 和数据化平台为代表的计算机新技术的应用,使信息技术在社会化及生活化应用方面凸显"智能"效果。因此,智能化与信息化是相伴相生的。二是较宽的社会应用面。以 AI 为代表的智能化技术具有较宽的社会应用面:AI 具有较为宽泛的社会应用面,能够广泛应用到经济、管理、教育等诸多领域,而且可塑造性较强,能够通过行为加持,创造出不同的应用型新媒介。例如,近年来法治领域所出现的智慧仲裁、智慧律师及智慧法院等,充分体现了智能化时代法治建设实践环节的 AI 应用。三是重塑与变革特征。智能化的应用与发展会反作用于传统经济、社会组织架构与运行模式,从而推动社会、经济等方面的革新。例如,在智能化所引发的"智能教育"等现象的促推下,陆续出台《高等学校人工智能创新行动计划》《教育信息化 2.0 行动计划》等文件,从政策层面支持教育与智能嵌套系统的建立与运行,助推教育

---

② 参见顾小清等:《智慧教育的理论框架、实践路径、发展脉络及未来图景》,载《华东师范大学学报(教育科学版)》2021 年第 8 期。

③ 参见陈光宇等:《以人为本的人工智能工程伦理准则探析》,载《电子科技大学学报(社科版)》2020 年第 6 期。

发展模式变革。基于上述分析,可对智能化作出以下定义:智能化是指事物在大数据、物联网等信息技术的支持下,能够广泛应用到社会生产、生活等领域,从而创新生产方式及社会运行模式,能动地满足人们各种需求的属性。

第二,智能化语境下法学教育的新内涵。智能化语境下法学教育区别于传统法学教育,其内涵包含智能性要素。一是法学教育应涵括智慧目标。例如,有国外学者认为,“正确的教育应当是智慧的,应当体现行为上的智能性,从而服务于生活”④。还有学者指出,“用智能化的手段包装教育,从而达到增进人类智慧的目的”⑤。二是法学教育手段应凸显智能化。智能化语境下的法学教育应当是一种涵括AI、云计算、大数据等现代智能技术,融合“智能+教育”双重内涵的教育生态系统。有学者提出,“智能化教育本身则是一种通过采用智能手段而完成教育目标的行为活动”⑥。三是法学教育应嵌入智能化内容。在智能化时代,法学教育应当体现教育内容上的智能化嵌入,彰显法学教育的智能素养。所谓“智能素养”,指的是行为主体具备利用智能化的方法,高效读取、整合、分析、采用、交流及评价信息的技术能力及人文素养。在智能化时代,人们的工作与生活时刻处于网络信息及科技产品的环绕之中。因此,在智能化时代背景下,法学教育不仅应在教育目标及手段上彰显智能性,还应当将“智能素养”纳入教育内容,从而增强受教育者的智能适应性。

(二)智能化时代的法学教育面临新变化

第一,法学教育载体不断丰富。在智能化时代,“智能+”的法学教育方式能够不断丰富教育载体。一是教学内容上出现智能化载体。近年来,高校法学教育中普遍适用的“教材+案例”的教学方式呈现智能化倾向。例如,利用网络信息资源,通过北大法宝、中国裁判文书网等资

---

④ [印度]克里希那穆提:《一生的学习》,张南星译,群言出版社2004年版,第57页。

⑤ 黄荣怀等:《从数字学习环境到智慧学习环境——学习环境的变革与趋势》,载《开放教育研究》2012年第1期。

⑥ 周建华:《人工智能给教育带来的变革随想》,载《创新人才教育》2019年第4期。

源数据库，获取实时更新的案例资源，将传统法学理论教材同司法案例相结合。再如，将案例网络数据链接以二维码形式附入教材封面，以增强判例教学效果，王利明教授所著2021年版《民法学》教材便采用了此种方式。二是新兴法学教学方式不断出现。例如，以“翻转课堂”“微课程”“慕课”等为代表的“网络+”课程层出不穷。这些新兴教学方式促推法学教育智能升级，取得了一定的教育效果。

第二，法律职业业态出现智能化转型。职业实践是衡量教育的重要标尺之一，法律职业的业态变化也可反作用于法学教育，促使其产生新变化。一是智能化技术手段嵌入法律职业，催生法律职业新业态。基于智能数据分析技术的出现及使用，法律文件存储、诉讼项目管理、法律适用分析技术等在律师行业应用广泛，催生出“网上律师匹配”“线上法律咨询”“虚拟律师服务”等诸多新业态，对传统律师职业结构产生了影响。有学者认为，当前，智能法律服务在民事借贷合同、企业合规分析等方面，已存在替代人工律师的可能性，在未来，这种替代可能性将会逐渐增强。⑦ 例如，我国研发的“大牛MINI”桌面法律顾问机器人在2019年曾与3名国内资深律师，就案件事实审查、法律咨询等专业领域发起“人机对战”，“大牛”完胜。2018年，以色列LawGeex公司研发的法律AI也曾就合同审查专业领域与20余位法律专业人士对决并胜出。二是法律职业实操中广泛采用智能辅助工具。一方面，法律辅助软件的开发能够为法律职业实践提供帮助与参考。例如，北京法律职业者所采用的“裁判预测性”软件，能够通过海量刑事裁判文书及法律文本的比对分析，预测案件走向，为法律工作者提供参考。另一方面，电子卷宗、法律法规更新追踪、法律文书自动生成等智能系统在各地“智慧法院”“智能司法”等司法实践中得以广泛应用。

第三，从国际层面看，域外各国较为重视智能化教育，通过制定发展战略等方式支持教育智能化发展。例如，新加坡于2006年启动的“iN2015·智慧国”信息科技计划，通过国家的政策铺垫对信息基建与

⑦ 参见谢拓：《人工智能时代法律职业的挑战与应对》，载《应用法学评论》2020年第1期。

科技产业进行扶持,建立了持续化、自主化及个性化的公民学习体系。⑧韩国于2010年出台《智慧教育发展战略》,明确支持构建以云网络、大数据、人工智能等为技术手段的教育网格,提升全民教育的智能化水平。⑨美国则于2020年发布《人工智能教育战略》,明确提出加强智能教育工具的开发与应用,培养人工智能全球领先人才。⑩ 从国内层面看,我国虽然未直接提出智能化教育的战略方案,但仍然通过出台相关政策性文件,推动教育领域的智能化建设。例如,教育部等11部门于2019年联合印发的《关于促进在线教育健康发展的指导意见》提出,推动人工智能、互联网等在教育领域的应用。综上可知,智能化法学教育在国家层面获得了广泛的政策性支持,是法学教育发展的新方向。

二、发展之需:智能化时代的法学教育革新面临新要求

在智能化时代背景下,从国家层面看,智能化法学教育获得了政策性支持;从实践层面看,法律职业业态出现了智能化转型,而智能化的信息技术也不断丰富着法学教育的载体。因此,无论是适应法律职业的现实需求,还是迎合法学教育面临的时代特征,都对法学教育革新提出了新要求。

(一)教育目标需由"从事职业"转向"胜任职业"

传统法学教育将学生未来的职业岗位获取作为重要目标之一,但是这种目标考量标准更多地倾向于"从事职业",即学校将学生毕业后是否能够获得工作岗位作为教育目标的重要衡量因素,而对学生是否胜任职业缺乏关注。智能化时代背景下的法学教育呈现新变化。在智能化时代,法学教育应以提升学生内在智慧,增强行为活动的智能性,培养理

---

⑧ 参见徐代鸿:《新加坡智慧国建设的经验及启示》,载《天津科技》2012年第4期。

⑨ 参见周琴等:《韩国智慧教育战略及其启示》,载《教师教育学报》2021年第4期。

⑩ 参见阙天舒、张纪腾:《美国人工智能战略新动向及其全球影响》,载《外交评论(外交学院学报)》2020年第3期。

智思考、分析、解决问题的能力为本质目标,这种能力应当包含职业能力,应当对职业匹配度与适应性进行考量。有学者认为,“当下的法学教育,应当着重培养学生的法律职业能力,培养合乎法务需求的应用型、复合型人才”⑪。换言之,法学教育所培育的学生应当对所获职业具备胜任能力,法学教育目标需要向“胜任职业”转变。究其原因,智能技术的发展使即时性经验和知识越发重要。在传统的教育背景下,由于信息的传播速率存在局限,教师的理论知识及经验几乎具有权威性,因此以教师为中心的“传习式”教育是可行的。但在智能化时代,信息的传播速率加快,传播渠道逐渐畅通,知识的传导与更新十分迅速。教师在一定程度上已经失去了知识与经验上的权威性,且这种知识与经验甚至难以满足社会职业的需要,因此法学教育需要从“传习式”向“开放式”转变,从而通过智能化的教育方式,帮助学生掌握法律职业技能,提升学生胜任职业的能力。基于此背景,教育部发布的《普通高等学校法学类教学质量国家标准》(2021 年版)提出,法学类专业教育是素质和专业教育基础上的职业教育,并在培养目标中要求具备高效、高质量法律服务能力。

(二)教育内容需将“智能素养”融入“专业技能”

传统法学教育侧重于对不同门类法律规定与法理内涵的解读,这也是高校法学课程设置的主要依据,法学教育内容大多停留在对法学知识本身的讲解层面,其目的在于促使学生熟练掌握各法学学科的知识内容,形成能够获取法律职业资格的“专业知识”。在智能化背景下,法律职业在业态上已经出现了智能化转型,出现了较为显著的“从业者 + 机器”的人机协作工作方式,如智慧法院、智能司法等,其共同点在于法律从业者可借助智能化技术及设备,从事法律辅助性工作。但需要明确的是,无论是智能系统还是智能体的操作,都离不开相应的智能化技能。因此,法学教育在内容上应当在法律专业技能培育的基础上,融入智能素养,从而形成契合时代场域的内容体系。其具体包括以下方面:一是法学教育的课程设置需凸显智能化内容。虽然说智能化软件的设计与

⑪ 杨宗科:《新时代法学教育新理念新思想新战略》,载《法学教育研究》2021 年第 1 期。

编程属于信息技术专业的培养范畴,并非法学主干课程,但仍可以通过设置案例选取、法律技术实践等信息基础课程,或者在教学中融合智能化学习等方式培养法学学生使用技术、进行技术交流的智能素养。二是智能素养的理念应贯穿整个法学教育体系。理论知识与实践经验是法学教学内容的组成部分。然而,教育态度也应当成为教育的重要内容,并贯穿整个教育活动过程,这就包括对智能素养的培育理念。智能技术的发展代表未来科技的发展方向,若要摒弃因循守旧的法学教育思维,坚定与时俱进的创新发展思维,则应当树立培育智能素养的法学教育观。三是法律职业能力的培养需要凸显智能素养。例如,在司法实践当中,新型电诈犯罪在行为上存在依托智能技术的现象,如若法学教育下的从业者不具备相关的智能素养与能力,必将对其职业发展产生不利影响。

(三)教育方式需从“传统范式”转向“多元范式”

在传统法学教育范式下,讲习法学理论知识是重中之重,课堂教学是主要的教育方式,教室是主要的教学场所,在这种教育范式下,法学教育的行为方式被限制在特定的空间与时间场域之中,只能采取有限的教学范式进行教学活动,难以适应当前以强信息化、宽社会应用面为特征的智能化时代的新要求,需要对法学教育方式进行智能化革新。一是教学环境的智能化新范式。传统法学教学环境的设计布局具有单一的设计范式,遵循“集中授教”的设计思路,而智能化时代的法学教育在教学环境的设计上应当充分体现智能化范式。例如,可在教室中配置智能显示屏、智能机器“助教”等,丰富教学媒介。未来,有条件的高校还可以借助 AI 技术,建设虚拟法律职业场景,强化实践训练与教学体验。二是法学学习的智能化新范式。随着智能化技术的应用与普及,法学学习范式呈现新特点。首先,教师非必要情境下的个性化学习,这在实际上已经得到具体应用。例如,通过“北大法宝”“粉笔”等系列网络数据 App,制订适合学生自身实际的学习计划,从而实现个性化备考。其次,教室非必要空间下的网络化学习。网络化学习实际上是课堂教学活动的延伸,在现实教育活动中已经得到较为普遍的应用,如网络学院、网络课程等。最后,教材非必要载体下的跨界学习。智能化网络工具的使用,能够通过数据交叉搜索等功能,即时解答跨专业、跨学科的知识疑问点,从而实现学习内容的多方涉猎,模糊教材边界。

三、现实困境:智能化时代的法学教育革新面临多重障碍

当前,智能信息及技术的适用与普及,对法学教育的发展提出了新要求。但在目前的法学教育模式下,教育理念及培养目标缺乏必要的智能化定位,革新实践在一定程度上脱离了必要的智能化环境,过程评价缺失有效的智能化手段。这些都对智能化时代的法学教育革新产生了障碍。

(一)法学教育理念与培养目标缺乏智能化定位

明确的教育理念与人才培养目标是开展法学教育的基础性要素,如若缺失,则法学教育容易缺乏必要的行为导向。基于此,法学学者及法律工作者曾对法学教育的理念进行深入探讨,并形成了“精英法学”“职业法学”“综合法学”等诸多学说。实践中,教育部逐年下发法学课程建设国标等指导性文件,明确法学教育的培养目标。各高校也依据自身办学实际,出台了相应的培养计划及育人目标。现实中,虽然法学教育革新的步伐从未停止,但在智能信息快速发展的时代环境下,法学教育理念存在一定的滞后性,法学教育的基本理念与培养目标缺乏智能化定位。[12] 一方面,从国家层面看,尽管教育部等部门在2019年出台的《关于促进在线教育健康发展的指导意见》中,就已经提出了大力推进“互联网+”“智能+”教育教学改革,但在随后发布的《普通高等学校法学类教学质量国家标准》(2021年版)中的培养目标中,却并未提及智能化教育或者智慧教育。法学教育在理念与培养目标上,并未在政策层面获得智能化定位。另一方面,从高校层面看,许多高校对法学教育的发展

---

⑫ 参见张建文、潘林青:《人工智能时代法律人才培养的新起点、新理念与新方案》,载《法学教育研究》2021年第1期。

定位大多停留在“从事职业”的目标定位上,对智能化亦重视不足。例如,在调研的W市7所本科院校中,在“培养目标”及“办学理念”中提及“网络化”“人工智能”“信息化”“智能化”等词汇的只有4所,其中明确提出应当培养“智能化”“信息化”法学人才的只有2所。这说明在高等院校的法学教育过程中,现有教育理念与培养目标并不能完全涵盖智能化发展的时代要求,也难以满足“胜任职业”的法律人才需求。

(二)法学教育革新实践脱离必要的智能化环境

高等教育的本质在于培养人才,法学教育革新实际上需要解决的是如何不断“培养法学人才”的问题,具体指向三个方面:“由谁负责”培养、“依据怎样的内容”培养以及“采取何种方式”培养。这聚焦于法学教育的主体、内容及其方式,共同构成了法学教育革新的实践要素。现实中,这三者在不同程度上存在脱离必要的智能化环境的客观情况。

第一,教育主体欠缺智能时代创新发展的智能素养。就宏观角度而言,教育主体包括国家、社会、学校与家庭。从高等院校的微观层次分析,教育主体由学校、教师组成,教师是其中的关键主体。因此,在法学教育革新过程中,法学教师应当具备必要的智能素养。一方面,从对智能信息技术介入法学教育的主观状态进行考量,教师仍然存在不同的思维向度。例如,在调研的W市7所本科院校中,随机抽取20名法学教师进行访谈,其中有4名教师认为智能教学在未来将会完全取代课堂式教学,应在当下的法学教育实践中融入智能化教学方式,占访谈教师的20%;6名教师认为智能化技术只是一种辅助工具,主要作用在于节约教学时间,占访谈教师的30%。其余访谈对象则认为智能化技术更多地偏向于生活,不属于教师的教育范畴。因此,高校教师在主观思维上并未完全认同应当在法学教育中介入智能技术、培养法学学生的智能素养。另一方面,智能化应用在教师的法学教育实践中体现得并不充分。虽然部分教师在具体的法学教育实践中具有智能化转型的趋势,但受制于自身智能素养的局限,他们在行为展示上多采用多媒体设备教学,或者推荐公众号的方式讲解法律理论或者诉讼案例,教学实践仍停留在初级智能化阶段。

第二，教育内容上未形成智能化学科与法学专业知识的“互涉”局面。在教育内容上，智能化时代的法学教育要求突破专业屏障，模糊教材边界，引入智能技术或者相关学科基础知识，提升法学学生的智能素养。然而，当下并未形成这种局面。一方面，纸质化的教育内容呈现形态固化、内容滞后及知识面狭窄等特征，主要体现在纸质化的法学教材上。⑬ 首先，教材本身是对法学理论及实务操作的一种书面化呈现，无法进行实时更新。其次，当下的法学教材严格按照不同法律科目进行编排，内容固化，缺乏学科间的交叉融合。另一方面，在课程内容上，法学教育缺乏智能化相关的课程设置。例如，在调研的 W 市 7 所本科院校中，仅有 1 所院校开设了人工智能与法的“智能 + 法学”互涉课程，且为选修课程。而在 W 市 7 所本科院校法学院系的选修课程中，仅有 3 所院校开设了大数据应用与分析、AI 应用与生活等涉及智能信息基础知识的课程。在智能化时代背景下，法律职业的实践越来越多地融入了智能化元素，但无论是智能系统的操作还是智能体的运用，都离不开相应的智能化技能。基于此，当下的法学教育在学科的课程设置上，应当融入相关的智能化课程，从而提升法学学生的智能化水平，建立契合时代场域的法学教育内容体系。

第三，教育方式上单一的传统范式依然占据主导地位。教育方式作为教育实践的主要运行工具，对教育效果的彰显具有关键作用。在以云计算、AI 和数据化平台等信息技术为代表的智能化时代，智能化法学教育本身便具有多学科融合互涉的特征。但是，当下单一的法学教育传统范式依旧占据主导地位，主要体现在以专业知识传授为主的教育方式并未改变。例如，在调研的 W 市 7 所本科院校的法学院系中，随机抽取 40 名大学四年级学生进行访谈，40 名学生均认为接受课堂教学与课后自学是大学中最主要的受教育方式，其中有 18 名学生参加过院系组织的模拟法庭实践，有 12 名学生实际参加过法律职业实习。有学者认为，法律职业具有细致严谨、适用性强等特点，这需要扎实的法学理论知识作

---

⑬ 参见于冲：《法学教材立体化、智慧化的改革思路与实施路径》，载《中国法学教育研究》2020 年第 3 期。

为依托,因此法学教育应当坚持以法律理论知识传授和专业技能培养为基石。[14] 这种观点认识到了法学教育中以法学伦理、理论流派、原则概念等组成的知识体系的重要性。但是,知识的最终价值在于运用。当下依法治国的基本战略环境对法律职业的专业性、实践性、准确性与正义性等提出了更高要求,需要法学教育在方式上利用智能化手段或者载体迎合时代需求。

(三)法学教育过程评价缺失有效的智能化手段

规范教育过程才能获得合理、科学的教育评判结果,这也是教育模式不断调整、与时俱进的重要依据。当下,高等院校法学教育的过程评价差异不大,基本上遵循上级许可、评价标准制定、过程指标量化、量化结果赋分、产生评价结果这一流程,具有较强的政策化、主观化特征,缺失有效的智能化手段。这主要体现在两个方面:一方面,缺乏智能化教育内容的评价机制。具言之,教师等教育主体在教学过程中通过内容穿插或者直接开设相关智能信息技术基础课程等方式,促进法学学生了解相关信息知识,掌握基础性的信息技能,这是教育主体在教育过程中体现智能素养的重要方式。如若对这类教育过程制定较为科学的评价机制,则能够在很大程度上促进教育主体内在动力的彰显,有利于智能化法学教育人才的培养,然而这种评价机制在客观上是缺失的。[15] 另一方面,现有机制缺乏智能化依托。智能机器在某种程度上比人要可靠,因为智能机器的"智能属性"能够产生类似人体的判断功能,而这种判断功能本身所依据的是大量数据统计与分析。在当下的法学教育过程评价中,"过程指标量化""量化结果赋分"环节主要采取人为统计与分析的方式,即便采用相关的数据统计软件,也缺乏必要的智能系统应用,容易导致评价过程"暗箱操作"、评价结果"有失公允"的情况出现。

---

⑭ 参见孙昊亮、王萌:《新时代人工智能发展下的法学教育》,载《法学教育研究》2019年第4期。

⑮ 参见李建中:《人工智能时代的知识学习与创新教育的转向》,载《中国电化教育》2019年第4期。

四、破解策略：智能化时代法学教育革新的基本路径

我们应当充分考量法学教育面临的新变化，针对法学教育革新的多重困境，探索法学教育革新的基本路径。

（一）转变教育理念及培养目标以助推“胜任职业”

在信息技术突飞猛进与交叉学科专业兴起的时代背景下，新型智能化科技正在对传统法学教育和法律职业施加驱动性影响。在此驱动下，法学教育应当保持与法律实践的同步性。这就需要从国家、学校层面明确将智能化融入法学教育理念，制定科学适宜、契合发展实际的人才培养目标，从而满足“胜任职业”的要求。一是将智能化理念融入法学教育内容的革新。这实际上包含两部分内容，对应两个不同的法学教育革新主体。首先，在法学教育中融入智能化理念并非学校、教师能够独立完成的，应当在国家层面通过出台政策性文件、规范法学专业建设标准等方式，统一教育思想、转变教育思维，从而引导树立智能化的法学教育新理念。其次，加强法学教育的技术性学习，嵌入关联性的智能化技术内容。在此过程中，高等院校为当然性主体。尽管专业化的法学理论及技能性知识在当下的法律职业实践中仍然发挥十分重要的作用，但是，实践中智慧司法、线上法律诊所、网络律师事务所等智能系统应用不断强化的客观现实深刻表明，法律职业只有同新型技术密切协作，才能深度参与社会竞争。因此，高校以具有关联性的数字化技术完善法学教育的内容架构，是智能化时代法学教育革新的必然选择。[16] 二是将智能化理念融入法学教育过程。在法学教育过程中，应当采用智能化的技术手段，增强法学教育的质效，这一行为的主体主要是学校和教师。这主要包括两个方面：一方面，校方应当加强相关智能化硬件设施建设，提供必备的智能化系统或设备；另一方面，教师在施教过程中应广泛采用相关

---

[16] 参见尹超：《人工智能时代的法律职业变革与法学教育走向》，载《中国法学教育研究》2019年第1期。

智能化手段,增强法学教育的效果。三是在智能化法律职业的导向下,定位法学教育的培养目标为兼具科学与人文素养的新型法学人才。国家层面应当出台相应的教育规划或政策,引导法学教育培养目标的革新;高校层面应当在相关政策的引导下,立足教育实践与职业实践,自觉更新培养目标,为培养"胜任职业"的法学人才贡献力量。

(二)优化教育革新的实践环境以培育"智能素养"

智能化时代的法学教育革新实践需要一定的实践环境资源予以支撑,进而激发、培育教师及学生的智能素养。针对当前法学教育革新中存在脱离智能环境的现实状况,应当从以下几个方面予以改进。

第一,教育主体应主动提升智能素养,适应智能环境。一是教育主体应当主动将智能化介入自身的教育活动。智能化时代是人机共存的时代,在这个时代场域中,被嵌入智能技术的教育活动对教学质量的提升具有积极作用。当然,作为法学教育,必备的法理知识与专业技能依然重要,仍是法学教育体系的中枢。同时,我们也应当看到,智能环境下智能技术的嵌入不仅能够丰富教师的教学手段、主动迎合法学学生的学习兴趣,甚至能够通过信息数据的收集、整理及分析,掌握学生学习进度与发展路径,从而推动法学教育的革新。对于教师主体而言,积极适应智能环境,提升自身智能素养,能够有效借助信息工具,对教学方法进行科学筛选,提升教学能力。此外,教师在适应智能环境的过程中,还能够强化自身对智能工具及智能软件的掌握,较好地提升自身的智能素养。对于学生而言,在法学学习过程中,智能技术的充分介入能够不断提升自身接受及使用智能技术的能力。同时,学生可以通过智能化系统的应用,了解自身所擅长的领域,从而激发内在学习动力,对自身的成长成才起到有益作用。二是教育主体还应当积极参与智能素养的传导。在传统法学教育过程中,教师与学生之间是一种较为相对的"主体—受体"关系,学生也被称为受教育者。因此,教师应当主动变革教学方式,采用智能化的教学模式,物化教学内容,完善教学设计,营造出智能化的教学情境、交互式的授课形式等,做好智能素养的传授者与引导者。

第二,教育内容应体现"智能 + 法学"互涉。智能化时代背景下的法学教育应当在内容上体现智能化知识。一是强化法学教材的智能化设计。传统的法学教材具有纸质化及学科专业化的特征，这对于强化法学理论基础，增强法学学生的专业素养是必要的。但是，针对传统教材出现的内容滞后等现实问题，应当采用智能化的手段予以解决。一方面，可以通过智能技术对专业性的法律法规及政策文件进行实时更新及解读，推动法学知识的快速更新；另一方面，可以通过智能技术，拓展教育内容的来源，不断丰富教育内容的表现形式，从而弥补传统教材的不足，推动法学教育内容实现知识体系与职业技术实践的同步更新、共同发展。二是强化法学课程内容的智能化设计。针对高校在课程内容上缺乏智能化相关的课程设置的现状，应当采取必要策略予以改观。一方面，可以通过教育主管部门的统筹功能，出台政策化措施或机制，推动高校完善法学课程设计，增添相应的智能法学应用课程。另一方面，课程设置上应当凸显“智能＋法学”互涉的科学性。要明确智能法学课程的内容脉络与结合逻辑，不能简单地拼凑法律知识与信息技术，而应在有机融合“智能新颖”与“传统法学”的目标追求下，综合平衡智能法学课程中智能技术及其知识体系的深度、宽度，重塑法学课程。

第三，教育方式上应当依托智能技术，提升智能素养的培育效果。在智能化时代背景下，法学教育方式能够依托智能技术予以丰富。一是以智能技术塑造新型学习方式。智能化学习环境本身便需要智能技术的支撑。这不仅能够营造出新奇的学习环境，而且能够激发学生的内在好奇心与求知欲。例如，通过智能化的新媒体技术及信息系统，打造法学“翻转课堂”“慕课”“虚拟法庭”等，以较强的视角切入，营造出身临其境的学习效果。再如，建立在 Oculus Rift 技术下的 VR 设备可以通过虚拟程序的设置，构建课堂“虚拟法庭”，从而达到贴近现实的法律职业实践效果。二是利用智能技术增强教育方式的科学性。智能技术不仅能够直接被应用到课堂教学，而且在增强教育方式的科学性、增强智能素养的培育效果等方面也能够有所作为。一方面，通过大数据技术的应用，实时追踪学生的学习效果，统计具体的知识弱点，从而针对性地提出弥合方案、增强学习效率与效果；另一方面，可以建立智能化的学习内容数据库,针对学生需求,及时调整教育内容,完善教材资料的设计,提升智能素养的培育效果。

(三)完善教育过程的评价机制以助力"多元范式"

行为过程的评价机制既能对行为结果的正当性和效果作出评判,又能对行为过程进行指导和必要的监督,因此法学教育过程评价机制的建立尤为重要。完善的评价机制不仅能够促进智能化法学教育的建立与发展,还能够助力法学教育过程中新生的、具有智能化特征的"多元范式",从而激励高校法学教育的智能化革新。一是建立智能化教育内容的评价机制。这主要包括两个部分:首先,对法学教育过程中的智能化辅助内容的评价机制。例如,在网络安全相关领域的法律教学中,应当对相关的信息技术进行必要讲解,使学生了解利用智能模型、大数据等进行违法犯罪的基础操作手段,从而不断丰富法学学生的法务实操。针对这种智能辅助教育内容,应当设置必要的过程评价,从而激励教师帮助学生拓展智能化的"涉猎"范围,创新教育范式。其次,建立"智能+法学"的课程评价机制。学校应当有针对性地开设与法学实践具有密切联系的智能信息技术基础课程,主要讲授智能信息基础理论知识及操作层面的信息技能,并对课程实施的过程与效果进行评价,纳入学校整体评价考核机制。这能够在很大程度上规范、促进教育主体充分利用智能化范式的内在动力,也有利于调动教师教育教学的主观能动性。二是在评价方式上,变"人为评价"为"技术评价"。一方面,可以充分利用智能化技术,建设法学教育的数据库系统,实行网络化办公,确保教育过程的各个环节在数据库中留痕,并建立数据管理与分析的一体化智能终端;另一方面,依托建立完善的法学教育数据库,变法学教育过程评价的"人为统计"为"智能分析",并且采用智能终端根据实时传输的教育数据,对教育过程进行动态跟踪、即时评价。这不仅能够避免评价过程中的"暗箱操作",而且能够实现评价结果的科学性与公正性。

On the Innovation of Legal Education in the Era of Intelligence Transformation: Demands, Dilemmas and Paths

Wang Baomin　Yao Zhifen

Abstract: In the background of the era of intelligence transformation, the integrated development of intelligent information technology and legal education has enriched the connotation of legal education to a certain extent. The application and practiceof intelligent information technology in the legal field not only bringnew changesin legal education, such as the intelligent transformation of legal professions and the intelligent carrier of education, but also urge legal education to meet the innovation requirements from the aspects of educational objectives, contents and methods. However, at the current stage, the concepts and training objectives oflegal education lack of intelligentorientation, the innovation practice of legal educationis divorced from the necessary intelligent environment, and the process evaluation oflegal education is deficient in effective intelligent means, which has become the realisticdilemma for legal education innovation. Therefore, it is necessary to change the educational concepts and training objectives to cultivate "competent practitioners", optimize the practical environment of educational innovation to develop "intelligent quality", improve the evaluation mechanism of educational process to achieve "multiple paradigm", and then build the basic path of legal education innovation in the background of the era of intelligent transformation.

Key Words: era of intelligent transformation, legal education, legal educationinnovation

我国高校涉外法治人才培养的现状分析及前瞻建议

——基于十五所高校的考察*

韩永红**　李　明***

摘　要：选取首批入选法律硕士（涉外律师）研究生培养项目的15所高校为样本，对我国高校涉外法治人才培养的发展历程、课程体系和毕业生去向的现状进行分析。在此基础上，提出进一步推进我国高校涉外法治人才培养实践的建议：夯实国际法专业、学科和科学研究，巩固涉外法治人才培养依托的平台；加强涉外法治人才的需求侧改革，保证涉外法治人才的"出口"；加强涉外法治人才培养体系的规范化建设，制定涉外法治人才培养国家标准，为涉外法治人才的评价、涉外法治人才培养的师资准入、课程体系和教材建设等提供规范指引。

关键词：涉外法治人才培养　国际法　国家标准

* 基金项目：2021年度教育部首批新文科研究与改革实践项目"高素质涉外法治人才培养创新与实践"（项目编号：2021110071）；2021年度广东省本科高校教学质量与教学改革工程建设项目"国际法全英课程教研室"。

** 韩永红，广东外语外贸大学法学院教授，法学博士。研究方向：国际经济法。

*** 李明，广东外语外贸大学法律硕士研究生。研究方向：国际经济法。

党的十八大以来,习近平总书记多次围绕涉外法治人才建设发表重要讲话。例如:2019 年 2 月 25 日,习近平在中央全面依法治国委员会第二次全体会议上的讲话中指出,“要加强涉外法治专业人才培养,积极发展涉外法律服务,强化企业合规意识,保障和服务高水平对外开放”。2020 年 2 月 5 日,习近平在主持召开中央全面依法治国委员会第三次会议中强调,“加强国际法研究和运用,提高涉外工作法治化水平”。在统筹推进国内法治和涉外法治过程中,法学理论的灵活运用,法律体系的创新性构建,高效能立法、司法、执法的实现都依赖高素质的涉外法治人才。因此,涉外法治人才培养是坚持统筹推进国内法治和涉外法治的核心要义之一,是实现更好维护国家主权、安全、发展利益,推动构建人类命运共同体目标的人才保障。

应该说,改革开放以来,我国在涉外法治人才培养方面取得了较大成绩,输送了大批涉外法治人才。但我们也必须看到,我国涉外法治人才培养还存在一些突出的短板和问题,尚不能满足新时期国家的战略需求。例如,有学者就认为我国涉外法治人才数量不足、能力不足、经验不足、培养不足。[①] 面临的挑战包括:国际法学科地位弱化、人才培养体系落后、外语交流能力较弱、国际事务应用能力不强。[②] 需要关注处理四个方面的矛盾:公法属地主义与公法域外适用发展之间的矛盾,复杂知识结构和学制有限性之间的矛盾,高昂培养成本和就业不确定性之间的矛盾,传统课堂教学方式和涉外法治人才实战能力之间的矛盾。[③]

高校是法治人才培养的第一阵地。在探讨、回答“如何高质量推进涉外法治人才培养”的问题之前,应先行把握我国高校涉外法治人才培

---

① 参见黄进:《加强我国涉外法治人才培养的战略选择》,载光明日报官网,https://legal. gmw. cn/2021 - 02/09/content_34611217. htm。

② 参见刘晓红:《以习近平法治思想为引领　加强涉外法治人才培养》,载《法治日报》2021 年 1 月 20 日,第 9 版。

③ 参见《“国际商法 2021 年年会暨涉外法治人才培养论坛”在对外经济贸易大学成功举办》,载对外经济贸易大学法学院网 2022 年 3 月 16 日,http://law. uibe. edu. cn/xwzx/xyxw/31a9ffe74fe0453 bbfa74dd03e1fba5a. htm。

养的现状。本文选取首批入选教育部、司法部法律硕士(涉外律师)研究生培养项目的15所高校为样本,④对我国高校涉外法治人才培养的发展历程和现状作出具体分析。

一、我国高校涉外法治人才培养的发展历程概览

基于各高校官网、公开新闻报道、涉外法治人才培养教研论文等来源,本文收集、整理了15所高校涉外法治人才培养发展历程的相关核心信息。(见表1)

表1 15所高校涉外法治人才培养的发展历程

高校	发展历程
北京大学	1983年,北京大学国际法研究所成立。2006年,开设北京大学"中国法硕士"项目。2008年,创立北京大学国际法学院。2012年,与美国众达律师事务所合作设立了中国第一个全球化与法治讲席教授席位。2019年,开设北京大学—香港大学法学双学士项目
清华大学	1995年,复建法律学系。1999年,复建法学院。2003年,清华大学与美国天普大学合作举办法学硕士学位项目。2005年,开设全英文授课中国法硕士学位项目。2012年,首次吸引中国学生加入涉外培训项目,国际仲裁与争端解决项目启动,项目主任由ICSID主席指定仲裁员、前世界贸易组织上诉机构大法官张月姣教授担任
中国人民大学	2009年,中国人民大学法学院设立了比较法学科,聘请中外学者开展"双语双法"国际型比较法律人才培养实践。要求学生具有扎实的法学专业基础,流利的外语交流能力,广阔的国际视野,丰富的国际法、外国法专业知识,要求学生在学期间前往国外进行合作培养和合作研究

④ 15所高校为:北京大学、清华大学、中国人民大学、中国政法大学、对外经济贸易大学、复旦大学、华东政法大学、上海政法学院、武汉大学、中南财经政法大学、西南政法大学、中山大学、广东外语外贸大学、吉林大学、西北政法大学。以上名单未涵盖我国从事涉外法治人才培养实践的所有高校,但在高校类型(综合性院校、政法类院校、外语外贸类高校)、高校所处区域、高校办学历史等方面已具有较强的代表性。

续表

高校	发展历程
中国政法大学	1989年,设立国际经济法系,2002年更名为国际法学院。2012年,获批教育部涉外法律人才教育培养基地。自2013年起,开设"涉外法律人才培养实验班"。2021年,与北京外国语大学联合培养涉外法治人才,实施本硕贯通培养。2019年,与美国圣路易斯华盛顿大学法学院合作创建"中外合作办学双硕士项目"。同年,获批"法大—蒙大"国际组织法学后备人才培养项目,培养能胜任国际组织工作的人才
对外经济贸易大学	1978年,设立"国际商法教研室",开始招收国际贸易法硕士生。1984年,成立国际经济法系。1996年,成立法学院。2002年,国际法学专业获"国家级重点学科"。2012年,法学院获批"涉外法律人才教育培养基地"。2008~2014年连续开办了7届"国际化人才培养实验班"。自2015年起,面向本科新生开设"法律+英语"卓越人才实验班
复旦大学	2000年,在原法律系基础上组建单一学科的法学院。2012年,入选上海市一流学科,获批设立"复合型"和"涉外型"两个教育部卓越法律人才教育培养基地和两个上海市卓越法律人才培养基地。2021年,法律硕士(涉外律师)方向设置双硕士国际班
华东政法大学	1985年,建立国际法系。2003年,成立国际法学院。2004年,与香港城市大学法学院签订了联合培养本科生的合作协议。2008年,成为教育部"开放型国际法律人才培养模式"创新试验区。设有两个本科专业(方向):法学专业(国际经济法方向)和法学专业(沪港交流涉外卓越法律人才实验班)。2013年,设立"涉外高端法律服务人才培养创新实验班"项目
上海政法学院	1993年,成立国际法商系。2013年,设立"中国—上海合作组织国际司法交流合作培训基地",利用这一平台为其他成员方培养司法人才。2013年,首次招收法学(涉外卓越法律人才培养试点班)专业学生。2017年,设立法学专业(涉外卓越律师人才培养试点班)。2021年,成立涉外卓越法律人才培养创新班
武汉大学	1980年,成立武汉大学国际法研究所。自2003年起,开设法语法学双学位试验班。自2004年起,开设德语法学双学位试验班。自2008年起,开设国际法学专业全英文留学生项目,每年接收30名左右留学生攻读法学硕士学位。自2009年起,每年接收海外合作院校约20名学生作为短期进修生

续表

高校	发展历程
中南财经政法大学	2000 年，法学院下设国际法学系、国际经济法学系，拥有涉外法律人才教育培养基地国家级平台。2018 年，与美国肯特法学院、美国杜兰大学等法学院设立法学（中美班），采用“双校园”、“双教学”和“双证书”模式办学。2019 年，中意学院“欧洲学：比较法与欧洲法”硕士项目开始运行
西南政法大学	2009 年，组建国际法学院。2013 年，创设本科生“涉外法律人才实验班”。2014 年，与英国考文垂大学中外合作办学本科项目获批。2016 年，创设“一带一路法律人才实验班”，培养掌握“双语双法”的专门型法律人才。2020 年，“法学 + 英语”“法学 + 法语”双学士学位开始招生
中山大学	2001 年，复建法学院。2004 年，成立中山大学法学院 WTO 与 CEPA 法律研究中心。2013 年，设立本科全英教学（英美法）实验班。2017 年，成立中英国际海事法学院，选派本科生赴英国学习海商法
广东外语外贸大学	1996 年，成立国际法学系，下设国际经济法、英语（国际经济法）专业。2001 年，成立法学院。经过 20 余年的发展，已基本形成了“外语 + 法学”和“法学 + 外语”两种涉外法治人才培养模式。2014 年，获评广东省“卓越涉外法律人才培养基地”。2019 年，建立广东涉外法治人才培养基地和广东涉外律师学院。2022 年，与广州仲裁委员会共建粤港澳大湾区国际仲裁学院。2020 年，开始招收法律硕士（涉外法治人才班）研究生、法学（国际组织创新班）本科生。2021 年，获批法学一级学科博士点
吉林大学	1980 年，增设国际法专业，开始招收国际法专业本科生，并成立国际法教研室。2001 年，建立法理学与法律史学、宪法学与行政法学、刑事法学、民商法学、经济法学、国际法学六个教研部。2021 年，设立涉外卓越法律人才培养实验班（英特尔实验班）
西北政法大学	1999 年，成立国际法学院。2012 年，与中国国际法学会签署共建“中国西部涉外法律人才教育培养与科研创新基地”的框架协议，设立“涉外卓越法律人才教育培养基地”实验班。2021 年申报的教育部“国际组织法治人才培养项目”获批立项

经以上整理后，发现15所高校的涉外法治人才培养实践各具特色，但也呈现一些规律性特点。可以看到，改革开放以来的涉外法治人才培养实践大致呈现三个发展阶段：1978～1999年；2000～2011年；2012年至今。[⑤] 在第一个发展阶段，各高校开始建立国际法系、国际经济法系或国际法研究所。如北京大学国际法研究所（1983年）、武汉大学国际法研究所（1980年）、华东政法大学国际法系（1985年）、对外经济贸易大学国际经济法系（1984年）、广东外语外贸大学国际法学系（1996年）等。该阶段的发展不仅得益于我国对外开放和经济交流的实践需求推动，也得益于国家教育主管部门的学科设置决定。1982年，教育部正式将国际经济法学列为法学二级学科，从而使国际公法、国际私法和国际经济法成为平行的三个法学学科。

在第二个发展阶段，各高校在国际法系、国际经济法系或法律系的基础上升级建成法学院，政法类院校多升级为国际法学院。北京大学则另外创立了独立运作的北京大学国际法学院。高校开始探索中外合作办学形式，培养涉外法治（法律）人才。例如，2003年清华大学与美国天普大学合作举办法学硕士学位项目，2005年开设了全英文授课的中国法硕士学位项目。在本科层面，开始开设"法律+外语"双学位项目（如武汉大学）、法学专业（国际经济法）方向（如华东政法大学）、英语（国际经济法）方向（如广东外语外贸大学）。

在第三个发展阶段，各高校先后入选教育部或省级卓越法律人才培养基地，涉外法治人才培养得到快速推进。不仅中外合作办学项目得到拓展，各类涉外法治人才实验班或试验班也得以先后开设。此外，由于涉外法治人才教育的同行竞争日益激烈[⑥]，一些高校也开始探索区域性特色模式。例如，西南政法大学依托其"中国—东盟法律研究中心"，开设"一带一路法律人才实验班"；上海政法学院依托其"中国—上海

---

⑤ 涉外法治人才培养实践的三个发展阶段与学者对我国涉外法治体系的建设与发展的阶段划分恰相吻合。参见刘晓红：《改革开放以来我国涉外法治的建设与发展》，载上海政法学院网，https://www.shupl.edu.cn/dwbgsfhyzbgs/2021/0524/c1958a89302/page.htm。

⑥ 参见方桂荣、宋群力：《培养涉外法律人才的路径优化》，载《中国法学教育研究》2020年第1期。

合作组织国际司法交流合作培训基地”,设立法学(涉外卓越法律人才培养试点班);清华大学依托其国际争议解决机制研究优势,设立国际仲裁与争端解决项目等。涉外法治人才培养第三阶段的起始时间与教育部、中央政法委实施的卓越法律人才教育培养计划的时间完全契合。⑦

二、我国高校涉外法治人才培养课程体系比较

课程体系建设是涉外法治人才培养的根基之一,决定人才的知识结构与能力水平,⑧也可反映出涉外法治人才培养的目标、培养模式、师资配备等情况。以下基于我们收集的15所高校的法学专业本科生和硕士研究生培养方案,对其中开设的涉外法治人才培养课程体系进行梳理。此处的本科生培养方案主要为各高校开设的涉外法治人才培养实验班的培养方案,硕士研究生培养方案指法律硕士(涉外律师)的培养方案。此处,所统计的涉外法治人才培养课程体系主要包括以下几类课程:国际法、外国法、涉外法律技能、法律外语。其中统计的全英课程和双语课程是指培养方案中标注全英或双语的法学专业课程,不包括法律外语类课程。(见表2)

---

⑦ 参见《教育部 中央政法委员会关于实施卓越法律人才教育培养计划的若干意见》(教高〔2011〕10号),载中华人民共和国教育部网,http://www.moe.gov.cn/srcsite/A08/moe_739/s6550/201112/t20111223_168354.html。

⑧ 参见杜承铭、戴激涛:《整合式创新:多元法治人才分类培养的实践与探索——基于财经类院校法治人才培养的考察》,载《中国大学教学》2016年第10期。

表 2　高校培养方案中涉外法治人才培养课程开设情况

单位:门

<table>
<tr><th colspan="2" rowspan="2">高校名称及课程</th><th colspan="3">本科(涉外法治人才实验班)</th><th colspan="3">法律硕士(涉外律师)项目</th></tr>
<tr><th>必修</th><th>选修</th><th>全英、双语课程数量</th><th>必修</th><th>选修</th><th>全英、双语课程数量</th></tr>
<tr><td rowspan="6">北京大学</td><td>课程总数</td><td colspan="3" rowspan="6">无专门培养方案</td><td>17</td><td>35</td><td rowspan="6">4(全英)</td></tr>
<tr><td>国际法</td><td>4</td><td>20</td></tr>
<tr><td>外国法</td><td>0</td><td>2</td></tr>
<tr><td>涉外法律技能</td><td>0</td><td>5</td></tr>
<tr><td>法律外语</td><td>0</td><td>3</td></tr>
<tr><td>涉外课程总计</td><td>4</td><td>30</td></tr>
<tr><td rowspan="6">清华大学</td><td>课程总数</td><td>26</td><td>74</td><td rowspan="6">4(全英)</td><td>7</td><td>53</td><td rowspan="6">4(全英)</td></tr>
<tr><td>国际法</td><td>1</td><td>10</td><td>3</td><td>14</td></tr>
<tr><td>外国法</td><td>1</td><td>13</td><td>0</td><td>6</td></tr>
<tr><td>涉外法律技能</td><td>0</td><td>4</td><td>0</td><td>3</td></tr>
<tr><td>法律外语</td><td>0</td><td>0</td><td>0</td><td>2</td></tr>
<tr><td>涉外课程总计</td><td>2</td><td>27</td><td>3</td><td>25</td></tr>
<tr><td rowspan="6">中国人民大学</td><td>课程总数</td><td>40</td><td>58</td><td rowspan="6">培养方案未标明</td><td>15</td><td>49</td><td rowspan="6">培养方案未标明</td></tr>
<tr><td>国际法</td><td>3</td><td>10</td><td>3</td><td>9</td></tr>
<tr><td>外国法</td><td>1</td><td>9</td><td>0</td><td>0</td></tr>
<tr><td>涉外法律技能</td><td>0</td><td>1</td><td>0</td><td>4</td></tr>
<tr><td>法律外语</td><td>0</td><td>2</td><td>1</td><td>1</td></tr>
<tr><td>涉外课程总计</td><td>4</td><td>22</td><td>4</td><td>14</td></tr>
</table>

续表

高校名称及课程		本科(涉外法治人才实验班)			法律硕士(涉外律师)项目		
		必修	选修	全英、双语课程数量	必修	选修	全英、双语课程数量
中国政法大学	课程总数	44	141	18(全英) 24(双语)	14	40	8(全英) 25(双语)
	国际法	5	25		3	20	
	外国法	0	26		0	2	
	涉外法律技能	0	38		0	7	
	法律外语	0	8		2	6	
	涉外课程总计	5	97		5	35	
对外经济贸易大学	课程总数	53	31	14(全英)	24	79	培养方案未标明
	国际法	9	8		3	16	
	外国法	4	3		0	12	
	涉外法律技能	0	0		5	0	
	法律外语	8	0		0	0	
	涉外课程总计	21	11		8	28	
上海政法学院	课程总数	33	23	8(全英)	9	47	15(全英) 16(双语)
	国际法	3	8		4	28	
	外国法	0	4		0	6	
	涉外法律技能	0	6		0	7	
	法律外语	1	0		2	3	
	涉外课程总计	4	18		6	44	

续表

高校名称及课程		本科(涉外法治人才实验班)			法律硕士(涉外律师)项目		
		必修	选修	全英、双语课程数量	必修	选修	全英、双语课程数量
武汉大学	课程总数	48	18	培养方案未标明	21	12	培养方案未标明
	国际法	3	3		3	12	
	外国法	2	8		0	0	
	涉外法律技能	0	2		5	0	
	法律外语	1	0		1	0	
	涉外课程总计	6	13		9	12	
西南政法大学	课程总数	52	24	4(全英) 4(双语)	13	51	2(全英) 12(双语)
	国际法	3	7		3	6	
	外国法	0	2		0	1	
	涉外法律技能	0	8		0	12	
	法律外语	0	0		0	0	
	涉外课程总计	3	17		3	19	
中山大学	课程总数	无专门培养方案			15	29	1(全英) 28(双语)
	国际法				4	19	
	外国法				0	2	
	涉外法律技能				5	6	
	法律外语				0	0	
	涉外课程总计				9	27	

续表

高校名称及课程		本科(涉外法治人才实验班)			法律硕士(涉外律师)项目		
		必修	选修	全英、双语课程数量	必修	选修	全英、双语课程数量
广东外语外贸大学	课程总数	58	26	15(全英)	23	11	7(全英) 5(双语)
	国际法	4	11		5	5	
	外国法	2	4		3	0	
	涉外法律技能	0	2		5	0	
	法律外语	8	0		2	0	
	涉外课程总计	14	17		15	5	
吉林大学	课程总数	40	11	8(双语)	22	23	培养方案未标明
	国际法	11	0		4	7	
	外国法	0	0		0	2	
	涉外法律技能	2	0		0	6	
	法律外语	0	1		1	0	
	涉外课程总计	13	1		5	15	
复旦大学	课程总数	无专门培养方案			7	38	2(全英) 26(双语)
	国际法				3	12	
	外国法				0	6	
	涉外法律技能				0	5	
	法律外语				1	0	
	涉外课程总计				4	23	

续表

<table>
<tr><th colspan="2" rowspan="2">高校名称及课程</th><th colspan="3">本科(涉外法治人才实验班)</th><th colspan="3">法律硕士(涉外律师)项目</th></tr>
<tr><th>必修</th><th>选修</th><th>全英、双语课程数量</th><th>必修</th><th>选修</th><th>全英、双语课程数量</th></tr>
<tr><td rowspan="6">西北政法大学</td><td>课程总数</td><td>47</td><td>57</td><td rowspan="6">6(双语)</td><td>11</td><td>21</td><td rowspan="6">培养方案未标明</td></tr>
<tr><td>国际法</td><td>3</td><td>8</td><td>3</td><td>13</td></tr>
<tr><td>外国法</td><td>0</td><td>3</td><td>0</td><td>2</td></tr>
<tr><td>涉外法律技能</td><td>0</td><td>7</td><td>0</td><td>4</td></tr>
<tr><td>法律外语</td><td>1</td><td>0</td><td>2</td><td>0</td></tr>
<tr><td>涉外课程总数</td><td>4</td><td>18</td><td>5</td><td>19</td></tr>
<tr><td rowspan="6">中南财经政法大学</td><td>课程总数</td><td>42</td><td>85</td><td rowspan="6">9(全英)
17(双语)</td><td>14</td><td>23</td><td rowspan="6">7(全英)
19(双语)</td></tr>
<tr><td>国际法</td><td>3</td><td>22</td><td>4</td><td>3</td></tr>
<tr><td>外国法</td><td>0</td><td>8</td><td>0</td><td>0</td></tr>
<tr><td>涉外法律技能</td><td>1</td><td>4</td><td>4</td><td>13</td></tr>
<tr><td>法律外语</td><td>0</td><td>1</td><td>1</td><td>0</td></tr>
<tr><td>涉外课程总数</td><td>4</td><td>35</td><td>9</td><td>16</td></tr>
<tr><td rowspan="6">华东政法大学</td><td>课程总数</td><td colspan="3" rowspan="6">无专门培养方案</td><td>7</td><td>18</td><td rowspan="6">6(双语)</td></tr>
<tr><td>国际法</td><td>3</td><td>4</td></tr>
<tr><td>外国法</td><td>0</td><td>0</td></tr>
<tr><td>涉外法律技能</td><td>0</td><td>13</td></tr>
<tr><td>法律外语</td><td>1</td><td>0</td></tr>
<tr><td>涉外课程总数</td><td>4</td><td>17</td></tr>
</table>

经以上整理后,发现相关课程所占比例如下。

1. 各高校涉外课程占总课程的比例

(1)本科(涉外法治人才实验班):中国政法大学(53.5%)、上海政法学院(39.3%)、对外经济贸易大学(38.1%)、广东外语外贸大学(36.9%)、清华大学(29.0%)、吉林大学(27.5%)、武汉大学(27.3%)、中国人民大学(26.5%)、西南政法大学(26.3%)、中南财经政法大学(22.8%)、西北政法大学(21.2%)。

(2)法律硕士(涉外律师)项目:上海政法学院(89.3%)、华东政法大学(84.0%)、中山大学(81.8%)、西北政法大学(75.0%)、中国政法大学(74.1%)、中南财经政法大学(67.6%)、北京大学(65.4%)、武汉大学(63.6%)、复旦大学(60.0%)、广东外语外贸大学(58.8%)、清华大学(46.7%)、吉林大学(44.4%)、对外经济贸易大学(35.0%)、西南政法大学(34.4%)、中国人民大学(28.1%)。

2. 有相关数据的样本高校全英课程占涉外课程的比例

(1)本科(涉外法治人才实验班):广东外语外贸大学(48.4%)、对外经济贸易大学(43.8%)、上海政法学院(36.4%)、中南财经政法大学(31.0%)、西南政法大学(20.0%)、中国政法大学(18.2%)、清华大学(13.8%)。

(2)法律硕士(涉外律师)项目:广东外语外贸大学(35.0%)、上海政法学院(30.0%)、中南财经政法大学(28.0%)、中国政法大学(20.0%)、清华大学(14.3%)、北京大学(11.8%)、西南政法大学(9.1%)、复旦大学(7.4%)、中山大学(2.8%)。

3. 有相关数据的样本高校双语课程占涉外课程的比例

(1)本科(涉外法治人才实验班):中南财经政法大学(58.6%)、吉林大学(57.1%)、西北政法大学(27.3%)、中国政法大学(24.2%)、西南政法大学(20.0%)。

(2)法律硕士(涉外律师)项目:复旦大学(96.3%)、中山大学(77.8%)、中南财经政法大学(76.0%)、中国政法大学(62.5%)、西南政法大学(54.5%)、上海政法学院(32.0%)、华东政法大学(28.6%)、广东外语外贸大学(25.0%)。

可见,各高校培养方案中的涉外法治人才培养相关课程设置呈现以下几个基本特点:首先,除个别高校外⑨,所有高校的涉外法治人才培养课程体系中,国际法类课程的数量最多,均明显多于其他类别课程。其次,本科(涉外法治人才实验班)的涉外课程占总课程的比例明显低于法律硕士(涉外律师)项目。这与本科层面更强调国内法基础理论和知识相关,也与教育部、司法部发布的法律硕士(涉外律师)项目的指导性培养方案所发挥的"指导"作用相关。最后,无论在本科层面还是在研究生层面,外语外贸类高校开设的全英课程占比均高于其他类型高校。就本科(涉外法治人才实验班)而言,对外经济贸易大学开设的全英课程占比最高(43.8%)。就法律硕士(涉外律师)项目而言,广东外语外贸大学开设的全英课程占比最高(35.0%)。同时,两校法律外语类课程开设的门数也最多,均为8门。这从一个侧面说明,外语外贸类高校在法律外语和全英课程教学方面具有明显优势。

三、我国高校涉外法治人才培养毕业生去向初探

关于我国高校涉外法治人才毕业后的去向问题,大多数高校未作专项统计或未公开具体数据。目前,仅发现北京大学和对外经济贸易大学公布了此项统计的具体数据。北京大学法学院发布的《北京大学涉外法治人才培养成果展》显示,2019年其法学毕业生从事涉外法治工作人才占比为:本科生(36.2%)、法学硕士(33.3%)、法律硕士(非法学)(39.7%)、法律硕士(法学)(69.8%)、法学博士(66.6%),其中包括政府工作人员、律师、从事研究与交流的学者等。对外经济贸易大学法学院发布的《"贸法巡礼"涉外法治人才培养的特色之路》显示,在本科生层面,两届"涉外型卓越经贸法律人才实验班"的就业率接近100%,相

⑨ 中国政法大学的本科涉外法治人才实验班培养方案中,涉外技能类课程最多(41门),高于国际法类课程(35门)。

当部分毕业生前往世界一流高校深造。2015级本科“涉外型卓越经贸法律人才实验班”毕业生共23人。其中3人(13.0%)到美国排名前20的法学院、5人(21.7%)到QS排名前50的非北美法学院、3人(13.0%)到北京大学法学院、1人(4.3%)到中国人民大学法学院、3人(13.0%)到对外经济贸易大学法学院继续深造、5人(21.7%)到外国律师事务所及国内顶尖律师事务所工作。硕士和博士毕业生大多选择直接就业,其中相当数量的毕业生就职于国内外知名律师事务所、国家涉外机关单位和跨国企业。2016~2020年,在人数为895人的硕士毕业生中,263人(29.4%)到涉外律师事务所(外资所+涉外内资所)工作,166人(18.5%)到涉外企业、跨国企业工作,80人(8.9%)到涉外国家机关、部门工作,33人(3.7%)选择出国留学或者涉外国内深造,31人(3.5%)到涉外事业单位和高校工作,2人(0.2%)到重要国际组织就职,320人(35.8%)为非涉外毕业去向。

基于以上数据可发现,涉外法治人才培养方向的毕业生在政府部门和国际组织任职的比例很低,如对外经济贸易大学的数据显示,硕士毕业生到涉外国家机关、部门工作的占比为8.9%,到国际组织任职的占比为0.2%。目前,在联合国系统中中国籍雇员仅占1.12%⑩,在国际立法、司法机构等专门法律机构任职的人员偏少⑪。我国亟须能够在国际舞台上维护中国利益、代表中国立场、深入参与国际法律事务处理的专业人才。北京大学的数据显示,本科生、法学硕士、法律硕士(非法学)毕业生从事涉外法治工作的占比均低于40%。

四、进一步推进高校涉外法治人才培养实践的建议

为适应时代发展的新需要,我国的涉外法治人才培养不仅要聚焦学

---

⑩ 参见杜焕芳:《涉外法治专业人才培养的顶层设计及实现路径》,载《中国大学教学》2020年第6期。

⑪ 参见黄进:《完善法学学科体系 创新涉外法治人才培养机制》,载《国际法研究》2020年第3期。

科建设，关注毕业生就业需求，还要以人才培养体系的规范化建设为涉外法治人才培养提供制度保障。

第一，夯实国际法专业、学科和科学研究，巩固涉外法治人才培养依托的平台。涉外法治人才培养工作均高度依赖于国际法专业、学科和科学研究的建设和推进情况。入选法律硕士（涉外律师）项目的15所高校几乎均率先设置了国际法系、国际经济法系或国际法研究所等。无论是本科生层面还是研究生层面的涉外法治人才培养方案，国际法课程设置的数量也几乎均遥遥领先于其他课程。国际法教学的提升是培养一流涉外法治人才的基础⑫，研究和运用国际法理应成为涉外法治人才的一项基本素质和重要技能⑬。这一发现也为学者们所提出的将国际法学确立为法学学科门类下的一级学科，在高校设置国际法学本科专业，打造汇聚高素质国际法教师和专门培养涉外法治人才平台的相关建议⑭提供了进一步佐证。

将全球格局纳入法律人才培养的目标是国际化法律人才培养的应有之义。⑮ 涉外法治人才培养的国际法课程应当培养学生运用法治思维维护世界多边主义，维护国家主权、安全、利益的全球视野。例如，新冠疫情的暴发越发凸显“人类命运共同体”理念下国际法学的重要价值，同时也为高校国际法的教学提供了有关国际人权、贸易、卫生领域的案例素材。我国高校应基于自身优势和特色，以服务国家战略和现实需求为导向，积极探索精细化、差异化的国际法学科建设。

第二，加强涉外法治人才的需求侧改革，保证涉外法治人才的“出

⑫ 参见杜焕芳：《涉外法治专业人才培养的顶层设计及实现路径》，载《中国大学教学》2020年第6期。

⑬ 参见黄进、鲁洋：《习近平法治思想的国际法治意涵》，载《政法论坛》2021年第3期。

⑭ 参见黄进：《加强我国涉外法治人才培养的战略选择》，载光明日报客户端，https://legal.gmw.cn/2021-02/09/content_34611217.htm；杨松：《涉外法治人才短缺，建议将国际法学升为一级学科》，载澎湃新闻网2022年3月16日，https://www.thepaper.cn/newsDetail_forward_11591216。

⑮ 参见李其瑞、冯飞飞：《中国法学教育70年：发展历程、问题反思和未来展望》，载《法学教育研究》2020年第2期。

口”。目前,涉外法治人才培养的政策供给同我国新格局下的涉外法治人才需求不相适应。⑯ 虽然近年来多所高校均以培养涉外法治人才为目标进行了分类培养,但从上述实证分析可得知,涉外法治人才的实际就业方向与其培养目标匹配度不高。我国应有意识加强涉外法治人才的需求侧改革,以需求引导来推动和保障涉外法治人才培养的可持续性发展。建议在需处理涉外事务的政府部门设立涉外公职律师岗,以提高政府对涉外法律事务的执法能力;在有海外业务的企业广泛设立涉外法务岗,以提升企业的合规制度建设,提升企业海外业务的拓展能力和重大海外业务的决策质量;在我国驻外使领馆设立法务参赞岗等。⑰

第三,加强涉外法治人才培养体系的规范化建设,制定涉外法治人才培养国家标准。涉外人才培养质量保障体系不完善是我国涉外法治人才培养的症结之一。⑱ 目前,我国各高校的涉外法治人才培养均是各自办学历史和办学基础上的探索性实践,尚未形成整体性、系统性的涉外法治人才培养机制。

就域外经验而言,美国和澳大利亚是法律人才规范化建设的典范,两国高校法学院的认证标准均经过多年的研究和修订,形成了较为完备的法学院人才培养标准。早在1921年,美国律师协会(American Bar Association, ABA)就开始颁布法学教育标准(Standards for Legal Education)。2009年,澳大利亚发布了《澳大利亚法学院标准(附指导性说明)》(Australian Law School Standards with Guidance Notes,以下简称《澳大利亚标准》)。⑲ 我国在制定涉外法治人才培养的国家标准时或可借鉴两国法学教育国家标准在课程设计、教师管理、监督机制等方面的制度优势。

---

⑯ 参见孟庆瑜、李汶卓:《地方高校涉外法治人才培养的目标定位与实现机制——基于我国自贸试验区建设的人才需求分析》,载《河北法学》2021年第8期。

⑰ 在2018年,已有全国人大代表建议我国在外交领域全面考虑增加法务参赞制度。参见方燕:《关于设置驻外法务参赞的建议》,载《人民法院报》2018年6月30日,第5版。

⑱ 刘坤轮:《〈法学国标〉与涉外法治人才培养关系辨析》,载《法学教育研究》2021年第3期。

⑲ 全文可参见澳大利亚法学院院长委员会网,https://cald.asn.au/wp-content/uploads/2020/07/Australian-Law-School-Standards-v1.3-30-Jul-2020.pdf。

在课程设计上，应在国家层面制定统一的涉外法治人才培养课程体系基准要求；同时，允许各高校根据自身优势开设一定比例的特色课程。例如，《法学院审批标准和程序规则(2021—2022)》(2021 - 2022 Standards and Rules of Procedure for Approval of Law Schools，以下简称《美国标准》)[20]将职业道德、写作和体验课程三个类型的课程开课比例大致设置为1∶1∶3。[21]《澳大利亚标准》允许法学院根据需要为学生提供其他教育课程。[22] 这为法学院根据自身特色灵活开设课程提供了依据。建议我国应在涉外法治人才培养课程体系中规定各法学院开设涉外课程的基本比例要求和课时标准。该标准为最低标准，各高校可根据自身特色和资源优势开设更高比例或更多类型的课程。

在教师管理上，应明确涉外法治人才培养的教师组成、教学要求、考核标准等。《美国标准》对全职教师的数量、教师辅导学生的时限均作出了具体规定[23]，还规定各法学院需定期评估教职工履行其核心职责的情况[24]。《澳大利亚标准》要求法学院至少一半的全职教师应从事教学和研究职位，研究工作量至少占教师总工作量的20%；服务工作量至少占总工作量的10%。[25] 建议在我国涉外法治人才培养的国家标准中应当明确法学院从事涉外法律教学和研究的教师比例，同时制定定期考核要求，确保涉外课程教学的质量。

在监督机制上，应当设立专门指导涉外法治人才培养的常设机构，监督和指导高校涉外法治人才的教学。美国律师协会理事会为授予法学院临时批准(provisional approval)或者完全批准(full approval)的认证

---

[20] 《法学院审批标准和程序规则(2021—2022)》包含702条标准和规则解释，主要评估指标包括法律教学项目、师资情况、学生招录和设施设备等。全文可参见美国律师协会网2022年3月16日，https://www.americanbar.org/groups/legal_education/resources/standards/。

[21] See Standard 303. CURRICULUM, Chapter 3, Program of Legal Education.

[22] See Standard 2.8.1, Postgraduate legal education.

[23] See Standard 404. Responsibilities of Full-time Faculty, (a) The Faculty.

[24] See Standard 404. Responsibilities of Full-time Faculty, (b) The Faculty.

[25] See Explanatory note of Standard 5.1.4, Academic Staff.

机构。㉖ 该理事会可以对未经批准而作出教学内容变化等实质性变更的法学院实施惩罚措施。㉗ 澳大利亚则由法学院标准委员会(Australia Law Schools Standards Committee, ALSSC)审核并确定法学院的认证申请是否符合标准。建议我国在教育部设立指导涉外法治人才培养的常设机构,并授权其对涉外法治人才培养国家标准进行解释、提出修改议案等。

Analysis on the Status Quo of Foreign-Related Legal Talents Training in Chinese Universities and Suggestions for Its Future Development

—Based on the Investigation of 15 Universities

Han Yonghong　Li Ming

Abstract: Taking the first batch of 15 universities selected for the postgraduate training program of Master of Law (foreign-related lawyers) as samples, this paper analyzes the development process, curriculum system and current situation of graduates' destination of foreign-related legal talents training in Chinese universities. Based on the analysis and findings, some suggestions are puts forward to further promote the practice of cultivating foreign-related legal talents in Chinese universities, including consolidating international law majors, disciplines and scientific research, and consolidating the platform for cultivating foreign-related legal talents;

㉖ See Preface of 2021 - 2022 Standards and Rules of Procedure for Approval of Law Schools.

㉗ See Rule 15, Sanctions for Noncompliance with a Standard.

focusing on the demand-side reform of foreign-related legal talents to ensure the "export" of foreign-related legal talents. The national standards training for foreign-related legal talentsshould be developed to provide standardized guidelines for the evaluation of foreign-related legal talents, as well as teacher access, curriculum system and textbooks construction in foreign-related legal talents training.

Key Words: foreign-related legal talent training, international law, national standards

涉外法治人才培养目标下国际经济法课程的"加与减"*

刘 彬**

摘 要:习近平法治思想对涉外法治人才培养提出了更高要求,国际经济法课程的建设意义也由此提到新高度。当前,该课程教学课时明显不足,教学重点分布不均,教学方法相对单一。对此,可考虑对该课程一方面做"加法",即试行双学期制教学,并融入多种教学方法,另一方面做"减法",即压缩非"国际"的比较法内容,并回避与其他课程的重叠部分。改革思路着眼于教学资源整体效益最大化,使该课程凸显全球化思维,更好地服务于培养高素质涉外法治人才的目标。

关键词:习近平法治思想 涉外法治人才 国际经济法教学 加减法 全球化思维

坚持统筹推进国内法治和涉外法治是习近平法治思想蕴含的"十一个坚持"的重要方面。在此精神

---

* 基金项目:作者主持的西南政法大学校级高等教育教学改革研究项目"疫情防控常态化就业形势下涉外法律人才核心技能提升机制研究"(项目编号:2020C05)。

** 刘彬,西南政法大学国际法学院副教授,法学博士。研究方向:国际经济法、国际法理论等。

指导下,新时代涉外法治人才培养的意义进一步凸显。在法学专业的教学体系中,国际经济法课程①与涉外法治人才培养息息相关,有必要体现使命担当,回应时代召唤,加快推出改革举措。本文拟结合多年来国际经济法教学实践,对此试作若干探讨。

一、涉外法治人才培养目标下国际经济法课程建设的重要性

习近平法治思想、涉外法治人才培养、国际经济法课程建设之间,存在清晰的自上而下的层次联动关系。此为国际经济法教学改革的逻辑前提。

(一)习近平法治思想下涉外法治人才培养的紧迫性加强

2011 年,中央政法委与教育部联合出台《关于实施卓越法律人才教育培养计划的若干意见》,要求培养一批具有国际视野、通晓国际规则、能够参与国际法律事务和维护国家利益的涉外法律人才。2014 年,党的十八届四中全会通过了《中共中央关于全面推进依法治国若干重大问题的决定》,提出“建设通晓国际法律规则、善于处理涉外法律事务的涉外法治人才队伍”。2017 年党的十九大报告提出“推动形成全面开放新格局”,对加快涉外法律服务业发展提出了新的要求。② 2018 年,习近平总书记在中央外事工作会议上提出了“世界处于百年未有之大变局”的重大论断,强调积极完善现有国际秩序和全球治理机制。这些都标志着党中央涉外法治思想的不断发展。

2020 年 11 月,在中央全面依法治国工作会议上,习近平总书记强调,要坚持统筹推进国内法治和涉外法治。要加快涉外法治工作战略布局,协调推进国内治理和国际治理,更好维护国家主权、安全、发展利益。

① 本文所指的“国际经济法课程”,系指中国高校法学专业的《国际经济法学》本科课程。

② 参见《迟日大:加强涉外法律服务人才培养迫在眉睫》,载中国网,http://www.china.com.cn/txt/2020-07/16/content_76277825.htm。

要推动全球治理变革,推动构建人类命运共同体。③ 习近平法治思想这一重要内容是涉外法治工作地位提升的根本标志。由此,中国法学会会长王晨指出,要补短板、强弱项,健全国际法学科体系,努力培养善于破解实践难题的一流涉外法治人才队伍,为提升我国在国际法律事务和全球治理方面的话语权和影响力作出积极贡献。④

中国顶层设计中关于涉外法治人才培养的上述内容变迁,体现了对这一工作的不断强化。相关文件曾使用"涉外法律人才""涉外法律服务人才"等表述,近年来统一为"涉外法治人才"。值得注意的是,法学界、法律界不少知名人士均指出,目前涉外法治人才的数量严重不足,质量不够过硬,国际影响力相当有限,与中国日益提高的国际地位和日益增长的国际交往规模不相称。⑤ 百年未有之大变局下,中国面临的涉外法律挑战越来越多、越来越复杂,其中既有西方对中国的规则压制和围堵,也有中国在与"一带一路"沿线国家合作过程中发生的各种法律纠纷。习近平法治思想中关于坚持统筹推进国内法治与涉外法治的论述无疑切中时需,对涉外法治人才培养提出了更高要求。

(二)涉外法治人才培养下国际经济法课程的重要性上升

涉外法治人才培养并非空中楼阁,须以课程体系的建设为中心,若干重点领域必然是课程建设的重要方向。2020 年 4 月,在第十三届全国政协第三十四次双周协商座谈会上,政协委员与专家学者们建议了涉外法治人才培养的几个重点领域,包括经贸、金融、科技、海洋等。⑥ 而

---

③ 《习近平在中央全面依法治国工作会议上强调　坚定不移走中国特色社会主义法治道路　为全面建设社会主义现代化国家提供有力法治保障》,载《人民日报》2020 年 11 月 18 日,第 1 版。

④ 参见金歆:《以习近平法治思想为指导　推进涉外法治人才培养》,载《人民日报》2020 年 11 月 27 日,第 4 版。

⑤ 参见黄惠康:《从战略高度推进高素质涉外法律人才队伍建设》,载《国际法研究》2020 年第 3 期;高燕:《打造国际商事仲裁目的地　加强涉外法律人才队伍建设》,载《国际法研究》2020 年第 3 期;黄进:《完善法学学科体系,创新涉外法治人才培养机制》,载《国际法研究》2020 年第 3 期。

⑥ 参见《全国政协召开双周协商座谈会　围绕"建设高素质的涉外法律服务人才队伍"协商议政　汪洋主持》,载中国政协网,http://www.cppcc.gov.cn/zxww/2020/04/20/ARTI1587339499206118.shtml。

在法学专业核心课程中，与国际经贸、国际金融最为相关者当属国际经济法课程无疑。在国外，有印度学者指出，国际经济法课程因印度国内改革进程与对外经贸自由化的联动关系而日趋重要，须不断因应新形势设置新规划。⑦ 该观点道出了新兴经济体所共同面对的国内法治与涉外法治的辩证关系，以及相应的对法学教育的共同需求。

然而刘仁山教授认为，自2018年中国高校法学专业实行“10+X”本科课程模式以来，国际经济法等国际法领域课程的地位实际上是下降了。⑧ “10”是固定的10门专业必修课，“X”则是高校可自主决定是否设置的课程，选择范围共9门课，实际设定应不低于5门，即“9选5+”。对此，黄进教授发出沉重评论：国际法领域的必修课程只有一门“国际公法”（国际法学），又谈何加强涉外法治人才培养？⑨ 西方学者也表达了类似困惑，即鉴于国际经济法在全球性事务中的影响，该课程在本科教学体系中本应处于重要地位，但对于法学教育方案制订者却只是大学科中的一小部分，形成了理论上的中心地位与实际上的边缘化之间的一种悖论。⑩ 这表明国际经济法课程在法学教育中受重视的程度远远不够，此种倾向亟待扭转，课程建设亟待改革。

总之，在习近平法治思想指导下，涉外法治人才培养的紧迫性明显加强，应依据思想内涵予以统筹推进；而在涉外法治人才培养目标下，国际经济法课程建设的重要性显著上升，宜适应目标需求进行必要改革。这种层次联动关系非常清楚。

---

⑦ See Seema Sapra, *An Agenda for Teaching International Economic Law in Indian Law Schools*, Indian Journal of International Economic Law 2, 2009, p. 103.

⑧ 参见刘仁山：《新一轮对外开放背景下加强我国国际法研究与应用的几点建议》，载《法治日报》2021年4月21日，第9版。

⑨ 参见《国际法学科专业是涉外法治人才培养的平台》，载中国法学创新网2021年4月10日，http://www.fxcxw.org.cn/dyna/content.php?id=19169。

⑩ See Duncan French, *Personal Opinion: Studying (and Teaching) International Economic Law to Undergraduates*, Manchester Journal of International Economic Law 2, 2013, p. 125.

二、现行培养方案下国际经济法课程的教学困境

2018年之前,国际经济法曾经是法学专业的16门本科核心课程之一,[11]现在依然是许多高校所设定的重要课程。但在教学实践中,与国内法范畴的其他核心课程相比,国际经济法课程面临一定的困境,一定程度上妨碍涉外法治人才培养目标的实现。

(一)教学课时明显不足

国际经济法课程的教学体系十分庞大,但课时却非常紧张,导致教学并不能完整覆盖国家通行教材的各个主要分支。

国际经济法教学体系之庞大,学理上源自老一辈学者所指出的,国际经济法早已突破了单一门类或单一学科的局限,形成了一种多门类、跨学科的边缘性综合体。[12] 与民法、刑法等相比,国际经济法事实上并不是一个独立的部门法,而是融合了多个部门法知识的一门综合性的新兴法学学科。对此,徐崇利教授有精当论证。[13] 国际经济法课程体系的庞大特征便由此而来,除导论之外,其教学内容被公认为包含以下经典分支:国际贸易法、国际投资法、国际货币金融法、国际税法、国际经济争端解决法。以国家指定的马克思主义理论研究和建设工程重点教材("马工程"教材)《国际经济法学》为例,整个教材厚达500页左右,其教学内容之庞大、教学任务之繁重不言而喻。

然而,现有的教学课时与庞大的教学体系并不相称。国际经济法为3学分制课程,国内高校通常一学期的教学时间在18周左右。以笔者先后任教的单位为例,北京师范大学珠海分校的教学时间为19周(共计57学时),西南政法大学的教学时间曾经为17周(共计51学时),现为

---

⑪ 参见教育部高等教育司编:《普通高等学校本科专业目录和专业介绍》(2012年),高等教育出版社2012年版,第67页。

⑫ 参见陈安主编:《国际经济法学》,北京大学出版社2013年版,第18页。

⑬ 参见徐崇利:《国际经济法与国际经济法学——"国际经济法"概念新探》,载《厦门大学学报(哲学社会科学版)》1996年第2期。

16周(共计48学时)。[14] 若以50学时为平均数,国际经济法课程除去导论部分,五大分支事实上各自只拥有不到10学时的教学时间。从西南政法大学国际经济法教研室的普遍教学经验来看,若要求讲授满足一定的精度,则通常讲到国际投资法分支结束,课时即基本告罄,对剩余几个分支只能作一些简单说明。由此,客观上就产生了教学重点分布不均的问题。

(二)教学重点分布不均

这一问题是教学课时明显不足的副产物。由于教学课时不足,而讲授又必须满足一定的精度,教师就只能以部分分支为教学重点。五大分支中,国际贸易法由于结构庞杂、知识点繁多,成为教学中当仁不让的绝对重点。国际投资法则次之,国际货币金融法、国际税法又次之。至于国际经济争端解决法,则往往被融化在以上四个分支中分别讲授。如此一来,国际投资法的讲授相对不充分,国际货币金融法、国际税法能分配到的有效课时更寥寥无几。这一现状与法律职业资格考试大纲的指挥棒倒也颇为相符,即以国际贸易法为绝对重点。

然而,贸易、投资、金融、税收并称为国际经济交往活动的四大基本形态,故国际投资法、国际货币金融法、国际税法也非常重要。[15] 当前,国际经济法课程很大程度上就是准国际贸易法课程,导致“国际经济法”这一学理概念落实到教学体系中名不副实,其作为必修课的开设意义有所下降,对于涉外法治人才的培养极可能会造成偏科的现象。这一问题或许可通过开设国际金融法、国际税法等选修课来解决,但选修课常会面临因选课人数不足而被迫取消的问题。国内也有部分国际法强校如厦门大学,在本科国际经济法教学中比较注重内容覆盖的全面性,但这势必又导致国际贸易法分支的讲授精度有所下降,令人颇生捉襟见肘、顾此失彼之感。

---

⑭ 因国家法定假期等因素,实际教学时数还少于此数。

⑮ 国际税法在国际经济法教学中的重要地位于40多年前在国际经济法学科成长期就得到承认。See Charles I. Kingson, *Book Review-International Economic Law: Tax Aspects of International Transactions*, New York University Law Review 4, 1979, p. 904 – 908.

(三)教学方法相对单一

该问题也是教学课时明显不足的副产物。由于课时极为紧张,教师只能集中围绕基本法律制度进行介绍性讲授,甚至对若干知识点一带而过,根本无暇结合案例法、互动法、讨论法、图示法等其他教学方法,以实现更充分的教学效果。若综合运用这些方法,课程的整体时间安排势必严重失衡。一言以蔽之:非不为也,实不能也。⑯ 事实上,与法学其他核心课程相比,国际经济法课程的特点在于实践性、技术性极强,高度重视技能培养,故在其他核心课程中通行的文字说理性讲授并不能满足国际经济法的教学需要。正如黄进所言,法学教育尤其是涉外法治人才培养,一定要处理好知识教学与实践教学的关系。⑰ 问题在于,上述多种教学方法的结合在理论上固然为高等教育界所广泛提倡,⑱但在当前有限的国际经济法课时下,实际并不能兑现。

据笔者观察,刑法等课程往往存在案例教学的广泛运用。在相同罪名之内或相似罪名之间,通过类似案例的细节性辨析,刑法教师能够层层递进地引导学生,使其对犯罪构成要件形成深刻的脑海映象,激发起强烈学习兴趣。但应看到,目前国内高校对刑法等核心课程的学时安排也有别于国际经济法课程。这就引出本文对国际经济法课程的改革设想,包括"加法"与"减法"两个方面。

三、国际经济法课程的"加法"设想

本文提出,在统筹推进国内法治与涉外法治、强化涉外法治人才培养的新背景下,国际经济法课程可考虑做一些"加法"性质的改革。

---

⑯ "非不为也,实不能也"并非《孟子》原文,而是后人对相关精神的概括。参见(东周)孟子:《孟子·梁惠王上》,中华书局2015年版,第12页。

⑰ 参见黄进:《完善法学学科体系,创新涉外法治人才培养机制》,载《国际法研究》2020年第3期。

⑱ 参见卢晓中主编:《高等教育概论》,高等教育出版社2009年版,第204~211页。

(一)试行双学期制教学

目前,法学专业有的核心课程享有充足课时。例如,西南政法大学本科阶段的民法与刑法这两门核心课程分别享有三学期、两学期的教学时间,即民法学(一)(总论、物权法)、民法学(二)(债的总论、合同法、担保法)、民法学(三)(侵权责任法)与刑法学(一)(总论)、刑法学(二)(分论)。这的确是这两门课程在法治生活中的地位体现。但新形势下,国际经济法课程似也不宜被忽视。而且,随着百年未有之大变局下国际经济斗争的尖锐化,中国近年来在涉外法治领域制定了出口管制法、外国法不当域外适用阻断办法、不可靠实体清单,在国际层面签署了《区域全面经济伙伴关系协定》,故一些重要领域的涉外经贸法律制度还在不断扩充。由此,国际经济法教学内容势必更显庞大,与教学时间的矛盾将更为突出。

在强化涉外法治人才培养的新形势下,本文建议对国际经济法课程试行双学期制教学,即国际经济法学(一)与国际经济法学(二),各占一学期。前者集中于导论、国际贸易法,后者集中于国际投资法、国际货币金融法、国际税法。国际经济争端解决法则融入以上若干分支进行讲授。如此,既能够基本满足该课程的教学需求,又与国家统一法律职业资格考试大纲的思路依然保持呼应。这个提议可能会引发现行教学体系下的顾虑:国际经济法课程拥有6学分是否太多了,影响法学课程体系的整体平衡?国际公法、国际私法课程要不要同样实行双学期制?对此,本文建议:(1)该提议在现阶段仅适用于高校涉外法治人才本科实验班等特定方向,发挥局部性的试验功能,助力涉外法治的加强。(2)国际经济法课程单学期可从目前的3学分改为2学分,双学期总共4学分,避免学分翻倍增长。国际私法课程也可以如此处理,而更为基础性的国际公法课程则依然保持单学期3学分制的现状。

双学期制设想的实现还需要过渡时间,但从若干高校的现有做法来看,也并非毫无可能性。例如,西安交通大学法学院开设“中澳丝路班”项目,在涉外法治领域实行本科“3+8”体系下的全英文授课,“3”为三门专业核心课程——国际法、国际私法、国际经济法,“8”为国际投资法、世界贸易组织法、国际争端解决等各种国际法领域相关选修课。厦门大学法学院在本科阶段设置了“涉外法律人才课程模块”,由18门全英文课程组成,以专业技能培养和实践应用为导向,突破了以学术类课程为主的传统课程体系。[19] 这些表明目前政策允许法学院校拥有一定的教学自主性。单门课程双学期制并非十分激进的举措,理应也具有实施可能性。正如有学者指出,优化课程体系是涉外法治人才培养质量的保障之一。[20]

(二)融入多种教学方法

教学改革是一个系统工程,需要多种举措协同发力。国际经济法课程如果能实行双学期制,则为教师在课堂中融入多种教学方法提供了充足余地。反过来说,如果在双学期制教学的条件下,教师依然实行照本宣科的理论介绍性讲授,则教学改革效果将大打折扣。国际经济法课程欲实现良好的教学效果,必定需要多种教学方法的有机结合,这是由该课程跨国、跨法系的复杂性和鲜明的实践性、技术性所决定的。

以信用证为例,诸如“信用证是开证行应申请人的要求和指示,以其自身的名义,向受益人作出的、保证依照与信用证条款相符的单据付款的一种约定”这样的纯文字,并不能让初学者直观地理解何为信用证。[21] 教师必须结合画图、流程演示乃至案例分析等方法,才能让学生真正理解并良好地掌握信用证知识和技能。据笔者教学体会,对于学生存在较大理解难度的类似知识点,还有国际贸易法领域中在途货物转售的风险转移问题,国际货币金融法领域中的银团贷款、项目贷款、浮动抵押,国际税法领域中避免国际重复征税的途径等。这些知识点同样相当复杂,被公认为难讲,同样需要教师综合运用文字、画图、流程演示、案例分析、课堂讨论等方法,才能取得较满意的教学效果。

---

[19] 参见杜焕芳:《涉外法治专业人才培养的顶层设计及实现路径》,载《中国大学教学》2020年第6期。

[20] 参见韩永红、覃伟英:《面向“一带一路”需求的涉外法治人才培养——现状与展望》,载《中国法学教育研究》2019年第1期。

[21] 文学作品对此有形象描写:“每个字都认识,没一句有意义。”参见钱钟书:《围城》,人民文学出版社1991年版,第64~65页。

在诸多方法中,案例分析法是法学教育改革中历来受到高度推崇的一种方法,但需注意与理论讲授的平衡。如何恰当选择案例、恰当裁剪案例内容,就比较关键。篇幅太长、推理思路太复杂的案例,并不适合放在本科课堂中讲授。教师应注意掌控本科教学与研究生教学的合理界限,在本科教学阶段侧重于让学生感受涉外法治类课程的独特魅力,淬炼他们的全球化思维,激发他们进一步的探究兴趣,使其开启成为高端涉外法治人才的梦想。

四、国际经济法课程的“减法”设想

上述“加法”设想特别是试行双学期制的设想,短期内可能不易转化为现实。故在现行教学制度下,本文建议国际经济法课程做一些“减法”安排,以实现与法学专业其他课程的合理分工,从而更充分、更有效地利用现有教学资源。正如习近平总书记在2021年4月视察清华大学时的重要讲话所指出的,高等教育体系是一个有机整体,其内部各部分具有内在的相互依存关系。[22]

(一)压缩非“国际”内容

目前在有限课时下,国际经济法课程有一些“非国际”的教学内容可以适度压缩。压缩并非删除,而是减少讲授时间、扼要提示要点。这方面主要是指那些虽然“涉外”但并不专门“涉外”,而是属于国内法基本制度的内容,其实质属于比较法的范畴。最典型代表是《联合国国际货物销售合同公约》下买卖双方在合同履行过程中的大量权利和义务,如根本违约、预期违约、权利救济等制度。这些制度当然属于该公约的重要组成部分。但时至今日,各国(包括中国)合同法律早已建立起这些制度。关键在于,这些制度并非如外商投资法、海商法那样只针对涉

---

[22] 参见《习近平在清华大学考察时强调　坚持中国特色世界一流大学建设目标方向　为服务国家富强民族复兴人民幸福贡献力量》,载人民网2021年4月23日,http://jhsjk.people.cn/article/32082039。

外经济关系[23],而是对内外经济关系统一适用,并且在法理上早已稳定下来,不会再随着经济社会发展出现显著的变更。根据通常安排,法学本科生在学习国际经济法之前,一般已修习过民法、合同法等课程,上述制度早已在这些课程中被涵括,因此应避免重复占用课时,也避免国际贸易法分支的独大。另一个例子是国际货币金融法分支中国际证券法的基础法律制度,如信息披露制度与禁止欺诈制度。以美国证券法为蓝本的各国此类制度,当然构成国际证券发行与交易的基础,但其对内外经济关系是统一适用的,且内容极为稳定,彼此高度相似。这些制度在学生先行修习过的商法、经济法课程中肯定被重点讲授,国际经济法课程仅扼要重温即可。

国际经济法课程应"有所为,有所不为"。那么,对哪些内容应有所为?以《联合国国际货物销售合同公约》为例,笔者认为,应侧重于公约中那些具有浓厚涉外因素、只有在国际交易语境下才会产生的法律问题。典型者即公约的适用条件、适用范围,如为何采用营业地标准而非国籍标准,何为"国际私法导致适用",以及为避免与各国国内法冲突而设置的六种不适用情形等。此外,还有在要约与承诺的生效时间上,公约缘何不作妥协,在国际交易语境下拒采英美法系"投邮主义"而坚采大陆法系"到达主义"。同理,公约的货物风险转移规则缘何拒采法式"合同成立"标准而坚采德式"货物交付"标准,以及在途货物转售的风险转移等内容,亦属此类。总之,对该公约的讲授应突出涉外色彩,彰显涉外魅力,以鲜明的全球化思维增强对学生的吸引力。

诚然,这种主张可能会招致质疑。有观点认为,涉外法治人才培养涉及国内法、国际法、国别法三个方面。[24] 中国前辈学者所倡导的国际经济法"广义说"实际上也是这个看法,即中国国内法、国际法、外国国别法中,但凡涉及跨越国境的经济交往活动的法律规范,都属于国际经

[23] 中国《海商法》不适用于中国沿海运输和内河运输,只适用于涉及中国港口的国际海上运输。该法中诸如承运人免责条款、承运人责任限额等若干特别制度,均系针对国际海上运输的巨大风险而设。

[24] 参见张力、丁丽柏:《论西部地区涉外法律人才的培养》,载《贵州社会科学》2020年第9期。

济法的范畴。[25] 因此,在理论层面,那些虽然涉外但并不专门涉外的国内法内容,显然也不能被忽略。对此,本文并不持异议。但这里所关注的并非国际经济法的学科范畴,而是教学课时的合理安排。教学中压缩这些内容,是着眼于不同核心课程间合理分工、充分实现国际经济法有限课时效益最大化的目标。何况,压缩并非删除,而是为了有详有略、详略得当。

该观点的提出依据在于国际经济法教学应突出全球化思维。有国内学者作了精辟论述:全球化思维,就是将法律问题置于全球范围而不局限于本国或地方加以考量的思维习惯和传统,是在具体解决法律问题过程中能够运用外国法提供的有益借鉴进行比较,能够充分尊重和考量国际规则,并兼顾法律问题处理的更广泛意义上的社会效果。[26] 对此,笔者完全赞同,并认为全球化思维正是国际经济法课程相比于民商法、经济法等其他核心课程,能够带给学生“不同东西”的最大特色所在。这个过程固然会涉及国别法的比较,但又必须置于全球化语境下进行。在西方法学教育界,早在1963年就有学者指出,国际经济法课程不应与比较法课程相混同,因为比较法专注于世界主要法系中内容稳定、高度相似的一些内容特别是私法性内容,将其纳入国际经济法课程是浪费时间。[27] 国际经济法课程“行走在世界各主要法系的外围”[28],换言之,是关注法系之间“碰撞”产生的问题,而非法系内部的相似制度。

(二)回避课程重叠部分

国际经济法课程中有一些与其他课程相重叠的内容,建议回避,即完全不讲。最典型者即国际商事仲裁、国际民事诉讼等。这些在理论上的确属于国际经济法的国际经济争端解决法分支的教学内容,但不属于

㉕ 参见陈安主编:《国际经济法学》,北京大学出版社2013年版,第32~33页。

㉖ 参见万猛、李晓辉:《全球化背景下中国法律人才培养模式转型》,载《中国大学教学》2010年第11期。

㉗ See Hans W. Baade, *Teaching International Economic Law*, Journal of Legal Education 1, 1963, p.62-63.

㉘ See Hans W. Baade, *Teaching International Economic Law*, Journal of Legal Education 1, 1963, p.64.

国际经济法的优势领域,与国际私法、仲裁法等其他课程存在明显重叠,完全可交给那些课程去详细讲授。国际经济法课程应集中于贸易、投资、金融、税收这四大经典分支,能够讲好这些内容就是非常值得肯定的。

不同学科的确可以拥有重叠内容,这在学理上早就得到公认。力倡广义说的国际经济法前辈学者曾批驳过法学学科范围划分中的"大胃论","大胃论"认为广义说下的国际经济法包含了太多其他学科的内容,有"侵犯"国际私法、国际商法等其他学科领地之嫌。[29] 然而时至今日,广义说已成国际经济法学界通说,代表性教材也是按照广义说来界定体系。[30]

但是,不同课程之间应有合理分工。实际上,国际私法课程中也有一些内容,如统一实体法,国内经典教科书认为其在学理上属于"大国际私法"的范围,[31]但许多学校的国际私法课程不讲授统一实体法,只讲授冲突法部分。典型的统一实体法公约如《联合国国际货物销售合同公约》《海牙规则》等,往往是被放在国际经济法课程中来讲授。其中固然有各自学科侧重点的因素,但更有教学便利性的考虑。无论是国际经济法教学回避国际商事仲裁、国际民事诉讼,还是国际私法教学回避统一实体法公约,其动机并非畏惧来自"大胃论"的批评,而是不同课程间的一种礼让,是教学资源的一种合理配置,有助于法学专业整体教学效益的最大化。

结 语

习近平法治思想是新时代中国法治教育的根本指南,涉外法治人才

---

[29] 参见陈安:《论国际经济法学科的边缘性、综合性和独立性》,载陈安主编:《国际经济法论丛》第1卷,法律出版社1998年版,第53~54页。

[30] 参见《国际经济法学》编写组编:《国际经济法学》,高等教育出版社2016年版,目录。

[31] 参见韩德培主编:《国际私法新论》,武汉大学出版社1997年版,第2~29页。

培养任务也随之趋于紧迫。中国涉外法治人才队伍的现状比起相关要求尚有不小距离,其根源在于高校法学专业的教学现状。如专家所指出的,中国国际法领域课程(含国际经济法)教学水平存在的问题在于自身的教学体制。[32] 欲有所改变,就要在教学体制改革上有所作为,国内部分院校的既有经验可资证明。[33] 如果说大规模的学制变革还需要深入论证、慎重实施,在一些具体课程上先实施局部性的改良,则是成本相对较低、风险相对可控的有益做法。

国际经济法课程与涉外法治人才培养紧密相关,其教学体系相当庞大,内容相当丰富,在法学教育中绝不可等闲视之。有鉴于此,可一方面试行课程“加法”:设置双学期制,在此基础上进一步融入多种教学方法;另一方面试行课程“减法”:压缩那些虽然涉外但并不专门涉外、属于国内法基本制度的比较法内容,并回避与国际私法等其他课程相重叠的部分内容。如此,可突出国际经济法课程的全球化思维,使其“当增则增、当减则减”“有所为、有所不为”,从而更好地发挥教学资源的整体效益,助力新时代中国涉外法治人才培养的宏伟目标。

On the “Additions and Subtractions” of the Course of International Economic Law for the Purpose of Cultivating Foreign-Related Rule-of-Law Talent

Liu Bin

Abstract: Xi Jinping Thought on the Rule of Law has put forward

---

㉜ 参见柳华文:《论进一步加强国际法研究和运用》,载《国际法研究》2020 年第 1 期。

㉝ 参见王文华:《论涉外法治人才培养机制创新》,载《中国大学教学》2015 年第 11 期。

higher requirements for the cultivation of foreign-related rule-of-law talent, and thesignificance of the construction of international economic law course has thus been raised to a new height. At present, the teaching hours of this course are obviously insufficient and the teaching focus is unevenly distributed. Further, the teaching methods are relatively monotonous. In this regard, on one hand, it can be considered that doing "addition" to the course is trying to implement a double-semester teaching system and integrate a variety of teaching methods. On the other hand, doing "subtraction" is to reduce the amount of non"international law-related content" in comparative lawand to avoid overlaps with other courses. The reform idea focuses on maximizing the overall effectiveness of teaching resources, making the course emphasize global thinking, so as to better serve the goal ofcultivating high-quality foreign-related rule of lawtalent.

Key Words: Xi Jinping Thought on the Rule of Law, foreign-related rule-of-law talent, teaching of international economic law, addition and subtraction, global thinking

我国知识产权人才培养：现状、问题及对策*

刘坤轮[**]　王姝雯[***]

摘　要：无论是市场需求、国内知识产权实务，还是国际知识产权保护压力，都需要我国切实加强知识产权人才的培养，尤其是要细化知识产权人才培养的类型。但目前我国的知识产权人才培养分散在不同的学科专业之下，不能形成有效的培养合力，以针对性地满足当前经济社会发展所要求的知识产权人才培养的专业化需求，加上人才培养的协同机制不够健全，知识产权实践经验、知识复合不够所导致的师资力量不理想等问题，加强知识产权人才培养的专业化已经迫在眉睫。从顶层制度设计来看，要应对当前知识产权人才培养的挑战，最优的选择是争取设置知识产权一级学科。现实的操作路径则是将知识产权专业升格为知识产权类专业，下设“知识产权理论”基础专业，增设“知识产权创造、知识产

* 基金项目：2020年度国家知识产权局软科学研究项目“知识产权人才培养规范化标准化研究”（项目编号：SS20-C-30）。

** 刘坤轮，中国政法大学法学教育研究与评估中心教授。研究方向：法学教育。

*** 王姝雯，中国政法大学法学院2020级硕士研究生。研究方向：法律职业伦理。

权保护、知识产权运用、知识产权管理、知识产权服务、国际知识产权、知识产权史”等若干特设专业,从而打通知识产权学科、专业设置中存在的壁垒,辅之以人才培养协同机制的强化建设、师资队伍实践能力提升和知识复合等措施,系统解决知识产权人才培养能力不足的问题。

关键词:知识产权　人才培养　学科　专业

一、问题的提出

2020年11月30日下午,中共中央政治局就加强我国知识产权保护工作举行第二十五次集体学习。中共中央总书记习近平在主持学习时强调,知识产权保护工作关系国家治理体系和治理能力现代化,关系高质量发展,关系人民生活幸福,关系国家对外开放大局,关系国家安全。全面建设社会主义现代化国家,必须从国家战略高度和进入新发展阶段要求出发,全面加强知识产权保护工作,促进建设现代化经济体系,激发全社会创新活力,推动构建新发展格局。① 在这一系统论述中,习近平总书记专门提到了我国知识产权人才培养问题,强调要“重视知识产权人才队伍建设,形成工作合力”②。

这里所传递的信息自然主要是对我国知识产权工作成绩的肯定,同时也为未来知识产权工作指明了发展方向。但同时也给我国知识产权人才培养提出了一个迫切的问题,就是我国目前的知识产权人才培养可能尚未能够满足现实经济社会发展的需求,于是才有了习近平总书记对知识产权保护工作的系统论述。那么,承担知识产权人才培养基础性工作的中国高等教育,在新时代该如何改进和完善知识产权人才的培养呢?这可能是我国知识产权高等教育迫切需要回答的一个问题。要回

① 参见《习近平在中央政治局第二十五次集体学习时强调　全面加强知识产权保护工作　激发创新活力推动构建新发展格局》,载新华网,http://www.xinhuanet.com/politics/leaders/2020-12/01/c_1126808128.htm。

② 习近平:《全面加强知识产权保护工作　激发创新活力推动构建新发展格局》,载《求是》2021年第3期。

答好这一问题，只是梳理好知识产权教育在中国的发展历程是不够的，还需要对现实知识产权所面临的国内外形势有清晰的认知，并对现行知识产权人才培养的实施路径有宏观掌握。唯其如此，才可能为未来知识产权的人才培养工作提供有益的现实方案。因此，本文将首先梳理社会对于知识产权人才培养的现实需要，分析国内和国际层面对于知识产权人才队伍的需要，进而结合当前我国加强知识产权保护的顶层设计，针对性地提出我国未来知识产权人才培养的路径。

当然，需要特别说明的是，本研究并不只是停留在宏观层面或理论层面对于加强知识产权人才培养的重要性和必要性的简单论证，而是要结合理论和实践运行，提出一项可能的知识产权人才培养制度设计以及针对这些制度设计的意见，从而强化本研究的建设性。

二、为什么要加强知识产权人才培养

在习近平总书记就知识产权保护问题作出重要讲话之前，2019 年 11 月，中共中央办公厅、国务院办公厅印发了《关于强化知识产权保护的意见》，其中就明确要求“加强专业人才队伍建设。鼓励引导地方、部门、教育机构、行业协会、学会加大对知识产权保护专业人才培训力度”。这些涉及知识产权人才培养问题的顶层声音恰是现实社会的直接回应，而对于知识产权人才的现实需求，才是加强知识产权人才保护的根本原因。

知识产权人才的现实需求是巨大的，最新可查的数据来自《2019 年度全国知识产权人才需求分析报告》（以下简称《分析报告》）。《分析报告》指出，2019 年度全国知识产权人才需求市场职位共计 215876 个，其中岗位分布中，“专利岗需求人才占比 32.5%，法务岗需求人才占比 21.3%，商标岗需求人才占比 4.3%，律师岗需求人才占比 3.9%，辅助岗需求人才占比 38.0%”③。此外，《分析报告》还指出，2019 年度全国

③ 《2019 年度全国知识产权人才需求分析报告》，载搜狐网 2021 年 1 月 22 日，https://www.sohu.com/a/397583293_99900555。

知识产权人才需求市场学历需求分布中,学历分布集中在大专及本科学历,总占比85.0%,硕士需求约占4.94%,博士需求约占0.1%,高学历人才特点明显。④

对于知识产权的现实人才需求,各界可以从多种数据中得出答案。这里所列数据的重点并不仅仅停留在人才需求的数量层面,随着中国科技的进步和知识产权保护工作的日益规范化,这一需求的日益扩张自然是无可非议的。这里解读的重点是岗位需求类型和人才层次。

首先,知识产权人才需求的类型极其多样。根据《分析报告》,知识产权工作岗位大体分为商标岗、专利岗、法务岗、律师岗和辅助岗五大基本类型,每个大的类型下又细分为2~19种岗位类别,最少的商标岗包括商标专员和版权专员两种,最多的辅助岗又分为流程专员、申报总监等19种岗位类别,专利岗则包括知识产权分析师、专利分析师等17种岗位类别,五大岗位类别共有48个子岗位类别。从岗位职责的分布来看,涵括了法学、经济学、管理学、哲学、社会学等多个学科所要求的知识、能力和素质。

其次,本科人才需求仍然是当前的主流需求。无论是从《分析报告》中直接涵括的数据来看,还是从前文分析的岗位类别来看,目前知识产权人才的市场需求主要的学历层次均为本科及以下。这一点既可以从律师岗需求人才占比3.9%中看出,也得到了辅助岗需求人才占比38.0%的印证。同时,法务岗并不明确要求律师身份,也就是学历要求不会高于本科要求。这些都说明当前加强知识产权人才培养的重中之重仍然是高等教育中的本科知识产权教育。

再次,公共管理领域的知识产权人才需求规模可能更加巨大。《分析报告》中的数据来源更多是企业层面的,但是作为国家战略层面的知识产权,其人才需求还存在于大量公共领域,包括我国对于知识产权实务处理的各种人才。比如,根据2017年的数据,人民法院一审、二审、再审共新收各类知识产权案件23.7242万件,审结22.5678万件,比2016

---

④ 参见《2019年度全国知识产权人才需求分析报告》,载搜狐网2021年1月22日,https://www.sohu.com/a/397583293_99900555。

年分别上升33.5%和31.43%。其中,知识产权民事一审案件新收20.1039万件,审结19.2938万件;新收案件中,著作权13.7267万件,商标3.7946万件,专利1.601万件。2017年,国家知识产权局专利复审委员会受理复审请求3.4123万件,受理无效宣告请求4565件;“剑网2017”专项行动共检查网站6.3万个,关闭侵权盗版网站2554个,删除侵权盗版链接71万条,收缴侵权盗版制品276万件,立案调查网络侵权盗版案件543件,会同公安部门查办刑事案件57件、涉案金额1.07亿元。⑤

最后,国际层面关于知识产权保护的巨大压力需要更多的知识产权人才。随着“一带一路”倡议的实施和国际化贸易合作的逐步开展,相关的知识产权问题也越发突出。经学者总结,这些风险主要包括:(1)诉讼风险:由于国内一些走出去的企业缺乏足够的知识产权意识,在海外就会经常遭到一些关于知识产权的侵权诉讼,甚至是一些本地国专门外国企业的恶意知识产权诉讼。(2)壁垒风险:一些本地国将若干知识产权保护标准设置为准入条件,成为外国企业入驻的重要条件,这就给中国知识产权保护不充分的企业形成了入驻壁垒,导致企业国际化策略受挫。(3)适应性风险:由于我国的知识产权保护和其他国家的知识产权保护在制度设计和具体实施方面存在差异,一些企业不能很好地适应本地国的知识产权制度,形成难以适应当地知识产权要求的风险。

综上所述,无论是市场需求、国内知识产权实务,还是国际知识产权保护压力,我们都需要切实加强知识产权人才的培养,尤其是要细化知识产权人才培养的类型。这一点不仅是本研究在这里总结的原因,由吴汉东教授主编的《中国知识产权蓝皮书》系列中,每年也将中国知识产权发展的巨大体量展现在了研究者面前。这些无不对现实的知识产权人才培养提出了更高的要求和更大的挑战。

⑤ 参见周延鹏:《中国知识产权价值面临的机遇与挑战》,载《中国知识产权报》2018年7月27日,第8版。

三、当前我国知识产权人才培养的主要方式

那么,我国当前的知识产权人才培养状况究竟如何呢？根据考证,“我国高校知识产权人才培养机制是伴随着知识经济时代我国知识产权法律制度的建立和完善而逐步建立发展起来的”⑥。“20 世纪 80 年代初,知识产权人才培养起步于我国《专利法》颁布前非正规机制的应急性人才培训。”⑦20 世纪 80 年代后期到 90 年代末,从知识产权类课程的逐步开设到知识产权专业的设置和创办,“并在法学学科门类法学专业类别的核心课程体系中确立了知识产权法的核心课程地位,这也就意味着我国高校人才培养管理体制下独立的知识产权学科和专业地位初步确立”⑧。21 世纪以来,知识产权学历和学位教育在我国迅速发展,知识产权本科专业初现规模,法学学科和管理学科门类下知识产权法方向、知识产权管理方向硕博研究生培养层次稳定发展,司法部知识产权法律硕士学位培养层次试办,我国知识产权人才培养学历教育从学士到硕士、博士的完整体系逐步形成。从层次上来划分,我国目前知识产权人才培养主要包括以下几个层次。

1. 法学类下设的本科层次。2012 年,教育部印发《普通高等学校本科专业目录(2012 年)》和《普通高等学校本科专业设置管理规定》等文件。根据新的规定,“我国普通高校的本科专业分为‘基本专业’和‘特设专业’两大类。原来的‘目录外专业’(‘W’)和目录外试办专业(‘S’)类型归并,创设为新的‘特设专业’大类,以‘T’表示。教育部对‘特设专业’的设置及变更实行‘备案制’,并每年动态调整”。教育部同

⑥ 陶丽琴、陈璐:《我国知识产权人才培养模式和学科建设研究》,载《知识产权》2011 年第 7 期。

⑦ 参见陈美章:《我国知识产权人才培养现状》,载《中国知识产权报》2005 年 7 月 4 日。

⑧ 中国人民大学知识产权人才培养机制涵盖了博士后、博士、硕士、法硕、第二学士学位等不同培养目标、不同层级教育。

时颁布的《普通高等学校本科专业目录新旧专业对照表》中的数据显示，"'特设专业名单目录'，将原'专业目录'体系中的'知识产权'专业（030103S）和'知识产权法'专业（030102W）统一合并为'知识产权'专业，专业代码为'030102T'"。作为特设专业的知识产权本科，其人才培养类型采用三种不同的方式：一是在法学院系独立下设或合并设立，如河南大学法学院同时为知识产权学院，同时招收法学和知识产权专业本科生。二是作为第二学位的知识产权专业，如中国人民大学、南京理工大学等设置了知识产权第二学位。三是知识产权实验班或培养方向，如重庆理工大学的重庆知识产权学院开设知识产权专业"2+2"（2年理工科专业基础+2年知识产权专业）的人才培养模式改革实验班。南京理工大学为知识产权双学位培养模式，学制三年。⑨

2. 硕士层次。目前可以查到的资料表明，知识产权的硕士研究生培养实际上分布在法学和管理学学科门类之中。（1）法学学科门类下的知识产权硕士研究生培养：主要包括专业硕士和学术硕士两种类型。专业硕士是指知识产权法方向的法律专业硕士；学术硕士则主要是指民商法学科下设知识产权法方向的法学学术硕士。除此之外，还有知识产权与人工智能法、知识产权与竞争法等自主设置的各种知识产权硕士研究生类型。（2）管理学学科门类：这一学科门类下也有专业硕士和学术硕士两种类型。专业硕士主要是工商管理专业硕士下设的知识产权与科技管理方向的硕士研究生。学术硕士则主要是管理科学与工程一级学科下的知识产权硕士，以及工商管理一级学科下的知识产权硕士。⑩

3. 博士层次。（1）法学专业。具有法学博士一级学科授予权的教育科研单位，根据其师资状况，在法学院"民商法学"专业下招收"知识产权法"方向的博士研究生，如北京师范大学、吉林大学、清华大学等。（2）知识产权专业。除中国社会科学院将"知识产权法"在法学下作为

---

⑨ 参见《南京理工大学知识产权双学位专业介绍》，载南京理工大学知识产权学院网2015年12月6日，http://ip.njust.edu.cn/34/d2/c2201a13522/page.htm。

⑩ 参见赵勇、单晓光：《我国知识产权一级学科建设现状及发展路径》，载《知识产权》2020年第12期。

单独专业招收博士研究生外⑪,一些设有知识产权学院(研究院)的院校中,"知识产权法学"(030120)与"知识产权管理"(120222)也已经独立成为一个专业,可对外招生。⑫ 中国人民大学、中南财经政法大学、华东政法大学、吉林大学、武汉大学、同济大学、厦门大学、西南政法大学、大连理工大学、北京大学、中国政法大学等院校在法学院、知识产权学院或管理学院直接招收"知识产权法"、"知识产权管理"以及"知识产权"专业博士研究生。

四、为什么实现知识产权人才培养专门化

实现知识产权人才培养专门化,与加快培养适应和引领知识产权强国建设需要的知识产权人才密切相关。在知识产权人才培养专门化的初级阶段,在学历教育层面设置知识产权二级学科。在进阶阶段,通过在高等教育体系内设立知识产权一级学科,在学生应达到的知识、能力、素质等培养目标以及相应的课程体系设置方面区别于传统法学、管理学等学科。对知识产权学科边界进行定位,可以分为创造、管理、运用和保护四个环节。传统法学旨在确认和保护知识产权,管理学则旨在如何运用和管理知识产权,在这层意义上,知识产权学科成为了法学和管理学两个门类的学科交汇形成的交叉学科。在实现知识产权人才培养专门化的理想化阶段,除设立知识产权一级学科之外,通过设置知识产权专业学位,培养区别于知识产权学科普遍性、通用型人才的复合型、应用型人才。知识产权专业学位通过大量实务类课程设置和实践实训,造就懂技术、善管理、精运营的实务型知识产权人才,以适应知识产权由技术创造向生产创新转化的需要,服务、引领和保障知识产权优势向竞争优势

---

⑪ 《中国社会科学院研究生院2016年博士生招生专业目录》,载中国社会科学院研究生院网,http://www.gscass.cn/cass/zsxx/zsdt/2015-11-03/20385.shtml。

⑫ 《厦门大学2016年博士研究生招生专业目录》,载厦门大学网2015年12月6日,http://zs.xmu.edu.cn/news/2543.html。

转化。同时,根据社会需要,在培养对象、招生选拔、职业资格认证等方面进行必要创新,以达到其与法律等专业学位的明显区分,确保知识产权专业学位人才培养的特色和社会适应性。⑬

实现知识产权人才培养专门化,从教育管理学上来说,也就是要将知识产权专业单列为专业类,因为专业类在一定意义上所对应的恰好是教育管理学上的一级学科。而要独立成专业类,就必须具备必要的专业类条件,这就需要先将"专业"这一概念说清楚。所谓专业,是高等法学教育的基本单元,是和通识教育对应的一种高阶教育形态。现代大学的教育起源中,实际上也存在所谓通识教育和专业教育之间的纠葛。最早期能够被归入高等专业教育的为法学、医学和神学,偏重于从事未来职业的专业技能和高阶伦理的系统训练。与之相对,早期大学中,另外一种教育则是为了训练人的自由心智而进行的,也就是现在通常所说的通识教育,有时也被称为自由教育或博雅教育。从阶段上来划分,通识教育一般在专业教育之前,它的主要功能是出于心智养成之目的,为接下来的专业教育做准备。因此,从层级上来看,它是大学专业教育的前置阶段。从早期的大学开始,这实际上形成了一个传统,某些特定的专业教育,因为对应着特定的职业,往往需要更高层次的自由教育为其奠定基础,于是,这一理念在一些国家也就被保存了下来,依然存在于某些大学里。比如,美国的法学、医学等专业,都被视为特殊的专业教育,或可将其定义为职业教育。因此,大学要有专门训练心智的通识教育来为这些专业教育奠定基础,这样也就有了通识教育和专业教育在大学中共存的局面。但实际上,就目前来说,这种高阶的专业教育,也就是职业教育在当代社会分工和知识体系划分日益精细的情形下,已经越来越少了,知识体系的专门化使得大学的教育形态主要是专业教育,具体对应的是特定的知识体系,至于是否对应特殊的职业,除法学、医学之外,并没有那么重要。⑭

---

⑬ 参见贾小龙:《立足强国建设所需　完善知识产权人才培养机制》,载《科技日报》2021年10月18日,第8版。

⑭ 参见刘坤轮:《专业到底指什么?》,载《中国政法大学教育文选》2021年第1期。

这里将专业的概念提出,目的在于说明专业的核心要素在于知识体系的专门化。而知识产权如果要脱离特设专业,走向独立专业的关键要素也在于此。对于这一点,国家知识产权局人事司人才处赵勇处长已经做过较为系统的论述。他明确提出,知识产权的知识体系目前已经涵括了"知识产权创造、知识产权保护、知识产权运用、知识产权管理、知识产权服务、国际知识产权、知识产权史、知识产权基础理论八个视角"[⑮]的专门知识体系。吴汉东教授也指出,知识产权"有独特的研究对象,有特有的基本范畴、理念、原理、命题等所构成的知识体系"[⑯]。这些知识体系其实分别内嵌在"法学、经济学、管理学、哲学、社会学等多个学科的理论与研究方法"[⑰]的知识体系之中,并通过体系化的建构,使之建构起了系统的学科边界。

还需要说明的是,知识产权专业在人才培养目标方面和法学专业也有较大区别,目前本科阶段开设知识产权专业的学校更多为理工科大学的现实也表明,知识产权是一个和传统文科相区别的特殊专业。对此,我们对比一下知识产权专业和法学所要求掌握的知识能力。知识产权专业要求:(1)具备知识产权专业各学科的基本理论和基本知识,同时兼具普通法学各学科基本理论和基本知识;(2)掌握知识产权专业知识和专业技能,同时具备法学一般分析方法和技术;(3)了解知识产权发展的前沿和知识产权发展的趋势;(4)熟悉我国知识产权法律体系和相关政策体系及普通法律体系和政策;(5)运用知识产权知识解决和处理知识产权代诉讼和管理问题的能力;(6)掌握专利和商标检索、资料查询的技能和方法,同时具有一般文献检索、资料查询的基本方法,能尽快解决文献检索和查询的问题。[⑱] 而法学专业则要求:(1)了解人文社会科学和自然科学的基础知识,牢固掌握本专业的基本知识和基本理论,

---

⑮ 赵勇、单晓光:《我国知识产权一级学科建设现状及发展路径》,载《知识产权》2020年第12期。

⑯ 吴汉东:《知识产权的多元属性及研究范式》,载《中国社会科学》2011年第5期。

⑰ 赵勇、单晓光:《我国知识产权一级学科建设现状及发展路径》,载《知识产权》2020年第12期。

⑱ 参见萧延高、范晓波:《知识产权》,科学出版社2010年版。

并形成合理的整体性知识结构。(2)具备独立自主地获取和更新本专业相关知识的学习能力；具备将所学的专业理论与知识融会贯通，灵活地综合应用于专业实务之中的基本技能；具备利用创造性思维方法开展科学研究工作和创新创业实践的能力；具备较高的计算机操作能力和外语能力。(3)热爱社会主义祖国，拥护中国共产党的领导，掌握中国特色社会主义理论体系，牢固树立正确的世界观、人生观、价值观。掌握法学类专业的思维方法和研究方法，具备良好的人文素养和科学素养。养成良好的道德品格、健全的职业人格、强烈的法律职业认同感，具有服务于建设社会主义法治国家的责任感和使命感。具备健康的心理和体魄。⑲

由此看来，知识产权专业学位设置，主要表现为知识产权体系的专门化建设。知识产权专业在人才培养目标方面，相较于法学专业的人才培养而言，涵盖更多实操性、前沿性的专业领域和技能，结合了法律、管理、运营、工程、技术等复合型知识要求。

五、我国知识产权人才培养的主要问题

根据已有的数据，我国本科层次的知识产权人才培养2017年毕业生人数为2101人，招生数为2581人，在校生人数为10641人。2017年知识产权方向的博士研究生层次的具体数据为，招生478人、毕业人数246人、在校人数2130人。毕业生中毕业硕士研究生因为法律硕士和法学硕士交叉，确切的数据较难获取，但从数量上来看应该介于本科和博士研究生之间。这一数据和前文所要求的市场岗位需求无法形成适应，更不用提更多的行政、司法等知识产权人才的公共人力资源。那么，从表面上来看，知识产权人才培养的症结在哪儿呢？本研究认为，其主要在于以下几个方面。

⑲ 参见教育部高等学校教学指导委员会编：《普通高等学校本科专业类教学质量国家标准》(上)，高等教育出版社2018年版，第33～38页。

1.知识产权人才培养的专业化程度不够。知识产权是较为典型的交叉学科,前文也多次强调,它不仅是一个文科的问题,更是涵括了自然科学的大量知识,尤其是从对于知识产权一线工作的人才需求来看,动手创新的能力要求远远高于动脑思考的能力。因此,知识产权的专业化培养是当前知识产权人才培养的核心症结所在。当然,需要说明的是,知识产权工作涉及大量法律工作的内容,它所要求的思维方式,在相当程度上也和法律思维有着重叠之处,但知识产权核心的使命在于创新,这一点和法治思维是有着相当界限的。因此,如何实现知识产权人才培养的专业化,是当前知识产权人才培养的关键问题,没有专业化的人才培养模式,就不可能有足够创新能力的知识产权人才,这也就是为什么要加强知识产权学科专业建设的最正当理由。当然,这个专业化在何种程度上实现,则是值得探讨的问题,究竟是将知识产权专业独立出来,单列知识产权一级学科,还是单独设置知识产权本科专业的人才培养标准,在硕士、博士层次对知识产权人才进一步加大专业化培养力度,则是需要进一步思考的问题。

2.协同培养机制不够健全。从以上知识产权人才培养的基本情况来看,我国知识产权人才培养的问题在于培养模式,尤其是如何形成特定的、适合知识产权人才产出的、专门性的协同培养机制。这一点对于很多专业人才的培养都是通用的,也就是说,现行的知识产权人才培养模式中,缺乏实现知识产权人才的协同机制。2017年5月3日,习近平总书记考察中国政法大学时指出,法学学科是实践性很强的学科。这一判断把握了法学教育的实质,即法学教育必须是实践导向的,而知识产权人才的培养则必须是实践导向的,并且是辐射性外向,超出了法学专业的协同培养机构的配置范围。因此,只有在培养过程中,真正贯彻落实涉外法律实务的训练,才有可能训练出具备知识产权创新能力的高素质人才。目前的培养模式下,本科阶段的知识产权人才培养,其实习实训是被纳入法学专业之中的,而法学专业所对应的实习实训机构,主要是法院、检察院、律师事务所、企业法务等涉法类工作岗位,这些实习岗位不仅数量上远远无法满足现有学生的需求,还无法实现实质的“创造创新”。

3. 师资力量仍不理想。当前高等法学教育中，对于教师的要求，基本上是以博士学位作为起点。而中国法学博士学位的设定，沿袭了学术研究的基本培养路径，只是近年来才在一些法学院校出现了应用型法学博士项目，但招收的学生其未来的就业方向是实务部门，并不走向法学教师群体。这就导致现有的涉外法学师资队伍中，真正具有实践能力的教师少之又少，这是一个方面；另一方面，知识产权涉及电路、生物、物理、化学等各个学科的创新性知识，仅就知识产权的各种法律事务而言，现有的法学专业知识体系就无法满足处理现实纠纷的需求，更毋宁说自己进行创造创新，甚至引导学生进行创新创造了。

当然，关于知识产权人才培养的症结还有很多，如国家层面和社会层面重视程度仍然不足、学科不独立、人才培养层次不高等，但综合而言，这些都是知识产权人才培养专业化程度不够的延伸解释，而导致这种专业化程度不高的核心要素则是协同培养机制和师资力量问题。因此，解决了这些问题，也就解决了知识产权人才培养的关键。

六、加强知识产权人才培养的制度设计

2018 年 11 月 5 日，首届中国国际进口博览会开幕式在上海国家会展中心举行，国家主席习近平出席开幕式并发表主旨演讲。习近平表示，中国将加快出台外商投资法规，完善公开、透明的涉外法律体系，全面深入实施准入前国民待遇加负面清单管理制度。中国将尊重国际营商惯例，对在中国境内注册的各类企业一视同仁、平等对待。中国将保护外资企业合法权益，坚决依法惩处侵犯外商合法权益特别是侵犯知识产权行为，提高知识产权审查质量和审查效率，引入惩罚性赔偿制度，显著提高违法成本。营商环境只有更好，没有最好。各国都应该努力改进自己的营商环境，解决自身存在的问题，不能总是粉饰自己、指责他人，

不能像手电筒那样只照他人、不照自己。[20] 结合我国最新的关于加强知识产权保护的顶层制度设计,改革知识产权人才培养已经迫在眉睫。

针对以上分析的问题,本研究认为,未来知识产权人才培养的专业化,可以从以下几个方面展开。

1. 关于学科现实选择。最优的选择,从学科设置角度来说,是争取设置知识产权一级学科。目前,知识产权学科仍处于二级学科的地位,存在于法学、管理学等多个一级学科之下,但各个学科均无法全面覆盖知识产权学科所涉及法学、管理学和经济学等一级学科的知识门类。因此,独立设置一级学科,迎合国家制度层面交叉学科设置的大背景,充分落实知识产权学科交叉融合、高度集成、综合性的学科特点,是一个最优的选择。对此,赵勇处长的论述非常具有建设性,这也是"一揽子"解决知识产权人才培养问题的最佳路径。

2. 关于本科专业的设置。目前,我国的本科专业目录中,"知识产权(专业代码是030102T)属于法学类下设法学"[21]。一个可行的改进措施是,将知识产权专业升格为知识产权类专业,下设"知识产权理论"基础专业,增设"知识产权创造、知识产权保护、知识产权运用、知识产权管理、知识产权服务、国际知识产权、知识产权史"等若干特设专业。如此就实现了与法学类、政治学类、社会学类、民族学类、马克思主义类和公安学类并列的第七个知识产权本科专业类,同属于法学学科门类,以实现知识产权本科人才培养的专门化。当然,这是一种专业选择的最优路径。现行体制下,专业类的改革难度较大,如果不能实现这一路径,那么,次优的选择就是进一步细化《法学类专业类教学质量国家标准》,研制知识产权专业教学质量国家标准,在无法实现专业类设置的情况下,对知识产权的人才培养目标、培养规格、课程体系等进行专门设置,以凸显知识产权人才培养的独特性。

---

[20] 参见习近平:《共建创新包容的开放型世界经济——习近平在首届中国国际进口博览会开幕式上的主旨演讲》,载《对外经贸实务》2018年第12期。

[21] 教育部高等学校教学指导委员会编:《普通高等学校本科专业类教学质量国家标准》(上),高等教育出版社2018年版,第33页。

3. 关于知识产权研究生的培养问题。目前,知识产权研究生的培养大体是以在法律硕士知识产权方向、在“民商法学”专业下设置“知识产权法”方向等方式实现的。这种培养模式固然有其独特优势,如对于知识产权高层次人才的法律素养具有较大的提升作用,但同时也忽略了知识产权人才培养过程中理工科知识的重要性。因此,一个可行的建议是通过设置专业研究生学位的方式解决,仿照法律硕士、教育硕士、工商管理硕士、公共管理硕士的人才培养模式,设置知识产权硕士专业学位,将知识产权人才培养过程中所需要的自然科学、社会科学、交叉学科的知识训练纳入进来,实现知识产权高层次人才培养的专门化。

当然,除以上执行性较强的建议外,其他宏观层面的制度设计也需要跟进,如进一步加强顶层设计支持协同培养机制的建设,进一步优化知识产权人才培养过程中的实习实践环节,进一步形成教师实践能力的协同养成机制,进一步完善特色人才培养质量保障体系等,但这些都是在可行的制度设计能够落地之后予以细化的,只有完成了制度设计,以上的内容才可能真正落地。以健全协同培养机制为例,高校的知识产权学科或知识产权专业学位应积极与各级知识产权法院、知识产权主管部门、知识产权服务机构、知识产权管理机构、知识产权代理公司等实务主体开展合作,创建校外实习基地,开展专业实习实训,培养知识产权专业化实务人才。对于实习实训资源不平衡甚至匮乏的高校,通过高校的虚拟仿真以及其他智慧教学系统,虚拟化实习实训,实现教育资源的互通共享。学生能得到同等的知识产权专业实训机会。以知识产权学科或专业学位师资力量的提升为例,通过引入实务中的知识产权律师、服务机构知识产权代理与分析师、头部企业知识产权管理部门负责人等主体在线下或线上课堂进行实务技能、案例、知识等的讲座、访谈、学术沙龙等互动,加强知识产权学科或专业学生理论与实践的灵活应用经验,通过开展教师进修,学生交换、交流等形式推动知识产权在高校教学中的实务化运用。

综上所述,未来要切实提升我国知识产权人才的培养质量,应在人才培养的顶层设计上下功夫,打通知识产权学科、专业设置中存在的壁垒,全面强化人才培养协同机制建设,实现师资队伍实践能力提升和知识复合等。唯其如此,我国知识产权人才培养才能够支撑起知识产权强国之梦。

On the Cultivation of Intellectual Property Talent in China: Status Quo, Problems and Solutions

Liu Kunlun   Wang Shuwen

Abstract: Under the circumstances that consider the market demanding, the practice of domestic intellectual property, or the pressure of international intellectual property protection, iturges China to strengthen the cultivation of intellectual property talent, especially to classify the types of cultivation ofintellectual property talent. However, at present, the cultivation of intellectual property talent in China is scattered under different disciplines and specialties, which cannot form an effective joint force to meet the professional needs of cultivationof intellectual property talent required by the current economic and social development. In addition, it is urgent to strengthen the professionalization of cultivationof intellectual property talent because of the unperfectedcoordination mechanism of talent cultivation and the unsatisfactory teaching staff caused by the lack of practical experience of intellectual property and knowledge integration. From the perspective of the design of the top-level system, the best choice is to strive for the establishment of a first-level discipline of intellectual propertyin order to meet the current challenges of cultivationofintellectual property talent. However, the feasible operation path is to upgrade themajorof intellectual property to the more general category of intellectual property which sets up the basic major of "intellectual property theory" and the addition of several special majors such as "intellectual property creation, intellectual property protection, intellectual property application, intellectual property management, intellectual property services, international intellectual property and intellectual property history". In this way, the solutions can be reached, such as breaking through the barriers existing in the intellectual property disciplines and major settings, in order to supplement the construction of the talent cultivationcoordination mechanism, and to improve the teaching team's practical ability, to integrate the knowledgeand other measures, and finally to systematically resolve the problem of insufficientcultivation ability of intellectual property talent.

Key Words: intellectual property, talent cultivation, discipline, major

监察法治人才培养体系初探*

吴　腾**　姬亚平***

摘　要:随着国家监察体制改革纵深推进,纪检监察工作实践不断发展,体制机制和制度创新与时俱进,对纪检监察人才的需求更加迫切。研究监察法治人才培养的模式与实践,对发展中国特色法学学科体系,补齐学科构架和知识空间的短板,形成学术话语体系,促进多元学科融合创新,实现监察工作的规范化、法治化、专业化具有重要意义。通过分析监察体制改变背景下的法治人才需求,总结监察法治人才培养的三种类型,即国家综合类大学点状化、政法类大学专门化、其他地方高校特色化,客观评价这三种类型所积累的经验和存在的短板。在此基础上,提出及时明确学科定位、科学设定培养方案、系统构建课程体系、创新人才培养方式的建设路径,让监察法治人才培养实践有章可循,推动各级纪委监委展开与高校的人才培养合作,实现教学育人、理论研究与监察实务的良性互动。

* 基金项目:2021 年度国家社科基金项目“完善党和国家监督体系研究”(项目编号:21AZD088)。

** 吴腾,东南大学法学院博士生,东南大学党内法规研究中心研究人员。研究方向:监察法学。

*** 姬亚平,西北政法大学行政法学院(纪检监察学院)院长,教授,博士生导师。研究方向:监察法学。

关键词：监察法治人才　培养体系　监察法学

2017年，习近平总书记考察中国政法大学时指出，法治人才培养上不去，法治领域不能人才辈出，全面依法治国就不可能做好。[①] 党的十九大报告确立了“坚持和完善党和国家监督体系，强化对权力运行的制约和监督”[②]的监察体制改革目标，为监察法治人才的培养指明了方向。随着监察体制改革的不断深入，监察法治人才培养在各高校、机构如雨后春笋般展开，法学界对监察法治人才培养和学科建设高度关注，积极谋划布局。秦前红等提出，“监察法学的概念体系还没有建构起来，必须从理论体系、研究方法和内容、理论基点、理论指导、基本范畴等方面进行展开”[③]。吴建雄提出，“从监察法学逻辑起点、核心范畴、基础支撑、体系范围，进行监察法学的体系构建”[④]。封利强认为，“监察法学是一门亟待建构的新学科，将其确立为法学二级学科必要且可行，在理论体系建构上应以监察法律关系为主线展开”[⑤]。张红哲认为，“要加快创设和建构监察法学学科，推动监察法学研究方法的整合与更新，确立其学科论域的基本构成”[⑥]。这些研究是宏观意义上对监察法治人才培养的实践探索和理论总结，本文则是基于监察体制改革背景下监察法治人才需求及培养类型化的研究分析，提出构建符合新时代要求的监察法治人才培养体系。

---

① 参见习近平：《论坚持全面依法治国》，中央文献出版社2020年版，第174～175页。

② 习近平：《中国共产党领导是中国特色社会主义最本质的特征》，载《求是》2020年第14期。

③ 秦前红、石泽华：《新时代监察法学理论体系的科学建构》，载《武汉大学学报（哲学社会科学版）》2019年第5期。

④ 吴建雄：《监察法学学科创立的价值基础及其体系构建》，载《法学杂志》2019年第9期。

⑤ 封利强：《监察法学的学科定位与理论体系》，载《法治研究》2020年第6期。

⑥ 张红哲：《论监察法学的研究论域》，载《行政法学研究》2022年第1期。

一、寻找:监察体制改革背景下的法治人才

监察法治人才培养是高等院校新的“教育场域”,需要在与人才需求单位的沟通互动反馈中设计培养方案、建设教师队伍、更新教学方法、精准供给人才。从监察工作内容看,纪检监察机关承担的监察工作“具有高度的专业性和复杂性,是教育、预防、调查、侦查等行为的集合体”⑦。从监察队伍专业化建设看,全国人大常委会出台的《监察官法》都有明确的规定。可以说,法治思维和法治能力的要求贯穿始终,体现了“监察官队伍的素质和能力必须适应法治化、规范化和高质量的要求”⑧。

纪检监察机关突出政治监督,把政治规矩、纪律意识贯彻始终,依规依法开展监督检查、审查调查、追责问责、巡视巡察等工作。党的领导与依法治国、讲政治和讲法治在目标上具有一致性,政治思维和法治思维对于监察人员来说共同作用于监察工作的高效实施,需要自觉把政治意识与法治思维、政治把握与法治方式统一、结合起来,努力实现政治效果、纪法效果、社会效果的融合和最大化。中共中央印发的《法治中国建设规划(2020—2025年)》提出,“健全后备人才培养机制,继续推进在部分高校开展党内法规研究方向的研究生教育,加强学科建设,为党内法规事业持续发展提供人才支撑”⑨。可以说,纪检监察机关对监察法治人才的内在要求就是政治素质高、纪法专业化,具备忠诚干净担当、敢于善于斗争的政治品格。

---

⑦ 李斌雄、廖凯:《构建中国特色监察官制度的必要性、原则及基本思路》,载《廉政文化研究》2020年第5期。

⑧ 褚宸舸、王阳:《我国监察官制度的立法构建——对监察官范围和任职条件的建议》,载《浙江工商大学学报》2020年第4期。

⑨ 《中共中央印发〈法治中国建设规划(2020—2025年)〉》,载中华人民共和国中央人民政府网,http://www.gov.cn/zhengce/2021-01/10/content_5578659.htm。

二、分析:监察法治人才培养的类型化

(一)综合类大学点状化培养

国家综合类大学学科齐全、科研资源丰富,具备培养高素质监察法人才的先天优势,如北京大学和清华大学分别成立了廉政建设研究中心、廉政与治理研究中心,研究领域涉及基本理论、政策制度、教育预防等内容,涉及多个学院和学科的联合,通过廉政咨询、课程培训、国际学术交流等途经扩大影响力,充分利用媒体和网络传播的形式,服务于国家的廉政基础工程建设。武汉大学通过与湖北省委办公厅共建的模式成立党内法规研究中心,承担党内法规理论研究、对策研究、人才培养和学术交流等基本任务,集中法学、政治学、马克思主义理论、公共管理学等优势学科的专家学者,已经培养了一批硕士和博士研究生,所主办的《党内法规研究》从集刊升格为期刊,是国内首家专门研究党内法规的学术刊物,在相关领域产生了较大学术影响。东南大学发挥刑法、行政法等优势学科的作用,以国家反腐败立法完善为研究重点,成立反腐败法治研究中心,展开党内反腐、地区清廉指数、廉洁文化、国际反腐合作等方面的特色研究。北京师范大学成立G20反腐败追逃追赃研究中心,推动廉政学科建设和人才培养,将廉政学作为二级交叉学科点,实行硕士生、博士生单独招生,通过与国外高校合作办学进行博士后联合培养,初步形成了本科生、研究生、博士后、访问学者一体化的人才培养链条。

综合类大学通过设立研究机构、中心,整合本校学科资源,研究人员往往同时具备多种学术身份,在其学科专业归属上具有培养硕士、博士资格,不同学科背景的学生共同围绕中心的工作进行学习和研究,具有一定的借鉴意义。但是,综合类大学没有形成单独的学科发展模式,依托研究机构中心进行人才培养不具有系统性和可持续性,往往是为了承担某项课题进行“赶工程式”完成任务,且综合类大学监察法治人才培

养偏向于精英化,就业选择更加多元化,很难满足当前监察体制改革急需的人才数量。

(二)政法类大学专门化培养

政法类大学是专门化的法律院校,人才培养规模大,具有明显的地域性,在统合法学学科优势的基础上积极探索布局监察法治人才培养。本文主要总结了中国政法大学、西南政法大学、西北政法大学的监察法治人才培养实践经验。

中国政法大学整合多种学科优势,学科建设开展较早,有着成熟的人才培养体系。2013 年开始在政治与公共管理学院政治学下设置"国家监察学"专业,进行独立招生,开设政治学理论前沿问题、纪检监察学理论专题、国外反腐败与廉政制度专题、当代中国政府与政治等基础课程。2017 年,成立国家监察研究院进行人才培养、学术研究和政策建议。2020 年,在诉讼法学专业下设置监察法学方向,招收博士研究生。2021 年,成立党内法规研究所,在宪法学与行政法学下设党内法规方向,招收硕士和博士研究生。同时,学校依托法治政府研究院,成立国家监察与反腐败研究中心,聚集国内相关领域的专家学者以及实务工作人员,已经成为监察和反腐败研究的学术高地,这些密集的学术科研资源为中国政法大学进行监察法治人才培养创造了条件,形成了多学科资源整合下的培养模式。

西南政法大学开创了国内首家监察法学院,设置监察法学作为独立的法学二级学科,2018 年正式开始招收实验班本科生、硕士研究生,2019 年招收博士生,成为全国最早获得监察法博士学位授予权的学科点之一,初步形成了"本硕博"三个阶段的人才培养体系。其一,在培养目标上,确立了培养政治意识强、法律业务精通、德才兼备的高层次应用型卓越监察法治人才的目标。其二,在培养方式上,成立监察法学本科实验班,实行小班教学,制定监察法学人才培养方案,打破学校、学科壁垒,整合学校多领域学科优势,编写了《监察法学》教材。其三,在课程内容上,"把法纪融合、法纪贯通作为主线,设置一系列突出现实需求的专业课程”[10],本科生课程有监察法学、党内法规学等;硕士生、博士生课程有监察法学原理、监察实务与腐败预防、监察制度比较研究等。其四,在校地合作上,依托区位资源和专业优势,与中国纪检监察学院、甘肃省纪委监委等实务部门建立战略合作关系。

西北政法大学创新院系设置模式,设立纪检监察学院,与行政法学院合署办公,充分整合教学资源,推动学科发展综合化、融合化,建立了多学科支撑的课程体系,形成了理论研究上具有多学科学术研究背景、年龄结构上老中青比例适合、教学方式上理论与实务相结合的监察法学科教师团队。通过修改人才培养方案,将监察法学作为全校法学专业学生的必修课,并配置多门选修课,进行系统监察法学教育。同时,积极与实务部门建立“监察法治人才培养共同体”,注重选拔和培养实践型教师,邀请具备丰富实践经验的纪检监察实务人员担任客座教授,为学生授课与实践指导,提升学生的实践能力。此外,注重培养学生的学术研究兴趣,给予学生在学术方向选择、课题申请、论文选题等方面充分自主权,定期开展学术沙龙活动,激发学生的学术积极性,为将来的实务工作与学术研究奠定基础。

综上所述,政法类大学通过整合优势学科,将监察法治人才培养设置在法学专业之下,形成了以监察法学为核心的课程群,重视实践教学的开展,建立了与纪检监察机关合作培养的长效机制。但是,由于学科定位的不清晰,目前主要采用交叉学科的模式,依托政治学、宪法学与行政法学、诉讼法学等学科,没有突出监察法学本身特色和时代要求。虽然能够整合不同学科背景的教师资源,但是由于监察法学是一个新领域,许多教师既没有监察实务经验也没有理论研究经历,一般会在原有研究路径开展新的学术主题,监察法学基础理论不足,参与监察实践的机会少,导致学术研究的分散化。理论与实务的“两张皮”现象,映射在监察法治人才培养上,体现为师资力量薄弱、教材体系短板明显、培养方案标准不一、人才供给与需求之间存在机制性障碍。

---

⑩ 金承光:《〈监察法〉施行后的理论、实务与人才培养探索——“2019 年监察法理论与实践暨监察人才培养”学术研讨会综述》,载《西南政法大学学报》2019 年第 3 期。

(三)其他高校特色化培养

云南师范大学在国内较早与云南省纪委监委合作办学,2013年成立纪检监察学院,创新人才教育培养模式,推进纪检监察学科建设和理论研究,坚持学历教育、干部培训、理论研究和国际交流相结合,在法学专业下设置纪检监察方向,服务地方纪检监察机关人才需求。在培养过程中,实践教学与理论教学有机结合、相互促进,专职教师和从事纪检监察实务校外兼职教师共同授课,与多家单位合作建立实习基地,设置丰富多彩的实践教学活动,提升学生的理论与实践能力。开设课程既包括法学专业课程,又有监督学、监察法、党内法规、廉政文化概论等特色方向课程,学生能够掌握基础学科及法学学科的基本知识点,尤其熟悉纪检监察相关法律知识,提升学生基础能力。

西安文理学院与西安市纪委联合办学,通过"专业政校共建机制",[11]开展纪检监察专业方向本科学历教育。在共建模式下成立专门的工作小组,明确双方职责分工,联合制定人才培养方案,设置了职务犯罪研究、监督学理论、纪检监察学概论等特色课程。实行课堂嵌入式教学"在学与教的互动中促进学科知识体系不断更新,走向成熟"[12]。学校建立多个实习实训基地,要求教师和学生同步专业见习,学生毕业实习时间长达一年,使学生充分掌握纪检监察的工作程序、基本技能与方法,为毕业后从事纪检监察工作奠定基础。在学生组织发展工作中,在保证学生入党的质量和数量的前提下,给予一定的政策支持。通过地方纪委监委与组织部门协调,在公务员招录中明确专业要求,既解决学生的就业问题,也确保各级纪检监察部门能够录用到具有纪检监察专业知识和能力的优秀人才,学校的学科专业建设动力更足,生源更广。

西安文理学院与云南师范大学在根据自身的资源条件和办学经验的基础上,虽然各具特色,但两校都把"专业政校共建机制"贯彻于监察法治人才培养的全过程,着力于"应用型"的培养方向,起到了资源共

---

⑪ 参见钱晓萍、巩建萍:《纪检监察专业人才学历教育校政共建机制研究——以西安文理学院为例》,载《西安文理学院学报(社会科学版)》2015年第4期。

⑫ 杨永庚:《纪检监察学学科的形成与发展述论》,载《廉政文化研究》2016年第2期。

享、优势互补的作用,具有创新性和针对性。同时,由于学校的资源禀赋条件有限,培养层次只能以本科生为主,培养口径相对单一,学生主要通过报考公务员进入纪检监察系统,而公务员考试通过的比例又比较低,学生短期内难以实现就业,放弃本专业转行的学生在2/3以上,学生继续以本专业提升学历层次的动力不足,极大地浪费了大学的培养资源,挫伤了高校人才培养的积极性,并没有从根本上扭转当前监察法治人才的供给困境。

三、构建:监察法治人才的培养体系

(一)及时明确学科定位

明确定位监察法学作为独立的法学二级学科。随着《监察法》的出台,监察制度成为法学研究领域的“富矿”,研究的问题涉及宪法与行政法学、诉讼法学、犯罪侦查学等多个学科,横跨政治学、管理学等一级学科,但往往基于本学科的领域和自身学术背景进行研究,视角相对单一化,容易形成学术思维定式,使得监察制度的相关成果呈现“碎片化”状态,缺乏系统思考和通盘规划。

监察体制改革是我国的重大政治性结构改革,需要法学的理论支撑指导法治实践,为我们党进行全面从严治党和全面推进依法治国提供原创性和时代性的概念和理论。监察法学的研究需要独特的研究对象和研究方法,建立基本研究范畴,“构建统一话语的学科讨论平台”⑬,是对丰富的监察法律制度和监察法律实践进行研究的新兴学科。监察法律制度,从形式角度来说,包括宪法、监察法律、监察法规、党内法规以及其他各种形式的、具有监察制度内容的成文法和不成文法;从体系角度来说,包括与监察法相关的法律部门;从时间角度来说,包括跨越古今的各个时间的法律;从空间角度来说,包括横向演进发展的本国监察法、外国

⑬ 吴建雄、马少猛:《构筑监察法统一话语的学科讨论平台》,载《行政管理改革》2019年第6期。

监察法、国际监察法。监察法律实践包括从法的创立到执法再到法律监督等监察法的运行实践。在研究方法上需要融合传统的法教义学、历史研究、比较研究方法,也结合了现代的数据统计、经济分析等方法。

同时,监察法学学科建设需要主动打破相关学科之间的知识壁垒,因循时势地在现实问题中把握理论价值,将理论研究和制度研究相结合,不断完善理论体系和制度构造,在基础理论架构上吸纳其他学科优势和特点。

(二)科学设定培养方案

"人才培养方案是人才培养的直接依据与顶层设计,解决如何培养人才的问题"⑭,需要在教师研讨、专家论证、纪检监察机关参与、学生反馈的基础上不断完善,确保人才培养方案的科学性、可操作性。

明确高质量多层次的人才培养目标。本科生注重厚基础、宽口径培养,最大限度适应多元化岗位需求,硕士生以专业化、精细化培养为主,要具备坚实宽广的基础理论与系统深入的专门知识,博士生则侧重于科研创新能力、监察实践能力、教学素养能力培养,要具有敏锐的洞察力和思辨能力。当然,"道德修养总是摆在教育的第一位,其次才是知识的汲取和能力的养成"⑮。无论哪个层次的监察法治人才都要立足于"德法兼修"的基本要求,既要不断提升道德修养,坚定政治立场,还要精通监察法律法规、熟悉纪检监察业务,具备从事纪检监察职业所要求的知识结构、理论素质。

注重理论课程与实践课程合理设计。目前的法律人才培养方案采用"以理论教学为主、实践教学为辅的教学模式"⑯。监察法治人才在培养方案的设计上要加大实践课程的设计,本科阶段增加监察法诊所、模拟法庭、模拟谈话等实践课程,鼓励学生在寒暑假期间自主到纪检监察

⑭ 王立峰、李洪川:《复合型党内法规人才培养模式的探索与思考》,载《四川师范大学学报(社会科学版)》2020年第4期。

⑮ 陈云良:《新时代高素质法治人才法律职业伦理培养方案研究》,载《法制与社会发展》2018年第4期。

⑯ 屈茂辉、陈锦红:《应用型复合型卓越法律人才培养方案研究》,载《大学教育科学》2015年第2期。

单位实习。硕士阶段注重课堂授课与实地调研相结合,由导师和学生共同完成相关研究课题,实地到纪检监察机关调研或支持学生长期驻点实训,通过实证方法完成课题报告,让学生有机会接触社会,带着问题意识进行学术研究。博士生可以结合自己的学位论文选题方向,进行不少于12个月的实践和调研,实践和调研的目的、任务等由导师确定,并在导师的主持和指导下完成。此外,博士研究生的社会实践还可以采取"三助"(助研、助管、助教)等多种形式进行,就实践和调研的全部过程及内容作出工作记录与工作总结,完成调研报告。

(三)系统构建课程体系

监察法学课程体系的构建"要遵循社会需求导向,打破以法律部门设置课程的樊篱"⑰。纪检监察机关要履行监察专业建设法定责任,主动参与课程建设,及时提出人才需求清单,逐步统一各层次人才培养的课程标准。本文结合前文各高校的课程体系建设,提出"本硕博"三个层次的课程体系建议,具体如下。

本科生的课程按照"注重养成、加厚基础、拓宽口径、强化实践"的人才培养思路,以法学课程的"10+1+X"模式为主,以专业必修与选修课程为辅。

1."10+1"即在10门法学专业核心课程基础上增加监察法学作为法学本科生的必修课,衔接法律职业资格考试和研究生考试。

2.专业方向特色课程,即"10+X"中的"X",可以结合各校的学科特色和优势进行开设,一般包括党内法规学、廉政学、党史党建学、审计学。

3.专业方向必修课程,可以开设:监察证据收集与运用实务、中外监察制度比较、监察理论与实务、职务犯罪经典案例研习等课程。

4.专业方向选修课:犯罪心理学、审讯学、法律文书写作、现场勘察等课程。

硕士研究生培养以适应纪检监察实务需求为导向,培养熟悉"法

⑰ 周佑勇:《新时代中国法学研究及学科发展的新任务》,载《武汉大学学报(哲学社会科学版)》2019年第2期。

律+监察”的实务型、应用型人才,在衔接本科课程的基础上拓展课程的多元性和共享性。

1. 在公共课方面,设置政治学理论、法学研究前沿与研究方法、外语等课程,增长学生的知识厚度、开阔学生的理论视野,培养学生高度的政治自觉。

2. 在专业课方面,设置监察法学、行政法学、诉讼法学、刑法学等课程,形成以监察法学为核心,相关部门法学为主干的相互交叉的法学课程体系,凸显监察法研究的理论前瞻性与问题特色性。

3. 在非学位课方面,设置党内法规学、比较监察制度、监察调查等课程,统筹利用学校优质课程资源,优化课程体系,推动建立更加开放、共享的监察法学教育体系。

博士课程主要为学生提供了一个基础理论分析框架,促使学生形成概念化的总结认知,并掌握规范的研究方法,一般是多学科博士生导师以专题方式轮流授课,不局限于本专业的课程,具有更大的自主性。

1. 设置公共必修课程,包括中国马克思主义与当代、博士生外语等课程,加强博士生的政治素养和外语沟通能力。

2. 设置学科基础课程,包括法学研究方法与论文写作、法理学专题研究、监察法学术前沿、中国古代监察史专题等课程。

3. 设置学位论文课程,包括社会科学前沿问题研究、文献综述与选题报告等课程。

(四)创新人才培养方式

大数据、云计算、物联网、人工智能等信息技术的日新月异,不断推动着教育理念与人才培养模式革新,“对传统教学过程的知识存储、传播和提取方式产生极大冲击,甚至颠覆了原有课堂教学结构”⑱。为此,中共中央、国务院印发的《中国教育现代化2035》明确提出,加快信息化时代教育变革,建设智能化校园,统筹建设一体化智能化教学、管理与服务平台,利用现代技术加快推动人才培养模式改革,实现规模化教育与个

---

⑱ 黎琼锋:《唤醒主体:高校智慧教学的实现路径》,载《高等工程教育研究》2019年第6期。

性化培养的有机结合[19]。监察实践中纪检监察人员自身面临数字技术应用能力不足和本领恐慌的危机,其面对的监察对象往往学历高、级别高,工作实践经验丰富、作案手法隐蔽、数字技术应用熟练,甚至进行合作式的团体腐败,这就需要依靠数字技术赋能于监察管理系统,提升监督、调查、处置的效率,否则不足以适应新时代纪检监察工作的要求。对于监察法治人才培养而言,需要教育与现代信息技术相融合,特别是教师需要更新教学方法、转变教学理念,熟练掌握并应用智慧教学环境,在智慧教室中依托海量的数据信息进行环境模拟、案例分析、课程实操、远程教学,满足学生个性化学习需求,提高学生的数字技术应用水平。

同时,监察法治人才的培养离不开纪检监察机关的支持,国家监察委员会可以出台指导性的文件,探索创新监察法治人才培养机制,深化"监校"共建模式,主动与高校成立研究基地,充分发挥双方优势,整合资源力量,集中开展监察体制改革重点、难点、前沿问题研究,加强跨学科、跨部门、跨领域人才联合培养。地方监察机关与高校建立学科建设与人才培养联席会议制度,就人才培养方案设定、教材内容审定、课程体系建设、教师队伍培育、学生就业规划等内容进行对话协商,统筹规划学科建设的路线图,不断总结实践经验。邀请具备丰富纪检监察实践经验以及良好理论素养的干部进行课堂授课、开办讲座、指导学生实习,让学生将监察法的原理、方法与实践中的具体问题对接,提升分析和解决问题的能力,避免专业技能、技巧与理论教学的脱节。

结　语

监察法治人才的培养尚处于起步阶段,需要进行科学研究、长远布局,目的是推动专业化、职业化、规范化的监察共同体形成。各类高校的资源禀赋、学科优势、育人理念不同,为监察法治人才的培养提供了更加

---

⑲　中共中央、国务院印发:《中国教育现代化2035》,载《人民日报》2019年2月24日,第1版。

多样化的选择,但是一门学科迈向成熟发展需要在标准体系的基础上明确学科定位、设定培养方案、构建课程体系、创新人才培养,通过充分整合学科、教师的资源,推动课程内容和教学方法的更新,形成一系列具有现实性和前瞻性人才培养发展机制和具体举措。具体来说,各级纪检监察机关要秉持开放的态度,深化与高等院校的交流合作,在教学研究、人才培养、理论成果转化等方面搭建平台、创造条件。高等院校主动服务于国家重大战略需求,在监察体制改革实践中寻找理论课题,用理论研究成果推动解决监察体制改革的难题,使得监察领域法治人才辈出,助力纪检监察工作高质量发展。

On the Preliminary Exploration into the System of Cultivation of the Rule-of-Law Talenton Discipline Inspection and Supervision

Wu Teng　Ji Yaping

Abstract: With the deepening of the reform of the national supervision system, the continuous development of the practice of discipline inspection and supervision, and the continuous advancement of institutional mechanism andsysteminnovation, the demand for discipline inspection and supervision talent is more urgent. It is of great significanceof studying the mode and practice ofcultivation ofsupervision and rule-of-law talentto develop the disciplinary system of law with Chinese characteristics, to make up for the shortcomings of the disciplinary structure and knowledge space, to form an academic discourse system, to promote the integration and innovation of multiple academic disciplines, and to realize the standardization, law governance, and professionalization of supervision work. By analyzing the demand for rule-of-law talentunder the background of changes in the supervision system, this paper summarizes three types of cultivation ofsupervision and rrule-of-law talent, that is, the point-based national comprehensive universities, the specialization of political and legal universities, and the characteristics of other local universities, and objectively evaluates theaccumulated experience and existing shortcomings of them. On that basis, this paper further proposes the construction path that includes the following factors: timely clarifying discipline positioning, scientifically setting the cultivation plan, systematically constructing the curriculum system, and innovating the method of cultivating talent. With those measures rules areto be established to follow in the practice of the cultivation of supervision and rule-of-law talent, and promote the cooperation between the discipline inspection commissions at all levels with the colleges and universities. in talent cultivation, so as to realize the positive interaction between education, theoretical research and supervision practice.

Key Words: supervision and rule of law talents, training system, supervision jurisprudence

文化安全视阈下高校法治人才培养策略研究

雷艳妮*

摘　要:文化安全事关国家安全和人民幸福,高校法治人才培养与文化安全紧密关联。当前,高校法治人才培养面临诸多文化安全困境,如西方价值观的文化渗透、社会不良文化思潮的冲击、网络新媒体应用过程中的负面影响、高校文化安全教育的不足等。对此,高校法治人才培养应当在保障文化安全的前提下开展。其具体策略有五项:一是将习近平法治思想融入高校法治人才培养,牢固树立思想政治意识;二是将中华优秀传统文化融入高校法治人才培养,着力提升思想道德水平;三是将红色文化融入高校法治人才培养,全面提高思想道德修养;四是加强法律职业道德教育,持续提升职业道德水准;五是加强文化安全教育,坚定文化自觉与文化自信。唯有如此,方能为将我国建成社会主义现代化文化强国提供强大的法治人才保障与智力支持。

关键词:文化安全　法治人才　培养策略　文化自觉　文化自信

---

* 雷艳妮,西北政法大学马克思主义学院讲师,法学博士。研究方向:意识形态与文化安全。

近代以来,西方文化的输出和扩张冲击、打压着我国的文化自信和文化安全。从那时起,实现中华民族的文化复兴,坚定文化自信,维护文化安全,就成为每个中华儿女的责任。当前,面对百年未有之大变局,我国面临的文化安全问题日益多元和复杂,高校法治人才身为维护国家文化安全的重要建设者责无旁贷。在新的历史起点上,培养拥有高度文化安全意识的法治人才,为新时代文化安全的发展提供智力支持十分必要。

一、高校法治人才培养中的文化安全教育要求

文化安全,是指一国观念形态上的文化(如民族精神、政治价值理念、信仰追求等)生存和发展不受威胁的客观状态。① 文化安全是国家安全中最深层次的安全②,高校文化安全作为国家维护文化安全的前沿阵地,是指高校马克思主义意识形态和社会主义核心价值观不受外来腐朽、落后、庸俗文化的干扰、控制或同化,高校师生能够传承和创新中华优秀传统文化、认同和信仰红色革命文化、弘扬和发展社会主义先进文化。近年来,由于西方国家对我国高校文化渗透的持续加剧,高校文化安全问题显得日益严峻,因此要加强马克思主义在文化安全领域的指导地位,必然要从高校法治人才培养入手,加强法治人才文化安全教育,自觉树立文化安全意识。

(一)习近平法治思想指导高校法治人才培养

党的十八大以来,习近平总书记将我国法治建设和改革的伟大实践相结合,创造性地把马克思主义法学基本原理和法治工作普遍规律推向了新时代,形成了具有鲜明中国风格和时代特色的习近平新时代中国特

① 参见曹泽林:《国家文化安全论》,军事科学出版社2006年版,第34~35页。

② 参见徐仲伟:《论我国网络文化中的非意识形态倾向与网络文化建设的主题把握》,载《马克思主义研究》2008年第7期。

色社会主义思想。[3] 这是新时代高校培养法治人才的思想旗帜和重要内容。高校作为重要的人才培养机构,肩负着学习、研究、宣传新时代马克思主义,培养中国特色社会主义事业的合格建设者和可靠接班人的重大历史使命,遵照十八届四中全会要求的“深入开展法治宣传教育,把法治教育纳入国民教育体系”和十九大提出的“培养担当民族复兴大任的时代新人”的战略安排,将习近平法治思想科学合理地融入高校理论课中,既有理论价值,又有现实意义。[4] 习近平总书记对于法学教育改革和法治人才培养的重视程度之高、论述范围之广、思想内涵之深均前所未有,为新时代我国法学教育和法治人才培养工作的高质量发展指明了方向,提供了根本遵循。

(二)思想政治教育在高校法治人才培养中的重要作用

党的二十大报告指出要坚持走中国特色社会主义法治道路,建设中国特色社会主义法治体系……推进科学立法、严格执法、公正司法、全民守法,全面推进国家各方面工作法治化[5],其前提在于打造一支高素质的法治工作队伍,高校法治人才培养便成为首要因素。在人才培养过程中,应着力加强学生的思想政治教育,但目前思政课教学仍存在与学生思想现状、法学教育现状、社会发展现状相脱节的现实困境。因此,要积极落实思想政治教育的具体内容、主动探索思想政治教育在法学课程教学和实践活动中的实现方式、着力提升思想政治教育的全局性和实效性,便成为高校教师在法治人才培养过程中面临的重要任务。在法科学生的思想政治教育工作中,应将思想政治理论教育和日常思想政治教育相结合、将思想政治理论教育与实践教育相结合、将思想政治教育与法学学科专业教育相结合、将“说教式”教育与“渗透式”教育相结合、将学生自身发展需要与建设社会主义需要相结合,融思想政治教育于法学教

③ 参见杨明宇、柯华庆:《习近平法治思想的体系与贡献》,载《学习论坛》2021 年第 4 期。

④ 参见朱林:《重大疫情应对中高校法治教育的困境及突破——基于全国 35 所高校的实证分析》,载《思想教育研究》2021 年第 4 期。

⑤ 参见《高举中国特色社会主义伟大旗帜 为全面建设社会主义现代化国家而奋斗》,载《人民日报》2022 年 10 月 26 日,第 1 版。

育中，完善思想政治教育模式，持续提升法科学生的思想政治素质。

（三）法律职业道德教育在高校法治人才培养中的实践价值

法学专业在专业学习、职业实践、社会需求等方面存在特殊性，应持续完善思想政治教育模式，结合专业知识学习、司法实践训练及职业生涯规划，开展符合高校法治人才培养需求的思想政治教育，着力强化法科学生的法律职业道德教育。因此，在高校法治人才培养过程中，应当树立法科学生的法律信仰，从不同法律领域的职业角色、职业伦理与职业道德教育入手，充分发挥法科学生的主体地位，通过案例引入与实务训练，激发学生专业学习的主动性、自我教育的全面性，培育职业良知，增强法律职业道德教育的实效性。

二、高校法治人才培养面临的文化安全困境

在政法类院校中，文化安全是保证法治人才健康成长的关键一环，而当前法学高等教育课程体系大多是以西方学术规范为主建立起来的，这就造成大学生在学习过程中易被西方某些错误思潮误导。[⑥] 因此，正确分析高校法学专业文化建设所面临的挑战，引导法治人才树立正确的文化安全意识实属迫切。

（一）西方价值观的文化渗透

西方对我国的文化渗透战略是以美国为首的西方资本主义国家制定的既定国策，它们企图通过资本主义文化在全球的扩张而营造一种全世界人民都只信奉同一种文化，追求共同的价值的局面，从而有效保持资本主义在全球的统治地位。正如阿尔文·托夫勒在《第三次浪潮》中所言，“谁掌握了信息，控制了网络，谁就将拥有整个世界”[⑦]。西方利用

---

⑥ 参见岳奎：《“不忘初心”与自觉抵制西方非意识形态化错误思潮》，载《马克思主义研究》2018 年第 9 期。

⑦ ［美］阿尔温·托夫勒：《权力的转移》，刘江等译，中共中央党校出版社 1991 年版，第 25 页。

互联网的不受限制性,借助网络渠道肆意营销和贩卖资本主义价值观,⑧作为思想和文化的前沿阵地,高校文化安全教育受到了严峻挑战。首先,西方发达国家借助"技术霸权",积极利用互联网和多媒体技术向我国高校大学生传播庸俗文化、西方社会思潮和民主制度,加大了西方价值观传播的广度和深度。其次,通过控制网络媒体话语权向我国高校进行文化渗透。它们在数据采集、数据分析和信息发布上烙上了西方价值观的印记,将错误思潮与正确观念相杂糅,使得我国青年大学生难以看到这些信息背后的"虚伪面目",从而作出错误的价值判断。最后,通过散布西方错误思潮来腐蚀大学生的内心世界,进而改变其信仰与价值观念。近年来,西方发达国家借助技术优势,迅速精准地掌握我国少数大学生的心理特征,利用熟人圈子和草根文化,大肆向我国大学生散布西方的享乐主义、民主社会主义、历史虚无主义、极端个人主义、新自由主义、意识形态终结论等错误思潮,推广西方享乐主义的生活和消费方式,攻击和污蔑我们党和国家领导人以及我国的社会主义制度,虚无化中国共产党带领全国人民浴血奋战建立中华人民共和国的历史,干扰大学生的理性判断,严重削弱了马克思主义意识形态的话语权。因此,高校应该从源头上预防这种现象带来的严重后果,为高校法治人才"扣好扣子"。

(二)社会不良文化思潮的冲击

随着改革开放的不断推进,国内社会原来单一的社会主义文化和思想逐步被外来以及本土滋生的多元文化和社会思潮所影响,呈现日益多元化和复杂化的特征。同时,由于市场经济天生具有竞争性、逐利性、开放性的特点,这也导致高校少数大学生在利益诱惑面前变得更加自私,加重了功利心。这些都为西方个人主义、利己主义、拜金主义、新自由主义的思想在我国高校校园广泛而快速地传播提供了条件,这些思想被某些大学生所吸收,使得他们内心中原有的社会主义和共产主义信仰被日益消解。

---

⑧ 参见孟宪平:《网络思想文化阵地的型构表征分析》,载《南京师大学报(社会科学版)》2021年第4期。

当今大学生多出生于21世纪,作为独生子女,他们在家庭中受尽宠爱,缺少生活磨炼,自我意识较早显现。因此,在国外的物质文化产品涌入我国高校校园的同时,物质产品背后附带的精神文化也在校园中广为流传,易被大学生接受,甚至可能产生崇拜心理。大学生虽然具有丰富的情感和较强的自我意识,但依然处于心理尚未成熟期和青春发育期,其想法具有激进和不成熟的特点,由于充满好奇心理,因此容易接受新事物、新观点。但他们对新事物性质的辨别能力弱,易受到西方敌对势力和国内不法分子的蛊惑而相信甚至传播社会或网络的谣言,易滋生个人主义、享乐主义、拜金主义、消费主义的价值观,甚至错误地向往和推崇西方所谓的民主和人权。⑨

(三)网络新媒体应用过程中的负面影响

近年来,随着信息技术的持续发展,QQ、微博、微信等各类网络新媒体层出不穷,由于其具有开放性、虚拟性、即时传播性、互动便捷性的特点,因此深受大学生欢迎。大学生可以通过这些新媒体随时发布言论,亦能随时查看他人言论并即时互动。然而,由于新媒体具有虚拟性,一些不法分子往往利用新媒体炒作各类虚假信息,造成众多负面社会舆情。大学生经常浏览相关信息且不了解事实真相,容易轻信网络谣言并作出错误判断,且由于负面舆情比正面舆情对社会舆论氛围的影响更大、传播时间更持久,因此新媒体上虚假信息的传播对大学生思想造成严重不良影响,并通过学生之间的交流互动而产生聚集扩散效应。

(四)高校文化安全教育的不足

高校文化安全教育包括思想政治教育和价值观引导、中国特色社会主义文化安全教育、专门的文化安全教育等多项内容。思想政治教育作为高校文化安全教育的一个重要方面,一直被国家重视,早在1998年和2005年的思政课改革中,教育部就出台了新的思政课方案。尤其是党的十八大以来,党中央更是高度重视大学生的思想政治教育和价值观引导工作,遗憾的是在这方面仍存在很多不足。这突出表现为:思政课教

⑨ 参见孙伟平主编:《当代中国社会价值观调研报告》,中国社会科学院出版社2013年版,第57页。

师师资力量不足;教师授课内容不够精彩,难以吸引学生;学生在思政课堂上缺乏积极性;很多高校辅导员只是偏重对学生进行管理,缺乏对学生的价值观引导。在高校传统文化教育方面,许多高校存在片面重视本校的王牌专业建设,忽视对学生传统文化的教育和普及。在文化安全教育方面,我国多数高校缺乏文化安全教育的专门课程设置,虽然一些涉密的军事院校、公安院校都有保密课程的教育,但对用于专门教育学生如何确保自身、学校和国家的文化安全的课程却鲜少设置,这就使学生在面临文化冲突和文化选择时难以作出妥善处理。此外,一些高校法学教师在自身知识结构上缺乏对西方社会思潮的认识和了解,在应对西方社会思潮冲击方面的知识不够健全,视野不够开阔,甚或在思维方式上存在亲西方的痼疾,这类高校教师很难教出拥有文化安全意识的法治人才。因此,从高校自身角度注重文化安全建设刻不容缓。

三、习近平法治思想指导下高校法治人才培养中的文化安全教育措施

高校是法治人才培养的第一阵地,肩负着培养德才兼备高素质法治人才的重任。深入学习贯彻习近平法治思想,将这一重大理论创新成果融入法学教育的各个方面,提高法治人才培养质量,造就一大批德才兼备的高素质法治人才,是新时代高等教育的神圣使命与责任担当。文化安全事关国家安全,是党的旗帜。习近平总书记强调要“不忘初心”,就是要求要坚定共产主义信仰,高举马克思主义伟大旗帜,在实践中自觉抵制各种非意识形态化思潮,确保党的红色基因血脉相承。[10] 因此,高校在培养法治人才过程中要重视法学教育,为实现“两个一百年”奋斗目标、实现中华民族伟大复兴的中国梦,培养又红又专、德才兼备、全面发展的中国特色社会主义合格建设者和可靠接班人。

---

⑩ 参见王凯丽、陈树文:《新时代中国共产党意识形态建设的实践探索及经验启示》,载《中共石家庄市委党校学报》2021 年第 7 期。

(一)将习近平法治思想融入高校法治人才培养,牢固树立思想政治意识

高标准的政治素质、高觉悟的道德修养、高层次的法治素质、高效率的知行合一能力,是高素质法治人才的基本要求。换言之,“信念坚定”“品德高尚”“信仰法治”“明法笃行”是高素质法治人才的基本特征。其中高层次的法治素质应当包括全面系统的法律知识、扎实的法律理论功底、丰富的法治理论知识、坚定的法治信仰、逻辑严密的法律表达能力、完整熟练的法治实践能力。只有具备了信念坚定、品德高尚、信仰法治、明法笃行、家国情怀、良好人格等基本“要素”,并且使之处于不断提升的“高质量”状态,才有可能成为“高素质”的法治人才,“成为社会主义法治坚定的守护者和实践者”。因此,高素质法治人才不仅要具备法学专业知识和能力,还要具有良好的思想道德素养,作为高素质法治人才首先要学会如何做人。高素质法治人才必须是德才兼备的法治人才,不仅要掌握法学理论知识和专业技能,还要有高尚的思想品德,具有忠于党、忠于国家、忠于人民、忠于法律的政治素质和法治素质,这些人必须是宪法法律的信仰者、公平正义的捍卫者、法治建设的实践者、法治进程的推动者、法治文明的传承者,是全面依法治国的重要人才。[11]

将习近平法治思想融入高校法治人才培养,应当从三方面入手:首先,高校教师应主动学习习近平法治思想,并将其学懂、学透。要弄清楚这个思想的逻辑关系和一些主要难点与创新点。比如,为何要重点提法治体系(而不是简单地重复过去的法律体系或法制体系),法治思维和法治方式有何重大时代意义等。教师只有把理论学懂悟透、融会贯通,才能引导学生真信、真学、真用。其次,高校教师要在学懂理论的基础上创新教育方法,改善教育模式。比如:运用灌输和启发式教学方法,来教授习近平法治思想的科学内涵和精神实质;运用讨论或模拟法庭辩论等方法,来教授习近平法治思想的法治思维和法治理念;运用案例和实践教学等方法,来教授习近平法治思想的方式、法治能力和法治改革等。

---

⑪ 参见杨宗科:《习近平德法兼修高素质法治人才培养思想的科学内涵》,载《法学》2021 年第 1 期。

最后,在立足学生需要的基础上完善理论教育体系。高校法治教育制度体系建设,要充分发挥理论研究、教学设计、社会实践及校园文化等环节的法治教育功能,完善普法机制,优化评价机制,强化反馈机制,从各环节入手提升大学生法治素养。

(二)将中华优秀传统文化融入高校法治人才培养,着力提升思想道德水平

高校教育是培养具备良好道德素质人才的主要平台,而法治人才的培养更应该注重与德育的结合。2017年5月3日,习近平总书记在中国政法大学考察时强调,要"坚持以马克思主义法学思想和中国特色社会主义法治理论为指导,立德树人,德法兼修,培养大批高素质法治人才"⑫,同时指出我国法学教育和法治人才培养存在的问题之一,即"法学教育重形式轻实效、法治人才培养重专业轻思想政治素质,培养政治坚定、技能过硬、德才兼备高素质法治专门人才的能力仍有待提升"⑬。因此,文化安全法治教育要坚持立德树人、德法兼修,在提高学生法治理论知识的同时,也要加强学生思想道德素质教育,否则就是没有温度的法学技术的操作者和贯彻者,进而割裂了文化和文明的关系。

高校培养高素质的文化安全法治人才,可从以下三个方面入手:首先,要推动中华优秀传统文化的宣传教育,坚持教师引领与学生内化践行相统一。⑭ 高校教师在培养人才的实践中要不断深化对传统文化的认知,在教育他人的同时提升自身道德素质。另外,创新传统文化的现代教学技能,教师可以通过带领学生参观当地博物馆、观看有关传统文化纪录片、参与有关传统文化的风俗活动等方式充分调动学生的学习求知欲。其次,要注重保持本民族文化定力,坚定中华优秀传统文化自信,在传统文化的学习内化中形成正确的价值观念和价值判断,要避免被各种纷繁复杂的错误思潮及价值观念同化。最后,要以社会主义核心价值

---

⑫ 《建设社会主义法治国家》,人民出版社2019年版,第221页。

⑬ 《贯彻习近平法治思想　培养高素质法治人才》,载光明学术网,https://www.gmw.cn/xueshu/2020-12/17/content_34471295.htm。

⑭ 参见贾延儒:《新时代的文化自信与优秀传统文化教育——评〈中华优秀传统文化教育导论〉》,载《中国教育学刊》2021年第7期。

观为引领。社会主义核心价值观是我国文化最深层的内核,是对中华优秀传统文化的深刻凝练,因此要将社会主义核心价值观融入我国高等法学教育的全过程,推动中华优秀传统文化的创造性转换和创新性发展。

(三)将红色文化融入高校法治人才培养,全面提高思想道德修养

意识形态作为一种阶级意识,是一定阶级利益和意志的集中体现。作为革命阶级,无产阶级从不掩盖自己的党性和阶级性。列宁也强调,“或者是资产阶级的思想体系,或者是社会主义的思想体系。这里中间的东西是没有的”⑮,在无产阶级与资产阶级对立的阶级社会中,所谓“中立”的意识形态是不存在的,不同阶级的意识形态分别体现不同阶级的意志,必须严格地划清界限。党的十八大以来,习近平多次强调不忘初心,要求“把红色基因一代代传承下去,防止衰减、缺损、污染”⑯。高等院校有责任传承好红色基因,尤其是政法类院校,要通过系统地传承红色基因,实践教学环节给广大青年大学生“补补钙”“打疫苗”显得尤为重要。

据此,高校培养文化安全法治人才要从坚定共产党人的历史使命入手,促进党的红色基因血脉相承。首先,优化校园实践教学环境。具体来说,要通过校园实践活动将红色文化展现出来,打造校园红色文化品牌。例如:将地方红色文化经典元素合理融入校园文化及班级文化等建设中;通过社团活动传播红色文化,如举办红歌比赛、红色经典演讲比赛等活动,使学生在实践过程中提高自身的思想道德修养,为学生提供良好的社会实践教学环境。其次,搭建红色文化传播平台。充分利用“学习强国”平台上的红色文化资源,如红色家书、红色传奇、红色记忆等,增进学生对红色文化的了解。还可以运用数字技术手段将红色文化资源转化为学生看得到、读得懂的系列故事读本,通过虚拟现实技术在现实中再现战场环境体验,激发学生对红色文化的学习兴趣。最后,加强学校与红色文化教育基地的合作,实现资源共享,让学生走进红色文化基

---

⑮ 《列宁选集》(第1卷),人民出版社1995年版,第326~327页。

⑯ 张立、金新亮等:《红色基因:传承机制变迁与当代建构》,人民出版社2020年版,第89页。

地切实感受红色文化的魅力。[17] 具体来说,红色文化教育基地可以为学生提供实践岗位,以供学生实习,使学生在实习的过程中感悟革命精神。

(四)加强法律职业道德教育,持续提升职业道德水准

加强法律职业道德教育,关键在教师。法学专业教师在高校法治人才培养过程中要做好对法科学生的认知教育、情感教育和行为倾向教育的帮助和引领。在认知教育过程中,教师应当坚持用马克思主义法学思想和中国特色社会主义法治理论全方位占领并充实法学的教学与科研工作,培养学生坚定正确的政治方向,自觉抵制各种错误社会思潮。在情感教育过程中,通过开展课程思政建设,培养学生的司法主体意识、法治参与意识和职业道德意识,通过课堂讲授、情景模拟、司法实践等环节,将法科学生自身发展需求和社会发展需求相结合,实现学生个人价值和社会价值的有机统一。在行为倾向教育过程中,思想政治教育的效果"一靠真理的力量,二靠人格的力量",高素质的教师队伍对法科学生的理想信念会起到引领与建构作用。这就要求法学专业教师坚定不移地走中国特色社会主义法治道路,立足国情探究本土法治文化,从传统法律文化中汲取养分,从外国法治进程中借鉴经验、吸取教训,推进符合中国国情和中国特色社会主义发展实际的法治理论创新。

在高校法治人才培养过程中,要着力提升法治人才的职业道德水准,应当具有三个实践层面的内涵,即法律课堂教学、法律诊所教学、法治社会实践。在法学课堂教学过程中,教师应不断创新法学学科体系、课程体系、教材体系、教学体系,培养法治人才的法治素质,实现从培养法律人才向培养高素质法治人才的历史性转变,要帮助学生深刻把握中国社会发展中存在的主要问题。"法律主要不是人们通过理性逻辑创造出来的,而是在社会实践中生成的。中国法治进程要求突出实践价值。"[18]在法律诊所教学过程中,学生在教师指导下通过运用所学专业知识为当事人提供法律服务,如调取证据、会见当事人、撰写法律文书、参与庭审等公益实践活动,加深对法律实践的认识和律师社会角色的理

---

[17] 参见范玉刚:《习近平文化思想深刻意涵》,载《人民论坛》2014 年第 24 期。

[18] 贾宇:《抓住关键环节　培养卓越法律人才》,载《中国高等教育》2013 年第 12 期。

解，提升法律职业能力和服务水准。在法治社会实践过程中，要打破高校和社会之间的体制壁垒，发挥政府、法院、检察院、律师事务所、企业单位等在法治人才培养中的积极作用，具体通过“送法下乡”“送法进社区”等社会普法实践活动，培养学生参与公益实践、用法律知识服务社会的意识，让学生不仅能够在实践教学环节中了解中国法治实践的最新经验和生动案例，了解中国特色社会主义法治理论研究的最新成果，而且能够亲身参与法治建设的具体实践，为法治建设贡献自己的力量。

（五）加强文化安全教育，坚定文化自觉与文化自信

文化安全的根本在于国家文化特征的保持与延续，其为国家安全中最深层次的安全，维护文化安全就是维护国家安全的根。加强文化安全教育，一方面，应维护与延续国家自身内部文化的韧性和独特性，避免使贯穿其中的精神命脉出现断层。中华文化以其大一统传统、家国情怀而屹立于世界东方，国家至上、精忠报国、舍生取义、民族融合、仁爱和谐、世界大同等都是中国精神的具体表现形式。另一方面，应防止外在文化侵蚀。侵蚀一个国家的文化在于否定其所秉持的价值观与道德观念，这种侵蚀能起到釜底抽薪的效果，使一个国家失去文化自觉与文化自信，成为特定国家的精神傀儡，继而威胁本国主权。[19] 防止外来文化的侵蚀就是防止特定国家的核心价值观凌驾于自身的主流文化之上，在意识形态领域失去本国文化传统的主导权与话语权。当然，防止外来文化侵蚀并非拒绝文化交流。文化交流是国家之间在平等自主基础上的自愿交流，是基于自身文化传统的需要和契合而产生的吸收、借鉴与选择，这与某些国家之间长期形成的不对等且压迫的文化霸权所造成的文化侵蚀存在根本差异。在交流借鉴异域文化的同时，用以发展自身文化，这是世界先进文化兼容并蓄的特点，这种特质亦蕴含在我国文化的包容性中。

---

⑲ 参见邵彦敏、白兮：《文化自信与意识形态安全》，载《理论探讨》2019年第5期。

Research on the Cultivation Strategy of Legal Talents in Colleges and Universities from the Perspective of Cultural Security

Lei Yanni

Abstract: Cultural security concerns national security and people's happiness, and the cultivation of legal talent in colleges anduniversities is closely related to cultural security. At present, the cultivation of legal talent in colleges and universities faces many difficulties in cultural security, such as the cultural infiltration of the Western values, the impact of unhealthy cultural trends in society, the negative influence in the application process of network new media, the deficiency of cultural security education in colleges and universities, etc. In this regard, the cultivation of legal talent in colleges and universities should be carried out on the premise of guaranteeing cultural security. There are five specific strategies: first, the integration of Xi Jinping Thought on the Rule of Law into the cultivation of legal talent in colleges and universities and firmly establish ideological and political consciousness; second, the integration ofthe excellent traditional Chinese culture into the cultivation of legal talent in colleges and universities to upgrade the ideological and moral level; third, the integration ofthe "red culture" into the cultivation of legal talent in colleges and universities to comprehensively improve the ideological and moral values; fourth, the strengthening ofthe legal education in legal professional ethics and continuously improve the standard of professional ethics; fifth, the strengthening oftheeducation of cultural safety, be determined in cultural consciousnessand confidence. Only in this way can we provide strong guarantee of legal talent and intellectual support for building China into modern socialist country with strong cultural power.

Key Words: cultural security, legal talent, cultivation strategy, cultural consciousness, cultural confidence

新文科建设背景下法学专业创新创业教育变革的思考*

段陆平**

摘　要：长期以来，法学专业创新创业教育存在比较突出的"内卷化"现象以及创新教育与创业教育的"割裂"问题，传统法学教育在推进创新创业教育改革的进程中遭遇了很大困境。新文科建设为法学创新创业教育变革带来了难得的历史机遇。在基本理念上，新文科下的法学创新创业教育应秉持"两个转变、一个坚守"，即向广泛融合的超学科思维以及立足前沿领域的强创新精神转变，同时应坚守培育家国情怀的思政育人理念。此种模式既契合"立德树人、德法兼修"的法治人才培养根本使命，也在很大程度上可以解决法学创新创业教育存在的问题。在具体路径上，可以尝试从推进类型化的培养模式、

---

* 基金项目：广东省2022年度高等教育教学改革项目："多目标融合一体式贯穿"法学一流课程群建设模式探索与实践（公布的立项通知中没有项目号），公布文件中序号为7997；2022年度广州市高校质量工程项目"诉讼法学课程群教研室"（项目编号：2022KCJYS002）、同济大学2021—2022年度课程思政研究课题"习近平法治思想指导下民事诉讼法学课程思政教学研究与改革实践"。

** 段陆平，广州大学法学院讲师，法学博士。研究方向：刑事诉讼法学、司法制度。

针对性的课程体系、多元化的教学方式以及保障性的师资队伍建设等方面着手。

关键词:新文科　新法学　创新创业教育

以培养大学生创新精神、创业意识与能力为主要目标的创新创业教育在当下中国高校教育中已越发凸显重要性,以至于有学者认为,以创新创业为范式的大学转型发展将是高等教育变革的基本方向①,创新创业教育在高校的地位正由边缘转向中心②。国务院分别于2015年5月、2018年9月颁布《关于深化高等学校创新创业教育改革的实施意见》(以下简称《创新创业教育改革意见》)与《关于推动创新创业高质量发展打造"双创"升级版的意见》(以下简称《"双创"升级版意见》),对大学生创新创业教育改革提出明确要求。与之相应的另一背景是,2020年11月在山东大学召开的教育部新文科建设工作会议发布《新文科建设宣言》,标志着新文科建设全面展开。在新的时代背景下如何全面推进、深入开展包括法学专业在内的创新创业教育,显然是值得认真探讨与亟待解决的重要课题。法学教育界仅有少数研究对法学创新创业教育的重要意义、教学模式与路径有初步讨论③,而针对新文科下如何开展法学创新创业教育则未见系统研究。鉴于此,本文拟以笔者所在高校法学专业探索创新创业教育的实践经验为样本,结合其他公开材料和已有研究成果,梳理法学专业创新创业教育的问题,并基于新文科建设的时代背景系统探讨如何进行法学创新创业教育的变革。

---

① 参见王建华:《大学的范式危机与转变:创新创业的视角》,载《中国高教研究》2020年第1期。

② 参见杨冬:《我国高校创新创业教育政策变迁的轨迹、机制与省思》,载《高校教育管理》2021年第5期。

③ 例如,华东政法大学校长叶青教授对法学院校如何开展创新创业教育做了初步梳理,参见叶青:《法学院校创新创业教育贵在得法》,载《文汇报》2016年8月5日,第5版。此外,相关研究还可参见张英:《高校法学专业创新创业教育的现实意义及教学组织模式探究——以广东技术师范学院法学专业〈创新创业实践〉课程开设经验为参考》,载《高教探索》2018年第8期;夏红、赵忠江:《论推进法学创新创业教育教学的基本路径》,载《渤海大学学报(哲学社会科学版)》2016年第4期。

一、法学专业创新创业教育存在的主要问题

我国法学教育长期以来呈现单一化趋向,集中表现在“重知识、轻道德”“重理论、轻实践”“重技巧、轻原理”,[4]并形成法学教育理念的“司法中心主义”,即以单一培养司法人才(法官、检察官、律师)为导向,制定培养方案,以案件为中心组织教学资源,培养学生司法技能。在这种以“理论分析和法律解释”为主要功能、以“司法中心主义”为主要理念的法学教育模式下,法科学生的创新创业能力培养几乎完全被忽略,法学毕业生参与社会实践的能力欠缺,导致距离创新创业型人才培养的要求甚远。[5] 虽然教育部与中央政法委员会在2011年出台《关于实施卓越法律人才教育培养计划的若干意见》,将培养应用型、复合型法律职业人才作为重点目标并提出具体要求,但法学教育实质上仍未摆脱“司法中心主义”的窠臼,可以说传统法学教育在推进创新创业教育改革的进程中遭遇了很大困境。

众所周知,以“挑战杯”全国大学生课外学术科技作品竞赛(以下简称大挑)、“挑战杯”中国大学生创业计划竞赛(以下简称小挑)、中国国际“互联网+”大学生创新创业大赛(以下简称互联网+大赛)、国家级大学生创新创业训练计划(以下简称创新创业计划)四个国家级赛事以及作为遴选机制的省级、校级赛事为主要代表组成的创新创业系列学科竞赛,是我国高校创新创业教育的主阵地以及检验教学成效的主战场。法学创新创业教育的效果与问题,亦可从法科学生参加前述系列赛事及获奖情况中窥见一斑。通过对实践状况的初步观察不难发现,我国法学创新创业教育存在比较突出的“内卷化”现象以及创新教育与创业教育

---

④ 蒋银华:《多元一体化:法治人才培养的实现机制——基于改革开放40年法学教育的经验总结》,载《广州大学学报(社会科学版)》2020年第1期。

⑤ 参见叶青:《法学院校创新创业教育贵在得法》,载《文汇报》2016年8月5日,第5版。

的“割裂”问题。

其一,法学专业创新创业教育的“内卷化”。这主要是指当前法科学生创新研究大多局限于内部视角,运用规范法学、对策法学、法解释学等方法开展研究,但法律规范研究更多需要研究者具有丰富的社会阅历与经验并基于此进行深入探索才能有所突破,而法科学生由于社会经验欠缺,且短期内通过学校教育与社会实践均难以有效提升,从而导致其项目研究很难取得实质性创新成果,最终结果是越强调创新创业教育的重要性和覆盖面,所产生的质量低劣的项目与成果就越多,同时由于创新研究挤占学生时间,从而影响其专业知识学习。当然,我们也注意到,某些项目研究也有尝试简单运用社会学、统计学方法对法律实践展开调研与分析,但由于指导老师大多为法学教师,在知识结构与专业背景等方面普遍比较单一,因此大部分创新项目的主题和方法依然局限于法学领域。例如,在2019年第十六届“大挑”国赛获奖名单中,法学相关的获奖作品主题主要包括农村土地经营权、绿色建筑的立法建构、刑事速裁程序完善、消费者权益保护法律研究、法院嵌入乡村治理等纯粹法律规范课题。又如,广州大学2019年至2021年立项的国家级、省级、校级共38个法学创新训练项目中,35个项目(占比92.1%)的研究主题都是法律规范问题,其中29个项目(占总项目比为76.3%)关注的是传统领域的法律规范问题,另有6个项目(占总项目比为15.8%)关注的是前沿领域的法律规范问题,如大数据时代算法价格歧视的法律规制、智能量刑辅助系统的司法适用与规范化研究等。

其二,法学专业创新教育与创业教育的“割裂”。这主要体现在创新研究未能为创业训练与实践提供支撑。《创新创业教育改革意见》明确指出,创新与创业的关系是“以创新引领创业”,即创新研究要在指导甚至引领创业训练与实践方面发挥作用。但就法学专业而言,虽有为数不少的各级别创新研究项目立项,但很少有成功转化为创业实践的例证。这也可从四大赛事中法学项目的获奖情况得到印证。例如,2020年第六届“互联网+”大赛高校主赛道的1000多个获奖项目中,与法学直接关联的仅有福建大学嘉庚学院学生完成的“东合科技:智慧法务解决方案的领跑者”获铜奖;江西师范大学学生完成的“洪宇——涉罪未成年人一站式帮教服务助力社会治理”在“青年红色筑梦之旅”赛道中获金奖。再以广州大学为例,2019 年至 2021 年立项的 38 个法学创新训练项目中,能将创新研究成果转化为创业实践的仅有农村公共法律服务一个课题。总之,从国家开展创新创业教育的战略规划与部署要求看,创新创业教育既包括创新研究,也包括创业训练,其基本关系应为:创新是基础和前提,创业是创新的体现和延伸,两者紧密结合并有机统一。但在法学创新创业教育实践中,二者却出现了“割裂”,这一问题的严重性,甚至可以说是法学创新创业教育的失败。

以上两大问题的产生,很大程度上或许与法学学科的固有属性限制有关。但事实上或许正如华东政法大学校长叶青教授所言,法学院校创新创业教育贵在得法,只要全面准确理解创新创业教育的内涵与要求,找到合适的教学方式并改革人才培养模式,就能够破冰法学专业创新创业教育。⑥ 特别是在新文科建设背景下,法学创新创业教育显然迎来了难得的发展机遇。

二、新文科建设背景下法学专业创新创业教育的基本理念

新文科建设与创新创业教育具有天然的亲缘性,二者拥有共同的核心要求——“新”,因此新文科建设必将为创新创业教育变革带来契机。结合《新文科建设宣言》的基本共识与主要任务,本文认为,新文科背景下法学创新创业教育在基本理念方面应当秉持“两个转变、一个坚守”,即向广泛融合的超学科思维以及立足前沿领域的强探索精神转变,坚守培育家国情怀的思政育人理念。该模式既恪守“立德树人、德法兼修”的法治人才培养根本使命,也可以在很大程度上解决法学创新创业教育存在的问题。

---

⑥ 参见叶青:《法学院校创新创业教育贵在得法》,载《文汇报》2016 年 8 月 5 日,第 5 版。

（一）跨界：注重交叉融合的超学科思维

新文科建设之新首先体现在学科跨度上。法学教育界对此达成了基本共识。例如，徐显明教授指出，新文科将是古今打通、文理打通、人文与社科打通、中与西打通、知与行打通的“五通文科”。⑦ 杨宗科教授特别强调在以问题为导向的新文科建设中“跨界”思维的重要性，即需要使用文文互鉴、文理交叉、文工融合的思维方式解决问题，因此这种“跨界”不仅会发生在文科各学科之间，也会出现在文科和理科、工科、医科等学科之间，强调多学科之间的交叉和深度融合。⑧ 杨灿明教授也认为，要跟理工农医等学科打通、交叉、融合，学习和运用其他学科的思维与方法，在与其他学科交叉融合的过程中不断丰富、完善、创新文科建设的内容和方法。⑨

总之，新文科下的法学教育包括创新创业教育应当转向注重广泛融合其他学科的超学科思维，其交叉融合的广度前所未有。事实上，新文科建设之前的法学教育也在提倡并践行与其他学科交叉融合的“跨界”，并且一些学校还取得了显著成效，如东南大学自2014年起即在全国率先开设“双专业交叉”的“工程法特色实验班”，形成了“法学+工程”“法学+计算机”“法学+交通”“法学+医学”复合型法学人才培养模式以及完整的复合型人才培养支撑体系。⑩ 在国家层面统一部署新文科的背景下，这种交叉融合的超学科思维应成为法学教育的常态化理念，而不再是局限于某些高校的单点散发。在这种新样态下，法学创新创业教育无疑将会迎来“山重水复疑无路，柳暗花明又一村”的全新画卷，学生通过“法学+其他学科”的知识学习与实践训练，其创新创业能力将得到显著提升，可很大程度上解决法学创新创业教育的“内卷化”。

---

⑦ 参见徐显明：《高等教育新时代与卓越法治人才培养》，载《中国大学教学》2019年第10期。

⑧ 参见杨宗科：《适应新时代要求，建设“新法科”“新法学”》，载《法学教育研究》2020年第1期。

⑨ 参见杨灿明：《新文科建设的“七个维度”》，载《新文科教育研究》2021年第1期。

⑩ 参见刘艳红、单平基：《以专业深度交叉融合助推新法科建设——以东南大学法学院探索实践为例》，载《民主与法制时报》2021年2月4日，第5版。

笔者在2021年指导项目过程中,也和法科学生一道充分感受了此种“跨界”思维带来的魅力,笔者和地理与遥感学院教师共同指导法学与遥感专业本科生组成团队,融合法学与遥感技术两个看似毫不搭界的学科,探索“基于遥感技术的乡村建设与咨询服务创业实践”,并获得“小挑”与“互联网+”大赛两个校赛铜奖。虽然尚处于创意探索阶段,但不同学科知识的学习碰撞极大提升了学生们的创新思维与能力。

(二)创新:立足前沿领域的强探索精神

新文科之新集中体现在创新程度上。“跨界”思维虽然带来视野的拓展,但“跨界”显然并非最终目的,新文科建设的落脚点在于通过“跨界”找寻新的理论、方法、技术,从而实现传统文科的创新发展。正因如此,创新可以说是新文科建设的生命线,也是新法学建设实现自我革命的必经之路。⑪ 在探索法学创新创业教育新机制的道路上,最需关注的是大数据与人工智能时代最前沿领域的知识。徐显明教授指出,新文科下的法学教育要学会运用现代信息技术,让学生们懂得算法,能够从容应对文明转型带来的挑战,因此对于新技术的新期待也就成为“新法学”教育的一大挑战。⑫ 在2020年6月20日由广州大学法学院主办的“新文科建设与法学学科评估体系的新发展”研讨会上,诸多高校法学校长、院长也都达成共识,法学学科要注重方法的创新特别是要拥抱人工智能、大数据等方法。⑬ 总之,新文科下的新法学尤其要注重积极适应科技发展,拥抱科技革命的最新成果,积极探索运用互联网、大数据、云计算、区块链、人工智能等现代科学技术,充分利用最前沿的科技成果,不断探寻解决新问题、满足新需求、适应新时代的新理念、新方法、新路径。⑭

---

⑪ 参见刘坤轮:《〈新文科建设宣言〉语境中的新法科建设》,载《新文科教育研究》2021年第2期。

⑫ 参见徐显明:《新文科建设与“新法学”教育的挑战和应对》,载《新文科教育研究》2021年第1期。

⑬ 参见蒋安杰:《法学校长院长齐聚　共商新文科建设与法学学科评估体系的新发展》,载《法制日报》2020年6月24日,第9版。

⑭ 参见杨灿明:《新文科建设的“七个维度”》,载《新文科教育研究》2021年第1期。

一旦将前沿科技引入,法学创新创业教育必将产生革命性转变,创新与创业教育的"割裂"或能得到扭转,创新研究成果就更有用武之地,创业项目的前沿性、创新度、实用性乃至经济性也会因创新研究引领而得以大幅提升。某种程度上甚至可以说,只有融合前沿科技,法学创新创业教育才真正有出路。广州大学2019年至2021年立项的法学"小挑"项目、"创新创业计划"中的创业训练与实践项目、"互联网+"大赛获奖项目几乎都运用了包括互联网、大数据、人工智能、区块链等前沿技术,如"青天智审——基于案例大数据的智能量刑系统研发与应用""区块链证据的司法适用困境及完善进路研究"等。

(三)守正:培育家国情怀的思政育人理念

新文科建设必须体现中国情怀的浓度,新法学建设更是如此。由于"法学是政治性很强的社会科学,法学理论具有鲜明的意识形态性质"⑮,法学学科天然带有思政教育元素,法学教育事关社会主义核心价值观中自由、平等、公正、法治这四方面要求的培育与践行。因此,"立德树人、德法兼修"成为法学教育与人才培养的根本使命,其中核心任务之一就是培育学生的家国情怀。新文科下的法学创新创业教育当然也应立足于"立德树人、德法兼修"这一根本使命,坚守思政育人理念,把法科学生的知识传授、职业能力培养与家国情怀培育紧密结合。

需要指出的是,相比于课堂教学,注重在法学创新创业项目研究、训练与实践中开展思政教育,事实上可以取得更显著成效,对学生家国情怀的培育更显浓厚。因为这些项目要求学生必须深入开展有关国家法治建设与社会治理的调研,特别是诸如"互联网+"大赛设置的"青年红色筑梦之旅"赛道,更是要求学生团队将创新创业实践与乡村振兴战略、精准扶贫脱贫相结合,在此境况下,学生对中国法治实践包括乡村治理、贫困治理等问题的体认、把握、理解无疑将更为全面、客观、真实,也更能激发学生投身于新时代中国特色社会主义建设事业特别是法治建设与实践的家国情怀。

---

⑮ 杨宗科:《新时代法学教育新理念新思想新战略》,载《法学教育研究》2021年第1期。

三、新文科建设背景下法学专业创新创业教育的具体路径

徐显明教授指出,新文科下的新法学建设主要体现为五个“新”:生源要新、目标要更新、教学内容要更新、师资队伍要更新、人才培养的模式要新。[16] 新文科下的法学创新创业教育变革,显然也需从这几方面着力,大致可归纳为类型化的培养模式、针对性的课程体系、多元化的教学方式以及保障性的师资队伍。

(一)类型化的培养模式

加强分层培养、推进分类发展是当前高校人才培养模式改革的一条基本路径,也是一流本科专业建设所应坚持的重要思路。[17] 强化分层培养一般可以区分拔尖创新人才和卓越应用人才,因材施教、重点突破,分层分类满足学生多元发展需求。法学创新创业教育变革,首要之处即在于应契合法学专业分层培养、分类发展的改革趋势。具体而言,其大致包括两方面:一是针对传统的法学专业大学生所进行的分层培养,包括拔尖创新方向(理论研究方向)、立法方向、律师方向、全英文商业法方向、数字法方向等;二是针对新文科背景下的新生源、新专业,包括“法学+网络空间安全”“法学+计算机”“法学+医学”等开展的双学位人才培养。在此境况下,针对不同类别学生,应当在创新创业教育的侧重点上有所区别。例如:针对传统法学专业学生,拔尖创新方向应重点培养学生创新意识与思维,而对于律师方向、全英文商业法方向等则应更注重其创业训练和实践能力的培养;新文科背景下的“法学+”新专业、双学位人才培养,则应既要强调创新意识与思维培养,也要锻造其在创新研究基础上开展创业实践的能力。

---

⑯ 参见徐显明:《新文科建设与“新法学”教育的挑战和应对》,载《新文科教育研究》2021年第1期。

⑰ 参见梅雪:《一流本科专业建设:何去何从》,载《江苏高教》2021年第8期。

(二)针对性的课程体系

《"双创"升级版意见》明确要求,把创新创业教育和实践课程纳入高校必修课体系。同时,就新文科教育教学改革而言,课程也是核心与基础要素,尤其是应将人工智能、大数据等现代信息技术融入法学课程,探索基于多学科交叉融合的教学内容。⑱ 这是因为在人工智能时代,法律知识的稳定性承诺变得脆弱。成熟知识简便易得,而加速度变化的社会使得法律的新问题不断涌现,应对新问题的能力要求越来越高。⑲ 换言之,人工智能时代对法律职业人的职业素质和职业能力都产生了新挑战。⑳ 因此,法学课程体系若不遵循人工智能时代的现实需要进行自我革新并不断革新,就难以应对快速变迁的社会出现的各种新问题与挑战,极有可能被时代所淘汰。

具体而言,法学创新创业教育的课程体系可考虑以下三方面革新:一是增加专门的创新创业课程,如广州大学法学学科 2021 年新修改的法学专业人才培养方案中就新增互联网 + 创新创业与创新创业案例与实务两门课程。二是增加与创新创业紧密关联的法学专业课程,如可设置数字法学、人工智能法学、区块链与法律、算法法律规制、个人信息保护、司法大数据等课程。三是在传统法学课程中讲授交叉领域的理论、方法与技术,如诉讼法学、证据法学、法社会学等课程,可进一步重视统计分析、司法大数据挖掘与智能应用等知识传授与训练。此外,或许更重要的是,所有课程重点不应局限于纯粹法律知识的讲授或创新创业技能训练,而应注重引导培养学生在快速变迁的数字化时代体验、探索、解决新问题的法律思维与综合性能力。

(三)多元化的教学方式

首先,改革课堂教学方法,着力推进交叉学科教学。不管是创新创

---

⑱ 参见许桂敏:《新文科视域下高校法学交叉融合课程建设探索与实践》,载《中国大学教学》2021 年第 7 期。

⑲ 参见余耀军、高利红:《人工智能时代的法学教育变革》,载《新文科教育研究》2021 年第 2 期。

⑳ 参见吕泽华:《人工智能时代法学教育变革的思考》,载《法学教育研究》2020 年第 3 期。

业课程,还是与创新创业紧密关联的法学专业课程,其教学方法都应注意以下几点:一是大力推进研究性教学和自主性学习,以启发式、讨论式、探究式等教学方法引导学生主动参与教学、自主开展学习,激发学生的学习兴趣和学习潜能。二是注重课堂教学与实践教学、科学研究训练的结合,培养学生科学思维方法,着力提高其批判性思维和创新意识,提高学生发现、分析和解决问题的能力。三是探索由法学专业教师与其他学科教师共同授课的新教学模式。

其次,充分利用各类教学平台资源,拓展创新研究与创业实践渠道。一是利用与互联网头部企业、律师事务所、法院、检察院、仲裁机构等建立的实习实践教学基地,拓展学生创新研究与创业实践渠道,并与重点单位建立有关学生课外科技作品、创新创业训练项目的联合指导机制,在资金、实践导师及实施平台等方面获得支持。基于校外资源加持,在项目来源机制上应由以往的学生与导师两方来源模式转变为学生、导师、学校、实务部门四方来源模式。㉑ 从而进一步强化创新创业训练项目的可行性、实用性、效益性。二是鉴于当前大量智慧法治资源包括司法大数据的类案推送、智能办案辅助系统、区块链存证平台等都已逐步以法学虚拟仿真的方式投入高校实践教学活动,法科学生开展前沿领域创新创业训练的平台与资源得到了极大拓展,因此应当充分利用智慧资源,引导学生开展包括网络化学习、个性化学习与无边界学习在内的智慧化学习。㉒

最后,改革课程考核评价方式及学位获得方式。例如,在互联网+创新创业、互联网+创新创业案例与实务甚至互联网+法社会学等相关课程的考核评价上,突出创新目标,采取理论与实践、过程性与终结性等多种方法并用的评价方式。尤其应采取多种手段加强对学生创新创业训练与实践过程性情况的考核,提高平时成绩在课程成绩中的权重和实

㉑ 参见杨雅妮:《新文科建设背景下法学教育的变革》,载《新文科教育研究》2021年第2期。

㉒ 参见张海鹏:《智慧法学教育:数字化时代法学教育的革新》,载《法学教育研究》2020年第2期。

效。此外,也可以考虑将是否真正掌握交叉学科的知识与技能并运用到创新创业四大系列赛事相关项目的申报与实施中,作为相关课程考核评价的重要内容。另外,由于《"双创"升级版意见》已经明确,允许大学生用创业成果申请学位论文答辩,因此也可以根据法学创新创业教育的新发展情况,考虑修改培养方案增加新的学位论文形式。

(四)保障性的师资队伍

高素质、专业化的师资队伍是新文科下法学创新创业教育革新的重要保障。新文科背景下想要有效推进法学创新创业教育,必须打造一支富有创新创业意识、能力强且愿意长期扎根于创新创业教育的师资队伍。这可从以下几方面展开:一是重视法学专业教师特别是青年教师创新创业教学能力培养。从实践看,目前承担法学创新创业教学工作的大部分是青年教师,这与青年教师在关注新领域、接受新事物、研究新问题等方面更为积极有一定关联。但青年教师往往背负家庭事业特别是职称评审等诸多压力,因此要吸引并稳定其投身创新创业教育,必须有制度激励,如将创新创业成绩作为职称评审依据。这种改革已在一些省份、高校开展,如河北省人力资源和社会保障厅出台专门规范性文件,规定创新创业成绩可作为职称评审重要依据,㉓南通大学一位出生于1986年的青年教师因指导学生的研究项目获得"创青春"全国大学生创业大赛金奖,从而直接被评为教授。㉔ 在创新创业教育已从高校教育边缘走向中心的现实语境下,无疑非常有必要推广该举措。另外,也需给法学教师提供更多学习人工智能、区块链、云计算、大数据等前沿知识的机会,在经费保障、课题申报等方面予以支持。二是大力推广创业导师制,这一要求已在《"双创"升级版意见》中明确。就法学专业而言,应当聘请一批优秀的律师、企业法务人士等具有丰富法律服务经验的专家作为创业导师。三是应与其他学科特别是计算机、网络空间安全、统计学等

㉓ 参见邢杰冉:《我省支持鼓励事业单位专业技术人员创新创业 创新创业成绩可作为职称评审依据》,载《河北日报》2017年8月26日,第3版。

㉔ 参见范苏、李超:《南通大学职称改革 指导学生创新也能评教授》,载《中国青年报》2020年1月6日,第5版。

共享师资,打破学院管理樊篱,以新文科下的学科交叉融合需要配备使用师资。

结　语

习近平总书记指出,创新是一个民族进步的灵魂,是一个国家兴旺发达的不竭动力,也是中华民族最深沉的民族禀赋。在激烈的国际竞争中,惟创新者进,惟创新者强,惟创新者胜。㉕ 正因如此,中华民族想要屹立于世界民族之林、实现伟大复兴,新时代中国特色社会主义事业想要持续保持蓬勃发展并取得辉煌成就,就必须高度重视并不断推进创新创业教育的改革、发展与进步。高校法学专业创新创业教育同样需要在新文科建设的时代背景下,于不断革故鼎新之中,努力探寻一条为新时代中国特色社会主义事业培养"德法兼修"、富有创新精神与创业意识、具备创新创业能力的卓越法治人才的可行路径。

Thoughts on the Innovation and Entrepreneurship Education Reform of Law Majors in the Background of New Liberal Arts Construction

Duan Luping

Abstract: There has long been a conspicuous phenomenon of "involution" in innovation and entrepreneurship education in law majors and

㉕ 中共中央宣传部编:《习近平总书记系列重要讲话读本》,学习出版社、人民出版社2016年版,第180页。

the problem of " separation " between innovation education and entrepreneurship education. Traditional legal education has encountered great difficulties in the process of promoting innovation and entrepreneurship education reform. The construction of new liberal arts has brought a rare historic opportunity for the reform of legal innovation and entrepreneurship education. In terms of the basic concepts, the innovation and entrepreneurship education of law majors under the new liberal arts should uphold "two transformations and one adherence", that is, the transformation to a broadly integrated cross-disciplinary thinking and a strong innovative spirit based on the frontier field, and theadherence to the concept of ideological and political education of home and country at the same time. This model not only conforms to the fundamental mission of cultivating legal talentsunder the rule of law of "cultivating people by virtue and cultivating both virtue and law", but also largely solves the problem of traditionallegal innovation and entrepreneurship education. On the specific path, it is an attempt to start with the promotion of typified cultivation models, targeted curriculum systems, diversified teaching methods, and the construction of guaranteed teaching faculty.

Key Words: new liberal arts, new science of law, innovation and entrepreneurship education

教学研究

怎样有意义地研讨案例

——“生活中的法理”课程与理论思维的养成*

朱　振**

摘　要：在法学教育中，案例在知识传授方面起到了重要的辅助作用，其本身也蕴含了法理。疑难案件所提出的理论难题具有开放性，并不存在当然的标准答案。真实案例所揭示的制度难题构成了法学理论创新的源泉，而理论的生命力也来自对现实难题的解释力。因此，案例研讨必然需要理论，理论也要经由案例研讨而发展自身。蕴含法理的案例寻求融贯的理论论证，并内在地要求研讨式教学模式。法学教育不是单纯的职业教育，也构成了通识教育的一部分；不仅要培养具有理论思维能力和实践运用能力的法律人，还要培养负责任的伦理公民。

关键词：案例　疑难案件　通识教育

法律实践主要处理规范和事实的符合问题，因此案例在法学教学中占有重要地位。结合案例的教

---

* 本文系2020年吉林大学学术学位研究生精品课程建设项目“生活中的法理”、2021年度法学院青年教师教学支持计划“一流课程”资助项目的阶段性成果。

** 朱振，吉林大学理论法学研究中心、法学院教授。研究方向：分析法理学。

学和以案例为基础的教学(判例法国家体现得尤为明显)是世界范围内法学教育的常规模式,英美法系国家注重案例教学,大陆法系国家也是如此,如德国的鉴定式案例教学法。同样,案例教学法在我国的法学教育中也扮演了重要角色,当前有一些学者也在公法和私法领域推广德国的鉴定式案例教学法。在这些教学法中,虽然案例所起到的作用不完全一样,但在对案例的定位上都认为案例基本上是学习教义学知识或总结裁判依据的辅助工具。同样,当前在我国法学教育中逐渐普及的案例教学法也在遵循一种大体相同的认识模式,即在灌输教义学知识方面,案例起到了很好的辅助作用。再加上一些教条的哲学普及教育的影响,案例教学的功能主义趋向更加严重。我们可以把这种案例教学法总结为"原理+实例"的思维模式与教学方式,在这种模式中,案例的作用被限缩了,尤其是我们看不到案例本身在理论思维能力的培养上能起到什么作用。

与此相对比,在分析(法)哲学的教学与研究中,案例(或一般意义上的实例)作用重大。① 它们不仅形象地说明了理论本身,而且在很大程度上,实例本身就构成了理论建构的一部分。这就能够使我们直观地感受到案例或实例在理论思维训练甚至理论建构方面的重要作用,本文所着重论述的一种案例教学法就参考了这种对案例之独特功能的认识。从2002年12月14日,吉林大学理论法学研究中心举办"生活中的法理"系列论坛的第一期(论题为"变性人的权利及其保障")开始,这个活动至今已举办20年了。从最初的论坛到现在研究生的一门课程,从未间断。在这期间,共研讨了167个案例。这里所说的"案例"是广义的,并不限于法院已判决过的真实判例,其有着广泛的来源:社会生活中发生的有法理意义的事例,国家重要的立法活动,世界范围内重要的法治事件等。这些案例既可能是真实发生的,也可能是具有法律实践价值的

① 相关的哲学著作参见J. L. Austin, *How to Do Things with Words*, Oxford, Oxford University Press, 1962; Ludwig Wittgenstein, *Philosophical Investigations*, 4nd edition, trans. by G. E. M. Anscombe, P. M. S. Hacker and Joachim Schulte, Oxford, Blackwell Publishing Ltd, 2009。法哲学著作参见H. L. A. Hart, *The Concept of Law*, 3rd edition, Oxford, Oxford University Press, 2012。这些都是实例分析与理论分析相结合的典范性著作。

思想实验(如全自动驾驶汽车的碰撞伦理难题或“电车难题”、元宇宙与法哲学的回应等)。总之,一切可能具有法理意义的事件都在本课程的讨论范围内。

这门课程的初衷也许是尝试解决法理学陈义过高的“弊病”,其宗旨是“从生活揭示法理、以法理透视生活”。[②] 通过长期参与该课程的教学、研讨以及相关论题的学术研究,我们几位授课老师也逐步认识到,案例本身具有重要的学术和教学价值,它不仅开启了理论创新的可能性,也是培养学生理论思维的重要途径。在反思理论的基础上,该课程致力于理论模型与经验现实的双重关照,开启了一种有理论意义的教学与科研相结合的模式。于是在教学方式上,本课程不采取灌输或讲授的方式,而采用讨论课的形式,希望学生能够在潜移默化的影响下、在切身参与中受到理论思维的熏陶和影响。从根本上说,这源于一个认识,即法学教育不是一种单纯的职业教育,也构成了通识教育的一部分。法学教育是更广义的哲学教育的重要组成部分,它不仅是哲学教育或通识教育的实践运用,其本身就构成这种教育的一部分。法学教育不仅要培养具有理论思维能力和实践运用能力的法律人,还要培养负责任的伦理公民。

一、再访案例教学法:对“规范/实例/推理”模型的检讨

对法学教育之性质和内容的理解与对法律本身的理解(法律理论)紧密相关,如形式主义、现实主义和自然法的法理论对法学教育应传授什么知识并应采取什么教学模式的认识肯定大相径庭。[③] 曾担任过哈

---

② 姚建宗教授在为“生活中的法理”论坛所写的“公告”中,对该论坛的宗旨做了如下概括:它所追求的乃是“从具体的社会生活之中概括提炼法学的理论,用抽象的法学的理论分析阐释具体的社会生活”这样一种“生活”与“法理”彼此参悟与印证的境界。

③ 霍姆斯、卢埃林、富勒等法学家或法哲学家都对法学教育发表过真知灼见,他们的法学教育观深受其关于法律本身的认知的影响,甚至可以说,就是其法律观在法学教育上的投射。

佛大学法学院院长的兰代尔(Christopher C. Langdell)所强调的"法律的科学性"在法学教学中的体现就是判例教学法,他也因发明了著名的苏格拉底教学法而闻名。其背后的逻辑是把法律理解为一种内在逻辑自洽的概念体系,法律人的任务就是解释概念的内涵。从法律性质上说,这体现了一种法律形式主义的思维方式。兰代尔认为,如果法律不是一门科学,那么就没有正当理由把法律作为大学教学的对象;如果法律只是一门手艺,那么它将会是通过学徒制而不是讲座与著作获得的一项技能。兰代尔进而认为,"大学将会因为顾及它自己的尊严而拒绝教授法律"。④

哈克(Haack)在提到这一点时指出,当兰代尔坚持法律必须是一门科学,否则法学院在大学将没有合法的位置时,这仿佛是在回应凡勃伦(Veblen)的评论:"就法学院在现代大学中的实际价值而言,与击剑系或舞蹈系相差无几"⑤。显而易见,这种对法学之科学性的理解和德国法学的那种对法学之科学性的理解有相似之处⑥,而且这两种理解方式都导向了一种以"案例教学法"为标志的法学教育模式。鉴定式(Gutachtenstil)在德国法学教育中起着核心作用,鉴定式案例解析技术是德国法学教育的特色。根据斯图肯伯格(Stuckenberg)的概括,法学院的鉴定式是一个简化版的,因为这种鉴定式并不是发生在一个真实的场景中,而是在一个拟制的情景中。鉴定式的核心在于规范与事实的体系性对应,在其中起主导作用的是涵摄的司法三段论。显然,对案例的鉴定最后会有一个明确的结论,而不是开放式的。⑦

---

④ See Christopher C. Langdell, *Teaching Law as a Science*, American Law Review 21, 1887, p. 123. Susan Haack, *On Logic in the Law*: "*Something, but not All*", Ratio Juris 20, 2007, p. 6.

⑤ Thorstein Veblen, *The Higher Learning in America*: *A Memorandum on the Conduct of Universities by Businessmen*, Stanford, CA, Academic Reprints, 1918, Reprinted 1954, p. 211.

⑥ 相关的争议参见[德]鲁道夫·冯·耶林:《法学是一门科学吗?》,李君韬译,法律出版社2010年版;[德]尤利乌斯·冯·基尔希曼:《作为科学的法学的无价值性》,赵阳译,商务印书馆2016年版。

⑦ 参见[德]卡尔·弗里德里希·斯图肯伯格:《作为笛卡尔方法的法学鉴定式》,季红明、蒋毅译,载《北航法律评论》2017年第1期。

由此可见,鉴定式是一个概括的、形象的或比喻的说法,旨在模仿自然科学的分析方式。而且作为一个普遍的法律方法,它对应着民法、刑法和公法等的案例分析法。在德国,三大部门法的案例分析都叫鉴定式,民法围绕着请求权是否成立,即请求权基础式分析法,所以解题的依据是请求权基础;[8]行政法围绕着具体行政行为是否合法,刑法围绕着一个人的行为是否有刑法上的可罚性,核心依据是刑法上的犯罪构成。就具体操作而言,在分析案例时,都得先抛出一个命题(请求权或许成立,行政行为或许违法,某人的行为或许具有可罚性),然后围绕着这个命题找相应的请求权基础、行政法上授权性的规定或刑法上的犯罪构成,再一步步地检验案例事实是否符合请求权基础等的构成要件,最后得出结论:命题成立或不成立。整个过程就像做鉴定,如让 DNA 检测机构看看张三和李四是不是父子,预设的命题是:张三和李四可能是父子,然后提取 DNA 比对,得出最后的结论:是或不是父子。[9]

在不同的部门法领域,鉴定式案例分析法虽然操作模式并不一样,但都分享了同样的法律方法或思维模式,即这种操作模式主要还是以实在法或对其的解释为依据,最后都需要得出一个确定的结论。在法律之内[10],部门法确实有一套相对成熟的、有逻辑性和体系性的操作模式,在宽泛的意义上称为法律科学[11]也不为过。这基本是德国特色的有关法律推理(或论证)的一个具体操作训练,这一过程高度形式化,甚至可以

---

⑧ 请求权基础分析法是民法方法论的根基,民事法官裁判的也是"双方当事人之间关于一项由原告在诉讼中提出的'请求权'的争议"。参见[德]迪特尔·梅迪库斯:《请求权基础》,陈卫佐等译,法律出版社 2012 年版,第 1 页;王泽鉴:《民法思维:请求权基础理论体系》,北京大学出版社 2009 年版;金晶:《请求权基础思维:案例研习的法教义学"引擎"》,载《政治与法律》2021 年第 3 期。

⑨ 本段的论述主要来自我的同事王立栋副教授的介绍,他在德国取得民法学博士学位,对德国式鉴定式案例分析技术有切身的体验,所以他的介绍也是清晰、简洁而形象。

⑩ 这相当于阿列克西(Robert Alexy)所说的内部证立(internal justification)。See Robert Alexy, *A Theory of Legal Argumentation*, Oxford, Oxford University Press, 2010.

⑪ 德语的"法学"(Rechtswissenschaft)一词就是法(Recht)+科学(Wissenschaft),是近代的法学家比附自然科学的产物。感谢王立栋博士向我指出了这一点。

用谓词逻辑的公式进行形式化表达。⑫

我国部门法教学虽然还很少有专门的案例教学课程,但是在教学中运用案例辅助理解理论则是一个常见的做法。⑬ 这些已经在做或正在推广的案例教学法,基本是在既有法规范的前提下,考虑怎样让规范更好、更有效地适用到具体案件中。比如,有学者把这种需要推广的案例分析法命名为“要件分析法”,即对完全法规范检查的要件分析法。其具体操作方式是:“将现行法中完全的法规范(volltändige rechtsnorm)分解为构成要件要素,把这些构成要件要素与给定的案件事实依次序进行对比,在案件事实与前一构成要件要素形成对应时,接着以相同的方式考察案件事实与后面的构成要件要素是否形成对应,当该完全的法规范的所有构成要件要素均得到满足时,则发生其所规定的法律后果。”⑭ “要件分析法”探索一种普遍的法律适用技术,尽管民法、刑法、公法各领域中的案例分析都面临各自领域的体系性难题。

很明显,无论是我国传统法学教育中经常运用案例辅助教学的方法,还是正在模仿推广的英美或德国式的案例分析法,都是在更加规范的意义上用案例来辅助学习法学的知识(教义),并以此为基础模拟法律推理的过程,以得出一个确定的法律结论。从根本上说,这还是用案例来强化学习效果,案例本身并不具有多大的理论意义,法理学专业的学生甚至整个法科学生对理论思维的理解基本上还停留在“原理 + 实例”的思维方式上。就我国法学教育的现状而言,这一方面是因为学生在本科阶段偏重教义学的训练,他们所接受的基本就是这种思考方式,另一方面是因为学生所接受的基础性哲学训练(哲学原理教科书)也是这种思考方式。其体现在操作方式上就是“以原理解说实例”或“以实

⑫ 参见季红明、蒋毅、查云飞:《实践指向的法律人教育与案例分析——比较、反思、行动》,载《北航法律评论》2015 年第 1 期。

⑬ 在一些有留德学术经历的学者的推动下,许多高校逐步开始了专门的案例分析课,基本局限于民法和刑法等专业,而且都借鉴了德国的案例分析教学经验。

⑭ 季红明等:《实践指向的法律人教育与案例分析——比较、反思、行动》,载《北航法律评论》2015 年第 1 期。

例证明原理”[15],学生对理论与现实之关系的理解受这种思维方式的影响很大。“用现实活化理论”固然是学习并熟悉抽象的法学理论的一个重要途径,能够在具象的意义上加深对理论的理解,但除此之外,社会中的实例或真实的法学案例也是检验甚或发展法律理论的契机,正是在对现实事例的解释中,才有发展法律理论的可能。这当然要取决于我们对真实案例的选取,因为并不是所有的案例都能承担这种功能。相应地,在教学方式上,我们也应当超越那种知识传授和知识运用型的教学方式,而选取一种适合于这种具有理论意涵的案例的研讨方式。

二、蕴含法理的案例:重新挖掘案例研讨的教学价值

在法学中,适合于理论研讨的案例大都是疑难案件。“生活中的法理”研讨课的选题虽然来源众多(也包括影视作品,如《我不是药神》,在电影出来之前还讨论过现实版的陆勇案)、主题迥异,但都具有鲜明的问题意识。每一个研讨主题都有一个集中而鲜明的主题,贯彻了以问题为导向的教学要求。其主要目的既不是传授知识或介绍通说,也不单纯是验证理论。当然,如果在适用理论去解释现实案例的研讨过程中,能够发现理论本身在解释上的缺陷,并以此为基础来发展理论,那就更好了。下面就列举“生活中的法理”第 141 ~ 167 期的研讨主题(见表 1),从中可以直观感受这种性质的案例。

表 1　“生活中的法理”第 141 ~ 167 期研讨主题

期号	研讨主题
Topic 141	“电梯劝阻吸烟致死案”法律适用的法理争议
Topic 142	据法司法与后果考量——“鹦鹉案”与“气枪案”的法律适用争议
Topic 143	“冷冻胚胎”案:一个综合的反思与评价

⑮　参见孙正聿:《哲学通论》,北京师范大学出版社 2020 年版,第 4 页。

续表

期号	研讨主题
Topic 144	猴子自拍照与权利的归属
Topic 145	隔离，但平等？（Separate，But Equal？）
Topic 146	“Life Is Money”（命就是钱）？——关于《我不是药神》的法律与道德哲学思考
Topic 147	“彩礼返还”的都市难题
Topic 148	人类基因编辑的伦理与法律界限
Topic 149	最后的尊严？——关于安乐死的道德与法律哲学思考
Topic 150	碰撞伦理与法律治理——无人驾驶汽车遭遇的算法难题
Topic 151	需要一种新兴的祭奠权利吗？
Topic 152	什么是错案追究中的“错”？
Topic 153	冷冻胚胎与继承权的难题
Topic 154	家事审判改革路向何方？
Topic 155	情、理、法：父母为子女出资购房的家事难题
Topic 156	生物识别技术、隐私与数据伦理
Topic 157	法治如何面对风险社会
Topic 158	国家治理现代化的宪制逻辑
Topic 159	谣言的规制与信息自由
Topic 160	人与自然：动物的道德与法律定位
Topic 161	冻卵：仅仅为了生育？
Topic 162	姓名权的性质及其保护边界
Topic 163	生物识别技术、隐私与数据伦理
Topic 164	同案同判：它是可能的吗？
Topic 165	谁是母亲？——生殖技术下的监护权难题
Topic 166	冷冻胚胎争议的类型与生育权的保护难题
Topic 167	算法统治？——算法时代的劳动异化与法律之治

这些案例可以称为理论型案例,它们有着很大的理论争议,也提供了发展新理论的契机。通过讨论疑难案例来发展法学理论也是法理学研究与写作的一个经典模式,如德沃金(Ronald Dworkin)建构其法理论就经常采用这一模式。德沃金几乎在每一部著作中都会讨论很多典型的案例,《生命的自主权》还专门讨论了堕胎、安乐死等经典的争议性案例。比如,在《认真对待权利》中,德沃金分析了里格斯诉帕尔默(Riggs v. Palmer)案,认为这一案件的判决所依据的是法律原则,以此作为例证来反对哈特的规则模式。[16] 这个案例几乎伴随了他建构其法理论的一生,在《法律帝国》中,德沃金也是在分析这个(以及其他)案例的基础上推导出了"理论分歧"的存在,而不仅是"经验分歧"。[17] 关于案例分析在德沃金法理论建构中的作用,帕特森指出,"德沃金的批评之所以成功,部分原因在于其论文的优雅简洁。仅使用了几个案例,德沃金就能表明原则在法律中起到了重要作用,特别是在疑难案件中。像里格斯诉帕尔默这样简单的一个案件就表明,哈特把法律描述为一个规则体系是完全不准确的。哈特的追随者接受德沃金的批评,并给出有说服力的回应,这将会需要一些时间"[18]。法律的概念分析就是关于法实践之性质的抽象总结,只要举出一个反例就可构成对法理论的重大挑战。

其实这种模式不仅适用于理论论证和理论建构,而且特别适合于具有理论性的教学。把这种模式扩展到教学上,有可能带来真正的教学相长的效果,因此它既是一种研究型教学,也是一种教学型研究。[19] 研究是教学的基本前提,教学是研究的一种重要途径,也是培养学生学术研究和理论思维能力的重要方式。由此可见,这种类型的案例研讨不是要得出一个明确的结论,而且也没有结论可以得出。它的主要功能是在验

---

⑯ See Ronald Dworkin, *Taking Rights Seriously*, Cambridge, Mass., Harvard University Press, 1977, p. 23.

⑰ See Ronald Dworkin, *Law's Empire*, Cambridge, Mass., Harvard University Press, 1986, p. 5, 15 – 20.

⑱ See Dennis Patterson, *Dworkin's Critique of Hart's Positivism*, in Torben Spaak & Patricia Mindus, eds., The Cambridge Companion to Legal Positivism, Cambridge, Cambridge University Press, 2021, p. 683.

⑲ 这里借鉴了邓正来教授关于研究型翻译的提法。

证理论的过程中训练理论思维,这一点与鉴定式案例分析迥然有别。比如,“生活中的法理”课程讨论过一个关于“碰撞伦理与法律治理”的主题,主要涉及无人驾驶汽车遭遇的算法难题。无人驾驶汽车的商用应该很快就会到来,关于碰撞选择和责任的讨论在理论上和“电车难题”有关,在实践或制度上和侵权法或刑法都有关。因此,它可能是一个很好的例子,可用来说明法学专业的讨论与理论意义上的讨论之间的差异。

纳斯鲍姆(Nussbaum)曾提到一个有意思的事例,著名的道德哲学家汤姆森(Thomson)在耶鲁大学法学院任教时,在课堂上讨论了她本人虚构出来的一些关于堕胎、电车难题等的案例。⑳ 熟悉道德哲学的人都知道,道德哲学家经常虚构一些案例以制造思维的困境,借以检验既有道德理论的解释力,并尝试从中发展出一些新的理论或解释原则。围绕“电车难题”进一步虚构出来的案例已经复杂到匪夷所思的程度,甚至形成了一个著名的“电车学”。㉑ 对这种难题的讨论需要经历一个漫长的过程,不可能在短期内达成一个结论,甚至其目的也不是一定要达成一个什么结论,而是重在训练思维能力,展现诸多理论之间的复杂而微妙的区分。这就是纳斯鲍姆所指出的:“由于哲学的关切在于永无止境的探究和争论,在于最佳意义上的惊异,因此哲学经常是缓慢而逐步地得出一个确定的答案。有时哲学以一种近乎美学的方式苦苦思索人生的难题。但是法律人向往并需要确定的结果,因此汤姆森在耶鲁的课堂想要一个关于电车难题的答案也不完全错,尽管法律人的不耐心当然是

---

⑳ 汤姆森于1982年、1984~1985年在耶鲁大学法学院任访问教授,她在课堂上讨论了这些案例,但法学院的学生都向她要一个确定的答案。See Judith Jarvis Thomson, *A Defense of Abortion*, Philosophy & Public Affairs 1, 1971, p.47-66. 汤姆森首先提出了“电车难题”这个术语,她指出,“为什么电车司机可以改变电车方向来救五个人,而外科医生不可以切割其健康标本来救五个人?我想称为电车难题,以纪念富特夫人的案例”。See Judith Jarvis Thomson, *Killing, Letting Die, and the Trolley Problem*, The Monist 59, 1976, p.206.

㉑ See F. M. Kamm, *The Trolley Problem Mysteries*, Edited by Eric Rakowski, Oxford, Oxford University Press, 2016. 在这本书里,Kamm在Philippa Foot和汤姆森的基础上又虚构了大量的“电车难题”新情形。

非常不成熟的,阻碍了汤姆森的论证所能提供的真正的卓识。"㉒

但是,法学院的学生却不断要求她给出一个正确答案,这就严重偏离了哲学案例教学的目的所在。这也从一个侧面反映了在传统上人们一般认为,法学和哲学在教育上的这种差异源自两门学科之性质的差异:哲学产生于惊异,法学产生于规范行为,因此必须有明确的标准和答案。法学教育的这一性质必然会排斥对理论问题的探讨,认为理论探讨无法给出关于行为的具体指导,因此没有实践意义。而哲学上好的答案,其实也不一定能在制度上实施。但从广义上说,法学也是哲学的一部分,通过案例来进行理论研讨对于法学教育来说具有更为一般的意义,这一意义可能要比普遍认识到的更大。麦考密克(MacCormick)指出:"实际上,法律正是就其性质而言是一项哲学事业,因此合宜的法学教育包含着一项实质性的哲学要素。"㉓在麦考密克的理解中,这不是一个内容判断,即法学包含着哲学的成分,而是一个性质判断,即法学本身就是一项哲学事业。不仅法学理论,而且包括部门法在内,都是这一事业的组成部分。任何制度设计的背后都包含了哲学考量,只是在适用法律时,规则本身的这种不透明性(opaqueness)㉔使人们忽略了背后的价值因素。

其实,类似于"电车难题"的有轨电车案也一直是刑法教科书讨论的经典案例,这个问题之所以重新引起学界和大众的关注和讨论,就是因为自动驾驶放大了有人驾驶所面临的碰撞选择问题,放大的缘由是我们看待碰撞的视角变了。这种视角在根本上是由技术造成的:首先,人工智能的反应速度非常快,远高于人类驾驶员面对即将发生的事故的反应速度,这使得选择本身成为可能。其次,人类驾驶员为了自保可以依

㉒ Martha C. Nussbaum, *The Use and Abuse of Philosophy in Legal Education*, Stanford Law Review 45, 1993, p. 1642.

㉓ Neil MacCormick, *The Democratic Intellect and the Law*, Legal Studies 5, 1985, p. 173. 另参见该文第181页。

㉔ See Joseph Raz, *Reasoning by Rule*, in Joseph Raz, Between Authority and Interpretation: On the Theory of Law and Practical Reason, Oxford, Oxford University Press, 2009, p. 205.

照瞬间的直觉判断作出选择,这种选择是没有客观标准可言的,带有很大的随机性。而自动驾驶的碰撞选择依赖于事先的编程计算而不是语境化的本能,即面对艰难的选择困境,自动驾驶事先就作出了选择,提前就有了答案。基于技术革新的这两个根本变化,自动驾驶汽车不能再回避碰撞选择难题以及相关的法律困境,碰撞选择在本质上是一个道德哲学问题,涉及最艰难的价值排序,自动驾驶的出现使得这一难题不再局限于哲学家争论不休的学术讨论,而必须作出现实的决断。实际上,相关的法律规则和制度设计必须以哲学上的融贯论证为前提,或者说是这一论证的结果。

刑法中类似案例的研讨基本是在辅助理解既有理论,而对"电车难题""冷冻胚胎""冻卵""代孕""生物识别"等由新技术因素产生的案例的讨论就是在讨论法学理论本身。其主要功能不是在应用既有法律规则,而是重新展现既有法律(或哲学)理论的解释力或创造新的法律理论,这就是蕴含着法理的案例的基本内涵。案件"疑难"与否的基本参照点是法律规则,即既有法律规则无法直接解决新案件。这就需要破除既有规则的不透明性,重新打开"理由的包裹"(the package of reasons),或再往这个"包裹"里放进去一些新理由。"包裹"里的理由是用来正当化立法决定的,在必要的时候法院就要重新打开这个"包裹",并调动"包裹"里的理由对个案形成一个融贯的判决。[25] 这些理由就是隐藏在既定法律规则之后的立法者制定规则时所持有的理由,在遇到疑难案件时,就需要重新检视一下这些理由,看能否对其进行创造性发展以适用于新案件。如果不能,那么就需要考虑重新创造理由。这两个方面都属于德沃金所说的建构性诠释。参与疑难案例研讨的人,看待问题的角度就类似于德沃金的海格力斯超人大法官,都要从哲学的角度提供一个融贯的论证,建构适用于案件的法律。

---

[25] See Jürgen Habermas, *Between Facts and Norms: Contributions to a Discourse Theory of Law and Democracy*, trans. by William Rehg, Cambridge, Mass., The MIT Press, 1996, p. 262.

三、法理型案例的反思性教学功能

显而易见,蕴含法理的案例具有显著的理论色彩,它并不旨在寻求确定的答案,并向一般法哲学开放。要说有答案的话,也是德沃金意义上的作为论证之结果的"唯一正解"。法理型案例讨论的是应然层面的问题,并指向一般性的法理论争议。因此,这类案例是对既有理论的反思性讨论,而且是相对纯粹的理论讨论,尽管这些理论是以现实的经验性案例为背景的。这样的讨论有助于实现一种反思性的而非适用性的教学目标,反思性是理论思维的核心特征。一般认为,反思的思维是哲学特有的思维,其实这是理论性思维的一个普遍的要求。正如上文所述,法律是一般性哲学事业,研讨蕴含法理的案例尤其体现了这一事业。法学的这一性质本身意味着法学教育不完全是职业教育,它也是通识教育。通识教育和培养一个"自由的"人紧密关联,而这里"自由的"人意指对"传统实践的一个反思批判者"㉖。通识教育的关键就在于反思思维的培养。纳斯鲍姆把通识教育称为"培育人文",并进一步提炼为三种基本能力,即苏格拉底式的自我检视、世界公民和叙事的想象。㉗ 这就是纳斯鲍姆总结的通识文科教育课程要培养的基本能力,她还以此标准反省了法学教育所存在的弊端。

对于本文的目的来说,这里集中关注第一种能力的培养问题。㉘ 纳

㉖ Martha C. Nussbaum, *Cultivating Humanity in Legal Education*, The University of Chicago Law Review 70, 2003, p. 267.

㉗ See Martha C. Nussbaum, *Cultivating Humanity: A Classical Defense of Reform in Liberal Education*, Cambridge, Mass., Harvard University Press, 1997, p. 15 - 112.

㉘ 其他两种能力也很重要,尤其是"叙事的想象",这是一种共情的能力。对于价值问题的讨论尤为需要移情,这能够使人对遥远的地方发生的事情感同身受,能体会到远方的苦难。这种能力对于基于价值的讨论是非常必要的,也是一个人成为"公民"或"世界公民"的基础。比如,"生活中的法理"课堂上曾讨论过苏州市勤惜小学隔离农民工子弟学生的案例,以及无锡冷冻胚胎归属权纠纷的案例,也讨论过国外发生的新冠疫情医疗挤兑下呼吸机分配的难题,这都需要我们对他人的真切体验能够"自身置入"。我们无法以固定而单一的价值因素来处理现实问题,这需要我们能够对社会的现实、他人的生活以及自我的价值观有深切的关怀和反思,对其他人能感同身受。

斯鲍姆认为,职业主义是苏格拉底主义的敌人。[29] 由此可见,盛行于美国法学院的苏格拉底教学法并没有真正地贯彻苏格拉底的精神,因为这种教学模式并不是在培养学生的反思能力以及社会责任感,而是在训练合格的律师所应具备的逻辑思维能力、对案件的分析能力以及从事法律实务所需要的一种"机敏"的反应能力。其实兰代尔在发明这个教学法时,其初衷就是想让它与律师事务所的训练模式相竞争。其实纳斯鲍姆也不是完全认为这些能力不重要,但是作为在芝加哥大学法学院任教的一位道德哲学家,她认为在法学院中开设一些道德哲学课程来从事真正的苏格拉底式的训练是非常重要的。这不仅有助于个人过一种反省的生活,而且有助于培养有反思能力的公民。法律人与其他人的不同之处在于,他们将来可能要担负重要的社会责任,培养一个伦理的公民应该是法学院教学的重要任务。

同样地,"生活中的法理"研讨课也是以这两大任务相期许的,当然首先还是要培养一种理论思维的能力,这是培养伦理公民的基本前提。过一种反省的生活首先要有一种反省的能力,这需要一种反思性的教学。但是,反思性教学也有自己特有的实现方式,那就是研讨式教学。其实我们对这种教学方式并不会感到陌生,苏格拉底在街头和人辩论以及孔子和学生的日常争论都是这种特有的教学方式的典范性展现。毕竟,理论思维的养成需要贯彻一种彻底的研讨式教学模式。

四、研讨式教学与理论思维的养成

案例研讨并不追求一个确定的答案,因此这种训练的关键不是传授三段论式的涵摄技巧,而是在对相关背景理论熟悉的基础上、在一般理论层面上凝练问题并有针对性地进行反思性理论探讨。"生活中的法理"课程的流程设计为:学期开始就会先把所有 8 次的讨论案例发给学

---

[29] See Martha C. Nussbaum, *Cultivating Humanity: A Classical Defense of Reform in Liberal Education*, Cambridge, Mass., Harvard University Press, 1997, p. 43.

生,并排好每一位同学轮流作书面报告的顺序。每次课堂讨论都会先有两到三位学生作书面发言,在书面发言之后,指导教师会进行针对性点评,然后才是师生之间的自由讨论。每次案例研讨,都至少会有两位老师参与,有时还会有多位老师,甚至是来自哲学、政治学等不同学科的老师。自始至终,本课程贯彻的是研讨式教学模式,这种流程设计与我们的一个认识有关,即理论直觉的养成有着特有的方式。

蕴含法理争议的案例本身展现了开放的理论空间,研讨这一类型的案例就得采用行之久远的沟通式与辩难式的教学模式。在某种意义上,研讨课的方式对于理论思维训练的重要性也是由理论思维本身的性质所决定的,即理论思维的养成在某种程度上不是"教"的,而是通过长期的浸润而"感受"出来的。黑格尔在《逻辑学》中有一个关于消化与生理学的比喻,说逻辑学不是用来教人思维的,就像生理学不是用来教人消化的。这个比喻是说,思维和消化都是人的本能,无须自觉的认知来指导。因此,在黑格尔看来,逻辑学是使人"自觉到思维的本性",掌握思维运动的逻辑。[30] 这里并不是说,"生活中的法理"课能够起到黑格尔意图逻辑学所起到的那种作用,而是想借用这个比喻来说本课程并不是在"方法"的意义上教人进行理论思维的。从某种意义上说,真正的理论思维不是能通过什么方式教出来的,而是不断地通过感受典范性理论思维以及通过讨论、研究和写作而逐渐感悟出来的。

其实这种教学模式对于中国传统教育来说并不陌生,中国古代的书院制度特别注重师生间的研讨,甚至这种研讨"实录"还是儒家思想的重要文献。[31] 在一份未完成的文稿中,胡适就谴责过清末教育改革者"没有历史眼光",竟然"不知道书院是中国一千年来逐渐演化出来的一种高等教育制度;他们忘了这一千年来造就人才、研究学问、代表时代思潮、提高文化的唯一机关全在书院里"。而当时引入的欧洲学堂方式

---

[30] 参见孙正聿:《哲学通论》,北京师范大学出版社2020年版,第19~20页。列宁在《哲学笔记》中指出,黑格尔"关于逻辑学,说得妙:说它似乎是'教人思维'的(犹如生理学是'教人消化'的?),这是'偏见'"。列宁:《哲学笔记》,人民出版社1993年版,第72页。

[31] 比如《论语》《朱子语类》《传习录》等。

"不过是一种'灌注'知识的方便法门,而不是研究学问和造就人才的适当办法"。当年的教育改革者未曾认识到,中国"一千年演进出来的书院制度,因为他注重自修而不注重讲授,因为他提倡自动的研究而不注重被动的注射,真有他独到的精神,可以培养成一种很有价值的教育制度"。㉜

岳麓书院1167年的"朱张会讲"就是类似于现在Seminar的教学形式,朱熹和张栻二人联袂主讲,相互辩难。参与的学子有上千人,盛况空前。"学徒千余,舆马之众至饮池水立竭,一时有潇湘洙泗之目焉。"㉝有增量的知识生产就是在这种不断的讨论与质疑中产生的,真正的教学不是一个单向的过程,而是双向或多向的输入/输出过程,在这个过程中知识的传授、理论的反思、思维的训练和方法的自觉就是同一个过程。在这个过程中,知识平等、智识真诚就是基本的要求,师生都是对话的参与者,不存在一个真理的主宰者。从古至今,教学的技术和技巧日新月异,现在各种高科技教学辅助设备更是层出不穷,但是我们真的更加接近教育的真谛了吗?比古希腊时代的苏格拉底和春秋时代的孔子更加实现教育的目的了吗?我们恐怕都不能自信地得出肯定的答案。遵循这一教学模式,"生活中的法理"课程自始至终都采用研讨课的形式,有专题发言人,有评论人,也有教师点评和自由讨论环节,不求得出确定的答案,只为在这一过程中能够深化对问题本身的认识,加强对既有理论的反思。在每一次课堂研讨上,都至少有两位老师参与(不敢说是"会讲"),而且老师之间的相互讨论和辩驳,对于学生的深度参与也起到了很好的示范作用。一个苏格拉底式的或孔子式的课堂,其核心是培养进行说理的能力,启发每一个学生的心灵。其中,清晰性是一个很重要的要求,也是有质量的研讨的前提和保证。"生活中的法理"课堂一贯提

㉜ 胡适:《书院的教育》,载耿云志主编:《胡适遗稿及秘藏书信》第5册,黄山书社1994年版,第476~478页。转引自罗志田:《经典淡出之后:20世纪中国史学的转变与延续》,生活·读书·新知三联书店2013年版,第13页。

㉝ (清)赵宁:《长沙府岳麓志》卷三《书院》,清康熙二十六平镜九堂本。

倡或要求的就是要努力做到"清晰思考,清晰表达"㉞。

On How to Discuss Cases Meaningfully

—The Course of "Jurisprudence in Life" and the Cultivation of Theoretical Thinking

Zhu Zhen

Abstract: In legal education, cases play an important auxiliary role in teaching knowledge and they also contain certain principles from the perspective of jurisprudence. The theoretical difficulties raised by hard cases are open-ended, and there is no standard answer naturally. The institutional problems revealed by real cases constitute the source of innovative legal theory, and the vitality of theory also comes from the interpretative power of practical problems. Therefore, cases study necessarilyneeds theory, and theory should develop itself through cases study. The cases implicated in jurisprudence seek for the coherent theoretical arguments, and inherently require the pattern for research-and-discussion teaching. Legal education is not only a simple vocational education, but also constitutes a part of general education. It is not only significant tocultivate lawyers with the capacity of theoretical thinking and the ability of practical application, but also cultivate responsible ethical citizens.

Key Words: cases, hard cases, liberal arts education

㉞ 孙利天:《哲学如何成为"聪明药"?——哲学教育与创造性的培养》,载《东北师大学报(哲学社会科学版)》2016年第5期。

法学课程思政的文化解码*

高永明**　万娇娇***

摘　要: 基于当下法学课程思政要素的分散和碎片化,优秀法律文化之于课程思政的灵魂属性、先导属性以及和课程思政的共生属性,其应成为法学课程思政的解码。优秀法律文化作为本土性资源,目前在我国法学思政教育中已初显优势,西方国家利用法律文化进行思政教育也一直是其思政教育的重点。优秀法律文化在法学思政教育中具有人文精神培养价值和司法实践的应用价值。在法学思政教育中应避免冲淡法学专业属性的政治说教方式,对优秀法律文化进行渗透式间接应用为首选,同时综合采用多样方式。

关键词: 法学　优秀法律文化　课程思政

大学生的思想政治教育一直是高等教育的重点,晚近国家也出台了十余个规定对高校学生的课程思政、思政课等思政教育做专门规定和指导。法

---

* 扬州大学教学改革研究课题"刑法学课程建设优化研究"(项目编号:YZUJX2016—12B)。

** 高永明,扬州大学法学院副教授,法学博士。研究方向:刑法学、法学教育。

*** 万娇娇,扬州大学法学院硕士研究生。研究方向:刑法学、法学教育。

学由于其专业的特殊性,和思政的结合更为紧密。但法学专业课程思政应如何进行,目前来看,仍然没有脱离一般专业课程思政的做法。有人认为目前仍是单一地靠说教形式宣传传统文化,形式单调,缺乏多样性。[①] 在课程思政背景下,如何在法学学科中进行针对性的课程思政教育成为全新性课题。2021 年 4 月,中共中央办公厅、国务院办公厅印发了《关于加强社会主义法治文化建设的意见》,其中提出要加大对法治文化研究课题的支持力度,挖掘中华传统法律文化精华,“弘扬中华优秀传统文化”,“开展法治文化科研教学”,这更使法律文化教学成为国家战略层面的全盘性长久举措。

党的十八大报告提出制度自信,在一定程度上,制度自信奠基于文化自信,因而对我国法律制度的自信离不开对法律文化的自信。我国具有丰富的法律文化资源,尤其是具有丰富的传统法律文化资源。从优秀文化入手进行法学课程思政教育可以成为合适的课程思政切入点。本文尝试寻求优秀法律文化作为法学课程思政教育解码的机理,探讨其目前的应用现状以及价值等核心问题,尝试归纳法学思政教育中优秀传统法律文化应用的一般性理论。

一、优秀法律文化作为法学课程思政解码的机理

(一)优秀法律文化之于课程思政的灵魂属性

法学课程专业思政需要深入挖掘课程中的不同思政要素,目前也有学者对不同法学课程中的思政教育元素进行分析归纳。[②] 多样性的课程思政内容构成了不同课程思政教育的具体元素。不可否认,挖掘不同课程的具体思政要素,将其与不同的具体课程内容相结合,能够起到思

---

① 参见王林、蒋红娟:《传统文化融入思政课教学的误区与实践路径》,载《教学与管理》2021 年第 15 期。

② 参见雷裕春:《法学本科专业课程思政教育体系构建研究》,载《广西财经学院学报》2021 年第 3 期。

政教育的作用。但这会出现不同思政要素完全没有关联且给人牵强附会的感觉。

在世界经济一体化的背景下,各国法律制度在一定程度上具有相似性和趋同性。另外,2008 年 2 月 28 日国务院新闻办公室发布的《中国的法治建设》白皮书指出,中国应注意借鉴和吸收国外法制建设的有益经验。以刑法的具体知识来看,我国刑法自清末改制后才进入近代化转型。2000 年之后,我国刑法犯罪论究竟是坚持传统四要件还是向大陆法系三阶层理论转型,面临较大争议。实际上,无论是四要件还是三阶层,前者是从苏联刑法学引入,后者是从德日刑法学引入,都是外来性知识。因此,具体知识的课程思政要素的碎片化难以避免。但中华传统优秀法律文化资源在我国相当丰富,在当下各个学科均需进行思政教育的背景下,从优秀法律文化入手进行法学专业课程思政教育应该是较为合适的切入点。制度自信的坚实基础在于文化自信,而制度自信尤其需要对宪法制度、民法制度、刑法制度等法律制度的自信。法学乃"正义"之学,法学教育本身就是对意识形态领域的塑造和完善,其背后承载的不仅仅是知识的创新以及专业素养的培育,还应当包括对国家人文精神和主流价值观的号召。③ 而主流价值观很大程度上是国家优秀文化塑造的。从优秀法律文化中探寻课程思政的基石,以优秀传统法律文化和现今优秀法律文化作为课程思政的主线和灵魂,由此不仅可以避免课程思政要素的碎片化,也更能坚定文化自信和制度自信。

从高等院校法学教材看,无论是传统的法学教材,还是晚近教育部组织编写的"马工程"教材,它们对优秀法律文化涉及的均不多。事实上,我国具有世界上最早、最完备的刑法典,更有着丰富的优秀刑法文化资源。通过对我国传统刑法文化的梳理可知,其分别在基本原则、定罪、量刑以及个罪的规制方面存在值得借鉴的地方。建立在"仁爱"基础上的儒家"德主刑辅"思想,主张"亲隐""赦免""恤刑""以德去刑"。建立在"道法自然"基础上的道家"无为而治"思想,主张"因俗而治""约法

③ 参见沃耘:《高校法学"课程思政"教育教学改革路径与对策》,载《天津日报》2019 年 3 月 4 日,第 9 版。

省刑”“无为化刑”。这些观念均从不同角度、不同程度反映了收缩性、人道性、和合性的罪刑观,而收缩性、人道性、和合性正体现了传统刑法文化的“包容性”品格,这在相当程度上契合了社会主义核心价值观的和谐与文明,其中的罪刑观仍然契合现代刑法的基本原则。在定罪方面,主张以法为本,缘法而治,“事皆决于法”,刑无等级,事断于法,强调“明具法令”“进退循法”,法律是“天下之度量”“人主之准绳”,施行“法治”首先必须有法“治道运行,诸产得宜,皆有法式”,“律法断罪,皆当以法律令正文,若无正文,依附名例断之,其正文名力所不及,皆勿论”,“不避贵贱,一断于法,赏罚分明,用法公正”,“凡断罪皆须具引律令。违者,笞三十”,“凡官司故出入人罪,全出全入者,以全罪论”。这些和今天的罪刑法定原则、刑罚平等、“法治”等是高度契合的。在刑罚方面,废除肉刑、对老幼废疾者减免刑标志着刑法趋于人道化,刑罚体系逐渐标准化。量刑时讲究“一赦曰幼弱,再赦曰老耄,三赦曰蠢愚”,关于老年人、残疾人等犯罪从宽处罚的规定达到了相当完善的程度。我国《刑法修正案(八)》增设的对已满75周岁的人故意犯罪可以从轻或者减轻处罚的规定,其实就是对传统的回归。在秦时期已经出现了属于罚金性质的“赀甲”“赀盾”,主张“明德慎罚”,即崇尚德政和慎用刑罚。我国传统刑罚从死刑到肉刑再到自由刑的发展,体现了刑罚轻缓化的发展趋势。在秦朝时即已明确规定,教唆未成年人犯罪者加重处罚。唐朝时唐玄宗曾下令废除死刑,且有死刑的赦免制度。在刑事立法方面,《法经》突破了“刑不上大夫”的旧法传统,对旧贵族和统治阶级上层的法律特权有所限制,如规定“丞相受金,左右伏诛,犀首以下受金则诛”“太子博戏则笞,不止则特笞,不止则更立”,在立法层面体现了法律适用平等性的要求。古人所言的“执经达权”,即要求在立法上综合考虑义理、道德教化,缘情立法。在刑法立法史上,较早确立了体现中国传统伦理人性光辉的“亲亲相隐不为罪”原则。在刑事司法方面,汉代即规定了类似于今天回避制度的“三互法”。唐朝时有诸多司法方面的良善原则:讲“公直良善,断狱允当”即秉公执法,“守文定罪,宜录奏闻”即反复调查核实,“抚兹庶事,履薄临渊”即高度重视,“省复有据,情有可矜”即依法办案,“明德慎罚,惟刑恤哉”即司法人道量刑得当,“贵不骄期,富不侈期”即明察秋毫,“深宜禁止,务在宽平”即宽大处理。在个罪方面,以治理贪腐犯罪为代表,《尚书·伊训》规定“三风十愆”,包含非常广泛的腐败治理,如政治上的不忠、经济上的不廉和生活作风上的不正。《韩非子·外储说右下》提出“故圣人治吏不治民”,充分强调了吏治的重要地位,即使是官员犯法,也应当严格依照法律追究责任。并且韩非明确主张:“法不阿贵,绳不挠曲,法之所加,智者弗能辞,勇者弗敢争。刑过不避大臣,赏善不遗匹夫。”《唐律》六赃规定了六种非法获取公私财物的犯罪,要求官吏廉洁奉公,严惩利用职权牟取私利或贪赃枉法的行为。在量刑上,对于官吏以权谋私、贪赃枉法的行为,《唐律》中均规定了较常人犯财产罪更重的刑罚。这些优秀的传统刑法文化,是刑法学课程思政的灵魂,刑法学课程思政如果脱离了如此之多的传统优秀刑法文化,实属遗憾。

(二)优秀法律文化之于课程思政的先导属性

优秀法律文化作为法学思政的解码,第二个机理是优秀法律文化之于思政教育的先导属性。思政教育的根本任务是立德树人,因而需要进行价值引领。法学思政教育中,在诸如刑法学等知识部分是外来知识的现实下,优秀法律文化应是这种价值引领的统帅。在相当程度上,制度自信来源于制度根植的深层次文化。对一个民族的文化自信始终是一切教育的核心,更具有对其他教育的先导性价值,即不忘初心、不能忘本,其不仅是思政教育的基石,更是思政教育的先导。优秀法律文化在思政教育中的先导性、引领性价值,是优秀传统法律文化能够在思政教育中应用的重要机理。

然而遗憾的是,在我国目前法学院校课程的设置中,传统法律文化的内容相对薄弱。况且,我国历史上具有先进于西方数百年的立法,有着对周边国家影响巨大的法律制度和社会制度。从对中国传统法律文化的研究看,不是中国学者的研究,而是日本学者滋贺秀三的系列著作影响甚巨,这是一个有趣的值得研究的现象。因此,在许多具体法律制度和法律理论具有外来性的现实下,以优秀法律文化开始,引导学生进入文化自信的源头，这是课程思政的一个方向。

（三）优秀法律文化和课程思政的共生属性

优秀法律文化和课程思政具有共生属性，这是优秀法律文化作为课程思政解码的第三个机理。法律文化教育是法治教育的一部分，而法治教育与思政教育原本具有互促性。[④] 这是法学思政教育和优秀法律文化传播的共同使命。法学思政教育需要恰当的切入点，要摆脱传统说教和灌输的方式，就必须有具体的依托，优秀法律文化正是承担思政教育责任的绝佳角色。而法学思政教育离开优秀法律文化可能会陷入与法学专业属性脱节的空洞性政治说教之中，法学教育的专业性就会大打折扣。因此，二者的共生关系是优秀法律文化在法学思政教育中的应用机理之三。

法律本身就是政治的一部分，法学更是源自政治，其阶级性和价值目的均和政治相同，法学应该服务于政治的需要。二者这种本质性关系决定了优秀法律文化对于思政教育的意义，一定程度上，正是这种关系决定了二者荣辱与共的共生性存在。故此，优秀法律文化的传承离不开思政教育的传播，思政教育真正发挥作用也离不开优秀法律文化这种具体资源的有效应用。

二、优秀文化在法学课程思政中的应用现状

（一）中国的现状

优秀法律文化如何应用于法学思政教育的课题，是基于我国现实开创的新的研究领域。通过中国知网检索，直接的研究成果甚少。当下的研究多是优秀传统法律文化的法治价值与当代影响等问题。客观地讲，虽然我国优秀法律文化内容丰富繁多，但遗憾的是，在目前法学教材中其内容相对较少，中国法制史教学也多侧重于史实，优秀法律文化在部

---

④ 参见李栗燕：《新时代高校法治教育与思政教育的互促性探析》，载《法学教育研究》2019 年第 2 期。

门法教材中也相对稀缺。要树立文化自信与制度自信,我国优秀法律文化作为“本土性资源”,离不开对其的弘扬和传播,这是法学思政教育的重要使命和任务。一个较为吊诡的现象是,法学教学中的思政教育一直被强调,却一直没有得到理论上的应有回应,目前的研究文献较少是这一现实的直接反应。

基于现有文献,目前研究大致呈现以下四个方面的特征:第一,最初的研究从思政教育与传统文化的关系进行,指出传统文化是思想政治教育的不竭之源,是思政教育的源头活水。[⑤] 也有学者指出历史文化传统是当前思政教育的重要内容。[⑥] 因此,思政教育必须借鉴传统文化的优秀成果,使之成为中华民族迎接新的时代挑战的历史前提和内在动力。[⑦] 从方法上看,加强中国传统文化教育是思想政治教育的最佳切入点。[⑧] 第二,在厘清二者关系的基础上,开始研究传统文化在思政教育中的具体作用。传统文化能有效增强高校思想政治教育的人文底蕴,有助于准确把握中国化马克思主义理论成果的精神实质,[⑨]传统文化教育不但可以丰富思想政治教育的内容,而且会进一步增强思想政治教育的实效性。[⑩] 第三,最近几年研究的重点逐渐集中在传统文化在思政教育中应用的路径上,如传统文化教育应结合学科特点进行,[⑪]在教学理念、教学内容以及教学方法,是优秀传统文化在高校思想政治理论教学的路径。[⑫] 第四,优秀传统法律文化研究开始与思政教育产生松散型关系。

---

⑤ 参见张燕郊:《思想政治教育与传统文化》,载《思想理论教育》1994 年第 3 期。

⑥ 参见秦英君:《比较思想政治教育研究散论》,载《首都师范大学学报(社会科学版)》1994 年第 6 期。

⑦ 参见钟良:《思想政治教育与传统道德文化》,载《江西社会科学》2001 年第 12 期。

⑧ 参见张洪伟:《论优秀文化在大学生思想政治中的意义》,载《吉林师范大学学报(人文社会科学版)》2010 年第 3 期。

⑨ 参见刘红英:《中国传统文化与马克思主义大众化》,载《云梦学刊》2010 年第 6 期。

⑩ 参见李宗云:《传统文化在大学生思想政治教育中的价值》,载《吉林工程技术师范学院学报》2010 年第 12 期。

⑪ 参见陆向荣:《优秀传统文化融入思政课教学探究》,载《中国教育学刊》2017 年第 S1 期。

⑫ 参见应丽卿:《中华优秀传统文化融入高校思政理论课的路径探究》,载《兰州教育学院学报》2019 年第 3 期。

有学者认为中国优秀传统法律文化与社会主义法治理念有诸多暗合之处,可以为高校开展社会主义法治理念教育提供深厚的文化背景和理论底蕴,也可以为解决推进社会主义法治理念教育问题提出不同的角度和思路。[13] 有学者提出应从优秀传统法律文化中汲取“养分”,对当今大学生进行“教化”,培育其良好法律素养,提高其综合素质。[14] 总体来看,我国对该问题的研究逐渐深入,从一般性研究走向具体性问题,从价值关注向路径构建转变。

(二)国外的现实

目前,许多大学生在校侧重于专业学习,思政教育形式化现象突出,尤其是在专业课中进行思政教育很容易引起反感。但实际上,在高校中利用传统文化进行思政教育一直是西方国家思政教育的重点。只不过他们的这种教育并不冠以思政的称谓,而且专门性的思政课甚少,多是在其他课程中渗透进行。德国思政教育要求学生了解本国的爱国主义民族精神等基本价值,由联邦政治教育中心与它所在各州的分支机构负责实施,《高等学校总法》作为法律依据。高校有专门的思政教学队伍,充分利用新型媒体开展法学思政教育。[15] 对本民族传统文化教育通过伦理学、社会学等课程隐蔽进行,“隐性教育”与“显性教育”相结合。[16] 法国中央教育部对思政教学内容做统一规定,以自由、平等、博爱的文化传统呈现思政教育的价值内核,以《费里法》作为法律依据。[17] 日本利用传统法律文化进行思政教育更加突出,宣扬法律上的爱国主义,《教育基本法》是法律依

---

⑬ 参见逯慧、陈晋胜:《我国高校法治理念教育内容之重构——基于中国优秀传统法律文化与社会主义法治理念的暗合之思考》,载《教育理论与实践》2015 年第 15 期。

⑭ 参见朱宜娟:《中国传统法律文化与大学生法律素养的培育》,载《湖北经济学院学报(人文社会科学版)》2019 年第 4 期。

⑮ 参见罗俊奎:《德国高校思想政治教育及其对中国的启示》,载《老区建设》2012 年第 24 期。

⑯ 参见赵娜:《德国高校思想政治教育模式借鉴》,载《教育与职业》2013 年第 22 期。

⑰ 参见舒璐璐、王湦:《法国学校公民教育及其对我国思想政治教育工作的启示》,载《西部素质教育》2017 年第 20 期。

据,文部省编制和审定思政教材。⑱ 注重弘扬优秀法律传统文化,通过多种方式进行说服教育和国家忠诚教育。⑲ 美国对学生进行民族精神教育,向学生灌输具体的道德规则、法律精神和价值观,通过多种课程隐性开展思政教育,渗透美国文化;⑳并利用传统资源,开设多样化课程,进行国民精神、爱国主义教育,重视实践思政教学活动。㉑ 美国的这种思想政治教育,在维护美国的资本主义制度,促进社会的稳定和发展,培养合格公民和资产阶级接班人等方面发挥了巨大的作用。㉒

和我国课程思政相比较,西方国家法律文化的思政教育最突出的特点在于:一是重视本土传统法律文化和价值观教育;二是思政教育以隐性方式向各个学科尤其是向法学学科渗透;三是思政教育方式多样,尤为重视思政实践;四是各国法学思政教育均有专门的法律依据,且有专门的责任部门和具体实施的专业队伍。我国并没有专门的法律依据,仅仅是中共中央、国务院和教育部的政策性文件。㉓

---

⑱ 参见彭璐、彭立学:《日本高校思想政治教育内容及对我国的启示》,载《农村经济与科技》2018 年第 4 期。

⑲ 参见温跃俊:《日本思想政治教育特点及启示》,载《教育现代化》2016 年第 12 期。

⑳ 参见杨连生、王金萍:《美国高等学校“思想政治教育”对我们的启示》,载《大连理工大学学报(社会科学版)》2004 年第 4 期。

㉑ 参见王冠华、王东:《美国高校如何进行思想政治教育》,载《教育与职业》2012 年第 13 期。

㉒ 参见陈立思:《关于美国思想政治教育的几个问题》,载《中国青年政治学院学报》1997 年第 1 期。

㉓ 这些方面的规定主要有:1994 年 8 月 31 日中共中央《关于进一步加强和改进学校德育工作的若干意见》,1998 年 6 月 10 日中宣部、教育部《关于普通高等学校“两课”课程设置的规定及其实施工作的意见》,2004 年 10 月中共中央、国务院《关于进一步加强和改进大学生思想政治教育的意见》,2005 年 2 月 7 日中宣部、教育部《关于进一步加强和改进高等学校思想政治理论课的意见》,2017 年 1 月中共中央办公厅、国务院办公厅《关于实施中华优秀传统文化传承发展工程的意见》,2017 年 5 月《国家“十三五”时期文化发展改革规划纲要》,2019 年 2 月《中国教育现代化 2035》,2019 年 2 月《加快推进教育现代化实施方案(2018—2022 年)》,2019 年 9 月 29 日教育部《关于深化本科教育教学改革 全面提高人才培养质量的意见》,2019 年 10 月 30 日教育部《关于一流本科课程建设的实施意见》,2020 年 4 月教育部等《关于加快构建高校思想政治工作体系的意见》,2020 年 5 月《高等学校课程思政建设指导纲要》,2018 年 9 月 17 日教育部、中央政法委《关于坚持德法兼修实施卓越法治人才教育培养计划 2.0 的意见》,2021 年 4 月中共中央办公厅、国务院办公厅《关于加强社会主义法治文化建设的意见》。

三、优秀法律文化在法学思政教育中的应用价值

（一）人文精神的培育价值

人文精神的培育，需要思政教育回归其应有的文化属性。思政教育不仅具有政治属性，更具有培育价值观、弘扬传统的文化属性。并不能认为思政教育就是政治观念的灌输，也正是因为把二者等同的错误认识而导致许多人对思政教育存在偏见。教育是有意识的文化活动[24]，思想政治教育当然也具有文化性，人的社会化过程包括人文精神的养成等内容，思政教育的文化性应该成为其基本属性。其实从国外思政教育的设置等也能发现这一点，如美国思政教育开设的历史、艺术和社会、西方文化、宗教、伦理学等人文社科类课程对学生进行德育和价值观教育，这种隐性、间接的思政教育，避免了直接的政治说教，产生了较好的教育效果。同时，思政教育回归其应有的文化属性，注重规则、价值以及人性等人文精神的培养，能够摆脱其本身枯燥说教流于形式的积弊。优秀法律文化具有鲜明的中国印记，是解决中国具体制度的背后支撑，制度的有效执行离不开制度背后的文化因素。在思政教育中，优秀传统法律文化正是思政教育有效的切入点和内容支撑，通过优秀传统法律文化在法学思政教育中的应用，真正培育具有法治精神和对本土优秀文化认同的法治人才。

因此，专业课培育学术的专业知识，思政教育培养学生的人文精神，法学教育即便是部门法教学，并不仅仅是单纯专业知识的传授，更是发挥优秀传统法律文化的作用，达到文化自信和制度自信的综合性教育。优秀法律文化集合了文化和制度的基因，正确认识法学思政教育的文化属性，才能真正理解法学教育能够奠基文化自信和制度自信根基的意义。在这个意义上，部门法思政教育的具体任务之一便是法治精神的培

---

[24] 参见刘克利、罗仲尤：《思想政治教育文化属性探析》，载《光明日报》2012年5月13日，第7版。

养和本土文化的认同,部门法思政教育的具体任务是对学生法治精神的培养和增强其对本土文化的认同感,在法律文化自信的前提下,让学生自然产生真正的制度自信。

中国传统法律文化根植于农耕文化,注重的是集体性与国家秩序,因而讲究"天下兴亡,匹夫有责"的精神,法家更是主张"不急法之外,不缓法之内"——国法无情,应依法办事,但同时也讲法律的人本主义精神,如"慎刑恤狱""存留养亲"等。历史法学派认为,法律是一个国家民族精神的体现和产物,作为传统文化重要组成部分的中华法律文化,绵延数千年从未中断,在这数千年传承与创新的法制历程中,可以看到鲜明的坚韧进取的民族精神。㉕ 爱国主义和民族精神是思政教育的重要内容,而传统法律文化天然具有爱国主义和民族精神的内核。因此,思政教育不仅是传播党的政策、中国特色社会主义思想的课程,也是培育学生人文精神、奠基文化自信和制度自信、传承爱国主义和民族精神的阵地。从较为现实的角度讲,优秀法律文化蕴含着丰富的教育资源,也能够充实思政教育的教育资源,增强法学思政教育的教育实效。

(二)司法实践的应用价值

思政教育的根本任务是立德树人,要把培养和践行社会主义核心价值观体现在整个法学教学过程中,应在法学教学过程中将该任务分解,用具体的法学思政教育内容实现立德树人的根本任务。优秀法律文化达到上述目标是通过其具体的应用价值实现的,从而以间接的方式实现文化潜移默化影响下的制度认同。第一,制度的认同性价值。古代"刑民不分、以刑为主"的立法反映了我国传统社会的治理方式,优秀法律文化是最深层次的中华民族的法律文化基因,只有在深刻领悟优秀法律文化的基础上,才能对内含于社会治理方式的社会制度、法律制度等真正具有"同情"理解和认同。第二,文化的本土性价值。法律文化的本土性价值在当下已经开始得到应有的重视。中国的问题根植于中国社会内部和中国的现实之中,外来法律知识背景下的某些制度有时能解决具

㉕ 参见张晋藩:《从传统法律文化看坚韧进取的民族精神》,载《人民日报》2014年5月9日,第7版。

体的矛盾,但无法在深层次上化解中国式独有的社会问题,这是法律文化的本土性价值能够解决的,这也是文化自信的原因之一。第三,法律适用的解释性价值。优秀传统法律文化在法律适用中能够起到对具体制度的解释作用,这种解释价值基于历史解释的必要和中国问题的独特性需要中国文化的解读与解决。换言之,中国的问题需要中国的解决方案,理解中国现实,揭示问题背后的中国背景。对此,我国传统法律文化有时能够发挥先天性的优势,我国有诸多立基于传统文化的立法和司法实践的处理。比如:基于中国传统诉讼的厌讼文化,可以充分发挥调解制度的作用;利用传统"恤刑"文化,可以适当限缩刑法的适用;传统中国社会都是一个大家庭的生活方式,很大程度上符合社会主义核心价值观中对国家和集体的认同与效忠文化,因此我国刑法司法解释在解释亲属间盗窃时规定,获得亲属谅解的,一般可以不认为是犯罪,即便追究刑事责任,应当酌情从宽。㉖

四、优秀法律文化在法学思政教育中的应用路径

优秀法律文化在法学思政教育中的应用应采用多种方式。实际上,课程思政教育是个系统性的综合性的问题。㉗ 但无论如何,应避免冲淡法学专业属性的政治说教方式,以中国优秀法律文化、刑法伦理以及法制历史等向法学专业课渗透,采用与优秀法律文化有关的诸如法律文化、辩论艺术、法律伦理等方式,对优秀法律文化作隐性间接应用。在具体方法上,可采用专题式直接方法,即对优秀法律文化可以采用名家访谈、专题讲座等方式进行。对于具体的问题,可以采用贴近式结合方法,即贴合法学知识的具体问题,可以将具体法律制度进行一定程度的本土

㉖ 2013年4月2日最高人民法院、最高人民检察院《关于办理盗窃刑事案件适用法律若干问题的解释》(法释〔2013〕8号)第8条规定:"偷拿家庭成员或者近亲属的财物,获得谅解的,一般可不认为是犯罪;追究刑事责任的,应当酌情从宽。"

㉗ 参见张建文、章晓明:《立德树人　课程育人　培养具有政法特色的高素质法治人才》,载《法学教育研究》2019年第2期。

性文化解读,促进优秀法律文化的解释力,也可以采用解释式转化,即对原有的文化进行接近当下现实的解释,结合时代的发展解释出新意,这是法律文化本身发展的要求。此外,还可以采用批判式比较方法,即对优秀法律文化的思政教育需要同时对西方某些法律制度和法律文化进行批判教育,以增强隐性的制度自信。

当然,直观的体验效果可能更好,因此可以采用实践式体验方法,即对优秀法律文化进行直观体验式感受,建设体现优秀法律文化的展馆、实验室等,以志愿服务、参观考察等方式对优秀传统法律文化进行直观体验。在这整个过程中,必须注重增加专业教师或者导员思政传播的角色。在传统部门法教学下,专业教师只是专业课的教师,对思政教育不甚重视。在思政教育的要求下,专业教师必须在一定程度上增加思政教师的角色,将思政教育主动融于专业课教学的每一个环节。

结　语

2017 年,中共中央办公厅、国务院办公厅在《关于实施中华优秀传统文化传承发展工程的意见》中指出,要把中华优秀传统文化贯穿于高等教育领域。结合高校法学专业的特性,对此方针贯彻的首要方式就是将优秀法律文化尤其是优秀传统法律文化贯穿于法学高等教育领域,以真正增强课程思政教育的实效性和系统性,这是法学专业课程思政的解码,也是制度自信的基石。挖掘不同部门法的优秀法律文化,建立优秀法律文化数据库,可以成为未来的研究方向。

On the Cultural Decoding to Ideology and Politics Education in the Courses for Law Majors

Gao Yongming　Wan Jiaojiao

Abstract: Based on the dispersion and fragmentation of ideological and political elements of in current law curriculum, excellent legal culture should be the decoding of ideological and political education in law curriculum because of its soul attribute, leading attribute and symbiotic attribute with it. As a local resource, excellent legal culture has shown its advantages in ideological and political education of law in China at present, and the Western countries' ideological and political education by using legal culture has always been focus of their ideological and political education. Excellent legal culture has the value of cultivating humanistic spirit and application value of judicial practice in ideological and political education of law. In the ideological and political education of law, we should avoid the way of political preaching that dilutes the attribute of law major and adopt the indirect application of excellent legal culture as the first choice, and at the same time adopt various ways comprehensively.

Key Words: science of law, excellent legal culture, ideology and politics education in courses

新文科视野下的法治文化专业课程建设*

李　驰**

摘　要:新文科建设已经成为法学研究的重要议题。在此背景下,法治文化专业教学已经探索出较为成熟的模式。法治文化课程建设在课程定位、课程内容和课程目标三方面逐渐形成特色,在课程体系、师资团队和人才培养三方面积累了一定经验,在学科建设、理论研究和形式创新三方面具有良好前景。通过回顾与整理国内课程建设典型,以期为相关研究和教学实践提供有益参考。

关键词:新文科　法治文化　法学教育

引　言

新文科建设已经成为法学研究面临的重要议

* 本文系北京市法学会市级法学研究青年课题"北京市红色法治文化资源整理与保护研究"[项目编号:BLS(2022)C007],中国政法大学研究生精品课程项目(项目编号:JPKC2110)阶段性成果,得到中国政法大学青年创新团队项目"犯罪预防时效性与制裁多元化"(项目编号:21CXTD09)资助。

** 李驰,中国政法大学人文学院讲师。研究方向:法治文化。

题。① 法治文化课程建设与此息息相关。② 特别是在中共中央办公厅、国务院办公厅印发实施《关于加强社会主义法治文化建设的意见》(以下简称《意见》)后,法治文化学科建设与人才培养得到了《意见》的充分支持。《意见》指出:“开展法治文化科研教学,支持有条件的单位自主设置法治文化相关二级学科硕士点、博士点。”法治文化学科建设即将迎来繁荣发展。从理论上来看,法治文化是以问题为导向,致力于实现学科融合和创新理论发展的新兴交叉学科。③ 中国政法大学、四川大学、华东政法大学、西北政法大学、湖南省法学会法治文化研究会等国内知名高校和学会在法治文化学术研究、学科建设和课程建设等方面取得了不俗的成果。各单位结合自身特色建立了不同层次的法治文化学科、法治文化活动、法治文化阵地,取得了广受社会关注的成绩。④ 鉴于此,研讨法治文化专业课程建设正当其时。

一、时代背景

在新文科建设视野下,法治文化专业课程建设机遇与挑战并存。一方面,随着《意见》的出台,法治文化学科建设将迎来发展热潮,课程建设有较大发展空间;另一方面,相比于其他法学学科,法治文化课程建设尚处于起步阶段,仍面临诸多困难。鉴于此,分析政策和理论背景,总结

---

① 参见徐显明:《新文科建设与卓越法治人才培养》,载《中国高等教育》2021 年第 1 期。

② 根据当下法治文化学科建设状况,笔者仅讨论硕士课程建设情况。目前仅有中国政法大学、华东政法大学设置校内法治文化专业二级学科并招收硕士研究生。其中,中国政法大学设有法治文化硕士点、博士点和博士后流动站,教学体系最为完整。因此,在论述中笔者多以中国政法大学法治文化专业课程建设为例进行讨论。

③ 参见李德顺:《法治文化的基本理论》,载崔蕴华主编:《法治文化专题讲演录》,黑龙江教育出版社 2018 年版,第 5 页。

④ 例如,中国政法大学依托人文学院建立法治文化学科。四川大学建立四川省省级科普机构“中国特色社会主义法治文化普及基地”。华东政法大学建立法治文化学科。西北政法大学已成功举办六届“法治文化季”。湖南省法学会法治文化研究会多次组织召开法治文化学科建设会议。

已有经验是法治文化课程建设所应当完成的阶段性任务。

(一)发展机遇

法治文化课程建设正面临着前所未有的机遇。在鼓励新文科建设大背景下,交叉学科建设、法治文化学科建设、理论与实践融合正在成为趋势。

其一,交叉学科建设与发展。一直以来,新兴交叉学科既缺少学科目录中的法定身份,又缺乏应有的社会认同,难以形成专门研究团队和学术部落,发展前景和社会认可度并不高。⑤ 但是,随着时代发展,交叉学科建设迫在眉睫。习近平总书记在哲学社会科学工作座谈会上提出,要加快发展具有重要现实意义的新兴学科和交叉学科,使这些学科研究成为我国哲学社会科学的重要突破点⑥。法治文化学科作为新兴交叉学科,适合作为融合法学和其他各人文社会学科的平台。正如李德顺教授所说,法治建设需要全社会、各学科的广泛参与,其目标任务本身就具有学科交叉特征。⑦ 在此背景下,推动法治文化课程发展有助于法学交叉学科的发展与繁荣。

其二,法治文化建设逐渐繁荣。自 1998 年以来,法治文化研究经历了萌芽期、发展期和平稳期三个阶段。中共中央《关于全面推进依法治国若干重大问题的决定》指出,必须弘扬社会主义法治精神,建设社会主义法治文化,增强全社会厉行法治的积极性和主动性,形成守法光荣、违法可耻的社会氛围,使全体人民都成为社会主义法治的忠实崇尚者、自觉遵守者、坚定捍卫者。这使法治文化研究在 2015 年前后达到了一个阶段性高峰。⑧《意见》颁布后法治文化建设迎来又一波热潮。高校法治文化建设也即将迎来繁荣期。一方面,综合类院校法学院系开始积极

---

⑤ 参见马怀德、王志永:《完善中国特色社会主义法学学科体系的实践路径》,载《比较法研究》2021 年第 3 期。

⑥ 参见习近平:《在哲学社会科学工作座谈会上的讲话》,载《人民日报》2016 年 5 月 19 日,第 2 版。

⑦ 参见李德顺:《法治文化的基本理论》,载崔蕴华主编:《法治文化专题讲演录》,黑龙江教育出版社 2018 年版,第 5 页。

⑧ 参见《中共中央关于全面推进依法治国若干重大问题的决定》,载《人民日报》2014 年 10 月 29 日,第 1 版。

建设法治文化研究基地,创新法学理论和法学教育实践;另一方面,政法类院校也积极推动法治文化学科建设,利用跨学科优势拓宽科研和教学范畴。

其三,理论与实践交流趋势。法治文化课程建设应兼顾理论与实践。《意见》指出:“加强中国特色新型法治智库建设,加大对重大法治理论、法治文化研究课题支持力度,加强法律实务部门和理论研究部门的交流互动,为法治实践提供高质量的决策参考。”法治文化课程建设正是践行社会主义法治理念,以及推动社会主义法治文化发展的重要组成部分。

综上所述,推动和深化法治文化课程建设符合时代需求,是建设社会主义法治文化,推动全面依法治国的重要组成部分。

(二)面临挑战

法治文化课程建设处于起步阶段,不可避免地面临诸多问题。比较国内同类课程建设情况,法治文化课程建设面临三种挑战。

其一,开拓人文视野。除法学专业课外,国内法学专业研究生课程建设往往设有法学方法课、法学理论前沿课等必修课或选修课,并由所属院系法学专业教师接力授课,旨在开拓学生研究视野和丰富研究方法。但是,随着法学学科发展逐渐精细化和技术化,相关课程并没有起到融合和拓展法学二级学科视野的功能。此外,随着法学研究对研究方法讨论的不断深入,相关科研和教学往往受到“法教义学”和“社科法学”二元思维的束缚,淡化或忽略了法学本身人文学科的属性。鉴于此,法治文化课程建设应当重新发掘法学研究的人文特点,跳出法学科研与教学的思维定式,增强学生的人文素养和价值关怀。正如冯象所言,法学研究的社会科学化无法改善其处理现实问题的尴尬处境,应当充分重视“法律与人文”研究,以弥补此缺憾。⑨

其二,融合各学科之长。在中央科研和教学改革精神的指引下,促进交叉学科建设势在必行。法学学科设置的交叉学科仍存在不少困难,

⑨ 参见侯猛、杜官磊:《“法律与人文”研讨会综述》,载林来梵主编:《法律与人文》,法律出版社2007年版,第575~576页。

尚不能跳出既有学科框架。为了避免这一困境,相关课程建设应当以文化为底蕴重塑中国法治话语,为创新法学发展、拓展法学边界、丰富法学研究方法做积极尝试,将视野聚焦于法治中国与文化中国建设的宏大命题。[⑩] 在此背景下,相关课程建设应当利用多学科教学资源,打通学科壁垒,重述法治内涵。只有这样才能真正促进交叉学科建设,繁荣法学发展,为新文科建设作出贡献。

其三,规划应明确清晰。《意见》指出,到2035年,基本形成与法治国家、法治政府、法治社会相适应,与中国特色社会主义体系相适应的社会主义法治文化,基本形成全社会,办事依法、遇事找法、解决问题用法、化解矛盾靠法的法治系统。这意味着各项法治文化事业应有序推进。随着《意见》的出台,国内具备开设法治文化专业的高校已开始着手推动学科建设。“凡事预则立,不预则废。”[⑪]作为一门新兴专业,法治文化学科建设应当具有明确规划。从宏观上来看,法治文化课程建设应当积极服务于推动依法治国的时代任务,夯实法治“一体建设”的文化基础。[⑫] 从中观上来看,法治文化课程建设应当明确在法律、法制、法学、法治四个层次中的理论定位,为全面推动依法治国作出应有贡献。[⑬] 从微观上来看,法治文化课程建设应当从概念界定、理论建构、实践操作等方面有序展开,不能一蹴而就,避免陷入法学研究“轻率革命”或理论内卷化的困境中。[⑭]

综上所述,法治文化课程建设机遇与挑战并存,国内各高校法治文化师资团队应当抓住机遇,克服困难,稳步推进课程建设。

---

⑩ 参见李德顺:《中华文明与中国话语》,载《中国政法大学学报》2022年第2期。

⑪ 《礼记·中庸》。

⑫ 参见冯玉军:《夯实法治“一体建设”的文化基础》,载《中国社会科学报》2021年5月14日,第4版。

⑬ 参见李德顺:《法治文化论纲》,载《中国政法大学学报》2007年第1期。

⑭ 参见李琛:《论人工智能的法学分析方法——以著作权为例》,载《知识产权》2019年第7期;吴英姿:《诉讼标的理论“内卷化”批判》,载《中国法学》2011年第2期。

二、课程特色

作为法学教育新兴方向，法治文化课程建设在课程定位、课程内容和课程目标三个层面已初步形成特色。

（一）定位：兼顾法学基础和人文思维

当下，法学研究基本形成了政法法学、社科法学和教义法学三种方向共存的基本格局。[15] 其中，社科法学和教义法学的方法之争吸引了大量科研和教学资源，导致法学的人文学科本质反而被学界所忽视。鉴于此，法治文化课程的基本定位是重新发掘法学的人文特性，完善法学学科发展。

第一，在内容上引入人文主义思维方式，重塑法治的理论内涵。从历史渊源上来看，法律人文主义思潮对现代法学的形成与发展起到了关键作用。[16] 从现实操作上来看，不乏论者已经认识到人文主义对法学教育的重要意义。以中国政法大学为例，法治文化专业利用人文学院汇聚文、史、哲、艺、法的优势，积极探索、创新融合法学与其他人文学科，取得了良好效果。[17] 例如，授课教师从莫言小说出发，鼓励学生反思中国公共生活问题，在授课内容上兼顾法学思维与人文关怀。[18]

第二，在实践上引入人文主义思路，探索法学的文化表达。法治文化课程教学应当融合理论与实践，探索法治与文化的结合。例如，中国政法大学法治文化专业课积累了一些经验：其一，邀请校内外实务专家现场授课。硕士课程法治文化专题研究以《法治与影像：当代中国法治

---

⑮ 参见周佑勇：《新时代中国法学研究及学科发展的新任务》，载《武汉大学学报（哲学社会科学版）》2019 年第 2 期。

⑯ 参见侯健、林燕梅：《人文主义法学思潮》，法律出版社 2007 年版，第 5～28、173～187 页。

⑰ 参见中国政法大学人文学院：《法大人文　人文法大——人文学院扎根基础学科，培养卓越人才》，载《北京教育（高教）》2022 年第 5 期。

⑱ 参见张灵：《莫言小说的中国公共生活问题》，载崔蕴华主编：《法治文化专题讲演录》，黑龙江教育出版社 2018 年版，第 114～143 页。

影视文化专题系列课程讲座》为题,组织知名法治影视作品编剧参与课程教学实践,使学生深入了解法治影视作品的创作环境、主创思路、现实关怀。[19] 该课程也曾邀请法律实务界权威专家、资深人士分享在检察院、法院、律师事务所的从业经验,为同学们了解当下法治状况提供了生动案例。[20] 其二,组织学生们实践调研开拓思路。法治文化专业学生活动曾组织师生参访大钟寺古钟博物馆,邀请文物专家为师生实地讲解"文物收藏的法律知识";[21]赴古村落调研举人文化、民间信仰、古代建筑、乡贤文化等历史文化遗存,切身感受了古代乡规民约、科举文化的民间基础。[22]

重新认识法学教育的人文性质,并在课程建设上积极引入人文元素,有助于开拓和丰富法治文化教学视野。

(二)内容:兼有法治理论与文化理论

法治文化建设有双重理论背景,既从属于文化建设,也从属于法治建设。《意见》强调:"社会主义法治文化是中国特色社会主义文化的重要组成部分,是社会主义法治国家建设的重要支撑。"课程内容也应以法治与文化理论为线索,结合师资团队优势资源进行教学。

以中国政法大学为例,一方面,师资团队在教学过程中充分吸纳法治文化前沿动态。例如,法治文化专题研究课程围绕"社会主义法治文化""法治的人文主义进路""文化法治国""文化治理""法律美学""法律诗学"等相关话题展开了理论研讨和实践活动。团队教师以《法律、

---

[19] 课程曾邀请余飞、田水泉、海剑等国内著名法治影视编剧为学生授课。参见法治文化研究所:《"法治与影像"系列讲座成功举办》,载中国政法大学人文学院网2022年7月14日,http://rwxy.cupl.edu.cn/info/1213/7405.htm。

[20] 课程曾邀请戴玉忠、苗生明、田文昌、宋鱼水、刘哲、李凯、赵晓敏、梁雅丽等国内著名法律专家为学生授课。参见李璐:《作为交叉学科的法治文化专业教学改革初探》,载《中国法学教育研究》2018年第2辑。

[21] 参见法治文化研究所:《大钟寺古钟博物馆参访》,载法律与文化网2022年7月14日,http://www.legalculture.net/article/?id=1459。

[22] 参见法治文化研究所:《法治文化专业师生赴灵水村、爨底下村调研》,载微信公众号"法治与文化"2020年11月26日,https://mp.weixin.qq.com/s/-afCFCt3ySs4gTMaNhrxgA。

媒介与诗性正义》为题为同学们讲解司法案件事实与文本解释之间的微妙关系。通过解读小说《春阿氏》的形成与传播，分析了法律文本、媒介文本、文学文本在解读同一案件时的差异，揭示了法律解读场域的复杂性。[23] 另一方面，部分课程在教学实践中作出了积极探索。例如，法治中国的理论与实践课程以实践调研为线索，推动课堂教学。鼓励学生围绕"北京市法治文化建设"展开调研，针对"北京市红色法治文化资源整理与研究""北京市法治文化建设与普法效能提升""北京市博物馆建设与法治文化建设"等主题展开文献梳理、实地调研和论文写作。[24]

法治文化课程内容兼顾法学与人文学科视野，形式多元、内容丰富。在实践中，已经初步探索出独具特色的授课内容，为后续教学实践提供了经验。

（三）目标：聚焦专业和拓宽视野

法治文化课程建设的目标是融合法学专业知识和人文视野，为培育社会主义复合型法治人才奠定基础。

法治文化教学团队应在讲授法学专业类知识的基础上，通过讲座、论坛、读书会等形式鼓励学生开拓视野。例如，中国政法大学法治文化专业定期举办"法治文化读书会"，分主题向学生提供阅读材料，避免了单一学科思维，取得了良好效果。读书会主题包括"法的价值""法律体系""法律职业""法律与文学""诗性正义""法学研究方法"等。旨在使学生聚焦问题、开拓视野，取得了良好效果。[25]

法治文化课程建设旨在充分发挥法治文化专业跨学科优势，弥补以往法学教学视野单一的不足，为法学理论与实践培养交叉学科人才。

---

[23] 参见崔蕴华：《法律、媒介与诗性正义》，载崔蕴华主编：《法治文化专题讲演录》，黑龙江教育出版社2018年版，第80～113页。

[24] 参见李驰：《法治文化专业实践教学的体系化探索》，载《中国政法大学学报》2022年第2期。

[25] 参见徐小雅：《法治文化读书沙龙成功举办》，载微信公众号"法治与文化"2021年12月7日，https://mp.weixin.qq.com/s/q9rf49Wf6kwinmGgvyDLWA。

三、经验总结

(一)课程体系:应兼顾框架性与灵活性

法治文化课程体系建设分为两种情况:一是在已设立该专业的高校,课程建设已积累了一定成果。主要目标应是夯实课程框架体系,牢固基础。二是在尚未设立该专业的高校,课程建设有较大上升空间。主要目标应是以灵活的形式在教学中贯彻法治文化理念。

在已设立法治文化学科的高校,法治文化课程建设应注重搭建课程框架,注重体系融贯性,促进理论与实践结合、法学与人文融合。在已建立法治文化学科的前提下,着力打造课程体系,注重课程与课程之间的融合和互动。以中国政法大学为例,法治文化课程体系已形成"专家专论"和"实践操作"两大相互支撑的课程系列。前者以法治文化专题研究、法治文学专题研究、语言学理论专题研究为代表;后者以法治中国的理论与实践、审美、文化与法治、立法语言研究为典型。相关课程融合了法治文化的理论关怀和现实操作,取得了不俗成绩。法治文化专题研究、法治中国的理论与实践都已成功申报为中国政法大学研究生精品课程。

在未设立法治文化学科的高校,法治文化课程建设可通过改造现有课程呈现,并为未来设立专门学科奠定基础。法治文化课程建设应以兼顾法学与人文为主要思路。鉴于此,未设立专门学科的高校可通过灵活使用现有课程体系达到预期教学效果。其主要形式包括:其一,借助于法学专业类必修课体现法治文化教学理念。一般而言,各高校在现有研究生课程体系中,通常设有法律方法论、法学前沿问题研究、法学理论前沿问题研究等跨二级学科的专业课程,并由法学院专业老师接力授课。尚未设立法治文化专业院校可利用现有类似课程,融合各专业优质师资讲授法治文化相关理论。此外,课程可邀请校内外理论与实践专家,从各自研究视角出发阐释法治文化的理论内涵。结合中国政法大学课程建设经验来看,法治影视、博物馆法制、司法实务等一线专家授课效果良好,可成为课堂授课的创新点。其二,增强通识类课程的法治文化要素。除法学专业课程外,通识类课程可适当增强法治文化要素。课程可以文化为视野探讨中西法治观念生成的土壤。例如,西北政法大学的法律与艺术㉖、吉林大学的法律与文学㉗等课程都是灵活建设法治文化课程的典型。其三,利用学生活动达到法治文化教学效果。学生活动形式多样、时间灵活,可被用于法治文化教学实践。例如,教学活动可吸纳在校研究生作为法治文化建设等相关主题调研团队成员,直接参与到学术研究和学科建设中,以达到同样的教学效果。

综上所述,根据各高校自身情况,法治文化课程体系建设可选择偏重框架性或灵活性的方案,以制定符合本校实际情况的具体实施路径。

(二)师资团队:应注重交叉性和梯队化

法治文化师资团队应兼顾交叉性与梯队化。一方面,法治文化师资团队应具有交叉性。作为新兴研究方向和新兴学科,法治文化所涉及的研究范围已经触及了既有研究边界,所要解决的问题本身也呈现交叉性特征。另一方面,法治文化师资应打造梯队化团队,兼顾基础性和前沿性。这要求团队建设应汇聚老、中、青各阶段的优质人才。

法治文化师资团队建设应注重学科交叉性。法治文化课程建设应融合法学专业与非法学专业。例如,中国政法大学法治文化课程法治中国的理论与实践、法律语言研究、美国法治文化、法治文学专题研究、哲学前沿问题研究等课程融合了法学、哲学、逻辑学、语言学、文学、历史等多种学科理论资源,具有促进学科交叉融合的教学意识,并利用学校已有师资优势,承担交叉学科授课任务。同时,教学团队关注理论前沿问题和热点问题。例如,教学团队主动回应"后真相时代"的理论问题,以笔谈形式发表相关成果,解答时代困惑。㉘ 与此类似,致力于建设法治

㉖ 参见王金霞:《用电影去思考|王金霞:法律与艺术课程大纲》,载微信公众号"法治文化研究"2021 年 6 月 19 日,https://mp.weixin.qq.com/s/R-FnsDbXHiWRtn9PjrkwjA。

㉗ 参见刘星显:《当我们谈论法律与文学时我们在谈论什么》,载微信公众号"青囊艺室"2018 年 7 月 4 日,https://mp.weixin.qq.com/s/WkpmnR0jMk_JJfbM4qjwTQ。

㉘ 参见李德顺等:《"后真相"问题笔谈》,载《中国政法大学学报》2020 年第 4 期。

文化课程的高校应充分利用学校法学与其他学科既有资源,并激发法学二级学科(如法史、法理)积极性,通力打造法治文化课程。

法治文化师资团队应注重梯队建设。教师团队应融合老、中、青教师,人员应合理配置,学科应配备均衡。一方面,团队应充分利用已有师资优势兼采众家之长。另一方面,团队应不断吸纳具有前沿理论背景的人才,充实和丰富团队实力。与之相似,有意愿开设法治文化课程的高校应当注重团队建设梯队化,以积极回应法治文化建设需求。

综上所述,基于法治文化学科发展特色,师资团队建设应当注重交叉性与梯队化,以回应和解决教学实践的前沿问题。

(三)人才培养:平衡社会需求和培育特色

法治文化建设离不开法治文化人才,相关领域仍面临人才短缺问题。截至目前,国内大多数高校尚未建立专门的法治文化科研和教学机构,学科建设尚处于起步阶段。如何为我国法治建设提供大量素质高、能力强的优质人才将是法治文化课程建设面临的主要问题之一。

各高校应结合自身优势在人才培养方面突出自身特色,积极打造优质课程以回应社会实际需求。[29] 例如,中国政法大学法治文化课程体系为培育法治文化人才提供了坚实基础。一方面,培养学生兼顾法学基础和人文素养,为一线实务工作提供复合型人才。早在2002年设立新闻与传播学本科专业时,法治文化学科便将新闻与法学结合视为专业特色,弥补相关领域面临的人才短缺问题。此外,包括法律逻辑学、法律语言学、法社会学、法治新闻学、宗教与法律、文学与法治等学科都属于广义法治文化学科的范畴,以上学科为建设法治文化输送了大量人才。另一方面,在一线实践部门工作的法治文化专业毕业生,也能将所学运用于工作并能反哺学科发展。截至目前,法治文化专业就已累计招收硕士生近60人,已毕业40多人;招收博士生70余人,已毕业近30人。毕业生利用所学知识已在国家机关、企事业单位、大型律师事务所等就业岗位成为法治中国的优秀实践者。例如,《检察机关刑事起诉书制作要

---

[29] 参见卢敬春:《依法治国亟须培养法治文化建设人才——专访中国政法大学法治与文化研究中心主任、人文学院院长文兵》,载《中国法治文化》2015年第2期。

义》一书便是中国政法大学法律语言研究中心与北京市人民检察院合作完成的理论成果。其中，任职于检察院的法律语言方向毕业生起到了沟通理论与实务的作用。[30]

法治文化课程建设应当注重社会人才需求，对于社会紧缺的法治文化岗位应当予以关注，及时调整人才培养模式和课程体系建设。

四、发展前景

未来法治文化课程建设与学科建设、理论研究和教学形式三方面问题息息相关。

（一）夯实基础：学科建设发展

只有不断丰富关于法治文化基础理论和前沿问题研究，稳步推进学科建设，课程建设才能达到预期效果。

在已建立法治文化学科的高校应以科研引领学科发展。以中国政法大学法治文化学科为例，该校多次举办学科建设会议。2019 年 6 月举办“法治文化研究所成立大会暨法治文化学科建设研讨会”[31]，2020 年 11 月举办“法治学科建设会议”[32]，2021 年 7 月举办“法治文化的中国话语与学科发展高端论坛”[33]。历次学科发展会议集中讨论了管理组织方式、学生培养模式、专业发展、理论基础、文化背景和未来前景，对课程建设颇有助益。

在未建设法治文化学科的高校，也可通过积极展开教学活动，积累学科建设经验。例如，在已有理论法学框架内改造部分专业必修课，增

---

[30] 参见课题组：《后记》，载苗生明、王洁编著：《检察机关刑事起诉书制作要义》，中国检察出版社 2017 年版，第 337～338 页。

[31] 参见熊怍：《法治文化研究所成立大会暨法治文化学科建设研讨会成功举行》，载中国政法大学人文学院网 2022 年 7 月 14 日，http://rwxy.cupl.edu.cn/info/1263/5472.htm。

[32] 参见李驰：《法治文化学科建设会议圆满举行》，载中国政法大学人文学院网 2022 年 7 月 14 日，http://rwxy.cupl.edu.cn/info/1213/6574.htm。

[33] 参见李驰：《“法治文化的中国话语与学科发展”高端论坛在我校举办》，载法大新闻网 2022 年 7 月 14 日，https://news.cupl.edu.cn/info/1012/34473.htm。

强其中的法治文化要素。又如,开设部分法治文化专业选修课,集中呈现法治文化理念。尤其是与法治理论与实践、法律职业伦理、法律文化主题相关的课程都是能较好呈现法治文化理念的平台。在此基础上,具备条件的高校可逐步探索设立法治文化二级学科。

法治文化课程建设应服从于学科建设整体发展,在明确理论框架、专业基础的前提下,相关课程建设才能建设好、发展好。

(二)保持动力:紧跟理论前沿

法治文化课程建设必然受理论研究动态影响。在实现社会主义法治文化建设的大背景下,作为学术研究的法治文化仍有可供充实的空间。一方面,法治文化应当在理论上配合法治国家、法治政府和法治社会建设,完善自身理论内涵;另一方面,法治文化应当理顺其与法治文明、法律文化和法治思维等既有法学概念之间的关系。

教学团队应专注于法治文化基础和前沿研究并积极将学术成果转化为教学资源。团队成员应拓宽理论视野、更新教学思路,从高层次、全方位、多角度分析当代中国法治建设问题。例如,中国政法大学法治文化专业主讲教师多为法治文化研究者。目前,授课教师的理论成果都已成为法治文化课程建设的重要资源。[34] 只有在厘清法治文化理论内涵,把握理论动态的背景下,法治文化课程发展才能行之长久。

总之,只有教学团队持续关注法治文化理论前沿问题,才能使教学实践紧跟时代脉搏,为参与课程的学生提供最前沿的课程材料。

(三)开拓思路:丰富课程形式

法治文化课程应不断探索新型授课形式,应在以下三个方面继续深

---

[34] 其中典型成果有:李德顺:《法治文化论纲》,载《中国政法大学学报》2007年第1期;刘斌:《中国当代法治文化的研究范畴》,载《中国政法大学学报》2009年第6期;文兵:《法治是实现"中国梦"的一个平台,文化需要法治来塑造》,载《中国政法大学学报》2014年第1期;崔蕴华:《新时期以来法治文化的研究视域与中国语境》,载《中国政法大学学报》2020年第2期;张清:《从"雷人"抗疫标语探讨民众法治文化和法治思维建设》,载《政法论坛》2021年第3期;张彦、李梦媛、蔡会萍:《论法律语言与法治文化的关系》,载《北京政法职业学院学报》2022年第1期;董燕:《论民国时期侦探小说的法治文化内涵》,载《福建论坛(人文社会科学版)》2022年第5期;阴昭晖:《"后真相"与价值思维》,载《中国政法大学学报》2022年第2期。

入探索。

其一,戏剧排演。从法美学的角度来看,法律本身可以通过不同的艺术形式加以呈现。在漫长的西方法律史上,也存在句体法、诗体法、韵文法、绘画法、文字法等多种法律样态。其中,戏剧最能体现法学研究的特点。法本身便蕴含着“戏剧化冲突”,包含着多样态的反命题。与之呼应,戏剧的特点正在于阐释反题(矛盾),特别适合作为抓住法或法律现象内在矛盾性的表现形式。[35] 在部分高校,已经通过话剧、情境表演等方式创新法治文化课堂形式。例如,华东政法大学排演《雷经天》话剧,达到了良好的法治文化宣传效果。[36] 首都经济贸易大学法学院组织排演舞台剧《宝塔山下的审判》传播法治文化理念,获得社会各界好评。[37] 中国政法大学在课堂举办“法治剧场”演绎《十二公民》等法律经典话剧,取得了良好效果。[38]

其二,调研实践。法治文化相关课程建设应当面向实践,积极展开调研。各地方、各部门、各单位在实践中已经积极推行法治文化建设多年,积累了丰富的实践经验。相关成果集中在两个方面:一是法治文化乡村、街道、广场、社区建设。各地涌现不少以法治文化为核心内容的公共设施。二是法治文化节、日、季建设。以节日为形式集中展现法治文化建设成果。例如,西北政法大学“法治文化活动季”积累了丰富的经验,已成功举办6届。[39] 遗憾的是,这些成果尚没能被系统地进行梳理。法治文化课堂教学可以整理和分析实践素材为内容进行展开。这既有

---

[35] 参见舒国滢:《从美学的观点看法律》,载舒国滢:《在法律的边缘》,中国法制出版社2000年版,第57、62页。

[36] 参见罗怀臻等:《践行法治初心　塑造人性之光　讲活党史故事——名家谈华东政法大学原创话剧〈雷经天〉》,载《东方艺术》2021年第5期。

[37] 参见首都经济贸易大学法学院:《法学院党史舞台剧〈宝塔山下的审判〉正式公演》,载首经贸新闻网2022年7月14日,https://www.cueb.edu.cn/pub/xww2013/xydt/yx/138792.htm。

[38] 参见王翔凯、黄琼芬:《审美结合实践　法治融入课堂:一场关于正义的较量》,载微信公众号“法治与文化”2019年12月9日,https://mp.weixin.qq.com/s/GjvvplUJHmamxY-F0j1F9w。

[39] 参见西北政法大学:《我校第六届“法治文化活动季”开幕》,载西北政法大学新闻中心,http://jyt.shaanxi.gov.cn/jynews/gdxx/201710/31/72420.html。

利于课程建设,也有利于解决现实问题。[40]

其三,基层推广。在实践中,各单位在推广法治文化理念方面作出了积极贡献,积累了丰硕成果,课程建设应当予以重视。在积极推进"法律六进"活动后,法治文化建设就已成为基层实践工作的重要内容。《意见》也指出:"推动法治文化与地方、行业特色文化有机融合,促进法治文化进机关、进农村、进社区、进企业、进学校、进军营、进网络等。"法治文化课程建设应当积极参与其中,促进理论与实践协调发展。法治文化基层实践尚待与课程建设相结合。

法治文化课程建设可以通过戏剧排演、调研实践和基层推广三个方面,继续探索相关科研和教学增长点,为丰富法治文化理论与实践内涵提供新方向。

结 语

随着《意见》的出台,法治文化建设将迎来空前发展。课程建设必然是推动社会主义法治文化发展的重要内容。通过回顾与整理国内法治文化课程建设成果,以期为繁荣社会主义法治文化建设提供理论资源。

---

[40] 参见李驰:《法治文化专业实践教学的体系化探索》,载《中国政法大学学报》2022年第2期。

On the Curriculum Construction of Rule of Law Culture in the Courses for Law Majors from the Perspective of the New Liberal Arts

Li Chi

Abstract: The construction of new liberal arts has become an important topic in legal research. In this context, the teaching of legal culture majors has explored a relatively mature model, gradually forming characteristics in the three aspects of course positioning, course content and course objectives, and has accumulated certain experience in the three aspects of the course system, teacher team and talent training. The three aspects of construction, theoretical research and form innovation have good prospects. By reviewing and sorting out the typical domestic curriculum construction, we hope to provide useful reference for related research and teaching practice.

Key Words: new liberal arts, rule of law culture, legal education

高校信息素养教育专业化之法律检索课

徐菊香*

摘　要：法律检索首先出现在遵循先例原则的英美法系国家的法律图书馆，后与信息素养教育殊途同归。高校信息素养教育旨在帮助大学生实现学术生涯的学术目标和职业生涯的社会目标。我国法律人开设的法律检索课内容与案例法系的法律检索类似，为解决法律实务问题，围绕类案检索及法律规范检索展开。图书馆人开设的法律检索课则结合通用信息素养与专业检索技能，从检索各类文献信息到利用检索筛选出的成果，再生出新知识新文献新成果的整个过程，既包含普通高校大学生应具备的信息素养和理论研究的学术素养，又包含提高法律实务人才的专业检索技能。

关键词：法律检索　信息素养教育　文献信息检索　信息检索课内容体系

* 徐菊香，中南财经政法大学图书馆研究馆员。研究方向：法律检索、信息素养、信息素养教育。

引　言

自最高人民法院(以下简称最高法)法发〔2017〕20 号文要求“类案与关联案件检索”以来,法律检索课在高校及法律实务界蓬勃开展。相反,对法律检索课的理论探讨尤显冷清。笔者在中国知网(CNKI)总库中以篇名含“法律检索”或“法律文献检索”或“法律文献信息检索”或“法学文献检索”或“法学文献信息检索”(检索式:“法律检索 + 法律文献检索 + 法律信息检索 + 法学文献检索 + 法学文献信息检索”),通过“模糊”方式,检索并去重后 47 篇中文文章,去掉产品发布或报道,仅 36 篇才是介绍法律检索系统、探讨法律检索或法科研究生检索课相关问题的,即 1987 年至 2021 年的 35 年间年均约 1 篇相关文章。

法律检索在高校的授课对象主要是法律硕士或法学研究生,授课者有法学专任教师、法律实务工作者,也有图书馆工作人员。该课程既有归属于信息素养教育体系的,也有纳入法律专业课程体系的。有必要对高校的法律检索课的属性定位及对其内容体系进行研究。

一、高校法律检索课属法科领域的信息素养教育

(一)法律检索最早出现在英美法系法律图书馆

法律检索(legal research)源自以遵循先例为基本原则的案例法国家。它的出现早于信息素养(information literacy),并与法律图书馆相伴相生。笔者在 HeinOnline 数据库中以“legal research”为关键词,检索到在题名中含“legal research”最早的两篇文章。

1919 年 12 月 8 日,在英国皇家殖民学会理事会(the Council of the Royal Colonial Institute)举办的纪念比较立法学会成立 25 周年会议上,贝德威(C. E. A. Bedwell)宣读了关于“帝国统一和法律检索”的论文。

该文在注意到整个英国及其殖民地的立法趋于统一的总体趋势之后,主张建立一个法律检索委员会(Committee of Legal Research)。① 其职责就是搜集、组织、管理各类法律报告、保存与提供法律检索资源、传播有关法律信息以启蒙民众。这次会议综述报告还提到英国的各殖民地法案分散在不同图书馆,对法律从业者使用非常不方便。②

1923 年 12 月 29 日,在芝加哥会议上,哥伦比亚大学和爱荷华州立大学两位法学教授 Herman Oliphant 和 Percy b. Bordwell ,以 *Legal Research in Law Schools* 为题作会议发言。该文认为学生毕业后要有很长的学徒期是浪费,法学院应该为律师服务。该文提到法学院应进行职业教育,教授学生法律检索,并且强调在法学院"'检索'(research)一词它强调的是手段而不是目的,强调耐心地寻找而不是寻求的东西"③。

可见,20 世纪初出现的法律检索主要是指必须对庞杂的案例报告以及立法资源进行查找。而这些案例报告的先例都由法学图书馆搜集、组织、管理并检索。

(二)源于图书馆的信息素养与法律检索殊途同归

"信息素养"(Information Literacy,IL)一词于 1974 年出现在美国图书馆和信息委员会的图书馆和信息服务国家计划报告中时,被定义为人们在解决问题时检索利用信息的技术和技能。④ 时至 2016 年,美国大学与研究图书馆协会(Association of College and Research Libraries,ACRL)批准通过的《高等教育信息素养框架》(以下简称《框架》),将信息素养概括为对信息的反思与发掘力、对信息的产生与价值理解力,以及利用信息再生新知识的创造力、利用信息参与社区学习的道德力等一系列综

---

① See C. E. A. Bedwell, *Imperial Unity and Legal Research*, Journal of Comparative Legislation and International Law, Vol. 2, No. 1, 1920, p. 152.

② See *Twenty-Fifth Anniversary of the Society*, Journal of Comparative Legislation and International Law, Vol. 2, No. 2, 1920, p. xv – xx.

③ Herman Oliphant and Percy B. Bordwell, *Legal Research in Law School Address*, American Law School Review, Vol. 5, No. 5, 1924, p. 297.

④ See Paul G. Zurkowski, *The Information Service Environment Relationships and Priorities*, in NCLIS-NPLIS – 5, Washington, D. C. , National Commission on libraries and Information Science, National Program for Library and Information Services,1974, p. 2 – 27.

合能力。信息素养从最初的技能培训扩展到了学生的学术生涯,并与其他学术目标和社会学习目标相融合。《框架》为图书馆员、教师和其他机构合作伙伴重新设计教学内容、作业、大纲以及课程计划开辟了道路。《框架》也将信息素养与学生的成功计划或曰生涯设计联系起来。⑤ 也就是说,信息素养的教学模式应该通过渐进而系统的方式,将信息素养教育融入学生整个学习过程,融入专业教育中。⑥ 法律检索正是体现信息素养教育融入法律专业教育。

21 世纪初法学教授兼法律图书馆馆长(或馆员)对法律检索的定义是:“法律检索是识别和检索支持法律决策所需信息的过程。广义上讲,法律检索包括行动过程的每一步,从分析问题的事实开始,到调查结果的应用和交流的结束。”法律决策不能脱离其经济、社会、历史和政治背景,往往涉及商业、科学、医学、心理和技术信息。它需要多种信息类型。因此,法律检索的过程往往涉及对其他相关学科的调查。⑦

1992 年,美国法学院的律师协会和法律专业特别工作组发表报告称,“毫无疑问,从事法律检索能力是任何有能力的从业者必须具备的技能之一”⑧。

ACRL 与美国法学院图书馆,以及美国法学院的律师协会和法律专业特别工作组,各自强调的信息素养与法律检索殊途同归,都是帮助学生提高信息素养实现学术生涯的学术目标和实现法律职业生涯的社会目标。

---

⑤ See Association of College and Research Libraries, *Framework for Information Literacy for Higher Education* (*ACRL*), (December. 28, 2021), http://www. ala. org/acrl/standards/ilframework .

⑥ 参见符绍宏、高冉:《〈高等教育信息素养框架〉指导下的信息素养教育改革》,载《图书情报知识》2016 年第 3 期。

⑦ Roy M. Mersky and J. Dunn Donald, *Legal Research Illustrated*: *Abridgment of Fundamentals of Legal Research Eighth Edition*, 8th edition, New York, Foundation Press, 2002, p. 1.

⑧ Roy M. Mersky and J. Dunn Donald, *Legal Research Illustrated*: *Abridgment of Fundamentals of Legal Research Eighth Edition*, 8th edition, New York, Foundation Press, 2002, p. 13.

(三)我国法律人开设的法律检索课是法律实务培训

我国的法律检索课既有由法律人(包括法律专任教师)开设的课程,也有由高校图书馆人开设的课程。由高校馆员开设的法律检索课,如中国人民大学图书馆为法律硕士开的课,侧重于完成毕业论文的选题、文献综述,从文献信息调研到所涉及各类信息资源的检索,包括类案、法律法规以及研究理论文献检索。[⑨] 由法学专任教师开设的,如北京大学国际法学院的中国高级法律检索与写作课程,[⑩]检索部分强调找法,写作部分强调专业法律写作训练。法学专任教师认为,"法律检索是针对所有法律问题进行的检索,其更注重法律法规以及案例的检索,因此,其更多的是针对法律实务工作所开设"[⑪]。

法律人开设的检索课,偏重法律实务。法律实务人员的法律检索课,一般是从业人员继续教育培训;其理解的法律检索更是将法律检索窄化到法律实务;即使有学理检索,也是侧重立法者或法官的释法文章。[⑫]

法律人开设的法律检索课,回到了20世纪初英美法系法律检索的起点。例如:湖南师范大学大数据与法律检索课程的授课内容,分别从合同起草、出具法律意见书到法律诉讼中的法律检索,从部门法检索到制作类案检索报告。[⑬] 西北政法的法律检索更是以知识产权实务为中心。[⑭]

---

⑨ 参见刘明:《法律检索课翻转教学与传统教学混合应用初探——以法律硕士教学为例》,载《太原城市职业技术学院学报》2021年第4期。

⑩ 参见钟青萌:《走进STL特色课|中国高级法律检索与写作》,载微信公众号"北京大学国际法学院"2021年7月13日,https://mp.weixin.qq.com/s/wo2L7_FOFZhiZDrQVB2jEA。

⑪ 聂慧苹:《大数据时代高校"法律检索"课程探索》,载《法学教育研究》2020年第4期。

⑫ 参见赵青航、徐晓阳:《体系化法律检索实操》,载《中国律师》2020年第11期。

⑬ 参见黄文旭等:《大数据与法律检索》,载中国大学MOOC网2021年8月14日,https://www.icourse163.org/course/HUNNU-1452634174?from=searchPage。

⑭ 载微信公众号"法律检索与法律写作"2021年9月12日,http://mp.weixin.qq.com/profile?src=3&timestamp=1631435452&ver=1&signature=0K-DPJ2mjJvt2cCYfeUi-SWs9KgNKouC5XLbHkcxx22mWZMDPaZaQxf4pudjrZdLODpjzFp4-EYCYV7eoqrnMg==。

（四）我国法律人的法律检索来到了英美法系法律检索的起点

英美法系国家的法律检索主要是检索判例。以美国为例，其州上诉法院报告的第一卷于 1789 年出版，其最高法院报告于 1817 年正式出版。⑮ 美国最高法院报告正式出版后的一百年，才有前文中提到的两篇会议发言，提到建立法律图书馆，由图书馆收集、组织并管理庞杂的判例资源，提供判例及立法资源的检索。到 20 世纪 70 年代，Lexis 和 Westlaw 电子存储和检索系统即法律大数据前身开始出现。

我国从 2010 年最高法印发的《关于案例指导工作的规定》中的“各级人民法院审判类似案例时应当参照”开始，相继颁发系列文件，强调统一法律适用。法发〔2015〕13 号文要求“建立审判流程公开、裁判文书公开和执行信息公开三大平台”。法发〔2017〕20 号文要求“类案与关联案件检索”。法发〔2018〕23 号文要求“建立强制检索机制”。法发〔2019〕8 号文强调“完善类案和新类型案件强制检索工作机制”。从 2011 年年底最高法的第 1 号指导案例发布，到 2020 年《关于统一法律适用加强类案检索的指导意见（试行）》的出台，法律检索已经成为法律人绕不开的日常工作。五成以上法官及七成以上律师用于法律检索的时间占工作时间的 10% ~40% 。⑯

我国司法制度的改革，源于成文法对案例法的借鉴。这也是时下法律人开设法律检索课的背景，也是法律人检索课偏重法律实务培训的原因。我国法律人所讲的法律检索，包括所谓的大数据法律检索，皆以判例为主。

二、源于信息素养教育的“法律检索”课有其历史与现实合理性

本文以中南财经政法大学（以下简称中南财大）开设的法律检索课

---

⑮ See Roy M. Mersky and J. Dunn Donald, *Legal Research Illustrated: Abridgment of Fundamentals of Legal Research Eighth Edition*, 8th edition, New York, Foundation Press, 2002, p. 21.

⑯ 参见聂慧苹:《大数据时代高校“法律检索”课程探索》，载《法学教育研究》2020 年第 4 期。

为例予以阐述。

(一)本科信息素养通识课夯实了研究生公选课基础

1984年,教育部发布了《关于在高等学校开设"文献检索与利用"课的意见》。1987年,图书馆开设的"文献检索与利用"被纳入原中南政法学院本科必修课,后改为必选课。[⑰] 1999年因缺乏计算机教学设备,该课暂停。2000年,中南政法学院与中南财经大学合并,该课暂停。2008年,"文献信息检索与利用课"(以下简称检索课)作为通识公选课复课,被纳入全校本科全程培养方案。

2015年,法学院的馆员率先给法学院的研究生开设检索课。2016年,由本科通识课演变而来的"信息检索与论文写作"课,作为公共选修课被纳入全校研究生创新教育体系,并分为人文经管、理工及法学三类课堂。2020年,慕课课程上线,即12学时线上观看和4学时面对面课堂答疑,选课人数大幅提升。(见图1)

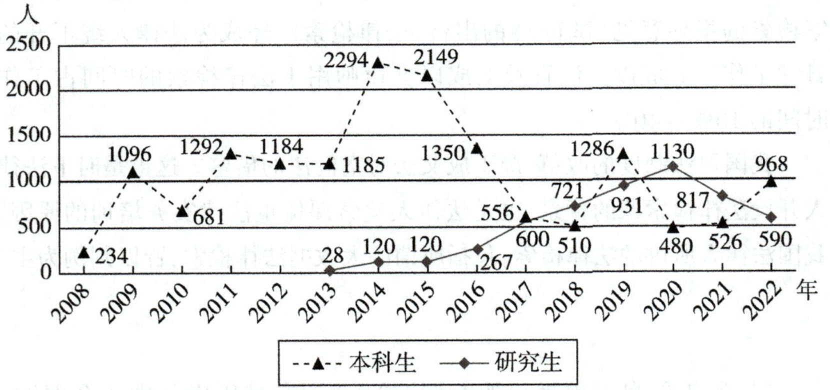

图1 中南财大检索课选课人数一览

从来自该校本科及研究生教务系统数据的图1可知,受限于教师队伍和课堂人数上限,本科检索课波幅较大;而面向研究生的检索课,除慕课开课的时间点有陡升曲线外,后因视频未更新,1次线下课效果欠佳,

⑰ 参见徐菊香:《信息素养通识课翻转课堂的设计与实践》,载《图书情报知识》2018年第4期。

选课人数陡降。

(二)法科研究生对信息素养教育有更强烈需求

自2016年检索课成为中南财大全校研究生公选课以来,该校研究生教务系统数据显示,法科研究生选课人数一直占全校的绝对优势。(见图2)

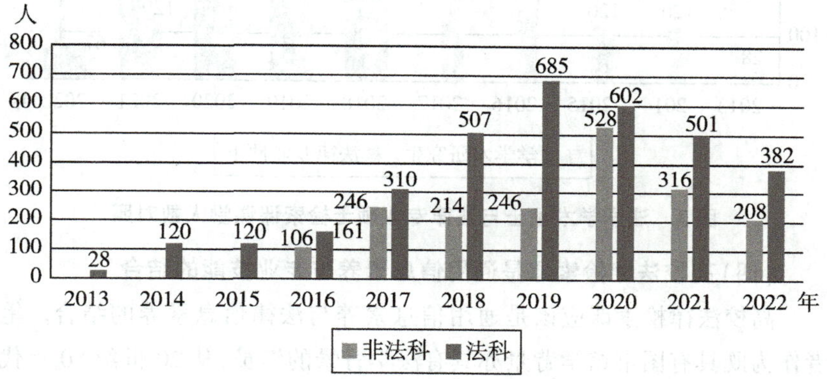

图2　中南财大法科研究生检索课选课对照

中南财大法科研究生集中在法学院、刑事司法学院、知识产权学院和法律硕士教育中心。根据2021年9月数据,法科研究生在校生数占全校在校研究生总数的29.62%。但自开课以来,法科研究生选课人数占一半以上(见图2)。2020年慕课上线解决了课堂人数受限的“瓶颈”后,2020年和2021年法科研究生的选修人数仍与非法科学生平分秋色。

(三)司法制度改革促使信息素养教育在法科领域实现专业化

2017年,最高法颁发《最高人民法院司法责任制实施意见(试行)》,要求法院办案应进行类案与关联案件检索。同年7月,国务院学位办〔2017〕19号文将“法律检索”作为实训课纳入法律硕士指导性培养方案。2018年,中南财大由“信息检索与论文写作”衍生而来的“法律检索”,迅即被纳入中南财大的法律硕士培养方案。除了2017级法律硕士是在二年级(2019年)补上了这门课(见图3),该课被列入法律硕士一年级教学课程。中南财大从2017级法律硕士起,100%都学习了法律检索。

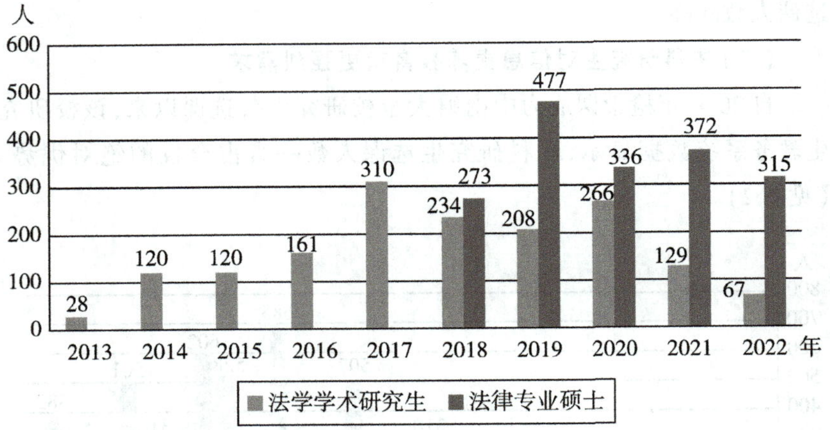

图3　法学学术硕士与法律专业硕士检索课课堂人数对照

(四)高校法律检索课是通用信息素养与专业技能的结合

高校法律检索课应该是通用信息素养与法律信息素养的结合。笔者作为既具有图书馆学背景亦具有法学背景的馆员,从20世纪80年代后期起,给法科本科学生讲授检索课,2016年开始给全校研究生授课,2018年开始法律检索课的教学。每学期的第一次课,笔者对选课学生进行问卷调查,发现绝大多数学生未曾选过检索课。例如,通过最近四个学期的问卷,发现94.07%的法律硕士未曾选修过检索课。

法律检索应根据图书情报领域信息使用与管理趋势,围绕法律硕士在研究生期间最为关心的毕业论文选题与写作这一重要任务,并辅以毕业后从事的司法工作的需要,来设计课程内容与教学方式。笔者根据多年的问题教学法与翻转课堂的教学方法的积累⑱,确立法律硕士的检索课目标为:提高通用的信息素养与学术素养,掌握通用与专业的检索技能,并通过合作实现课堂的认知目标、技能目标与情感目标。

据此目标,笔者从法律检索课的具体目标、内容说明、教学互动以及课程体系链接点四方面,简述中南财大法律检索课,如何通过主要教学内容确保法律检索课目标的实现。

⑱　参见徐菊香:《信息素养通识课翻转课堂的设计与实践》,载《图书情报知识》2018年第4期。

需要说明的是，本文的“检索报告”是指法律检索课程的个人检索报告和小组合作检索报告，文中的“法律检索报告”则指法律实务中的提交给法官、合伙人、当事人以及其他对象的检索报告。下文中的“互动点”是指学生在课堂操作演示，“链接点”是指与实现课程通用与专业目标的载体——选题综述与检索报告打分指标的对接处。

三、高校法律检索课应重视基础信息素养，实现其认知目标

（一）使用文献管理软件，确定选题后开始操作

具体目标：通用技能即工具（文献管理软件）的使用。通过工具完成选题综述与检索报告。

文献管理软件（Reference Management Software，RMS），域外更多地称为引文管理软件（Citation Management Software）。RMS 类似于个人数字图书馆。作为个人知识管理的 RMS，也可以用作学术写作时一键插入符合学术规范的引证文献。国内高校图书馆用三种模式为本校研究者配置 RMS，国内外学术期刊提倡或建议投稿者使用 RMS，目前的商业数据库绝大部分为各种 RMS 提供文献题录导出格式。使用 RMS 进行学术写作已经是大势所趋，但是总体来说自然科学研究者使用相对较多，相对于国外，国内的研究者使用相少。⑲

第一课开始讲解 RMS 的使用功能与方法，介绍一般中外文数据库与 RMS 对接题录导出导入法，并公布考查时打分指标，要求第一次课结束后的 24 点前提交本课选题，以保证学生依据选题按照指标，开始操作。

互动点：依据已知的检索知识，下载安装使用 RMS 收集选题文献；分组并紧扣选题布置前三次课任务。

链接点：以选题为主线，以 RMS 为工具，通过文献信息检索起于选

⑲ 参见徐菊香：《文献管理软件与学术写作——以研究生使用 Notefirst 为例》，载《中南财经政法大学研究生学报》2021 年第 1 期。

题,终于文献梳理即文献综述。

(二)了解文献信息资源保障系统,确定身在何处

具体目标:通用知识与专业技能的结合,关注学生的高阶检索目标。

了解信息资源保障系统,如同先读资源保障地图,知道身处何地,获得一定确定感。在大数据云计算时代,每一文献信息收藏主体都无法做到应收尽收。在未来需要文献求助时,知道从哪里进行文献传递。全息概貌式地了解本校、本地、本国以及国际信息资源保障联盟与系统。了解通用信息资源保障系统和专业信息资源保障系统。

互动点:利用思维导图描画本校中外数据库资源图谱,了解中外法律专业数据库与 RMS 对接,注册文献传递用户。

链接点:文献传递、法律数据库题录导出、法律写作引注,与 RMS 使用和学术规范相连。

(三)了解新型出版范式与各种文献类型,确定使用策略

具体目标:通用知识与素养的结合,指导合理使用各类型文献信息。

通过了解传统与现代的学术交流类型,激发学生参与各类学术交流。了解传统及新型出版范式及其所产生文献类型及数据库类型。

从学术社群生活所处时代出发,宏观上介绍传统的出版范式与开放式学术出版范式的异同;再从微观上让学生了解并合理使用各类文献信息,以及新的数字对象及其引证方法;结合中外法律专业数据库与 RMS,分辨并设置法律文献引证与其他学科引证的不同;进而结合预印本、开放获取资源及数据库、学位论文、会议文献以及研究报告等资源进行检索与合理利用。确立文献信息使用策略,即在泛调研阶段,充分广泛搜集阅读文献信息,在论证阶段谨慎使用不同类型文献信息。

互动点:从论文预发布平台上下载投稿模版使用。

链接点:文献类型标识、数字对象标识符(DOI)、法律文献引证号,中外法学引注。通过模版的使用了解学术论文与学位论文参考文献的细微差别。

(四)了解学术评价与法律效力顺位,寻找“巨人”的肩膀

具体目标:通用素养与专业素养的结合,引导关注学术文献与法律

文献的权威性。

了解国际国内几大学术评价体系，寻找专业牛人牛文；了解法律条文法律效力层级，以及类案参照顺位。

了解国际国内学术评价在不同数据库中的体现，并具体通过选题检索，筛选符合个人选题的牛人牛文。检索与个人选题相关的不同效力层次的法律法规，了解最高法类案参照顺位，以及不同司法辖区类案参照顺位。

在学术生活中，寻找前人的成果，筛选权威文献，站在"巨人"的肩膀上，更易取得高质量的研究成果。在法律实务中，"'盲从'权威对法律人来说不但是一种策略，而且是一种纪律"⑳。比如，律师们一般会优先检索立法机关和最高法业务庭编写的法律及司法解释类文献，以了解立法意图，并优先查找最高法大法官的论文。在援引法律条文与类案的裁判理由时，法律人重视权威。

互动点：查找个人选题中外牛人，并筛选个人选题中外文论文。

链接点：筛选文献、法律效力层级、类案参照级别，并在 RMS 工具中进行价值度标识。

四、高校法律检索课应筑牢检索知识，实现其通用与专业技能目标

（一）检索网络资源与尽职调查，掌握基础检索语言

具体目标：通用技能与专业技能结合，确定网络资源的可参考性。

公共网络资源的可参考性辨识与网络检索技巧，是学术生活与法律实务中必须掌握的素养与技能。缺乏权威性的公共网站信息，被大学生作为引用材料的情况并不少见。在法律实务中，同样也不乏此情况。比

---

⑳ 赵青航、徐晓阳：《体系化法律检索实操》，载《中国律师》2020 年第 11 期；黄文旭等：《大数据与法律检索》，载中国大学 MOOC 网 2021 年 8 月 14 日，https://www.icourse163.org/course/HUNNU-1452634174?from=searchPage。

如,以“条文内容为虚假”为检索词,在法律案例库中检索,会发现律师使用公共网站错误的法律文件诉讼的案例。在法律实务中,制定诉讼策略以及进行尽职调查,都需要使用网络检索技能,如尽职调查就包括多方面内容,其不仅包括主体信息、涉诉信息的检索,还包括如投融资信息及财产信息的查询。

鉴于网络检索语言最为基础,公共网络资源检索从基础的布尔逻辑、精确与模糊、通配符的使用、定位检索、文件类型检索,以及检索中的中截法、后截法的应用,为其后在各类数据库中检索奠定基础。

本讲操作包含在网络中检索法律条文及条约的基础知识,并根据网站类型和数据库特点在 RMS 中新建或导入题录。

互动点:利用后截或中截定位法检索本人信息,利用组合检索式检索个人选题的法律条文。

链接点:检索与个人选题相关的权威的参考资源,涉及国际法选题检索相关国际法渊源。

(二)检索专业论文,掌握高级检索技能

具体目标:通用技能与专业技能结合,掌握文献调研方法。

论文尤其是期刊论文是本科生最常用的文献类型,而且期刊论文数据库是最早出现的数据库,也是检索途径与方法最完善的数据库。笔者在多年的教学实践中发现,通过论文检索,让学生掌握高级检索以及文献调研的方法,深受欢迎。比如,在外文法学专业数据库中,只有以期刊论文为特点的 HeinOnline 数据库,在 Cite 导出格式中,能直接与 RMS 对接。因此,首先从学生熟悉的论文检索开始,并重点讲述高级甚至专业检索技巧,讲述文献调研中综述的检索方法。在讲述典型的西文法律专业数据库 Westlaw 及 LexisNexis 中论文的检索时,通过其自然语言检索与术语检索,以及各自的逻辑运算符,了解西文法律数据库检索的特殊性。

互动点:用专业检索式检索个人选题综述性论文,利用中文及三大外文法律数据库的时序法,追溯个人选题国内外的研究源头。

链接点:利用 Westlaw 及 LexisNexis 论文检索结果,通过 Cite 的复制,新建题录了解国外法律写作引证格式。

(三)检索图书与专业牛书,掌握挖掘电子书技巧

具体目标:通用知识与专业知识结合,了解不同学科及论文类型参考文献。

了解图书的组织语言,才能利用图书的检索语言。目前的正版电子图书普遍晚于纸质图书。加上知识产权的保护,电子图书使用较为困难。如何利用本校未购买的电子图书,合理合法地利用本校与前文所述联盟的电子图书,这方面的知识除图书馆员外,一般读者包括教师读者普遍匮乏。本讲的知识还涉及探讨最高法在不同书刊上刊载案例参照顺位,涉及中外文法学专业数据库中图书的检索与利用。

互动点:从图书的责任方式,了解其原创程度及与之相对应的引注特点;以图书作者为检索途径,检索个人选题的图书,根据结果讲述中西责任者在图书著录格式和引注格式上的异同。

链接点:检索个人选题的引证量居首的图书;并根据法学学术共同体的约定,在 RMS 中设置西文作者的引注格式。

(四)检索类案与域外判例,提高专业检索技能

具体目标:专业知识与技能结合,掌握法律数据库专业检索方法。

从检索场景出发,综合利用公开网站(如裁判文书网)以及相关的商业和免费的法律数据库,梳理与类案检索相关的内容,如检索法官的学术观点与裁判观点,检索律师与法官的庭审视频,以及类案检索报告的制作。同时,通过外文法律专业数据库,掌握检索并援引域外案例的方法。

中外文法律专业数据库具有专业特点,其在法律文书的字段、布尔逻辑、间隔字符运算、位置符的使用上非常成熟。笔者根据多年经验,发现我们目前常用的中文数据库的高级检索与专业检索,都较外文法律数据库成熟得晚。西文法律数据库如 Westlaw International 在 2017 年进行了改版,以适应用户的通用检索习惯。如果说论文检索是掌握高级检索方法最好的切入点,则类案及判例检索是专业检索最好的进阶处。

互动点:检索某法官个人信息及其主审案例类型与数量、运用程序及审理级别,并对其裁判结果进行分类分析,结合其学术成果、媒体评价、庭审视频,简述其裁判风格。

链接点:通用知识中的字段检索与裁判文书中的要件(the segments of court cases)检索,通用检索中的关键词设置与裁判文书全文检索中关键词设定的异同;制作法律检索报告时结合法律效力、类案的参照级别以及学术评价的异同。

五、高校法律检索课可结合研究生在校学术目标和情感目标

(一)通过概念及法律条文的检索,为演绎研究做准备

具体目标:通用知识与专业知识结合,确定检索关键词与研究范畴。

概念共识构筑了人类交流的平台。有了概念才知道找什么,到哪里找到并认出它来。[21] 法律办案有从案例到案例的办案方式,也有从法律文本到案例的办案方式。无论是毕业论文确定研究范畴,还是法律办案时,理解包括定义性法条在内的不完全性法条,都需要通过大众公认普识类辞书、专业权威辞书来理解概念,且离不开检索法律效力的概念,复杂时还要查不同学派、不同学者的定义,甚至追溯概念起源。因此,系统介绍工具书及检索方法是必要的。本讲操作涉及中外文数据库中的工具书(如 Westlaw 中的 Black's Law Dictionary)以及 LexisNexis 中的系列辞书,还涉及中外法律法规的检索。专业知识涉及域外法条的引注格式。

互动点:各以一篇博士学位论文和一篇硕士学位论文中研究范畴的确定为实例,述评其概念定义的检索出处。

链接点:个人选题综述中的概念检索,检索报告中的法律条文检索。

(二)通过统计数据检索及法律检索数据分析,为归纳研究法提供材料

具体目标:通用知识与专业技能结合,宏观统计数据及微观法律数

---

[21] 参见[美]霍华德·S.贝克尔:《社会学家的窍门:当你做研究时你应该想些什么?》,陈振铎译,重庆大学出版社2017年版,第283页。

据的检索。

"在大数据和云计算背景下,世界万物皆可用数据表征。"[22]大数据时代,定量研究成为人文社会科学的主要研究方法之一。定量分析需要统计数据。检索传统书刊(包括半数字化书刊)、电子书刊及电子年鉴中的统计数据,检索国际国内的大数据中心的数据,以及隐含在研究报告、研究数据共享平台及各数据库中的多维分类组织的统计数据,都是该讲内容。在类案检索中,通过案由、时间、地区等多维度及多种组配检索结果梳理、分析并制作个人选题的数据。

互动点:检索与法律相关数据,如涉外婚姻数、计算机软件著作权转让数、类案要件数据趋势分析。

链接点:个人选题综述中的研究趋势分析、类案数据分析,以及检索报告打分指标中的数据检索。

(三)通过文献梳理及选题综述写作,了解并遵守学术规范

具体目标:通用知识与专业技能结合,掌握文献梳理方法,了解法律检索报告。

紧密结合个人选题,以学位论文写作为情境,结合研究范畴的确定、研究现状、问题的焦点、趋势与展望,讲述文献的梳理与综述写作,并结合前述信息素养及专题检索内容,综合讲解应遵循的学术规范,为毕业论文写作做准备。

通过在数据库中以提交给法官(或当事人)为对象制作类案检索报告为情境,结合检索逻辑、参照级别以及梳理分析综述,讲述法律检索报告与选题综述的相通之处,比如,与选题文献综述类似,法律检索报告中要注意基本案情、争议焦点和检索关键词的设置、检索者还需要对法条观点进行分析梳理、对案例的不同观点与参照级别进行梳理,并综合分析得出自己的结论,为法律实务工作打基础。[23]

互动点:教师提供范例让学生对其学术规范予以比较:论文综述优

---

[22] 陈伟:《定量分析:大数据背景下语言哲学研究方法论》,载《浙江社会科学》2021年第6期。

[23] 参见齐晓丹等:《类案检索方法指引》,法律出版社2020年版,第299页。

劣范例比较、学术严谨规范论文与违反学术规范论文比较。

链接点:以上各讲内容综合体现在个人考查提交的选题综述的打分指标上。

(四)通过小组合作展示与个人成果提交,对课程内容进行复盘

具体目标:课堂情感与同龄学习学生通过复盘及相互点评,加深课程印象。

课堂的教学资源可分为无情资源和有情资源。有情资源就是指教师与学生。无情资源的利用可以从手段和方法上促进教学,有情资源是真正决定课堂质量的关键因素。㉔

期末成绩由个人成绩和小组合作成绩构成。前者根据第一次公布的指标对个人成果,即个人选题文献综述和个人选题检索报告打分;后者由大众评委和教师依据指标对小组共同完成的检索报告的展示进行打分。

互动点与链接点的汇总:本环节是画龙点睛的复盘与情感目标的大结局。点睛之笔就是体现认知与技能、体现合作互动的打分指标。大众评委除现场打分外,还现场点评。最后提交的个人综述及个人检索报告又是对整个课程的详细复盘。

结 语

高校培养的法律人才,包括理论研究者和有研究能力的法律实务人才。高校法律检索课的内容设置应该包括从文献信息检索到利用检索成果再生出新知识新文献新成果的整个过程,具体来说包含普通高校大学生应具备的通用信息素养和法律信息素养。

起源于案例法国家法律图书馆的法律检索课,与世界范围高校图书

㉔ 参见胡剑巧、王莉红:《以学生为中心的教学实践和体验》,载《云南大学学报(自然科学版)》2020 年 S1 期。参见[美]爱因斯坦:《爱因斯坦论科学与教育》,许良英等译,商务印书馆 2016 年版,第 133 页。笔者不赞同该书的直译。

馆的信息素养教育,在高等学校法学教育中汇合。在我国司法制度改革快速持续地推动下,信息素养教育在法学教育领域专业化方向,滚滚前行。

Legal Research of the Specialization of Information Literacy Education in Universities

Xu Juxiang

Abstract: Legal retrieval first appeared in the legal libraries of common law countries that followed the principle of precedent, and then it reached the same goal with information literacy education by different means. Information literacy education in colleges and universities aims to help students achieve the academic goals and the social goals of their academic careers. The content of the legal retrieval course offered by legal persons in China is similar to that of legal retrieval in case law systems, which revolves around class case retrieval and legal norm retrieval in order to solve legal practice problems. The legal retrieval course that offers by librarians combines general information literacy with professional retrieval skills. And the whole process of regenerating new knowledge, new literature and new achievements from retrieving all kinds of literature information to using the results selected by retrieval includes not only the information literacy and academic literacy of theoretical research that college students should have, but also the professional retrieval skills of legal practitioners.

Key Words: legal retrieval, information literacy education, document and information retrieval, content system of information retrieval course

数智时代法律硕士研究生特色课程体系建设研究*

王　群**　赵传方***　田英玲****

摘　要:特色课程体系建设是数智时代提升和保障法律硕士研究生教育质量的关键举措,是满足数智时代复合型法律人才的重要支撑,更是实现法律硕士研究生培养目标的必要举措。数智时代要求法律硕士研究生特色课程体系建设须强化职业伦理课程地位,突出"法律+技术"融合式课程设计,注重大数据和信息检索等未来学习能力的培养,强化法律实务教学,完善职业技能教育。然而,当前我国法律硕士研究生课程体系设置一定程度上仍存在应用型特色不明显、实务课程落实不到位、实务师资队伍薄弱等问题。数智时代法律硕士研究生课程体系的建构须遵循以行业需求为导向的课程目标,强化以职业能力培养为核心的课程支撑,构建以结果为导向的课程考核标准。建立以学生职业发展和法律职

* 基金项目:重庆市教委研究生教育教学改革研究项目"习近平法治思想有机融入法硕专业课教学研究"(项目编号:yjg223141)。

** 王群,四川省社会科学院和西南政法大学联合培养博士后,中共重庆市委党校法学教研部副教授。研究方向:法学教育研究。

*** 赵传方,中共重庆市委党校法学硕士。研究方向:行政法学。

**** 田英玲,西北政法大学法学硕士。研究方向:行政法学。

业伦理融合的特色课程观，优化特色课程结构设置体系，规范特色课程管理，落实特色课程保障，以期更好地满足数智时代法治人才高质量培养的需要。

关键词：数智时代　法律硕士　特色课程体系　法治人才

为提高法律硕士研究生教育质量，2017 年全国法律硕士专业学位教育指导委员会修订的《法律硕士专业学位研究生指导性培养方案》将法律硕士研究生培养目标由“法律人才”修订为“法治人才”，提炼新时代法律硕士研究生培养目标是：“立法、司法、行政执法和法律服务以及各行业领域德才兼备的高层次的复合型、应用型法治人才。”然而，现阶段法律硕士庞大的培养基数与行业高质量法治人才需求与供给不足之间的矛盾，尤其是近年法律专业不断被一些社会机构标识为就业“红牌”专业，说明当前围绕法律硕士人才培养距离理想目标尚有差距，尤其是在人工智能、区块链和物联网技术不断迅猛发展的数智时代，法律硕士研究生教育质量如何提高亟待反思？有学者通过以下几方面提出对策建议：细化培养目标，科学设置课程；[1]提供多样化的课程“菜单”，建立双导师制度；[2]从培养方向设置实务化，完善学生实务能力培养机制；[3]相对灵活地确定课程体系，凸显课程内容的实务特性；[4]以实践为导向的职业教育；[5]技术强化学习和强化技术学习[6]等。论述要言不烦，极富启发性，然而，相关研究或者对法律硕士研究生特色课程体系建设

---

① 参见邱国侠、程翔：《法律硕士（非法学）培养质量审视》，载《合肥工业大学学报（社会科学版）》2018 年第 6 期。

② 参见刘俊敏、江晓双：《法律硕士人才培养困境及其破解——以上海大学全日制法律硕士（非法学）为例》，载《长春理工大学学报（社会科学版）》2014 年第 6 期。

③ 参见郑春燕、王友健：《非法本法律硕士培养模式的体系性再造》，载《研究生教育研究》2020 年第 5 期。

④ 参见欧福永：《全日制法律硕士（非法学）专业学位的课程体系建设》，载《时代法学》2013 年第 6 期。

⑤ 参见徐显明、黄进、潘剑锋：《改革开放四十年的中国法学教育》，载《中国法律评论》2018 年第 3 期。

⑥ 参见杨学科：《论人工智能时代的法学教育新挑战、新机遇和新模式》，载《法学教育研究》2018 年第 4 期。

中数智时代大背景关注不够,或者对数智时代法律硕士研究生特色课程体系建设的聚焦不强,围绕两者的结合性研究显著不够。鉴于此,以数智时代对法律硕士研究生特色课程体系建设的新要求为起点,梳理当前法律硕士研究生特色课程体系建设中的问题,明晰课程体系建设的内在逻辑和解决路径,以期对数智时代法律硕士研究生教育质量的提高有所裨益。

一、数智时代法律硕士研究生特色课程体系存在的问题

特色课程体系建设是落实法律硕士研究生培养目标的具体措施,是法律硕士研究生培养方案的关键部分,直接影响法律硕士培养质量。然而,当前主要法律硕士培养单位在法律硕士特色课程设置上还不同程度存在鲜明性不够、标准化"过剩"的问题,尤其是同时代发展的契合性还略显不足。正如有学者所指出的,当前我国法律硕士培养学科体系、课程体系还不够完善,与其他学科的交叉融合不够,理论明显滞后于实践。[7] 鉴于此,直面数智时代对法律硕士研究生特色课程体系建设的新要求,全面检视当前法律硕士研究生课程体系建设不足,进一步精准提炼课程体系建设中的突出问题。

(一)数智时代对法律硕士研究生特色课程体系建设的新要求

近年来,人工智能、物联网和区块链技术快速发展并深刻改变和形塑了社会对法学教育生态的新要求,传统法律教育偏重的信息传递和描述性知识已经很难适应时代需要。换言之,简单重复、可被迅速替代的法律知识完全可以被人工智能所取代,社会对法律高层次人才的定义不再是掌握了多少法律知识,而是包括知识、技能、态度和情感能力等全方位素养要求。法律硕士研究生特色课程体系建设必须精准理解数智时代对法律硕士研究生培养的深刻变革并通过有效的课程设计回应其新

---

⑦ 参见张守文:《法治人才培养的目标与路径》,载《中国高校社会科学》2017年第4期。

要求。

1.法律职业伦理课程重要性日益凸显。数智时代,技术的突飞猛进深刻改变社会生活并影响包括法律职业在内的各行各业,如更有针对性的项目式教学、个性化学习、智能定制知识。与此同时,数智时代另一个值得关切的议题是如何对人工智能等技术进行恰当的“教育”并驯化之,以确保在“法律+技术”的融合运用中技术始终不偏离正确的轨道。为此,必须强化法律硕士研究生特色课程体系中的法律职业伦理课程建设。法律职业伦理,顾名思义,它是一种关于价值观的熏陶和教育,是一种关乎法律研究生人文思维、情感能力养成的可持续教育,直接关涉“法律+技术”融合发展中什么应该做、什么被鼓励做、什么禁止做。持续的道德规训教育使学生能够明辨是非,引导其正确看待并运用技术,即技术是手段而不是目的,进而推动技术更好服务社会,赋能法律生态。

2.“法律+技术”融合式课程重要性日益凸显。数智时代的一个重要标志就是以数据及其相关数据运用场景的不断丰富,如虚实交织的沉浸式体验、立体式社交网络体系、多元化的元宇宙文明生态等。如前所述,数字技术不断发展影响并建构新的法律职业生态,面向数智时代的法律硕士研究生特色课程体系建设必须与时俱进,不能仍然停留在法律知识的传授和理解上,应不断强化“法律+技术”融合式课程设计,让学生既要掌握一定的法律知识和案例实务,又要具备基本的计算机素养和编码能力,并在此基础上将数字智能技术和法律知识有机结合,更好地发现法律并处理案件事实争议,实现法律硕士研究生培养目标。数智时代的法律硕士研究生特色课程体系建设如果再忽略对基本数字素养的培养,就极有可能造就数智时代法律职业“新文盲”,甚至造成法律职业者与数智时代之间越来越大的“数字鸿沟”。为此,我们首先要在意识上养成“法律硕士+跨学科”培养自觉,依托“法律+技术”的专业课程,主动将数字素养培育嵌入法学知识、职业技能及法律职业伦理教育全过程。

3.法律实务教学、经典案例教学课程重要性日益凸显。数智时代让简单重复法律知识教学变得不再有挑战性。数智时代,真正具有挑战性的是法律思维能力的培养,即如何引导法律硕士研究生像法律人一样思考,并能够运用新颖和创造性思维方式思考法律问题,增强学生解决纷繁复杂实践问题的能力与创造力,这也将越来越构成数智时代法律硕士研究生培养过程中的比较优势和核心竞争力。那么,如何鼓励法律硕士研究生养成法律思维并创造性解决法律问题呢?这对法律硕士研究生特色课程体系建设提出了什么样的要求?笔者认为,法律硕士研究生法律思维能力的培养不能一蹴而就,更不是主观臆想的,而是“功”在平时,注重法律硕士培养日常中的实务教学和经典案例教学,通过经典案例的呈现,引导学生准备识别案例中的事实争议和法律疑难问题,借助思维导图形式全面展现案件事实、法律法规和类似司法案例的本体结构,在此基础上探寻案件解决的全部方案和最优方案,在法律实务和经典案例教学中真正训练学生的法律思维能力,在数智时代更好发挥法律人与人工智能的比较优势,在两者适度竞争中全面展现法律人的智慧和优势。

(二)现阶段法律硕士研究生特色课程体系建设面临的主要问题

1.应用型特色不明显。法律硕士研究生课程体系设置与数智时代法律应用型人才的要求不相适应,课程设置和实施呈现与学术型硕士研究生培养趋同的倾向,有些即便是课程名称不一样,但授课内容如出一辙,而实际上伴随近年来法律硕士教育快速扩张,法学师资吃紧,以至于法律硕士培养应用型特色日益被淡化。一是课程设置泛化。缺乏同法律硕士应用型特征相适应的针对性、特色化和应用型的研究生课程设置,尤其是大学和硕士阶段专业课程衔接间的机械化,法律硕士课程在许多时候变为大学课程“再上一次”,法律硕士人才培养目标大打折扣,培养效果不尽如人意。二是重理论课程,轻实践课程。依据国务院学位委员会指导性培养意见,法律硕士研究生要求总学分不低于73学分,课程设置不低于53学分,课程分为必修课和选修课。理论课程学分占总学分的70%以上,而对法律硕士研究生职业胜任力提升尤为重要的实践课程学分仅有20%左右,且各培养单位在法律硕士研究生培养过程中,虽然在实践课程上有所安排,但大多没有根据法律职业的需求开设足量优质的实践课程,在整个课程体系中,实践课程仍旧处在从属位置,选择性忽视了对法律硕士研究生运用法律知识解决问题的能力和创新能力的培养。三是法律硕士研究生的课程设置很难体现出复合型的特点,同数智时代的契合性不够。不同专业之间的跨学科复合和融合实践是法律硕士研究生教育的优势所在和灵魂所系,但这种优势并没有在法律硕士研究生课程体系设置中得到充分体现。一些法律硕士研究生本科非法学,没有法学教育背景,原所学专业有行政管理、金融、外语和计算机等领域,但法律硕士研究生课程基本围绕着法学学科设置,并不包括与其他学科之间的交叉学科的特色课程设置,如根据目标对象开设人工智能法学、法律英语、法经济学等课程,这既不利于学生发挥其本科专业优势,也使法硕研究生培养中的复合型特点难以为继。

2. 实务课程落实不到位。法律硕士作为培养复合型、应用型法治人才的专业学位,其实务课程显得尤为重要。但是,由于受主客观条件的限制,当前的法律实践教育课程在很大程度上存在"走过场"现象。⑧毋庸讳言,现阶段法律硕士教育最突出的问题就是对学生实务能力培养不足,而直接因素正是相关实务课程落实不到位、推进不彻底,使得学生相关法律实务知识和职业技能训练不足,造成法律硕士研究生的实践性和应用性能力不足。一是实务课程流于表面化、形式化。例如,法律硕士培养中的模拟法庭训练,此课程设置的初衷是让法律硕士研究生通过案情分析,提炼案件争议点,讨论案件法律适用核心要义,进而厘清事实争议,做到法律准确适用,并在此过程中练习法律文书撰写以及参与模拟庭审的流程及各环节,以提高法律硕士研究生的综合分析能力、文书写作能力、庭审应变能力。然而,一些培养单位的模拟法庭课程却被异化为老师出案例,集体观庭审的"表演"秀,致使学生应变能力、思维能力、综合运用知识的能力不能得到有效锻炼。二是缺乏有效的实务学习形式及监督考评机制。在一些研究生培养单位的实践操作中,一方面,有些单位实习基地安排、实务课程方式相对单一,大多安排去法检系统,

⑧ 参见黄忠:《法商融合:法律硕士教育改革的新思路》,载《学位与研究生教育》2016年第2期。

没有充分考虑法律硕士研究生毕业后的就业方向;另一方面,学生实习内容很多是一些整理案卷、送司法文书、做笔录等日常性工作,甚至有些学生在实务实习期间都在做行政实务工作,更有甚者利用熟人关系开具一份实习证明,凑够学分交差事,这显然与法律硕士培养目标相悖。

3.实务型师资队伍薄弱。一支强有力的师资队伍是法律硕士研究生教育的基础保障。就目前法律硕士研究生授课教师与指导老师而言,主要依托在职法学教师和兼职实务导师队伍。就前者而言,其学历层次高、学术造诣深,在培养法学硕士研究生上驾轻就熟,但缺乏丰富的实务经验,理论教学和实务教学经常出现脱节甚至脱钩现象,他们更习惯于"法律应该是什么"的知识传授,忽视或者根本不具备"法律实际是什么"的应用技能教学。当然,我们也注意到,部分在职法学教师曾经或正在兼职从事法律实务工作,能够较好弥补"学院派"教师法律实务能力不足的诟病问题,但他们也仍然面临教学精力有限的现实桎梏。尤其是随着近些年法学硕士和法律硕士招生规模的不断扩大,单个导师指导学生的数量越来越多,这种身兼数职与扮演多重角色的教师队伍现状越来越难以保障法律硕士的教育质量。鉴于此,为了弥补实务化师资力量不足和结构性缺陷,近年来一些法硕研究生培养单位依据教育部《关于加强专业学位研究生案例教学和联合培养基地建设的意见》,纷纷建立起了法律硕士培养的校内外双导师制度。这本是一个很好的探索,但遗憾的是,该制度在实际运行中也诟病较多。由于双导师制度运行机制不规范、校外实务导师责任分配不明确、主体地位未细致化等,双导师制本该有的复合型实践优势未能得到充分发挥。

二、数智时代法律硕士研究生特色课程体系建设逻辑

提升法律硕士研究生培养质量,必须改进和完善与高素质法治人才

培养目标相适应的课程体系[9],以法律职业教育为导向[10],在课程设置上应体现研究生培养单位所在地教育资源的特色和优势[11]。为此,法律硕士研究生教育应将应用型特色的要求体现和渗透在特色课程体系的各个环节要素中,树立以行业需求为导向的课程目标、指向实务能力培养的课程实施、构建以结果为导向的课程考核标准的课程体系要求,从而培养法律硕士研究生的职业胜任力,并不断满足和适应数智时代社会经济发展的最新需求。

(一)以数智时代行业需求为导向的课程目标

如何培养输送以职业需求为导向的"复合型、应用型法治人才"?关键在于课程设置与培养目标的相符合、相一致。特色课程体系是法律硕士研究生培养目标的具体化和依托体,又是法律硕士研究生学习教育体系建设的基础和关键,课程目标的设置将统领这个课程体系的结构和内容。为此,法律硕士研究生特色课程体系总体划分为基础类课程、专题类课程、实务类课程和前沿性课程。基础类课程包括法律理论知识和法律基本知识,该课程教学目的是夯实法律硕士研究生的基础;在法律硕士研究生掌握一定基础理论知识基础上,根据不同的研究方向,对专题性问题进行探究;实务类课程包括案例研习系列课程、法律文书写作系列课程等,突出课程内容的"实务型"特性;前沿性课程的设置是因为法律本质是社会生活的产物,法律生命力在于不断回应生活、展现生活进而创造美好生活,因此法律硕士研究生特色课程体系建设必须有相当比重的学科前沿课程,如围绕数智时代的平台经济反垄断、新业态从业劳动者权益保护和区块链技术运用法律问题等议题设置相应课程,尤其是要结合数智时代发展特点,强化学生数字素养能力培养的相关课程设置。

---

⑨ 参见刘凤景:《法治人才的定位与培养》,载《南开学报(哲学社会科学版)》2017年第5期。

⑩ 参见冯果:《新理念与法学教育创新》,载《中国大学教学》2019年第10期。

⑪ 参见许新承:《地方高校法律硕士培养机制的困境及其完善路径》,载《教育评论》2018年第7期。

(二)遵循以职业能力培养为核心的课程支撑

为了达到数智时代法律服务市场和法律行业所要求的实务能力,针对法律硕士研究生的培养,各个法律硕士培养单位应当主动结合自己的特色资源优势,根据自己的特色研究方向,设置有所区分的课程设置。指向实务能力培养的课程实施主要包括以下几个方面:一是重视校内外实训课程的内容质量。强化现有的法律写作、法律检索和法律谈判等实训课程质量的严格把控,在师资选派、基础设施建设和制度机制建设中进一步提升实务课程的教学质量。二是合理设置理论课程与实践课程的比例。严格遵循国家关于法律硕士研究生培养课程体系的规定,绝不允许人为擅自压缩法律硕士培养体系中的实务课程比重,相反,应该在遵循国家标准的基础上,结合法律硕士研究生的情况进行针对性的人才培养,例如,较之非法学法硕研究生,对本科为法学的法硕研究生更加突出法律实务课程的训练,弥补学生在实践锻炼上的不足。三是搭建多样化的实训平台,根据法律硕士研究生研究方向的不同,展开针对性、多层次、全方位实务锻炼。例如,党校法律硕士研究生,就要充分发挥党校资源优势,积极搭建硕士研究生参与立法论证、决策建议、法律咨询等课题项目实务训练平台。四是改进教学方式。目前,围绕法律硕士研究生的课程设置仍然以传统课堂面授、研讨为主,这不能很好体现应用型、复合型法硕研究生培养目标。对此,在课程教学方式上,强化案例教学、模拟式、体验式和沉浸式等互动式教学方法,如利用大数据和机器学习提供个性化指导,可以有效驱动动态的学习情景,使学习更逼真化,教学更场景化,进而模拟和引导学生学习相关课程,提升学生的学习热情,激发学生的学习潜能。⑫

(三)构建以结果为导向的课程考核标准

课程考核是教学必不可少的环节,是衡量培养目标实现与否的标志。从法律硕士课程教学考核情况来看,当前各大法硕研究生培养单位普遍存在课程考核标准模糊或者同质化的问题,存在重知识轻能力的考

---

⑫ 参见张恩典:《人工智能时代法律职业的变迁与法学教育变革》,载《法学教育研究》2020 年第 1 期。

核评价倾向或者根本没有法律硕士专门的课程考核标准，而是依附于法学硕士的培养模式，直接套用法学硕士的考核标准，忽视法律硕士培养目标的专门性和特殊性。基于法律硕士培养目标要求，应建立与之相适应的课程考核标准。一是课程考核体现多样化，且重视实务能力的考核。根据法律硕士研究生学习任务完成情况、参与程度、课堂表现等，采取书面考试和实务操作并行的考核方式。同时，由"重结果"转变为"重过程"，引导法律硕士研究生在日常学习过程中重视案例问题的合法性、合理性思考及逻辑推理论证过程。二是课程考核内容以职业能力为主。课程在法律基础知识考核基础上，提升法律实务知识考核比重。以当前社会现实案例分析为主，侧重于考察法律硕士研究生事实分析能力、法律解释能力、法律运用能力和文献数据检索能力，凸显评价标准的实务化。

三、数智时代法律硕士研究生特色课程体系建设路径

针对法律硕士教育在理论与实践中存在的不足，必须以学习效果为导向、以问题为导向进行课程体系重构，遵循法硕研究生专业学位的培养规律，突出法硕研究生专业学位特点，强化法律硕士的质量意识，规范法律硕士培养环节，从建立特色课程观、优化特色课程结构设置体系、规范特色课程管理、落实特色课程保障等方面进行改革与实践，致力于培养复合型、实务型、应用型法治人才。

（一）建立学生职业发展和法律职业伦理融合特色课程观

特色课程观是法律硕士研究生特色课程体系构建与实施的价值取向，是总抓手。数智时代法律硕士研究生特色课程体系建设必须建立学生职业发展和法律职业伦理融合特色课程观。其一，特色课程体系设置须充分坚持以学生为本，遵循研究生培养规律。一是研究生健全人格培养。通过课程设置和实践锻炼等方式引导法律硕士研究生形成崇高思想境界和健康的心理品质，能正确认识社会、认识人生、认识自己，帮助

学生挖掘自身潜能,认识自身不足,学会“自处”,善于“他处”,不断形成健全人格和心理素质。二是研究生行为规范。首先,法律硕士研究生自己要尊法明规;其次,通过特色课程体系设置帮助学生明确社会不同规范层面的要求,善于自律,时刻崇德,恪守法治,使得所培养的法律硕士研究生具有更强、更稳定的适应社会的能力。其二,特色课程的法律职业伦理道德价值取向。相较于其他的职业伦理道德,法律职业伦理道德具有更强的象征意义和感召作用,具有更强的约束性和强制性。一方面,法律职业具有政治性、法律性和专业性等特征,其要求法律职业者具备一定的社会正义感和职业荣誉感,以法律为准绳,坚持以人民为中心的法治观念;另一方面,法律的严肃性、公正性要求法律职业者必须具备较高的职业道德水准,恪守法律职业伦理。鉴于此,除了在法律硕士研究生课程设置上加以规定,还应在日常法律实务训练过程中对学生加以引导,在“预防端”上防范化解日后的法律从业风险。

(二)优化特色课程结构设置体系

特色课程结构是法律硕士研究生教育课程目标转化为教育成果的纽带,是法律硕士研究生课程实施活动开展依据,因此必须对特色课程结构设置体系进行持续性优化。其一,注重选修课的建设。在课程结构设置上,应结合各培养单位自身资源优势、培养方向设置、师资条件对法律硕士的专业选修课进行模式化设计。一方面,在课程结构设置上减少必修环节重复性的基础理论课程,将本在选修环节却能体现特色研究方向和前沿问题的课程规定在必修课程环节,进而充分凸显研究方向和前沿意识;另一方面,根据法律硕士培养方向的不同,就某一实务领域法学基础理论进行针对性的系统学习,如将人工智能科技的知识学习纳入特色课程体系,为学生提供文档处理自动化、法律推理系统、法律检索和大数据分析等数字素养提升课程,同时结合当前人工智能技术和智慧司法背景为学生开设如个人信息法学课程、人工智能法学课程、数据科学课程等。其二,突出课程结构“实务型”“数字型”的时代特性。合理协调好理论课程与实务课程之间的时间比重,在遵循国家标准前提下,适当压缩与职业胜任力培养相关度小的课程,增加实务课程的比重,从而提高法律硕士研究生特色课程结构设置体系与职业胜任力培养目标之间的契合度。此外,为应对数智时代对法律硕士研究生特色课程体系建设的要求,强化“法律+技术”融合式课程教学,并提高其学分所占比重,建议将计算机和编码的相关技术、元宇宙生态全景应用、法律逻辑训练、人工智能的数理逻辑模型和技术哲学、智慧司法系统运行、律师机器人操作等逐步纳入课程体系;不断强化“法律+技术”融合过程中的未来法治问题的案例研讨,如在人工智能应用中出现的由算法设计偏差和训练数据偏差所造成的歧视与偏见问题,部署面部识别系统、大规模收集生物识别数据所造成的侵害公民隐私权与人权等法律问题,新兴人工智能技术所衍生的伦理准则的冲突与选择问题等。⑬ 其三,增加实践课程的种类。基于促进法律硕士课程结构设置与培养目标有机组合,可以根据法律硕士的培养定位、培养目标、培养方向对实践课程方式予以进一步的探索和增加。一是建立专门职业培训课并列入实践课程。在三年内将没有法律背景的法律硕士培养为市场需求的高质量法治人才,就必须在培养过程中设置以法律职业上岗为目标实践的专业培训课程,如增设法律研究方法课程,增强法律方法层面的知识储备,帮助研究生更好地适应未来法律执业需要。同时,根据学生未来就业倾向分别邀请、选聘法官、检察官、律师、公证员等作为兼职指导老师,促使法律硕士对法律职业有清晰认识,并引导其对未来自身法律职业发展做到心中有数,尽早明确规划。二是增设法律援助实践课程,组建援助小组。法律援助是针对那些无法承担有偿法律服务的个人,它是法律硕士培养过程中增强和提高学生职业胜任力的有效方式。一方面,它可以有效解决法律硕士培养过程中法律理论知识与实践切合度不强的情况;另一方面,通过法律援助还可以强化学生解决问题的实务能力,增强学生的社会正义感、责任感。

(三)规范特色课程管理

规范特色课程管理是法律硕士研究生教育培养的重中之重,是落实

---

⑬ 参见张建文、潘林青:《人工智能时代法律人才培养的新起点、新理念与新方案》,载《法学教育研究》2021年第1期。

课程教学的有效保障。通过各种特色课程管理的规范与举措来有效配置法律硕士研究生教育资源,以完成法律硕士研究生教育任务、达到培养目标。其一,采取校内外“双导师制”。培养“复合型、应用型法治人才”难以在学术的象牙塔内完成,要充分发挥校内外双导师制度的积极作用,积极提升法律硕士研究生的法律实务能力,特别是围绕目前“双导师制”培养中的典型问题下大力气解决之。邀请、选聘实务单位中业务素质高、工作能力强的业务骨干作为校外实务导师,填补校内导师的实践不足。校内导师侧重于对学生的学习方法、学习能力的培养,进而培养学生的法律专业能力。校外导师侧重于负责学生的实践机会及实务疑难问题指导,从而提高学生的实务操作能力,同时根据自身的情况,针对表现特别优秀的学生可以提供适当的就业机会。其二,建立以能力为本位的特色课程考核评价体系。对于法律硕士的教育考核,应当树立鼓励研究生参与法治应用实践的理念,减少与培养目标相悖的考核标准。要实现法律硕士职业胜任力培养目标,必须建立一套与法律硕士职业胜任力培养目标相适应的考核评价体系。这一考核评价体系的构建,主要体现在理论课程考核与实践课程考核。一方面,无论是理论课程考核还是实践课程考核,都应该摒弃以往单纯的知识记忆能力或学术研究能力的考查,而侧重于对法律硕士研究生法律职业素养、职业技能的考查;另一方面,课程考核的方式应呈现多样化,不再以开卷、闭卷或采用论文形式为主要的考查方式,而应依据课程的教学目标,分别采取问卷调查、社会调研、法律咨询、案例分析等多种考核方式,建立起一个多元化、各有侧重的综合性评价考核体系。其三,建立多层次教育质量评价体系。在法律硕士研究生培养过程中,要针对校内外导师的指导进行科学精准实效性评价,对于不同研究方向的导师有针对性地进行评价,以避免教育质量评价流于形式。对于校内导师,重点考查理论课程教学、论文写作指导等方面;对于校外导师,重点考查实践课程教学。

(四)落实特色课程保障

完善落实课程的各种制度保障,加强配套教学设备、实务导师介入指导机制和平台建设,建立保持学校与老师、学生三者之间沟通顺畅的反馈机制,为落实特色课程提供富有实效的保障。一是加强配套教学设备建设。法律硕士研究生教育是以复合型、实践型、应用型为特点的职业教育。因此,有必要加强资金投入支持,为法律硕士教育建立相应配套设备,如完善法律多媒体专门教室、法律诊所专门教室等硬件建设。二是搭建实务导师介入指导机制和平台。首先,实务导师侧重于对实践教学与活动进行相关指导,以实务及市场的需求为导向,并提供相应的法律服务和法律风险提醒等场景化支持。其次,设置实务导师与学生之间沟通机制,拉近彼此之间的距离。如果缺乏实务导师与学生的沟通交流,则势必会影响法律实践的最终效果,因而需要建立一套有效的沟通机制。一方面,推进实务导师与法律硕士实习之间的有效衔接。相对于实习单位随机安排实习岗位,让学生进入实务导师所在单位实习,由实务导师直接指导更有利于加深彼此间的了解,提高法律硕士学习效果。另一方面,完善法律硕士研究生与实务导师关系确定机制。实行师生双向选择,这既尊重了双方的自主选择权,又有助于调动双方的积极性、主动性,能够有效弥补联系沟通少的不足。最后,要调整好教学、实践等各种因素之间的关系,同时定期或不定期召开座谈会、研讨会,让学校管理者、校内外导师与学生进行沟通,听取各方对于理论教学与司法实践教学的意见,以更好保障并推进各项工作的有序开展,达到相得益彰、相互促进的效果。

Research on the Construction of Characteristic Curriculum System for Master of Law Postgraduates in the Era of Digital Intelligence

Wang Qun　Zhao Chuanfang　Tian Yingling

Abstract: The construction of a characteristic curriculum system is a key measure to improve and guarantee the education quality of postgraduates of Master of Law (hereinafter "ML students") in the era of digital intelligence. It is not only an important method to support the education of compound legal talentin the era of digital intelligence, but also a necessary measure to achieve the cultivation goal of ML students. The era of digital intelligence requires that the construction of the characteristic curriculum system for ML studentsshouldlay emphasis on the status of professional ethics course(s), highlighting the integrated curriculum design of "law plus technology", paying attention to the cultivation of future learning ability, such as the Big Data and information retrieval to strengthen legal practice teaching and improve professional education and technical skill training. However, at present, there are still some problems in the curriculum system of ML students in China, such as the unclear application-oriented characteristics, inadequate implementation of practical courses, weak practical teaching staff and so on. In the digital intelligenceera, the construction of the curriculum system for ML studentsshould follow the curriculum objectives oriented by the needs of the industry, strengthen the curriculum support centered on the cultivation of professional capability, and construct a result-oriented curriculum assessment standard. It is important of establishing a characteristic curriculum view based on the integration of students' professional development and legal professional ethics, optimizing the setting system of characteristic curriculum structure, standardizing the management of characteristic curriculum, and implementing the guarantee of characteristic curriculum, so as to better meet the needs of high-quality cultivation of rule of lawtalent in the era of digital intelligence.

Key Words: eraof digital intelligence, Master of Law, characteristic curriculum system, rule-of-law talent

绿色发展理念下环境法课程内容的完善*

王　楠**　李冰强***

摘　要:绿色发展理念下,环境法课程内容的定位是回应环境法绿色发展转型和践行环境法绿色发展理念。我国现有的局限于法律部门内部调试的环境法课程内容,难以实现对绿色发展理念的彰显;彰显不足表现为,扎根于法律部门的多样化环境法教材和局限于本部门内生调试的差异化占比都未能达到绿色发展理念对广泛性的要求。立足于绿色发展理念对环境法课程内容揭示、解释以及解决人类所面临的环境问题的任务要求,应以领域法为视角设置环境法课程内容;在对传统环境法律规范系统分类的基础上,在环境法课程中融入宪法、民法、刑法、行政法等内容。绿色发展理念下,完善环境法课程内容的配套路径包含环境法律规范的系统汇总、环境法授课教师的多专业选用和多样化环境法课程形

* 基金项目:国家社科基金项目"国土空间用途管制制度研究"(项目编号:20BFX159),山西省哲学社会科学规划课题"碳达峰碳中和的法律保障研究"(项目编号:2021YJO27)。

** 王楠,山西大学法学院博士研究生。研究方向:环境与资源保护法学。

*** 李冰强,山西大学法学院教授。研究方向:环境与资源保护法学。

式的甄选等方面。

关键词:绿色发展理念　领域法　环境法课程内容

绿色发展理念是与创新、协调、开放、共享发展理念并列的五大发展理念之一。作为一种新发展理念,绿色发展理念只有在国民经济和社会发展中得到具体贯彻和落实,才能真正发挥其作用。① 如何在绿色发展理念引领下完善环境法课程内容,是当前环境法理论和实务研究中亟待解决的重要议题。

一、绿色发展理念下环境法课程内容的定位

绿色发展理念以人与自然和谐为价值取向,以绿色低碳循环为主要原则,以生态文明建设为基本抓手;其基本内涵具有广泛性,包括但不限于绿色是发展的前提,发展是绿色的发展,发展目标不能脱离绿色等。绿色发展理念下,环境法课程内容应定位在回应环境法绿色发展转型和践行环境法绿色发展理念两个方面。

(一)回应环境法绿色发展转型

环境法课程内容对环境法绿色发展转型的回应主要体现在生态环境保护优先的深入推进、"一体化"保护和修复举措的应用及注重多维路径的耦合三个方面。

第一,生态环境保护优先的深入推进。绿色发展理念下,保护优先有两方面的含义:一方面,它是指事前预防优先于事后救济。生态环境保护的介入应充分考虑事后救济的环境保护手段可能付出的高昂治理、修复成本及损害行为的不可逆性恶果,在环境损害发生前采取预防性措施,对可能出现的环境损害予以提前规制。另一方面,它是指环境保护优先于经济发展。实现"保护和改善环境"与"促进经济社会可持续发

① 参见刘卫先:《绿色发展理念的环境法意蕴》,载《法学论坛》2018 年第 6 期。

展”的协同是我国环境保护法的立法追求,但当二者发生冲突时,应将发展经济让位于环境保护。

第二,“一体化”保护和修复举措的应用。“一体化”保护和修复是山水林田湖草沙等生态环境要素一体化保护和修复的简称,是“山水林田湖草沙统筹治理”的重要举措,②是有效克服分割式、碎片化的单一要素管理模式,形成协调有序、运转一体的管理机制的关键措施。

第三,注重多维路径的耦合。绿色发展理念下人与自然和谐关系的确立意味着环境法治应当统筹水土流失防治、空气污染治理、生物多样性保护、生态环境修复、自然资源保护、绿色发展等事务;统筹发挥政府、市场和公众的力量,实现多主体协同共治;通过科学的空间规划、严密的用途管制以及多样化的制度措施实现最优规制。③

(二)践行环境法绿色发展理念

环境法课程内容对环境法绿色发展理念的践行主要表现在培育环保法治意识、提高环保法治能力和服务于“生态人”的培养目标三个方面。

第一,培育环保法治意识。环保法治人才的培养不仅仅是一些所谓普遍性理论、知识及方法的获得问题,④而且涉及环境法价值属性、理念制度等环保意识的驾驭。生态环境破坏的重要原因在于环保意识的匮乏,诚如环境教育家大卫·奥尔(David W. Orr)所言,“生态危机的根源首先不是技术层面的问题,而是利用科学技术的头脑出现了问题”⑤。环境法课程内容的意义在于提高人们的环境法治意识,使人的行为与自

② 巩固教授从“山水林田湖草沙统筹治理”的政策表述出发,提出我国现行环境法需要整体转型和全面提升,并指出环境法典“自然生态保护编”应以“统筹治理”为主线安排体系结构,构建制度体系。参见巩固:《山水林田湖草沙统筹治理的法制需求与法典表达》,载《东方法学》2022年第1期。

③ 参见李冰强、王楠:《论黄河法的立法定位》,载《山西大学学报(哲学社会科学版)》2022年第3期。

④ 参见张师伟:《习近平法治思想在中国特色社会主义法治人才培养中的定向与铸魂作用》,载《法学教育研究》2021年第1期。

⑤ David W. Orr, *Earth in Mind: On Education, Environment, and the Human Prospect*, Washington, D. C.: Island Press, 2004, p. 2.

然相和谐;[6]其不仅可以培养学生权利、责任、理性等基本法律素养,还可以培养学生人与自然和谐共生的共同体意识、恪守环境法律操守的职业品质,为学生日后践行高质量发展理念、参与实现“双碳目标”等做储备。

第二,提高环保法治能力。环境法治人才的培养不仅涉及意识的养成,而且涉及能力的提升。环境法对科学的依赖和对现实主义的追求[7],意味着环保法治能力的提升需要在广博涉猎专业书籍的基础上,综合运用多种方法,通过多元渠道获知各种行业标准、技术标准,提升发现、分析和解决实践问题的能力。[8]

第三,服务于“生态人”的培养目标。工业文明时代对“经济人”培养的过分依赖,直接引起“以人为中心”“人定胜天”自然观的形成。绿色发展理念下,树立对自然的敬畏,培养越来越多适应生态文明发展要求的“生态人”[9]应成为环境法课程内容的目标所在。

二、既有环境法课程内容对绿色发展理念彰显不足

我国现有的局限于法律部门内部调试的环境法课程内容,难以实现对绿色发展理念的彰显;彰显不足表现为,无论是扎根于法律部门的多样化环境法教材,还是局限于本部门内生调试的差异化占比,都未能达到与绿色发展中广泛性的要求相符合。

(一)扎根于法律部门的多样化环境法教材

教材是课程内容的载体,是教育功能得以实现的重要媒介和工具,

---

⑥ 参见徐祥民:《环境与资源保护法学》(第2版),科学出版社2013年版,第176页。

⑦ 参见巩固:《环境法律观检讨》,载《法学研究》2011年第6期。

⑧ 参见张师伟:《新时代中国特色社会主义法治人才培养的立德要求及道德教育供给》,载《法学教育研究》2019年第3期。

⑨ “生态人”是具有良好生态素养、高超生态设计智慧特质,并有能力和意志投身于生态实践的能够适应高质量发展要求的人。参见时军:《环境教育法研究——以完善我国立法为目标》,中国海洋大学2009年博士学位论文,第38页;徐湘荷:《生态文明视域下环境教育的转型研究》,中国社会科学出版社2020年版,第123~126页。

是未亲临课堂而能了解课程内容的文本依据。虽然环境法教材在核心范畴、适用对象、内容侧重等方面的多样化明显,但其只是在环境法律基础之上的形式多样化,并不满足绿色发展理念对广泛性(实质多样化)的要求。

1.形式多样化特征明显。形式多样化特征表现在:第一,核心范畴的多样化。与环境法课程内容有关的核心范畴包括但不限于“环境法”“生态法”“环境与资源法”“环境保护法”“环境与资源保护法学”“环境法学”“环境与能源法学”等。第二,适用对象的多样化。适用对象是环境法课程内容的受众群体,为了满足具有不同教育背景的学生对环境法课程的需要和可接受程度,我国现有环境法教材可以分为非法学本科教材、法律硕士(非法学)教材、成人教育教材和法学本科教材。第三,课程内容侧重的多样化。这主要表现为理论型课程内容和实务型课程内容两类。需要注意的是,理论型课程内容中有实务内容,实务型课程内容中也有理论内容,区分二者的关键在于课程题目及实质内容。第四,人才培养定位的多样化。环境法课程内容的培养目标包含应用型人才培养、研究型人才培养和复合型人才培养三种。应用型人才培养侧重于通过法律思维的训练,提高将理论应用于实践的能力;研究型人才的培养侧重于通过法律思维培养,启迪独立思考和研究;复合型人才的培养侧重于培养综合应用思维,扩展法律知识面,提升处理复杂和多样化问题的能力。

2.实质多样化意味不足。实质多样化意味不足也即不符合绿色发展理念要求的广泛性。尽管环境法课程内容的形式多样化能够揭示环境法方兴未艾的发展态势,但其折射出的对传统法律部门的过分依赖及由此引致的不能以开放胸怀接纳绿色发展理念的局限仍旧不可忽视。通过环境法课程内容在名称、适用对象、内容侧重及培养定位上的多样化可以发现,暗藏在形式多样化背后的原因是对法律部门的依赖——在将环境法视为与民法、刑法、行政法等并列的法律部门基础上,根据实际需要对其进行选择性适用。诚然,现今的众多环境法教材立基于“环境”这一最核心范畴,以宣传“环境保护”法治思想、培养“环境保护”法治人才为目的这一定位固然没错;但在绿色发展理念之下,对“环境”进行狭义理解,仅将其限定为法律部门意蕴中的“环境”的做法有待商榷。

我们应在正视历史和面向未来的前提下积极适应和努力调整,在承认形式多样化的基础上,回溯学科设置本意,立足于实现绿色发展理念对环境法课程内容广泛性的要求,不必拘泥于法律部门,在环境法课程内容中融入更多符合“环境”本意的实质内容。

(二)局限于本部门内生调试的差异化占比

我国环境法课程内容的差异化占比是环境法本部门内生调试的结果,直指对工具理性的偏重,揭示法律部门理论的不足。

1. 环境法课程内容差异明显。现有环境法教材在编排思路上总体可分为“环境法总论”、“环境法分论”和“国际环境法”三部分。[⑩] 结合表1、图1可知,环境法总论课程内容占比为0.24~0.96,有74%的教材总论内容多于分论内容(序号1~28)。其中,总论内容占比小于等于0.33的有3部,占样本总数的8%;总论内容占比大于0.33小于等于0.50的有15部,占样本总数的40%;总论内容占比大于0.5小于0.67的有13部,占样本总数的34%;总论内容占比大于0.67的有7部,占样本总数的18%。结合表1、图2可知,环境法分论课程内容占比为0~0.65,有26%的教材分论内容多于总论内容(序号29~38)。其中,分论内容占比小于等于0.33的有17部,占样本总数的45%;分论内容占比大于0.33小于等于0.50的有16部,占样本总数的42%;分论内容占比大于0.50小于0.67的有5部,占样本总数的13%;所选样本中没有分论内容占比大于0.67的情形。

表1　各教材三部分占比

序号	教材信息	三部分占比
1	《环境与资源保护法》,武汉大学出版社	0.45 : 0.42 : 0.13
2	《环境保护法教程》(第4版),法律出版社	0.46 : 0.45 : 0.09
3	《环境与资源法学》,浙江大学出版社	0.47 : 0.33 : 0.20

⑩ “环境法总论”以环境法基础理念、基本制度的讲授为主;“环境法分论”以我国环境法律规范为依据进行分类讲授;“国际环境法”主要涉及基本内容和具体制度等。

续表

序号	教材信息	三部分占比
4	《环境法》,湖南人民出版社	0.48 : 0.45 : 0.07
5	《环境与资源保护法学》,兰州大学出版社	0.49 : 0.42 : 0.09
6	《环境资源法实务》*,中国法制出版社	0.50 : 0.35 : 0.15
7	《环境与资源保护法》(第3版),中国政法大学出版社	0.50 : 0.39 : 0.11
8	《环境资源法》,浙江大学出版社	0.50 : 0.44 : 0.06
9	《环境资源法》(第2版),中国政法大学出版社	0.52 : 0.38 : 0.10
10	《环境与资源保护法》,化学工业出版社	0.52 : 0.43 : 0.05
11	《环境与资源保护法学》(第3版),高等教育出版社	0.54 : 0.33 : 0.13
12	《环境法》,清华大学出版社	0.54 : 0.40 : 0.06
13	《环境资源法学》,对外经济贸易大学出版社	0.58 : 0.32 : 0.10
14	《环境资源法教程》(第3版),高等教育出版社	0.61 : 0.33 : 0.06
15	《环境法——制度·学说·案例》,武汉大学出版社	0.63 : 0.37 : 0.00
16	《环境法案例教材》*,南开大学出版社	(0.63 +0) : 0.37
17	《新编环境资源法学》,北京师范大学出版社	0.64 : 0.31 : 0.05
18	《环境与资源保护法学》,中国法制出版社	0.65 : 0.29 : 0.06
19	《环境法学》,中国方正出版社	0.67 : 0.24 : 0.09
20	《环境法案例教程》*,复旦大学出版社	0.67 : 0.26 : 0.07
21	《环境与资源保护法学典型案例》*,经济管理出版社	0.67 : 0.33 : 0.00
22	《环境资源法》,北京师范大学出版社	0.68 : 0.25 : 0.07
23	《环境法》(第2版),高等教育出版社	0.70 : 0.19 : 0.11
24	《环境法入门笔记》,法律出版社	0.73 : 0.16 : 0.11

续表

序号	教材信息	三部分占比
25	《环境法原理》(第2版),复旦大学出版社	0.80:0.20:0.00
26	《环境法》,人民法院出版社	(0.89+0):0.11
27	《环境法案例辨析》,高等教育出版社	(0.93+0):0.07
28	《环境与资源保护法案例》*,中国人民大学出版社	(0.96+0):0.04
29	《环境法》,厦门大学出版社	0.45:0.46:0.09
30	《环境法实训教程》*,法律出版社	0.45:0.47:0.08
31	《环境与自然资源法案例教程》*,知识产权出版社	0.41:0.48:0.11
32	《环境法》(第5版),中国人民大学出版社	0.31:0.50:0.19
33	《生态环境与资源法学》,法律出版社	0.45:0.50:0.05
34	《环境资源法实验案例教程》*,中国政法大学出版社	0.49:0.51:0.00
35	《环境与资源保护法》(第3版),中国人民大学出版社	0.30:0.53:0.17
36	《环境与资源保护法学》(第2版),科学出版社	0.45:0.55:0.00
37	《环境资源法概论》,高等教育出版社	0.24:0.60:0.16
38	《环境与资源保护法学》(第2版),西安交通大学出版社	0.35:0.65:0.00

注:"三部分占比"是指"环境法总论":"环境法分论":"国际环境法";*表示该书侧重于是实务型教材;序号16、26、27、28中的"()"表示书中没有对总论和分论进行明确区分,只是在编排上采用总论的规范形式。

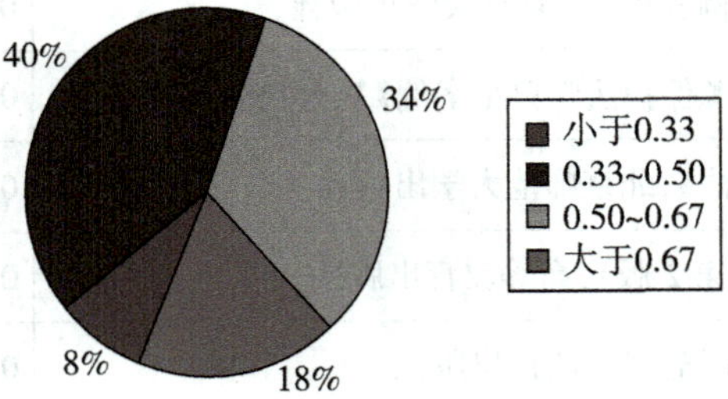

图1　总论部分各区段占比分布

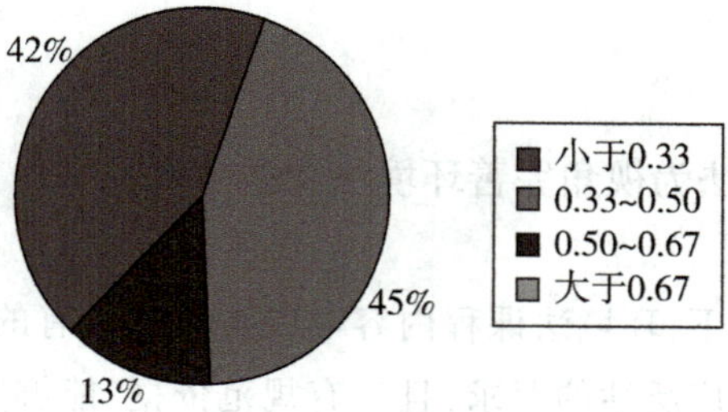

注:占比是对各部分内容重要程度的反映。三分模式下,占比小于0.33是对该部分内容核心讲授地位的否定;占比大于0.67意味着该部分内容属于绝对性的讲授要点;占比大于0.33小于0.50意味着该部分内容可能是讲授重点,但与其他部分势均力敌、差距不大;占比大于0.5小于0.67意味着该部分内容属于核心讲授部分,但仍旧不排除与其他某部分的均衡可能性。在"国际环境法"部分总体占比很小的情况下(见表1),占比小于0.33和占比大于0.67,基本能够推定出另外一部分的绝对要点地位。

图2　分论部分各区段占比分布

2. 差异原因在于法律部门内的自我调试。总论、分论内容的高比例抑或低比例归根结底与环境法课程内容目标和课程对象有关,并未涉及环境法课程内容的实质性增加。申言之,占比差异无涉绿色发展相关内容超本法律部门外的扩展,仅是对课程内容理性选择的产物。从对既有样本的梳理中可以发现,总论内容强调对环境法价值理性的培养,分论内容侧重于环境法工具理性的塑造。二者占比差异大背后反映出的是工具理性和价值理性的角逐。总论部分包含环境法的含义、特征、基本原则、体系、主要制度、法律责任、实施等;分论部分包含污染防治、生态保护和自然资源保护。通过对表1、图1和图2的观察可以发现,总论占比与分论占比总体相当或微小超越,意味着我国环境法课程内容并未完全跳出片面追求工具理性的完美,仍旧受工具理性偏好的桎梏。⑪ 现有以部门法视角为出发点的环境法课程内容尽管在总论中的环境法律责任、纠纷解决以及环境法基础理论部分会涉及部分其他传统学科的内容,但普遍问题在于没有尽述环境法课程内容。绿色发展理念要求环境法课程内容应更好体现价值理性,彰显环境法对绿色价值的追求。

---

⑪ 参见张师伟:《新时代中国特色社会主义法治人才培养的立德要求及道德教育供给》,载《法学教育研究》2019年第3期。

三、以领域法为视角完善环境法课程内容

领域法视角下,环境法课程内容可以扩大到所有的环境问题,契合绿色发展理念对广泛性的要求,且具有规范依据,能够实现与全要素环境法课程内容的统一。

(一)领域法与绿色发展理念相契合

现代汉语中的"领域"一词来源于《世说新语·文学》,原意是指一国主权所达之地,现多含有范围、部类、门类之意。它是一个可以根据使用偏好和场合进行多维解释的概念。领域法通过对法律规范划分标准从调整对象到问题定位的转接,为法律思维的改进、法律治理的优化开辟了新的路径。⑫

部门法理论难以满足绿色发展理念对环境法课程内容的要求,不合理之处在于不能很好解决学科交叉的问题。正如巩固教授所指出的,传统法律部门理论存在局限,不应机械遵循,且已被实践遗弃。⑬ 从我国现有法律体系的构成上看,环境法的产生具有明确的问题指向和回应特性,立足于对解决环境问题路径的制度思考,以环境危机法学阐释者的身份向外发声。环境法规则和传统法律规则之间的关系并不是非此即彼、新旧替代的关系,而是在法律体系的大树上生长出了新的枝干,它们同根同源。⑭

部门法理论下的环境法律规范散布在行政法和经济法两大部门法之中。环境法难能被调整管理或服务关系的行政法和调整国家对国民经济干预和参与的经济法完全涵摄,传统法律部门难以对其形成有效规制由此可见一斑。那么,是否能够在现有七大法律部门之外,独立创设

---

⑫ 参见刘剑文、胡翔:《"领域法"范式适用:方法提炼与思维模式》,载《法学论坛》2018 年第 4 期。

⑬ 参见巩固:《环境法是否独立法律部门之论争》,载王树义等:《环境法学重大理论问题之论争》,中国社会科学出版社 2022 年版,第 133 页。

⑭ 参见吕忠梅主编:《环境法原理》(第 2 版),复旦大学出版社 2017 年版,第 93 页。

一个新的环境法部门呢？答案应该是否定的。究其原因，环境法以人与自然之间的关系为调整对象，人与自然之间的关系必然会涉及民法、行政法、刑法等传统的法律部门；如果再独立创设一个新的法律部门，不仅会混淆环境法与其他部门法之间的界限，干扰学科体系的构架，而且会对旧有法学理论和法律体系造成冲击。

领域法视角下，环境法课程内容可以扩大到所有的环境问题，那么，什么是环境法讨论的“环境问题”呢？笔者认为，环境问题的核心在于有涉环境利益的纠纷，凡是与环境利益相关的议题都可以成为环境法的研究议题，都可以归入环境法领域。质言之，领域法视野下的环境法课程内容不再拘泥于对研究对象、研究方法等问题的无休止争论，转而以解决实际存在的环境问题为导向，意图用法的思路去揭示、解释以及解决人类所面临的法律问题。

(二)完善环境法课程内容的规范依据

领域法视角下，环境法课程内容可以扩大到所有的环境问题，契合绿色发展理念对广泛性的要求，在法律层面上能够涵摄“保护生态环境的法律规范”；我国现有的众多法律规范都可成为完善环境法课程内容的规范依据。

2018 年，生态文明被正式写入宪法，为保护生态环境确立最高、最权威、最根本的法律依据。第一，宪法序言彰显环境法理念。作为“新发展理念”之一的“绿色”，意味着宪法对“既要绿水青山，也要金山银山”的确认；标志着以最高立法的形式确认了生态文明与物质、政治、精神、社会文明同等重要的地位；揭示了必须站在中华民族伟大复兴的高度认识“美丽”以及“生态文明”的价值与内涵。第二，宪法正文体现环境法旨趣。《宪法》第 9 条“禁止任何组织或者个人用任何手段侵占或者破坏自然资源”的规定，表面上是对公民违法行为的禁止，事实上却是鼓励公民规范自己的环境行为，维护共同的生存家园。《宪法》第 9 条“国家保障自然资源的合理利用，保护珍贵的动物和植物”及第 26 条“国家保护和改善生活环境和生态环境，防治污染和其他公害”的规定，“体现国家兼具保护环境并改善环境的任务，这既是在进行目标分层，也会根据不同目标采取不同的治理手段和措施"[15]。《宪法》第26条"国家组织和鼓励植树造林、保护树木"的规定实质上赋予国家保护生态环境的积极义务,这也意味着环境法不应只是对破坏生态环境行为的应对,也应具有激励效能。《宪法》第89条"国务院的职权"的变化意味着"生态文明建设"与"经济工作"和"城乡建设"一道成为国务院的重要职责。

除宪法以绿色发展理念及制度的方式为环境法奠定规制基础外,传统部门法也对其进行了很好的表达。我国《民法典》第9条将"绿色原则"作为基本原则,并在物权编、合同编、侵权责任编用近30个条文建立了"绿色规则"体系,[16]为保护环境提供私法保障。规制环境犯罪同样是绿色发展理念的题中应有之义。我国刑法中的"污染环境罪""危害珍贵、涉危野生动物罪""非法狩猎罪""非法处置进口的固体废物罪""非法捕捞水产品罪"等都体现国家对破坏环境犯罪行为的惩治决心。值得注意的是,《刑法修正案(十一)》提高了污染环境罪的量刑档次(第40条),扩大对野生动物的保护范围(第41条),增加国家公园内非法开发活动的刑事责任(第42条),增加非法引进、丢弃外来入侵物种的刑事责任(第43条),并对环境影响评价和监测中介组织人员提供虚假证明文件的行为予以刑事制裁(第25条)。此外,在行政法和经济法部门中还存在大量的生态环境类法律。例如,汪劲教授通过梳理后总结出涉及环境、资源、能源、防灾减灾和循环经济的法律、行政法规、司法解释、部门规章、部门规范性文件分别为90部、274部、50部、4032部、2515部。[17]如此庞大的生态环境类规范性法律文件构建起我国环境法领域的基础和框架。需要注意的是,环境法领域不仅包含实体法,也有程序法;对生态环境的救济不仅可以通过传统的诉讼及非诉讼方式予以实现,而且可

---

⑮ 张震:《生态文明入宪及其体系性宪法功能》,载《当代法学》2018年第6期。

⑯ 参见《民法典》第9条、第179条、第274条、第286条、第290条、第293条、第294条、第322条、第326条、第346条、第375条、第378条、第379条、第509条、第558条、第619条、第625条、第990条、第1229条、第1230条、第1231条、第1232条、第1234条、第1235条等。参见吕忠梅:《民法典绿色条款的类型化构造及与环境法典的衔接》,载《行政法学研究》2022年第2期。

⑰ 参见汪劲:《论中国环境法典框架体系的构造和创新——以中国民法典框架体系为鉴》,载《当代法学》2021年第6期。

以通过环境公益诉讼及生态环境损害赔偿诉讼进行。

（三）全要素环境法课程内容的确定

领域法视角下的环境法课程内容应体现对山水林田湖草沙冰等生态环境要素的整体系统保护。

第一，要注重环境法课程内容中生态环境要素的统筹性。在有涉环境法的功能、性质、含义、特征、范围、内容、体系、渊源等的内容中关注生态环境多元共治制度的梳理和分析，注重要素相关性的考量，加强生态环境各要素保护与跨区域协同治理机制的衔接，关注生态环境要素保护与其他事宜的联系。此外，要处理好环境法课程内容与高质量发展模式、生态环境预警、自然资源资产监管、生产生活方式改变的衔接和对应关系。

第二，要深耕环境法课程内容细节，推动环境法课程内容的转型。一要紧跟环境领域法的时代步伐，结合规范性环境法律文件在内容和实施程序、机制等方面作出的调整，以宪法、环境保护法为遵循，对环境领域的法律、法规、规章等予以讲授。环境法内容和程序的讲授应体现时代性的要求，及时筛查并剔除与时代要求相左、不能体现生态文明旨趣的、不合时宜的规范及制度。二要注重国外先进经验的合理借鉴，彻底摒弃对国外制度的绝对性依赖，增强制度自信。例如，在环境立法技术的讲授中，要以问题为导向，关注中国实际问题的解决和解释，讲好中国话。绿色发展理念下，环境法课程内容不再是一个单纯的环境法问题，而应充分考虑经济、政治、文化、社会等方面的差异性，结合各地环境承载能力、风险应对能力等的差异展开制度设计，在涉及关键性问题的解答和论证时要注意法律继承和法律移植，最终服务于时代问题的解决。此外，环境法课程内容应做到与立法、执法和司法的充分结合，涵盖司法规范和流程，细化操作规范，体现行政执法、包容审慎监管等内容。

四、完善环境法课程内容的配套路径

完善环境法课程内容，可辅之以环境法律规范的系统汇总、环境法授课教师的多专业选用,以及多样化环境法课程形式的甄选。

(一)环境法律规范的系统汇总

环境法律规范的系统汇总是完善环境法课程内容的重要一步。为此可从以下两个方面着手:

其一,可以在授课之初给学生罗列出有关环境法学授课的现行规范。还可以包括与绿色发展相关的散布于其他法律法规中的规定,如《民法典》中的绿色条款,《刑法》中的环境类犯罪。通过法律规范的给定,可以提升学生的学习兴趣,有效补给环境法授课课时的不足,助力学生尽快"入门"。需要注意的是,在环境法课程内容的学习过程中,可以让学生们自行寻找相关法律法规,并鼓励其根据自己的看法进行分类,这对于课程内容的掌握、学生学习兴趣的养成和学习能力的提升都不失为一方良药。

其二,可以围绕课程内容提出问题,鼓励学生发散式思考。以山水林田湖草沙等生态环境要素一体化保护和修复为例,在对现行环境法律规范的汇总分类的基础上,可以要求学生分别按照生效时间进行分类,对各个阶段的特点予以分析,并在此基础上鼓励学生对存在的问题予以探究。⑱ 这一过程中,法律规范系统化汇总的重要作用在于直观明了,并能够就此完成从抽象到具体的转换。当然,规范的系统化只是第一步,要鼓励学生对老师的观点提出质疑和建议,如前述议题下,要鼓励学生在理解行文思路的基础上,提出对授课教师有关我国山水林田湖草沙法治保障阶段和目标的分类是否合理,对我国山水林田湖草沙法治保障存在问题的定性是否准确等的质疑,并据此提出优化建议。在批判和对批判的批判中提升学生学习兴趣,提高学生学习效率。

(二)环境法授课教师的多专业选用

中国特色社会主义法治对政法人才的要求,早已超越了工具理性,

---

⑱ 参见王楠、李冰强:《山水林田湖草沙一体化法治保障研究》,载《河南司法警官职业学院学报》2022年第1期。

而提出了在价值理性层面的高要求。[19] 受制于传统部门法的专业化限制，环境法课程往往只能由具备该部门法教育背景的老师进行讲授。领域法视角下环境法课程内容的综合性和交叉性特征意味着环境法课程讲授不能再仅仅依靠环境法部门的“一己之力”，需要借助其他学科的“一臂之力”才能予以完成。此外，环境领域法学的学科定位意味着环境法课程内容讲授可以突破对环境法教育背景教师选用上的局限，根据讲授专题的需要合理安排不同授课教师“客串”。例如，可以邀请其他学科老师，讲授绿色原则及制度在私人生活领域中的体现，讲授环境侵权救济的实体法和程序法路径，讲授宪法顶层设计中对环境法治的要求等。

（三）多样化环境法课程形式的甄选

就教学过程而言，最核心的问题是教学方法。[20] 环境法学的基础理论、司法实务以及研究方法等知识的传授离不开灵活机动的教学方式加以辅助配套。[21] 绿色发展理念下环境法授课方式的选择应以实现最多化授课内容—最少化课时花费—最大化学生掌握为圭臬，在科学判断课程内容主次和难易程度的前提下，灵活选用授课形式。其一，在教学方式的选择上。要通过采用灌输式讲授、视听演示、PBL（Problem-Based Learning）案例教学、法庭模拟、圆桌课程、审判观摩、翻转课堂等方式开展环境法学教学实践，增强学生学习和思考的主动性，使学生从“旁观者”进入“体验者”“参与者”的角色去分辨法律事实、寻找法律规范、进行法律论证、解决法律问题，进一步增强实践教学的有效性。需要注意的是，任何一种教学形式都会有其优势与不足，在教学方式的选择上并没有绝对的好与不好，适合与不适合才是衡量或选择教学方式的唯一标准。其二，在教学媒介的运用上。囿于环境法内容的繁多，单纯依赖线

---

[19] 参见张师伟：《新时代中国特色社会主义法治人才培养的立德要求及道德教育供给》，载《法学教育研究》2019 年第 3 期。

[20] 参见巩固：《对作为核心课的本科环境法教育的几点思考》，载竺效主编：《环境法教学与人才培养论文集》，法律出版社 2019 年版，第 9 页。

[21] 参见白洋、吴庭刚：《生态文明视角下环境法学的教育反思与功能完善》，载《知与行》2017 年第 3 期。

下教学势必会出现“课时不够用”的问题;[22]突破教学场地限制,灵活使用互联网媒介,充分利用学生课余时间,是有限的教学时间和空间得以延伸的有效路径。为此,要充分利用微博、QQ、微信、腾讯会议、雨课堂、慕课、B站、学习强国、百度云、学习通、企业微信等互联网媒介把相关课程内容与学生共享,由此既扩充了学习广度,又增强了教学效果。

On the Perfection of the Curriculum Content Environmental Law Course under the Concept of Green Development

Wang Nan　Li Bingqiang

Abstract: With the concept of green development, the orientation of environmental law teaching content is to set to respond to the transformation of green development of environmental law and practice the concept of green development of environmental law. The current environmental law curriculum content in China is limited to the internal debugging of the legal department, which is difficult to actualize the concept of green development. Both the diversity of environmental law teaching materials rooted in the legal department and the differentiation ratio limited to the internal debugging of the department fail to meet the requirements of the green development concept for universality. Based on the task requirements of revealing, explaining and solving the environmental problems faced by human beings by the concept of green development, the content of environmental law course should be set up from the perspective of domain law. On the basis of

[22] 据统计,环境法课程一般为2~4学分,以3学分为主。课时安排最少20课时,最多98课时,以36课时居多。

systematic classification of traditional environmental legal norms, the contents of constitution, civil law, criminal law and administrative law are needed to be integrated into environmental law courses. Under the concept of green development, the supporting ways to improve the content of environmental law courses include systematic summary of environmental law norms, multi-specialty selection of environmental law teachers and selection of diversified environmental law course forms.

Key Words: green development concept, domain of the law, environmental law course content

比较研究

法律教育中哲学的使用与滥用*

玛莎·努斯鲍姆 著** 韦洪发 译***

摘 要：法律教育中追求科学化和客观性的倾向给法律教育带来危害，哲学在法律教育中的作用不容无视。努斯鲍姆教授从捍卫苏格拉底并延续其追问出发，描述了法律教育中哲学能为其带来助益的几个领域。她认为法官和法律思考者应该多一些苏格拉底式的好奇，在掌握相关经验信息的情况下，对基础性议题之精微部分进行协同且严谨的探索。她认为此种思考对于人类而言具有普遍的益处。因此，她主张让法科学生学会好奇，学会进行哲学追问和哲学分析。同时，本文还讨论了法律教育中哲学探讨的限度和在具体教育活动中哲学探讨应该采取的恰当形式。

关键词：法律教育 哲学 好奇

---

* 原文发表于 Stanford Law Review, Vol. 45, No. 6, 1993, p. 1627 - 1645。翻译已获努斯鲍姆教授和《斯坦福法律评论》授权。汉译版注释部分略有删节。

** 玛莎·努斯鲍姆，布朗大学校聘教授，哲学、古典学和比较文学教授，芝加哥大学客座法学教授。目前，努斯鲍姆教授是芝加哥大学法律与哲学系教授。其被誉为当代"最具创新和最有影响力的"哲学家之一。

*** 韦洪发，吉林大学马克思主义学院副教授，法学博士。研究方向：马克思主义法理学。

一

苏格拉底走向一位主政者,后者"自恃聪慧,而众人似乎亦作如是观"①。他就后者所声称的专业知识提出哲学质疑,如其经常所为,他请后者对诸如平等、正义和法律等一些核心的法律和政治概念给出融贯解释。此政治家无法令人满意地回答苏格拉底的问题。苏格拉底表示惊讶。他转身离开,并认为终归还是他比此君所知略多,因为至少他知道这些概念有多难,并且知道他对这些概念的理解多么不足,这位政治家不仅没有充分理解这些概念,对其不足还不自知。苏格拉底的结论是,他对民主政府非常重要,因为民主政府就像"高大雄壮的骏马,其庞大身躯使其行动颇为迟缓",而他就像一只马蝇,不断叮咬骏马,使其保持些许清醒。

当哲学家如是行为,他们着意帮助的人们并非总是高兴。苏格拉底说应该给他一个无须进行绩效考核的终身带薪职位,②颇似美国联邦法官职位。众所周知,雅典公民们不以为然。对于深度浸淫于实际事务者而言,哲学家总是稍显可疑。他为何如此超脱?其实际专业领域何在?凭什么他没有相关领域的专业证书,却从根本上质疑诗人、经济学家、律师或生物学家?③ 正如卡里克利斯(Callicles)对苏格拉底所言,此种行径于青少年尚可理解,但一经成人,就必须进入一个真正的行当,否则会遭人耻笑和嫌怨。

---

① Plato, Apology 20C. 本文所有古典文本的翻译皆我亲为,所有注释均采用诸学术版本中这些作者被引时的标准编号。苏格拉底与之交谈的人物被称作"一位政治家(politikoi)",文中,他被类比为其他诸如诗人和匠人等"专业人士"。由于某一特定阶级的所有公民都以忙于公共事务为荣,并且由于当时没有现代意义上的职业政客,此人必定是将其很大一部分时间投入政治活动之人。并不清楚其职务或兼职。"Sophos"一词我译作"聪慧"(knowing and clever),其含义是"智慧",但也暗指精明油滑。

② 苏格拉底指出其乐于投身哲学而穷困潦倒,因此城邦甚至有更强大的理由来支持他。

③ 柏拉图早期和中期对话的参与者都表达了所有这些担忧。

然而苏格拉底严肃主张,其根本性质疑能带来实际利益。他似乎认为,各行各业及公共生活中的人们,对其行当及相关核心概念和行为有直观认识,这些认识本质上没有问题;但模糊、矛盾、严谨性不足或仅仅是时间不够,都会使这些大体良好的直观认识无法达致对概念的恰切表达和使用。哲学从谈话者那里找到素材。哲学不是教化灌输,它不从外部进行供给。通过系统且清晰地梳理人们几乎不会为自身或在自身内部进行梳理的内容,哲学提供一种重要的公共服务,并有助于职业教育的形成。④

亚里士多德主张哲学训练对未来的立法者非常重要,他也做了类似论证。如其所言,我们的起点和归宿都是人们自己的信仰和观念。它们是我们的主题和证据:哲学家们不能只是构筑空中楼阁。哲学梳理还具有一个显著的实际功能:

> 因为随着工作的推进,我们也会从真实但不清晰的表述中获得清晰性,我们总是从通常含混的表达走向更为明晰的观点。每次探究中,以哲学方式和非哲学方式进行的论辩之间存在差异。因此,政治人进行此种反思,不仅明晰事实,还要明晰原因,我们决不能认为这纯属多余:这是哲学家在每一领域所作的贡献。⑤

苏格拉底和亚里士多德都认为严密和清晰对于实际有用性而言都嫌不足。苏格拉底自身和智者派截然不同,而亚里士多德就在上文引用的段落中继而区分了他自己的方法和那些蔑视人类经验及经验性事实的油滑聪慧者的方法。然而,他们似乎确实认为,要想真正完成职业教

---

④ 关于苏格拉底法则(Socratic elenchos)的一个类似解释,请参见伏拉斯托斯(Vlastos)的著作,Gregory Vlastos, Socrates, *Ironist and Moral Philosopher*, Cambridge University Press, 1991, p. 107 – 131。伏拉斯托斯(Vlastos)争论认为,苏格拉底法则预先假定正在被检视的信念的根本可靠性;这就是为什么他相信无需先在的灌输,梳理自身就能生产证据。他辩称这是柏拉图拒斥苏格拉底方法的一个原因。

⑤ Aristotle, *Eudemian Ethics* 1216 a 26 – 39.

育,哲学至少是必要的。⑥ 我打算支持他们的主张。我不会像苏格拉底那样要求市政厅因为我的服务而供养我。但我将尝试使苏格拉底关于哲学的辩护比通过抽签决定的雅典公民陪审团所看到的更为合理。⑦那么,为什么哲学应该是法律教育的一部分呢?

当前仍主导法学界的法律教育观是一个从科学那里借用的观念。兰代尔主张,为了表明法律不仅仅是一门手艺,法律教育也不仅仅是学徒制,就必须表明法律之学是一门科学。请案件充当其进行培根式归纳的数据,从这些数据出发,法律研究者得出法律原则并在一种演绎式层级中将这些原则系统化。兰代尔所谓"真正的法律人"是指"其能够很好掌握法律原则并能将它们非常便利且非常确定地适用于复杂纠缠的人类事务"⑧。在其关于法律教育在如哈佛这样一所伟大的大学中配得上一个崇高地位的论辩中,兰代尔从来没有追问法律在属于(甚或不属于)科学学科的同时是否属于人文学科,这非同寻常。他认为与科学结盟是法律捍卫自身作为一个有序且理性之学科的唯一方式。

该观念影响巨大,它一直是反对法科学生投身哲学这一观念的一个核心来源。例如,在《法学研究杂志》第一卷的后记中,理查德·波斯纳将该刊物的目标描述如下:

> 该刊旨在鼓励将科学方法适用于法律体系的研究。如生物学之于生物体,天文学之于星球,抑或经济学之于价格体系,法学研究之于法律体系的关系也应如此:法学研究致力于对法律体系的实际运行方式进行精准、客观和系统的观察,并发现和解释观察中反复出现的程式——该体系的"法则"。尽管已经作出了一些杰出的开

---

⑥ 这成为希腊化时期诸如伊壁鸠鲁学派、斯多葛学派和怀疑论者等各哲学流派的核心主题,我在下述作品中探讨了他们对哲学的现实益处的解释:Martha C. Nussbaum, *The Therapy of Desire: Theory and Practice in Hellenistic Ethics*。

⑦ 请记住,令人惊讶的是,该陪审团很多人投票支持苏格拉底的狂妄主张。苏格拉底发现(在总数500人的陪审团中)只要另外30人投票支持,他就能逃脱惩罚,他对此表示讶异。Plato, Apology, 36A.

⑧ William L. Twinning, *Karl Llewellyn and the Realist Movement*, Cambridge University Press, 1973, p. 10 – 15.

拓性工作，但显然我们的学科仍处于前科学阶段。[9]

请注意，与兰代尔类似，波斯纳将精准等同于科学的精准，将客观性等同于科学家们通常认为他们所取得的那种客观性，[10]将系统性秩序等同于科学中所寻求的那种系统性秩序。他没有追问其他学科是否包含它们自己关于精准性、客观性和严密性的规范，也没有追问，如果存在这样的规范，其中哪些对法学可能最有助益。此种假定对法律教育一直有巨大影响。今天的法科学生通常至少会学习一些经济学知识，因为人们经常主张这是理解法律时最为相关的科学（如果经济学是科学的话）。他们极少会就这整个科学性假定发问，也极少去找寻关于严谨性和系统性的其他理解。这里，苏格拉底可能会有些恼人的问题要问，尤其当他怀疑他的对手对其专业知识的自信超过其回答涉及专业知识问题的能力时，那就非问不可了。这里，我指的并不是苏格拉底式的人物波斯纳，如果是好的论辩，他总是乐于被反驳。我所指的是法律行当中“自恃聪慧，而众人似乎亦作如是观”的那些人。如果法律行当中没有这号人，那么我就没针对任何人。

我将描述法律教育中在我看来哲学能为其提供诸多助益的几个不同领域，以此开启我捍卫苏格拉底并延续其追问的工作。完成此项工作，同时不界定哲学及其内在发展，这颇为困难，但我希望行文中我将给出足够的例证以明确这些追问的范围。之后，我将考量针对在法学院讲授哲学这一做法的一些反对意见。最后，我将提出妥善完成此项任务的一些策略。

---

⑨ Richard A. Posner, *Afterword*, J. Legal Stud. 1, 1972, p. 437.

⑩ 我如此表述是因为与描述科学能取得的成就和已经取得的成就的顶级哲学家相比，科学家们在主张客观性时总体上往往不那么微妙和谨慎。一流的科学哲学家并不必然就可获得的客观性的种类和程度在科学和社会探究之间作出严格区分。参见 Hilary Putnam, *Objectivity and the Science-Ethics Distinction*, in Martha Nussbaum & Amartya Sen eds., The Quality of Life, Oxford University Press, 1993, p. 143。

(一)关于法律论辩中一些基本概念的追问

典型的苏格拉底式追问要就被追问者在其[11]职业活动中一直使用但并未真正向世人和自身作出澄清的某一(或某些)概念进行检视。法律论辩通常使用诸如正义、平等、自由、自由意志、情绪、性和性欲以及生活(生命)质量等概念,职业哲学家已投入大量精力来理解这些概念。律师和法官经常就这些概念作出理论主张。司法意见中充斥着此类主张。但相关讨论极少展示出对哲学家们所做的严谨工作哪怕最为初级的意识,这些工作很可能有助于法官或律师澄清他们关于此类问题的推理过程。我列举四个具体的例子。

1. 自由意志。目前,斯坦福大学法学院正在使用的一本由萨尔茨伯格(Saltzburg)和凯普拉(Capra)撰写的关于刑事诉讼程序的教科书中[12],在思考刑事审判中供述的可采性(the admissibility of confessions)时,学生们受邀思考下述问题:"存在供述的案件中'自由意志'是一个可行的标准吗?"随后,学生们要读取波斯纳法官[13]最近关于"压倒自由意志"判准的陈述。在该陈述中,波斯纳认为,严格意义上的"自由意志"会排除"羁押讯问的几乎所有成果",因为此种情形下所有关于供述的决定都不能被认为是完全自由的。波斯纳认为,真正重要的问题是:

> 政府是否使被告在是否供述这一问题上不可能作出理性选择——换句话说,政府使被告不可能权衡作出供述的利害并根据当时的情形作出相应选择……警方获准利用嫌疑人的无知、焦虑、恐惧和迟疑;只是不准警方将此种恐惧和迟疑等放大到使嫌疑人不可能作出理性决定的程度。[14]

---

[11] 在雅典,苏格拉底不可能真正质问女性,因为女性公民不外出。但其宣称,在死后的来生,他计划既质问男性,也质问女性。冥府没有施加此种限制。参见 Plato, Apology, 40C。

[12] See Stephen A. Saltzburg and Daniel J. Capra, *American Criminal Procedure: Cases and Commentary*, 4th edition. , West Academic Publishing, 1992.

[13] See United States v. Rutledge, 900 F. 2d 1127, 7th Cir. , 1990.

[14] See United States v. Rutledge, 900 F. 2d 1127 ,7th Cir. , 1990, p. 1129 – 1130.

萨尔茨伯格和凯普拉接着问道:“波斯纳法官是否公正地描述了上述情形?其分析与弗米南特(Fulminante)原则是否一致?”

不对相关概念进行系统且严谨的哲学思考,这些问题无法得到有效回答。波斯纳在该问题上取得了进展,因为他注意到所有自由意志标准在其适用过程中是多么模糊和混乱,而整个自由意志概念又是多么充满争议且模糊不清。面对如下两个问题:“这位被告就是否作出供述有办法进行理性选择吗?”“当被告作出供述时,其意志是自由的吗?”波斯纳正确地认为,第一个问题更容易回答。在其《法理学问题》⑮一书的有趣讨论中,他更进一步争论认为(通过引证传统和现代哲学的讨论)自由意志事实上应该被解释为作出理性选择的能力,而非法律中经常以许多模糊且具体的方式所作的解释。但我认为这里还有一些难题需要进一步思考。

首先,作出理性选择这一观念并非如波斯纳所认为的那样清晰。他在《法理学问题》中对该问题的讨论尽管比许多法律讨论更富哲学意味,但以哲学论辩自身的标准来看仍嫌粗略和肤浅。其没有区分哲学论辩中不同派别所使用的对理性的不同解释,并且其似乎认定波斯纳自己基于经济学⑯对理性所作的理解是界定自由时的不二之选。但对此争论颇多,甚至在关于自由意志论辩的背景中也是如此。我认为近来对哲学中这些问题作出最佳解释的是苏珊·沃尔夫(Susan Wolf)的佳作《理性范围内的自由》⑰,该书确实主张(其细致而严谨的论辩本会对波斯纳

---

⑮ See Richard A. Posner, *The Problems of Jurisprudence*, Harvard University Press, 1991, p. 171 - 189.

⑯ 人们能在关于自由意志的界定中看到这一点。(“使手段适配目的意义上的理性选择,不管那些目的是如何选定的,也不管‘适配’是否涵括持续的思考行为。”)

⑰ See Susan Wolf, *Freedom Within Reason*, Oxford University Press, 1990.

本人的探讨有所助益[18])自由意志应基于作出理性选择的能力来理解。但沃尔夫对理性选择的理解与波斯纳存在重要不同:沃尔夫将理性界定为对某些伦理论辩作出回应的能力,那些伦理论辩中涵括的目的的本质实际上对决定此人的理性或非理性至关重要。波斯纳的讨论太过粗略,没有作出这些重要区分。

其次,萨尔茨伯格和凯普拉在问及弗米南特原则时似乎意有所指。[19] 因为此种情形中存在"压倒意志"的问题,不能将此问题轻易简化为波斯纳意义上的理性选择问题——甚或不能将其简化为沃尔夫意义上的理性选择问题,而其似乎又对供述的可采性提出了严肃质疑。弗米南特涉嫌一起令人毛骨悚然的儿童谋杀。他还没有被以此犯罪起诉,却因另一犯罪行为正在坐牢。在此期间,一位警方线人诱使其作出了供述,警方线人告诉他其他犯人怀疑他涉嫌谋杀儿童并因此将会对其动粗,而如果弗米南特向其供述,他会为对方提供保护。在主张如此获得的供述不可采信的总结性陈述中,怀特大法官在列举利害的同时,没有

---

⑱ 波斯纳的方法依赖对大量文献的快速概括,该方法的一个困难是,其几乎不能带来与相关论辩之本质和细节相关的微妙的批判性接触。哲学家往往以科学文章在其他地方被引用的方式引用,即作为权威被引用——但波斯纳没有告诉我们他为什么选择涵括关于自由意志的某种讨论而非另一种讨论,或者他对其所赞同的论者们经常是激烈且细致的争论作何评价。参见 Richard A. Posner, *The Problems of Jurisprudence*, Harvard University Press, 1991, note 19, p.172。(他引用了关于自由意志的许多论述,而仔细检视就会发现,它们立场并不一致,存在许多深刻分歧。)此外,波斯纳往往重视那些知名且受尊重的哲学家关于自由意志的观点,但忽视了这样一个事实,即他们的声望可能源自非常不同的贡献。我认为,被要求指出近年来在自由意志问题上作出最佳贡献者,没有哪个靠谱的哲学家会提名奎因(Quine),尽管奎因当然是20世纪主要的哲学家之一。戴维森(Davidson)的贡献显然是其高度争议但又受到广泛尊重的广义行动哲学进路的重要组成部分。然而波斯纳的处理方式是,他似乎可以在自己的讨论中将他们贡献的那些部分摘取出来作为权威使用,而不用追问:第一,他是否赞同他们的诸论述的所有前提;第二,他们的贡献事实上是否是相关话题的最佳论辩。

⑲ See Arizona v. Fulminante, 111 S. Ct. 1246 ,1991.

争论认为弗米南特不能作出理性选择。[20] 相反,他论称,尽管在此情形中弗米南特的思考过程完全理性,但该情形中的威胁因素使供述并非自愿。因此,似乎不能说波斯纳提供的备选提议完全且充分地体现了自愿和自由问题。也许自愿和自由的语言在此引发了误导,我们应该寻找其他术语以描述这些存在心理约束的情形。(例如,亚里士多德将此种情形称为"混合行为",既非不情愿,亦非完全自愿,因为行为主体是出于"对更大邪恶的恐惧"而行动。[21])但该道德问题的核心仍然重要:弗米南特肯定遭遇了强制,就像其被洗脑或服用了毒品一样,尽管方式并不相同。也许波斯纳会认为,自由意志问题的其他部分在道德上和法律上并不重要。无论如何,都不应将这一问题像它只是一个可以被更为清晰的成本——收益理性轻易替代的模糊概念一样如此轻率地抛开。(事实上,有人可能补充说,经济学理性概念的一个最为显见的难题是,它在解释此类冲突时困难重重。[22])我认为这一领域中某种苏格拉底式的哲学追问,辅之以对最好的哲学家在这一领域的贡献的反思,会给整个讨论带来很大助益。

2. 情感。由于我最近已经撰文详细讨论这一话题,在此只作简要阐述。但这个例子非常重要,我不想将其完全省略。司法意见中经常讨论情感以及"情感"与"理性"的关系。这些讨论纷乱芜杂。相信情感在司

---

[20] 参见Arizona V. Fulminante, 111 S. Ct. 1991, p. 1252 - 1253。当然,他没争论认为弗米南特不符合沃尔夫关于理性的标准,他也没有提及沃尔夫的讨论或相关更早的讨论,他亦没有努力应对他们提出的问题。但实际上,在沃尔夫的意义上,弗米南特显然是理性的,能够对涉及善和真的原因作出回应。至于决定是否犯罪,那是另一个问题,如果他确实犯了罪,他是在以沃尔夫意义上的理性行事。

[21] Vgl. Aristotle, *Nicomachean Ethics* Ⅲ. 1, at 1110a3 ff. 亚里士多德所举的例子包括在风暴中为了拯救自己和船只,一个人将货物扔下船,另一个人在暴君命令下(暴君手握此人父母儿女的性命,如果其不从,暴君会杀掉他们)做了"令人不齿"之事。亚里士多德认为,一般而言,这些事情没有选择余地,在特定情形中,"任何理性的人"都会如此选择。由于作出相关行为的人完全清楚这些情形及其行为的性质,它们更像自愿行为;但是,它们是非自愿的,因为这些行为人们一般不会选择。

[22] 参见Henry Richardson, *Rational Deliberation of Ends*; Amartya Sen, *On Ethics and Economics*, 1987。我在下述文献中也探讨了这一问题:Martha C. Nussbaum, *Plato on Commensurability and Desire*, in Martha C. Nussbaum, Love's Knowledge: Essays on Philosophy and Literature, 1990, p. 106 - 124。

法考量中无容身之处者和持相反意见者一般都依赖一种将情感与理性甚至在有些情形中将情感与道德判断简单对立的观点。没有人停下来追问:情感和理性之间的关系到底为何?情感本身为何物?其是否以及如何立基于信仰之上?其是否以及如何表征关于其对象的观念?其是否以及如何经由论辩加以修正?这些追问是从柏拉图直到罗纳德·德·索萨等哲学家对情感进行哲学探究的基本起点。情感并非盲目的驱动力,而是感知或思想的形式,其对世界观以及观念的变化高度敏感,晚近的哲学著作以及人类学和心理学著作对此有相当程度的共识。然而,法官们假装这种讨论并不存在。在最近一个法官指示陪审团的案件(jury-instruction case)即加州诉布朗案(California v. Brown)中,大法官奥康纳执笔多数派意见,她对比了"对被告背景、性格和罪行的合乎理性的道德反应"与"仅仅是同情或情感"。然而,持反对意见的大法官布莱克门在为情感辩护时使用了理性与情感之间惯常且模糊的差异:"尽管量刑法官不剥夺被告生命的决定有时可能是理性或道德的,但这有时也源于被告诉诸量刑法官的同情或仁慈,这些人类品质在本质上无疑是情感性的"。这里我认为一些哲学追问将对许多法律领域中处理这些问题的方式作出重大贡献——即便只是为了向年轻法律人表明不应认为这些对立的概念是理所当然,需要进行更多追问。

3. 性倾向。法官们经常就涉性案件作出裁决。正如波斯纳法官所充分论证的,他们的任务完成得很糟糕,如他们掌握的历史和科学信息远远不够。波斯纳的专著《性与理性》清楚地表明了这些更为宽泛的知识在涉性裁决的法律理解中所发挥的作用。但其分析指向了更多内容:一个哲学难题。其比较数据和跨文化数据所表明的是,对于我们而言自然而必要的性范畴实际上是历史的产物。在这一意义上追问性欲和性情感在何种程度上是"社会建构"的结果,这会将我们引入一个特定领域,在该领域中,哲学(尤其受到福柯重要著作的影响)最近与历史学和人类学形成了丰富而富有成果的合作关系。[23] 哲学对这一共同事业贡献巨大,因为正如苏格拉底在柏拉图的著作中已经表明的,[24]如果对诸如何为欲望、何为情感、何为快乐、欲望与身体的刺痛或疼痛有何不同等问题没有充分的理解,一个人就无法很好地将该探索引向"社会建构"。[25] 在我看来,即便在这些领域中如福柯这般重要的人物,就其没有充分追踪这些基础性问题(如其假定快乐自身只是强度不同的某种感觉,没有必要追问快乐是什么[26])而言,也嫌不足。苏格拉底和柏拉图认识更为深入。如福柯和波斯纳所作的历史和比较研究会使这一重要领域的法律著作远优于当前水平。在哲学深度和基本概念的严谨性方面更进一步则会使其更上一层楼。

4. 生活质量。法律经常谈及人类福祉,谈及人的生活状况。法律还会谈及某些人群和国家的生活状况。有时人们假定当一个人问及此类问题时,他知道自己在找寻什么。(此种情形中,该假定分两种情形:在个人情形中,被测度的是某种形式的欲望满足或偏好满足;在群体或国族情形中,关注的是某种形式的总体效用或平均效用,抑或总体或平均

㉓ 该领域文献范围极广且数量巨大,无法充分引用,但就古希腊的证据而言(由于人们对其有详细了解并且已经出版了一些佳作,其在理论上很重要),参见 K. J. Dover, *Greek Homosexuality* ,Harvard University Press, 1978; David M. Halperin, *One Hundred Years of Homosexuality and Other Essays on Greek Love* , Routledge, 1990; John J. Winkler, *The Constraints of Desire*: *The Anthropology of Sex and Gender in Ancient Greece*, 1990。

㉔ 我所指的是下述作品对欲望、情欲和情感中本质的探索:Books Ⅱ – Ⅳ of the Republic, in Plato, Phaedrus, and in Plato, Philebus(两部作品的整个论辩都是如此)。

㉕ 在 Plato, Republic Books Ⅱ – Ⅲ 中,苏格拉底辩称,社会的正确组织能够阻止某些欲望和情感的形成,尤其是恐惧和怜悯;在 Books Ⅳ, Ⅶ和Ⅸ中,他对待性欲的立场更为模棱两可,认为性欲是身体机能的天然构成部分,但不仅能被社会教化所控制,还能被其改变。如此一来,他靠近了现代"社会建构主义"立场。就情感和性欲方面而言,希腊化时期的哲学家们与这一立场走得更近。我在 The Therapy of Desire 中探讨了他们的观点,并以《建构爱、欲望和关怀》(*Constructing Love*, *Desire and Care*)为题在 Brown University Conference on Law and Nature 大会上作了口头发表,相关论文集即将出版。

㉖ 我在 Martha C. Nussbaum, *Affections of the Greeks*, N. Y. Times Book Review, Nov. 10, 1985, p. 13(reviewing Michel Foucault, Uses of Pleasure ,1985)中批评了福柯论述的这些方面。

财富。[27])但这些概念实际上存在很大争议。当我们检视一个社会并尝试回答关于其生活质量的问题时,该如何作答并非显而易见。我们应该只关注财富和收入,或者也要关注财富和收入的分配?是否应该将生活质量的所有指标视为可以依据一个单一量化的尺度通约比较,抑或应该承认不可通约的价值?就其生活状况而言,是否应该采信当事人的说法,抑或应该主张偏好可能因不良社会状况而发生畸变,我们应该找寻某种更为客观的尺度?如果采用后一种立场,我们能否逃脱家长制魔咒?所有这些问题今天都处于政治哲学的核心位置,也处于福利经济学和发展经济学某些部分(其哲学部分,也就是乐于允许提出这些问题的部分)的核心位置。我将引述阿玛蒂亚·森和我最近就该话题联合发表的著作导言中的内容,一是因为该内容的苏格拉底式气质与我的论点非常契合。二是因为其代表了经济学与哲学的合作:[28]

> 经济学家、政策制定者、社会科学家和哲学家仍需面对测量和评估难题。他们需要知道世界各地人们都是怎么做的,他们也需要知道提出该问题到底意欲何为。要想较好面对这一难题,就需要有好奇心(我故意使用了葛雷梗学校中最不能容忍的字眼),需要意识到评估人类生活的极端复杂性,并且需要有意愿承认,至少在最初要有意愿承认,就如何进行测量评估和人们可能信任哪些指标而言,存在广泛的可能性。
>
> 当然,有可能一点儿都不好奇——坚持一种便于使用且之前一直被使用的机械程式。没被问及的问题并不是必须要回答。本书

[27] 相关例证颇为丰富,源自波斯纳作品的例证尤其丰富。See Richard A. Posner, *The Economics of Justice*, Harvard University Press, 1981.

[28] 该合作非常复杂,既内在于每位作者,又是两位作者之间的合作,因为森在剑桥大学接受哲学和经济学训练,并且在其学者生涯中一直在两个领域发表著作。目前,其受聘于哈佛大学哲学系和经济系。我没有经济学教学资格证书,但自1986年起,我一直是位于赫尔辛基的世界发展经济学研究中心(World Institute for Development Economics Research)的研究顾问。

旨在尝试问一些问题并给出或检视一些可能的答案。[29]

我赞同那种对好奇心的捍卫中所包含的批评和建议,这并不让人太过意外。森和我所提出的理论主张目前正在产生广泛且重大的实践效果。在此基础上我仅补充一点:法律是此种类型的好奇心在其中能有所助益的另一领域。

(二)方法论和认识论问题

哲学不仅探讨具体话题,也反身检视自身,追问何为信仰和知识,何为理性,何为解释一个文本,何种方法有助于或无助于增进理解。我再次认为这种清晰性和严谨性能对法律贡献良多,因为法律不可避免地会探讨证据与知识、解释与客观性,以及理性的本质。这里的要义并非哲学家们拥有某种解决这些难题的秘密钥匙,而是他们终其一生都在思考这些难题,而法律人几乎从不在这些问题上劳心费神。因此,哲学家们更为系统和细致的探讨至少有可能为法律人提供某种助益。

我们再来思考一下兰代尔的假定,他认为法律要想是理性的和体系性的,其就必须是一个由原则构成的演绎性层级结构。当然,借助科学哲学和道德及政治哲学中关于方法和理性的讨论来看待这一假定,这样做有意义。可能没有哪个学科真正像兰代尔设想的科学那样去运作,也可能科学就是如此运作,但法律在许多重要方面与科学不同。所有这些问题都需要追问。

同样,我们可以看一下波斯纳在其 Rutledge 案司法意见(当然我们可以在其著作中找到数百个类似的情形)中将理性界定为权衡成本收益的能力,在《法理学问题》中也有密切相关的表述,在其中,他将理性界定为使手段适配目的的能力,“不管那些目的是如何被选择的”。当然,参考道德哲学中最近关于价值的可通约性或不可通约性的争论以及关于理性的诸功利主义理论是否充分的争论,这对检视前述假定非常重要。我跨越哲学/经济学分界线的经验是,就认为需要对简单功利主义

---

[29] Martha Nussbaum and Amartya Sen, *Introductionto the Quality of Life*, Oxford University Press, p. 2.

理性理论,即对需要引入的诸条件进行批判而言,功利主义哲学家与非功利主义哲学家的距离远远近于他们与经济学家的距离(罕有例外)。因此,似乎值得向年轻的法律人指出,在其教育中被认为是规范性的、毫无争议的内容实际上具有高度的争议性,并且可能还会长久处于无法完全辩驳防御的论争之中。至少,我们需要对所有这些内容充满好奇。在一些领域,尤其在关于宪法解释的论辩中,法律在方法上已经哲学化了。但此种自我审视应被进一步扩展,并且应该更加严格地进行,以普惠众人。

随着这一计划的展开,开展此项工作的哲学家们不应孤立于那些以更抽象和非实用方式探索形而上议题和认识论议题的同事,这一点至关重要。因为作为一个学科的哲学的一个重要事实是,其确实一直紧靠着一些核心问题,针对这些问题的争论和论辩可能会无限延续,尽管人们希望可选择的方向日益精练。许多学术部门都由相对孤立的专家团体构成,他们少有共同兴趣;在许多部门中,一个能引起部门所有成员兴趣的讨论会都极为罕见。当然,哲学有其分支领域,在这些领域中当然要求有专业知识。但由于方法论问题、基础性问题和认识论问题处于道德哲学、政治哲学、科学哲学和社会科学哲学以及哲学史每一阶段的核心位置,因此该领域远比多数其他领域更具公共性和互动性,而这是其最为伟大的力量之一。㉚

(三)具体政策问题

“应用哲学”发展迅猛,其中一些作品品质颇佳。最擅此道的哲学家已经获得了其所关注学科的广泛的事实性知识和经验,但同时亦保持了与其哲学中学科根基的密切联系,以及对理论问题和根本性问题的严谨探索。由于法律应对的许多政策领域都有哲学家投身其中,法律也可以通过学习这些领域中哲学论辩所作的具体贡献而从中获益。此种合作性实践事业的最为发达部分就在医学伦理领域,其中关于病患权利和

㉚ 这是在回应波斯纳在其讨论中表达的一个观点,在其观点中,我没有找到我自己的职业。当然,可能有的哲学系中人们因为彼此厌烦而互不交谈,但这是另一个问题。除了最具技术性的逻辑和科学哲学领域,哲学领域的多数著作对于其成员而言是可读的。

病患利益之间关系的哲学论辩显著地重构了美国大部分以及某种程度上全世界的立法;[31]其中关于生活质量的论辩在修正死亡的定义方面发挥了重要作用;其中关于堕胎的论辩已经为法律分析和司法分析作出了贡献。在环境伦理和如何对待动物的伦理方面,类似的成熟发展和实践已屡见不鲜,当然,其也有重要的现实影响,而在日渐壮大的发展伦理领域,关于福利和生活质量的论辩带来了信息收集和政策设计实践的具体改变。只要法律涉及这些领域,其通常会提出规范性问题,追问应当如何。我认为,法律对这些哲学工作了解更多,就能更好地追问。

(四)法律制度与实践

我将最为显见的内容留待最后谈及,因为显然哲学家们已直接论及法律、法律制度的本质、惩罚、法律实践的伦理等。我认为关于这些事务的法律讨论会从对法哲学家论述的研究中获益,这一点不必赘述,因此我将转而论述最具争议的一个方面。

(五)好奇心

一位知名的道德哲学家曾经在一所著名法学院任教,她乐于以烧脑的假想案例提出两难难题。有一天,她提出了其著名的案例之一,该案例提及了诸如道德责任与法律责任、作为与不作为的关系等微妙的议题。她想着像她通常向哲学家们讲述时那样,条分缕析其含义,以表明这些议题实际上如何复杂和混乱,以及将所有相关的直观进行融贯排列何其困难。其计划受挫。法科学生不断问她正确答案是什么,他们就是不开始好奇。她发觉此种状况令人尴尬并且也无法生成她认为对于法律而言最为重要的那种理解。这位哲学家是朱迪斯·贾维斯·汤姆逊(Judith Jarvis Thomson),她也许比美国其他任何哲学家都有更多的现实影响力(通过其关于堕胎的著名文章[32]),她也并不是对实际解决方案漠

---

[31] 这一领域优秀作品的一个突出代表,参见 Allen E. Buchanan & Dan W. Brock, *Deciding for Others: The Ethics of Surrogate Decision Making*, Cambridge University Press, 1989。布鲁克是卡特政府总统医疗与医学伦理委员会专职哲学家,在立法方面发挥了积极作用。他现在是克林顿医疗委员会伦理小组成员。

[32] 参见 Judith Jarvis Thomson, *A Defense of Abortion*, 1 Phil. & Pub. Aff. 67, 1971, 重刊于 Judith Jarvis Thomson, *Rights, Restitution, and Risk: Essays in Moral Theory* 1, 1986。

不关心的糊涂理论家。这里提到的法学院也不是反理论无学术的职业学校,而是耶鲁法学院。

这个故事触及了我对作为范例的苏格拉底的关切的核心。因为对于苏格拉底遭遇的那些忙碌的专业人士[33]而言,苏格拉底最让人恼火之处在于,他不允许相关情形形成一个简洁的结论。总是有更深入的挖掘、更多的复杂性、更多恼人的问题。正如《生活质量》一书所言,不去好奇总是可能的,没被问及的问题并非必须回答。葛雷梗先生知道不鼓励学生好奇,某种整齐划一的制度将更好存续。[34] 我确信对于法学教授而言,是否鼓励学生养成思考的习惯是一个糟糕的问题,因为法学院之外的法律职业界会迅速将该习惯毁坏、灭除并连根拔起。此外,我认为法官和法律思考者应该多一点儿苏格拉底式的好奇:不是各种才能没有导向地自由发挥,而是在掌握相关经验信息的情况下,对基础性议题之精微部分的协同且严谨的探索。我还赞同苏格拉底的观点,认为此种思考对于人类而言具有普遍的益处。因此,我乐于主张,让法科学生学会好奇,唯其如此,无论其身处何方,在他们想要尝试大而化之的时候,才可能会感受到源自使其恼火的苏格拉底式质问的压力。

我坚信,这是在法律推理中以科学为规范的劣势之一。因为至少科学家们所实践的科学罕有苏格拉底式的,某种意义上讲也无法成为苏格拉底式的。其在开展研究的同时不能对其自身的观念和基础进行检视。托马斯·库恩(Thomas S. Kuhn)已经很好地表明,在“正常的科学”和

㉝ 这一词汇有点儿时代错乱,因为苏格拉底与其对话的多数政客和诗人不会从其工作中赚钱。但我用这一词汇是想表明,他们因其拥有的专业知识而在其城邦闻名,并且他们在其活动方面不遗余力,这使得他们在许多方面都像现代专业人士一样忙碌。

㉞ 关于葛雷梗先生的学校,参见 Martha C. Nussbaum, *The Literary Imagination in Public Life*, New Literary Hist. 22, 1991, p. 879。这是我罗森塔尔(Rosenthal)系列讲座的第一场,于1991年春天在西北大学法学院开讲。

科学革命时出现的对范式的质疑之间有显著差别。[35] 视法律为“正常的科学”的想法使其与许多问题隔离开来，而法律本该不断自我追问这些问题并学会更好地追问。

二

我已经阐述了哲学之用。现在，我需要谈谈对其可能的滥用，因为滥用情形不计其数，不能应对这些滥用情形将会使我设想的整个事业迅速误入歧途。

苏格拉底和亚里士多德视诡辩派为公共生活中良善哲学的主要敌人，后者以自己的花言巧语赢取关注，但他们缺少对人的深切关注，也没有严谨的自我检视，这导致他们的主张使哲学在讲求实际的人们中声名狼藉。在这一点上，我们距离古雅典并不遥远。诡辩者仍很常见，不幸的是，法学院里惯常阅读的作品有一大部分来自此种诡辩者。这是因为研读一位诡辩者的作品比研读一位优秀哲学家的作品更容易，诡辩者会经常告诉你，其他每个人都犯了一个简单的错误，因此你只需要读他/她的作品，而非其他人的作品。诡辩者的作品经常诱惑十足，充斥着专业术语，使读者认为其只要学会使用相关术语，就掌握了深奥的学问。这里我不想点名，因为我不想因没有时间与其论战而让人觉得我在造谣中伤。但我确实认为最近欧陆文学理论对法律学术中哲学部分的巨大影响对于法律以及哲学在法律中的角色而言是场灾难。[36] 其将讨论引入

㉟ See Thomas S. Kuhn, *The Structure of Scientific Revolutions* ,2nd edition, University of Chicago Press, 1970. 在最近对波斯纳的观点所作的回应中，我指出，库恩既接受了科学训练，也接受了哲学训练，并且其经常接受跨学科聘任。我不清楚其博士学位是在哪个学科被授予的，但某种意义上讲这并不重要（我自己实际上并不是哲学博士，而是古典语文学博士）；重要的是一个人的研究活动主要在哪个学科，对其研究作出批评的同事来自哪个学科，等等。

㊱ 这里，我所指的是欧陆的文学理论，而不是整个欧陆哲学，后者完全不同并且更为复杂。

歧途,这些方向很久以前已被证明要么一事无成,要么过于粗糙,不值得被评价;其致使学生放松对严谨性的要求,并且无视逻辑清晰性。

我认为分析哲学传统在这方面也并非无可指摘。有时,其书写方式就是大惊小怪且咬文嚼字,并且其对清晰和严谨的理解也过于狭隘。[37]其践行者中有些人对实践的和政治的内容颇为不屑。他们的讲话方式将好奇的现实人拒之千里,因为其语言中充斥着小集团内的相互引用,并且他们频繁地拒绝以例证的方式诉诸读者的经验感知。很久以前,在谈及斯多葛学派时,西塞罗曾批评过此种学问之道:

> 他们狭隘局促的三段论论辩使其听众如坐针毡。即便听众在智识上赞同,在心灵方面也没有任何改变,其在听取论辩后和未听论辩前情形并无二致。论辩主题也许是真实且重要的,但对这些论题的处理方式过于狭隘,文不对题。[38]

某些当代分析哲学中同样的缺陷使许多人认为其对浸淫于生活的人没有助益,并且助长了其他提供华而不实的深奥玄学之人的吸引力。但解决办法并不是放弃分析哲学传统中的严谨和精确。答案在于教会其如何书写和言说。没有理由认为严谨的哲学不能表述良好,并且不适合向关注现实情况的人们传递重要真理。哲学史提供了反对该观点的许多论据,至少在西方传统中,从柏拉图以降,经由休谟、亚当·斯密、J. S. 密尔和威廉·詹姆斯,到当下许多优秀的哲学家。

对于寻求与法律高效互动的哲学而言,还存在其他陷阱。有时,哲学对经验事实、科学、历史和心理学过于漠视。当只涉及哲学时,这一缺陷已经非常糟糕,而如果哲学想与法律人有效沟通,这一缺陷绝对是致命的。美国医学伦理学的历史表明,该缺陷不必在场,哲学家们完全有

---

[37] 这是我的著作 *Love's Knowledge* 的核心主题。关于这一论题的出色讨论,参见 Michael Tanner, *The Language of Philosophy*, in Leonard Michaels & Christopher Ricks eds., The State of the Language, University of California Press, 1980, p. 458 - 466。

[38] Cicero, De Finibus 4.7.

能力学会必要的知识,以便与其他学科的专家高效交流。其他缺陷更难避免,因为它们与哲学的美德密切相关。由于其关注开放性探究和论辩,关注最优意义上的好奇,在得出一个确定性解决方案时,哲学经常行动迟缓。对于生活的困境,哲学貌似以一种几乎是美学的方式焦虑不已。但法律人想要并且需要确定的结果。因此,朱迪斯·贾维斯·汤姆逊在耶鲁的学生们想为电车难题寻求一个答案,这并非完全错误,尽管其缺乏耐心的行为确实操之过急,错过了朱迪斯的论辩能够提供的真正知识。[39]

最后,当对一个问题的回答从哲学角度讲是最佳答案,但在现有制度架构下不能被最好执行(甚或完全不能被执行)时,就会出现非常有趣又令人困扰的难题。我的同事丹·布鲁克(Dan Brock)曾是卡特政府总统医疗与医学伦理委员会专职哲学家,现在是克林顿医疗委员会成员。作为一名哲学家,他曾花大量时间批评在杀人和放任死亡之间作出严格区分。他争论认为,当人们对这一区分进行充分反思,就会发现在结束生命这一领域,人们无法融贯地整体解释将此作为核心区分的共同直观和实践。但他也认为,在某些情形中杀人在道德上是可被允许的。他很快发现,政治的逻辑与此相悖:制定一个其认为效果大致最佳的法规是可能的,但制定此种法规只能通过坚定地坚持在杀人和放任死亡之间作出区分,然后声称分界线恰好是其真正认为的可被允许和不被允许的杀人的分界线。其谨小慎微的哲学家身份在此种情形中无法提供任何指引。在做一个极其谨小慎微的哲学家还是一个完成一些实务的哲学家之间,布鲁克举棋不定。

法律中此种情形经常出现。在最近一篇关于法律理论与实践的论文中,凯斯·桑斯坦(Cass Sunstein)给出了一些令人震惊的例子,在这些例子中,综合考虑下最优的选择在存在典型法律限制的领域不是最优。哲学上完美的言论自由原则在我们不完美的制度结构中可能不如哲学上不那么完美的原则有效。法官们从来不能自由地选择最优。他们受

---

[39] 关于这是法律的哲学进路的一个可能缺陷的论述,参见 Cass R. Sunstein, *On the Legal Theory and Legal Practice*, 37 Nomos: Theory and Practice。

限于历史、前例以及法律制度和政治制度的性质。这意味着任何对法律有所助益的哲学必须灵活且关注经验,而不是谨小慎微且遥远隔阂。目标不应是培养像哲学家那样思考的法科学生,而是培养学生灵活利用哲学洞见解决其遭遇的现实难题。

三

所有这些如何具体运作?我是否设想了一门所有法科学生必修的哲学课程呢?如果如此,此门课程将覆盖这里提及的众多话题中的哪些呢?或者,我是否设想这样一种方式,即让哲学弥散到所有课程中,在第二年和第三年课程的许多节点上,只要论题需要,就讨论哲学问题并进行哲学探究?黛博拉·罗德(Deborah L. Rhode)在最近一篇关于讲授法律伦理学的文章中很好地提出了同样的问题。[40] 总体而言,我倾向于赞成她称为"弥散方法"的偏好选择。但在得出我真正偏好的解决方案之前,我需要讲清利弊。

一方面,进入法学院并讲授一门专门课程的哲学家与学生所受教育的其他部分接触过少。哲学领域的一门专门课程——即便课程设计得既能讨论方法问题,同时也能探讨哲学佳作中的一系列难题(这是一个令人生畏的任务)——与学生学业的其余部分过于疏离,对学生们关于出现的每个法律问题的思考方式影响不大。此种疏离因客座哲学家与其法学同事的可能疏离而强化。法学同事们对其从事的事业并不知晓,也没有多少动力将它与自己的教学结合起来。与他们的互动缺失,哲学家无法学习足够的法律知识以使其贡献令人信服。

另一方面,阅读最近法律期刊上关于哲学话题的文章时,哲学家关于弥散方法的可能成果会迅速气馁。显然,波斯纳法官在其文章中所言非虚:哲学的专业标准与人们在这些期刊中发现的适用于哲学文章的标

---

[40] See Deborah L. Rhode, *Ethics by the Pervasive Method*, J. Legal Educ. 42, 1992, p. 31.

准非常不同。如我所阅读的法律中关于情感和移情的多数作品甚至作为我为布朗大学本科生开设课程的课程论文都不会得很高的分数,其与这一学科中的专业文献之间没有有趣的关联。这似乎表明,顺便学了一点哲学并在该领域有些建树的法学学者做得相当糟糕。这并不令人惊讶,因为一个人顺便学点什么,没有经年累月的相关训练和实践,都可能做得不好。令人好奇的仅仅在于,人们认为他们可以这么做,但他们不会认为没有数年的数学研究他们可以就数学问题发表作品,或者没进行发声练习就可以在旧金山大剧院登台献艺。这一平庸且可悲的局面确实表明,如果要在法学院中进行哲学教育,应该由职业哲学家来完成。

我们如何应对这一两难局面?我主张下述模式。法学院可以雇佣一两位哲学家,最好是双聘制。他们会与其哲学的学科基础保持较强的联系并且继续教授常规的哲学学生,同时还有充足的时间在法学院逐步学习大量法学知识,可以先学习法学课程,并最终讲授一些常规的一年级课程。同时,他们也开设一些专门的哲学课程和研讨课。除此之外,要努力成立工作组,将哲学家与其法学院同事聚到一起,以深入且具体地探究如何最好地将哲学议题融入常规法律教学。如此一来,哲学家成为整个法律共同体的顾问,同时与法律的往来迫使哲学家变得实际并通晓经验知识。

整个美国医学院都在使用大致相同的模式,效果优异。就我所在的学院而言,我的同事布鲁克在哲学系和医学院双聘。在医学院,他既授课也在理论讲授和诊所实践方面充当顾问。医生们认为他不是一个偶尔前来进行抽象交谈的超然物外的学者,而是一个与他们并肩战斗并关注他们工作细节的尽职尽责的专业人士,因此他们信任他,并乐于接受其论辩的影响。由于布鲁克看到了医生们的工作,他能够作出切中要害而非空洞无物的论辩。由于医学院学生聆听了他严谨有力的论辩,他们在许多情形中被引领着从不同角度看问题,尤其在患者权利这一重要领域更是如此,而在这一领域,年轻的医学生们经常认为他们一定最为精通。由于他没有抛开哲学系,而是就认识论、形而上学、行动理论以及道德理论和政治理论的诸多方面的相关议题与同事和学生持续互动,他最好地保持了哲学的严谨性和批判力,并将其引入他的医学工作。

我以古希腊哲学家们开篇,我将以一位正在就古希腊哲学家关于理论和实践的关系撰写学位论文的年轻博士生的论述结束此文。他认为古希腊哲学传统为现代哲学家提供了一个由世俗责任感和参与感构成的范式,同时为世界提供了关于哲学的现实重要性的例证。他将这一观点表述如下:

> 正如人的大脑不会因为不在人的腹中就外在于人,哲学也不会外在于这个世界。但无可否认,哲学在脚踏实地站立之前就以其头脑存在于世间,而人类的许多其他领域在长期立于世间并攫取其果实之后,才意识到"头脑"也属于这个世界,或者说这个世界是头脑的世界。[41]

该陈述的作者也是自马可·奥勒留(Marcus Aurelius)统治罗马帝国以来已知的产生最为深远现实影响的世界哲学的作者。我无论如何不会主张法哲学家一般都应追随卡尔·马克思,或寻求马克思所寻求的那种影响力。(事实上,马克思本人很快就否认了其年轻时关于公共生活中意识的指导地位的观念,并且会在许多方面与我在这里表达的观点相左。[42])我确实认为其热情洋溢的陈述表明了两个真相:无论我们乐意与否,这个世界是一个哲学的世界,无论结果如何,这个世界中都有哲学观点和观念被理解或误解,并且人们会基于这些理解而采取行动。同时,由于其怪异的超然,或者事实上也许某种程度上因为此种超然状态,哲学家对世界作出了贡献。其思想和论辩与世界相关,并且有望指引世界更充分和清晰地理解自身。我认为这些事实使我们有充足的理由将哲

---

[41] Karl Marx, Rheinische Zeitung, July 14, 1882, reprinted in 1 Karl Marx & Frederick Engels, Collected Works 195, 1975. 一个与此相关且讨论更为充分的观点,参见 Karl Marx, *Difference between the Democritean and Epicurean Philosophy of Nature*, 1841, reprinted in 1 Karl Marx & Frederick Engels, Collected Works 25, 1975。

[42] 然而,我并不想否认制度、法律和物质条件在形成观念时的根本重要性;在此,我只是在讨论一种显然是相互的影响过程的一个方向。

学教导引入法律教育。

The Use and Abuse of Philosophy in Legal Education

Martha C. Nussbaum (*author*)　*Wei Hongfa* (*translator*)

Abstract: The tendency of regarding law as pure science and the pursuit of objectivity in legal education might be detrimental to legal education per se. The role of philosophy in legal education should not be overlooked. With Socratic questioning and inquisition as a starting point, Prof. Nussbaum dwells on the use and abuse of philosophy in legal education, with special importance attached to the several fields in which philosophy could be of important help. She holds that judges and law students should indulge in the Socratic curiosity and exploration. With the relevant information and data as a basis, judges and law students should perform concerted and serious exploration in the realm of basic research topics. This way of exploration can be of benefit to human beings as a whole. In this sense, law students should learn to be curious and acquaint themselves with philosophical inquisition and analysis. Meanwhile, efforts have also been made in this paper to discuss the limits of the use of philosophy in legal education and the proper forms of it.

Key Words: legal education, philosophy, curious

美国娱乐法专业法律诊所教学体系及启示

——以美国娱乐法专业前六所名校为例*

唐　勍**

摘　要:娱乐法专业起源于美国,以培养娱乐法律师及法律专业人才为目标,以其教学中注重应用性和实践性闻名。法学教育改革后,我国娱乐法教育在理论阐述方面取得了长足的进步,但法律诊所作为法学实践教学的重镇却不被重视。美国排名前六娱乐法名校法律诊所具有明显特征:课程以实操为主,专门为娱乐法专业设有3~6门不同法律诊所课程,皆把课程核心放在侵权法、合同法、知识产权法等上,涉及音乐、体育、影视行业。分析美国娱乐法专业法律诊所课程体系构建,其突出教学体系的实践性、产出导向性、高阶性,其灵活的开课形式,以学生为中心的理念,不仅对我国高校的娱乐法专业法律诊所有着积极的意义,甚至对中国法学院所有专业的法律诊所都有积极的借鉴意义。

关键词:美国　娱乐法　法律诊所　启示

---

* 本文得到了我的导师屈茂辉教授的悉心指导,当然文责自负。

** 唐勍,湖南大学法学院博士研究生。研究方向:娱乐法、知识产权、法学教育。

随着互联网的发展,近年来以音乐、影视、文学、游戏、动漫和演出为核心IP形成的泛娱乐产业蓬勃发展。由中国娱乐第一大数据科技公司酷之娱乐发布的《2023文娱白皮书》可以看出,2023年中国娱乐市场迅速回暖,整个行业从“追量”进入“提质”阶段,2024年行业产值有望再创新高。如此蓬勃发展的新兴产业,需要从事相关产业的法务人才也增多。高校作为培养人才的摇篮,应积极响应市场。因此,近年来中国顶尖高校法学专业纷纷开设娱乐法专业或课程。21世纪初法学教育改革之后,我国引入了首创于美国的法律诊所,虽然我国现在娱乐业蓬勃发展,各大院校纷纷开设娱乐法理论课程或专业,但娱乐法专业法律诊所却不被重视,大多数学校法学院没有分专业开设法律诊所,所有专业共开设1~2个法律诊所课程,更有甚者没有法律诊所课程。娱乐法起源于美国,以培养娱乐法律师为目标,[①]又因好莱坞大片的兴起,其创造了大量娱乐法岗位,带来了娱乐法专业的极度繁荣。娱乐法理论课程有着完善的娱乐法知识体系,学生必须扎实学好,但法律诊所通过多种方法帮助学生应用各项法律技能也应得到高度重视。笔者在美国工作学习6年,实地走访了美国设有娱乐法专业的院校近20所,完整参与娱乐法专业课程3门,通过查阅资料、电话访问了美国综合排名前50且设有娱乐法的学校,发现美国排名前六所娱乐法专业名校仅娱乐法专业就开设了3~6门法律诊所,而整个法学院开设了7~37门法律诊所。中美法学院娱乐法专业开设法律诊所的区别如此明显,中国开设法律诊所的现状一定程度影响了产出型导向人才和高阶人才的培养。因此,研究美国娱乐法法律诊所课程体系的设置对我国娱乐法律人才培养有重要借鉴价值。

① See Attorney at Law Magazine, “Declan Murplay”, (Septermber. 3, 2021), https://attorneyatlawmagazine.com/thats-entertainment-7-things-you-should-know-about-entertainment-law.

一、美国娱乐法法律诊所课程的缘起与发展

(一)美国法律诊所的起源

美国法律诊所经历了实践—理论—实践的探索历程。19世纪美国法学教育体系基于学徒制,执业律师是现代导师的原型,以学生在旁观察执业律师的工作为主要学习模式,这就是以实践为主的法律诊所的雏形。然后以里奇菲尔德(Litchfield)法学院为代表产生了课堂教学,更系统地进行法学教育。② 从此美国的法学教育开始了其以理论为主导的探索。从1890年开始,一些法学院重新关注法学教育中的实践问题,开始了名为"法律诊所援助药房"的项目,主要目标是追求社会公正和让学生将所学知识付诸实践。③ 1893年,宾夕法尼亚大学(University of Pennsylvania)开设了美国第一个真正名为法律诊所的课程。④之后各高校法律诊所也如雨后春笋不断发展。

(二)美国娱乐法法律诊所课程的发展

1953年11月,加州大学伯克利分校(UC Berkeley)法学院成立了法学娱乐产业研究所,这是娱乐法法律诊所的开端。与此同时,大量关于该主题的文章在期间进行分享。律师协会强烈建议出版其中的重要文章,于是1954年春《加利福尼亚法学评论》专门以法学娱乐产业为主题开设了一期专题,选取了在会议上的12篇优秀论文进行刊登⑤。这使娱乐法向实践迈进了一大步。1960年,第一本以娱乐法命名的书《作家和权利:文学作品和娱乐法使用手册》出版,从实践的角度介绍了版权法和

---

② See Maria Concetta Romano, *The History of Legal Clinics in the US, Europe and around the World*, Diritto & Questioni Pubbliche 1,2016,p. 27.

③ See Quigley et al., *Androgen Receptor Defects: Historical, Clinical, and Molecular Perspectives*, Endocrine Reviews 16,1995,p. 272.

④ See Tech Law Clinics, "History of law clinics", (Sept. 20, 2021), https://techlawclinics. uni. lodz. pl/en/what-is-a-legal-clinic/.

⑤ See Adrian A. Kragen, *Law and the Entertainment Industry: Introduction*, *California Law Review* 1,1954,p. 1.

合同法如何保护作家权利。⑥ 据笔者在美国的实地调查,现如今,美国有近80所院校开设有娱乐法课程,因其综合优势和地理优势的不同,结合本校实际条件,因地制宜与实践结合开设了各种各样的法律诊所课程。美国排名前六所娱乐法名校发挥自身特色,向高阶化、精细化、产出导向化方向发展。课程形态也向校本化、内容差异化、创新化发展(见表1)。本文选取美国好莱坞报评选出的美国排名前六所娱乐法名校进行阐述。⑦

表1 美国排名前六所娱乐法名校法律诊所课程开设情况

院校名称	门数	课程名称	专业排名
加州大学洛杉矶分校	4	纪录片法律诊所、音乐产业法律诊所、体育法律诊所、专利和商标法律诊所	1
哈佛大学	3	体育法律诊所(2)、调解诊所	2
南加州大学	6	知识产权法律诊所(2)、商业法律诊所(2)、调解诊所、娱乐法校外诊所	3
伯克利大学	3	新商业法律诊所、法律政策诊所、法律技术公共政策诊所	4
哥伦比亚大学	3	科技健康和信息法律诊所、创业与社区发展法律诊所、调解法律诊所	5
西南法学院	3	高级娱乐法研习、娱乐和艺术法律援助(2)	6

注:文中所有有关美国六所名校的表格,皆源于对六所学校任课老师的采访和以下文件:UCLAS Ziffren Institute [student handbook],2021;Harvard Law school Clinical and pro bono programs [student handbook], 2021; USC Gould Clinics and Practicums [student handbook], 2021; Berkeley Law Clinical program [student handbook], 2021; Columbia Law School Experiential Learning [student handbook], 2021; SWLA Entertainment [student handbook], 2021.

---

⑥ See Harriet F. Pilpel & Theodora S. Zavin, *Rights and Writers: A Handbook of Literary and Entertainment Law*, Dutton Publishing, 1960, p. 1 – 384.

⑦ See Hollywood Report, "The Top 10 Entertainment Law Schools 2018 Ranked", (Sept. 15, 2021), https://www.hollywoodreporter.com/lists/top-10-entertainment-law-schools-2018-ranked-1099427/item/top-law-schools-ucla-school-law-1099403, 2018-04-05.

二、美国前六所娱乐法法律诊所的现实构造

(一)美国前六所娱乐法法律诊所的课程目标、课时和内容

1.课程目标。娱乐法法律诊所按照宾夕法尼亚大学的杰弗里·斯科特(Geoffrey Scott)教授的描述:学生提供符合其法律利益的相关经验与舒适的氛围,让客户可以与法律系学生讨论他们所关心的问题,培养学生实践运用能力。娱乐法法律诊所需要满足两个最基本的需求:第一,教会学生如何变成一名好律师;第二,为低收入娱乐公司服务。[⑧] 诊所式法律教育是一门课堂体验与学生实践运用反思相结合的学习课程,在全职教师的监督下用真实案例帮助娱乐产业中的客户解决问题。[⑨] 伯克利大学(University of Berkeley)对于培养娱乐法法律诊所的定义是,为学生提供相关法律和实践的必要基础,同时为客户提供法律咨询,培养关键的律师技能。伯克利大学的知名校友现任《华尔街日报》法律专栏的编辑 Eric,在知名校友讲座中是这么描述娱乐法法律诊所的意义:当他们毕业时,在复杂娱乐环境里,他们的立场辩护、谈判解决方案或执行律师每天要做的任何其他任务都能很好完成。如果法学院真的想改变他们培养年轻律师的方式,就要学习医学院的临床制度,医学生接受教育的最后两年进行临床,确保执业前有足够的实践经验。[⑩]由此,我们可以看到娱乐法诊所的教学体系贯通理论与实践结合,帮助学生把课堂知识转化为实践的能力,在实践中反思再学习,突出学生中心,重视能力培养。

---

⑧ See Colleen F. Shanahan et al. , *Measuring Law School Clinics*, Tulane Law Review 3,2018,p.547.

⑨ See Mohammad Mahdi Meghdadi & Ahmad Erfani Nasab, *The Role of Legal Clinics of Law Schools in Human Rights Education*, Procedia Social and Behavioral Sciences, 2011, p.3014.

⑩ See Berkeley Wall street [alumni Association],2021.

2. 课程设置。学分分为 Unit 和 point，普林斯顿评论有一套 4 分换算 100 分制的运算公式，按照它的换算方式[11]，南加州大学（University of Southern California）将其分为及格和不及格两个等级，根据做几个项目来给学分。南加州大学和伯克利大学只有及格或者不及格，其他学校虽然也把 60 分当作及格标准，但在规定最低分数要求时，都定在了 80 分或 80 多分（见表 2），可见对法律诊所的重视。

表 2　美国排名前六所娱乐法名校法律诊所课程设置

院校名称	开设门数	单科学分	总学分	单科考核最低成绩
加州大学洛杉矶分校	4	4 +5 +4 +4	21	B－ =2.7 =80 －82
哈佛大学	3	2 或 3 或 4 或 5	6 ~15	B =3.0 =83 －86
南加州大学	6	2 或 3 或 4 或 5	6 ~30	及格
伯克利大学	3	4 ~9	12 ~27	及格
哥伦比亚大学	3	7 +7 +7	21	B－ =2.7 =80 －82
西南法学院	3	2 +3 +3	8	2.3 －2.7 =77 －80

3. 课程门类与内容。美国大学对开设课程十分有灵活性，以教授治学为基础的政策贯穿到了课程的制定上，学院学术委员会有高度自主性，他们定期召开会议，定期修改课程设置。分析前十年的法律诊所课程方案发现，法律诊所体现了应用性和对复合型人才培养的要求。表 3 列出了美国排名前六所名校的娱乐法法律诊所的名称和教授的内容。仔细阅读表 3 可以发现，无论课程内容和上课方法，都体现了其理论性转化实践性的要求。

⑪ See The Princeton Review，"Calculate Your GPA"，（Sept. 12，2021），https://www.princetonreview.com/college-advice/gpa-college-admissions/.

表3 美国排名前六所娱乐法名校法学课程模块的课程内容

院校名称	课程名称	课程内容
加州大学洛杉矶分校	纪录片法律诊所	为纪录片制作人提供法律咨询和代理。(1)协助电影制作人收集新闻和内容;(2)提供知识产权咨询和培训;(3)起草和谈判各种协议:确保内容、人才和其他人员的协议
	音乐产业法律诊所	学生将承担起音乐产业律师的责任,提供法律建议、谈判和起草音乐产业各个环节协议。协议包含:(1)乐队成员间协议;(2)代理协议;(3)合著协议;(4)制作人和混音师协议;(5)许可协议;(6)录制和发行协议;(7)雇佣协议,并参与其实践每个环节工作
	专利和商标法律诊所	《美国发明法案》(AIA)鼓励美国专利商标局(USPTO)"与全国各地的知识产权法协会合作并支持他们建立旨在帮助资金不足的独立发明家和小企业的公益计划"
	体育法律诊所	为有兴趣代表职业体育联盟、球队、赞助商、职业运动员、学生运动员的学生提供相关法律知识。其包括劳动法问题、反垄断法问题(球员—俱乐部合同、球员—经纪人和性别平等问题)
哈佛大学	体育法律诊所(2门)	体育联盟法律部门进行体育实习,代表个人运动员、团队或联盟从事体育法工作的律师事务所和律师。工作可能包括合同和交易工作、仲裁、诉讼、研究和写作
	调解诊所	对波士顿地区的小额索赔案件和骚扰预防令法庭开庭期间在小额索赔法庭观察和进行调解
南加州大学	知识产权法律诊所(2门)	代表客户处理版权和商标保护、隐私、第一修正案等问题。目标:研究与版权和合理使用、商标注册、许可和合同法、商业秘密
	调解诊所	前期侧重培养担任调解员的能力:研究其中的法律、道德和实践问题,教授认证后,可在高级法院独立调解
	商业法律诊所(2门)	为初创公司、企业家和非营利组织提供法务咨询,在老师的指导下帮助学生弥合法学院和交易法律实践之间的差距
	娱乐法校外诊所	学生可选娱乐行业、非营利组织和公共利益组织、政府机构和内部法律顾问办公室等地进行实习,在主管监督下工作、起草法律文件、练习沟通技巧等

续表

院校名称	课程名称	课程内容
伯克利大学	新商业法律诊所	很少有初创企业能够负担得起法律咨询,法学院毕业生在做好了严格的课堂准备计划和具有实践经验后可以为这些企业提供帮助
	法律政策诊所	在政策倡导诊所,法律和公共政策学生的跨学科团队解决法律政策上的问题。技能学习:法律和社会科学研究和分析、口头宣传、立法起草和宣传、行政规则制定重点在公共教育和媒体
	法律技术公共政策诊所	保护公民自由、确保公平的刑事司法系统以及促进平衡的知识产权法和信息获取
哥伦比亚大学	科技、健康和信息法律诊所	致力于解决公共利益法律组织和其他法学院诊所未满足的法律需求
	创业与社区发展法律诊所	学生就各种对新兴企业至关重要的法律问题向客户提供建议,包括实体选择与公司组建、劳工法、商标和版权的注册和保护
	调解法律诊所	学生培养解决争议的技能,并将其应用为社区组织以及联邦、州和市法院的认证调解员
西南法学院	高级娱乐法研习(2门)	第一学期:对娱乐业的新发展以及对这些发展产生的前沿问题的分析与课堂实践。 第二学期:对可能感兴趣的领域深度实践,包括娱乐项目的宪法保护、版权保护、创意控制、信用、诽谤、合同执行、创意披露、新技术的影响、娱乐产品的营销、隐私权、宣传权、娱乐产品的社会规范、人才代表和商标保护
	娱乐和艺术法律援助	学生将为真实客户提供法律服务。具体而言,娱乐和艺术法律援助诊所为已经获得融资并在学期内制作的"小预算"(一般在50万美元以下)电影提供制作法律服务

从表3的课程、具体课程内容可以分析出,美国排名前六所娱乐法名校的法诊所开展了3~6门法学诊所课程。每个学校的法律诊所皆结合各学校自身优势,紧密联系娱乐法专业毕业生日后需要面对的问题,具有极强的实践性。

4. 课程分类。把美国前六所娱乐法名校的法律诊所课程进行同类合并,按照具体行业领域,可得出美国前六所娱乐法名校法律诊所主要范围为音乐、电影、体育等领域。对美国前六所娱乐法名校法律诊所课程具体内容进行分析,可知美国娱乐法学诊所主要涉及知识产权法、合同法、侵权法。

具体分析方法如下:按照每门课不能多于三个关键词来提取有效信息。因中美两国法学教育文化不一致,光从课程名称和简短课程描述提取关键词,可能与实际课程核心内容有差距。所以,在美国加州大学洛杉矶分校娱乐法专业毕业生艾米丽(Emily)复查确认对每门课的理解无误后,统计出美国前六娱乐法名校22门娱乐法律诊所中,"知识产权法"出现12次,"合同法"10次,"侵权法"8次,由此,得出结论:美国娱乐法学诊所主要涉及知识产权法、合同法、侵权法。

(二)美国娱乐法法律诊所课程授课形式和考核方式

1. 课程授课形式。美国娱乐法法律诊所分为两种形式,第一种是独立的法律诊所教学,第二种则为前置课程—法律诊所—研讨会模式(见图1)。

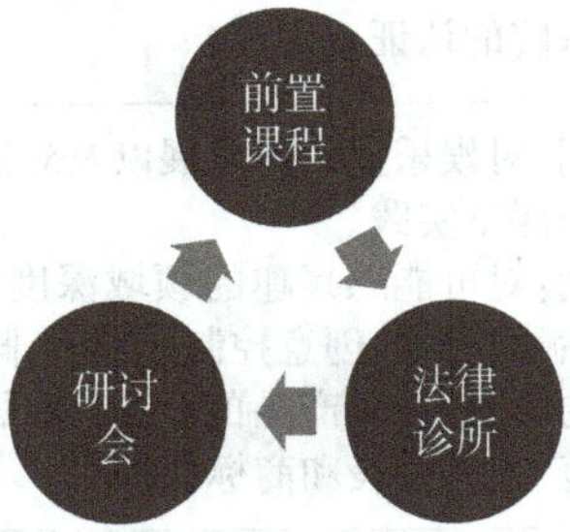

图1　美国娱乐法法律诊所课程授课形式

第一种形式是计分制法律诊所,这一点我们之前的内容提到过,在此不赘述。第二种形式主要特点是:在法律诊所前有一门课程(前置课程),进行课堂教学,传授学理。法律诊所后有研讨会进行复盘,从而帮助学生理解巩固课堂教学的内容。这种授课模式有利于学生完成理论到实践的转换。加州大学洛杉矶分校以这种模式闻名。(见表4)

表4　加州大学洛杉矶分校音乐产业法律诊所配套前置课程、研讨会

课程授课形式	课程名称	课程形式	学生主导占比/%	课程简介
前置课程	音乐产业法	授课	30	体系性介绍音乐产业，让学生更好了解在该行业复杂的环境中可能遇到的法务问题。音乐创作和利用过程中的合同审查、财务相关法律问题、当前司法和立法问题
法律诊所	音乐产业法律诊所	授课/学生实践	80	以学生为中心，在老师的帮助下，学生决定其法律诊所负责的项目、制定法律诊所策略，通过会议模式一对一帮助学生回顾法律诊所的工作细节，帮助学生进行书面战略修改
研讨会	音乐产业研讨	学生实践	100	和客户互动加深他们对音乐律师这个角色的认知。技能学习目标：采访客户、制定解决客户问题的策略、准备和修改文件、培养与客户沟通技巧，谈判协议的拟定

2. 前置课程和研讨会。美国前六所娱乐法名校法律诊所的前置课程主要有两种模式。第一种是一门法律诊所配一门必需前置课程，如加州大学洛杉矶分校的音乐产业法律诊所最为出色。第二种是一门法律诊所配套多门前置课程，只要修了其中一门课程之后，就有资格申请进入法律诊所，如哈佛大学体育法律诊所就有三门配套前置课程。这种多样性的选择对学校的综合性要求极高。同时，因采取小班教学，美国前六所娱乐法名校法律诊所有2/3的课程需要提前提交书面申请书，通过考试、研究计划等形式，才有机会参加心仪的法律诊所，这些需要提交申请书的法律诊所中还有1/3需要参加面试。研讨会根据每次法律诊所提交的计划书和在法律诊所遇到的问题开展，完全根据学生的情况而定，没有固定模式。加州大学洛杉矶分校和哈佛大学前置课程见表5。

表5 加州大学洛杉矶分校和哈佛大学前置课程

课程介绍	加州大学洛杉矶分校	哈佛大学		
课程名称	音乐法	高级合同起草	体育与法律(1):审视美国法律的历史和演变	体育与法律(2):代表职业运动员
课程内容	讨论该行业面临的复杂的法律、商业和金融问题	了解复杂交易文件的各个组成部分,并有机会起草这些文件	概述当今主宰美国体育界的三大运动,从历史法律的角度比较对比它们之间的异同	体育营销产业,讨论与该产业相关的一些更重要的法律原则,包括知识产权法、劳动法和合同法,以及相关合同谈判所需的技巧
课程项目	客户项目:(1)音乐行业合约的基本结构及重要交易条款;(2)合同的法律和财务影响;(3)法律和判例	合同有关技能;冠名权;赞助;媒体的权利等	让从业人员提出"假设"的案子,就谈判、起草和诉讼的最重要的问题分组分析三大运动,每个小组将探讨谈判策略、合同起草技巧和与诉讼有关的决议	模拟诉讼:假设客户起草的协议"违反了合同"。学生将起草文件要求、证词问题和法律摘要,以支持在合同起草工作中采取的合同立场
考核形式	项目书	课程大纲中列出与协议相关的作业,选一个	(1)项目;(2)课堂参与和成功完成每周作业	课堂参与和成功完成每周作业

3. 考核方式。加州大学洛杉矶分校任课老师科恩(D. Cohen)表示:"参加该诊所的学生将获得媒体和娱乐法方面的实质性专业知识,以及在采访和咨询客户、识别和管理风险、谈判和起草协议以及专业责任方面的实践经验。"因其高度的实践性,注定考核方式也会是分阶段性考核。特别需要说明的是,考核内容全部没有涉及标准答案。这也贯穿了美国最核心的教育理念:考试的目的是帮学生再一次复习所学知识。因完成项目不一,阶段性考核和期末考核的分数占比每学期也不一样,但期末分数不会超过50%。加州大学洛杉矶分校纪录片法学诊所考试方

式见表6。

表6 加州大学洛杉矶分校纪录片法学诊所考核方式

考核类型	考核形式	考核内容
阶段性考核	强制性每周研讨会，通过讲座、讨论、练习和项目小组审查	实质性和实践法律技能
	与任课老师一周一小时的项目落实团队会议	审查和讨论客户目标、法律问题、策略和进展
	间歇性的额外课程（周末和晚上）	与客户会面、电影放映和其他
	实践模拟和研讨会	对项目实践总结
期末考核	书面反思作业	项目工作的关键原则和技能的理解
扣分考核	出勤率	出勤率导致课程扣分或不及格

三、美国娱乐法法律诊所课程建设对我国娱乐法法律诊所的启示

（一）增加法律诊所开设门数

1. 分专业、增加法律诊所开课门数。美国前六所娱乐法名校普遍分专业开设法律诊所，以达到更有针对性帮助学生完成从理论到实践的转换。对比之下，大多数中国法学院没有专门为某一专业设法律诊所，大多数情况下，一个学院只有1～2个法律诊所，更有甚者没有开设法律诊所。这妨碍了法科学生的针对性学习。从表7可看出，美国前六所娱乐法名校所在法学院共开设了7～37门法律诊所，占整个法学院法律诊所的8%～50%。

表7　美国排名前六所娱乐法名校法律诊所占整体法律诊所百分比

院校名称	娱乐法专业门数	整体法学院门数	百分比/%
加州大学洛杉矶分校	4	22	18
哈佛大学	3	37	8
南加州大学	6	11	55
伯克利大学	3	8	38
哥伦比亚大学	3	7	43
西南法学院	3	8	38

2.增加娱乐法的开课门数。美国前六所娱乐法名校单娱乐法专业就开设了法律诊所3~6个,这极大地增加了学生的学习热情,学生可以选择自己有兴趣的方向进行深入实践。单一的选择往往给学生以标准化之感,而美国前六所娱乐法名校给了学生更多的选择性。在此强调,美国学校除开设的法律诊所以外,还有一对一法律诊所项目,学生可以递交自己喜欢的主题以及自己喜欢的工作计划给学院老师,学院教学委员会开会探讨可行性,尽可能地实现学生对于法律诊所的希望。

(二)以构建培养复合型人才为目标,改革课堂教学方法

1.以产出导向为目标,构建以学生为中心的法学诊所模式。因法律诊所以实践为导向的目标,不同于以老师为中心的课堂模式,美国娱乐法专业法律诊所以学生为中心。为了让学生更感兴趣,连项目研究方向都可以根据学生的兴趣转换,真正实现以学生为中心。遇到学生疑惑的地方,为了把学生从单一的讲授模式中解放出来,老师也尽力采用引导教学法,让学生更多提问,在老师的监督下,让学生自己寻找答案。即使在疫情期间,老师也通过Zoom、Skype等软件,和学生同步沟通,监管学生的学习和实践。

2.小班上课形式。美国法学课程以小班教学闻名,特别是以实践为主的法律诊所。这可参照2021年南加州大学、伯克利大学娱乐法法律诊所的班级招生。(见表8)

表 8 南加州大学、伯克利大学娱乐法法律诊所小班教学情况

学校名称	法律诊所名	每班人数	解决案件(项目)
南加州大学	知识产权	8	为 24 名客户咨询
	调解诊所	20	10 起案件
	商业法律诊所	8 ~ 10	100 件/年
伯克利大学	新商业法律诊所	12	40 客户
	法律政策诊所	4 ~ 13	1 ~ 2 个
	法律技术公共政策	3 ~ 10	1 ~ 2 个

3. 重视校友及实习单位支持。美国前六所娱乐法名校都对校友和实习单位有定期回访,其中美国南加州大学、哈佛大学、伯克利大学有专人记录回访,建立档案。伯克利大学甚至会对每个诊所建立校友和实习单位评分档案,算出平均分,促进诊所之间的竞争。如此注重校友,则捐款也会增加,帮助法律诊所蓬勃发展,学生通过反馈、反思更好地将理论与实践相结合。与此同时,重视校友评价也使得更多的校友愿意反哺学校,对学校法律诊所的开展提供帮助。例如,南加州大学就有国际纪录片协会执行董事迈克尔 · 伦普金(Michael Lumpkin),奥斯卡提名导演米凯利(Mikelly)、制片人凯伦 · 约翰逊(Karen Johnson)等校友回校给学生做讲座或提供诊所场地等帮助。

(三)增加老师数量和重视复合型法学教师培养

从表 9 可以看出,大多数学校有一半以上的课程为两个老师同时教授,一个主讲方法,一个陪伴学生参加法律诊所实践。在采访中还发现,与我国不同的是,这些学校不是所有老师都有博士学位,有博士学位的也基本上是在来学校之前工作过。而且没有博士学位不影响教授文凭,老师的从业年龄都在 10 年以上,多则 30 余年,且原工作已经做到了一定程度,是真正的复合型人才。

表9　美国前六所娱乐法专业法律诊所老师情况统计

院校名称	课程名称	老师人数	姓名	学校职称	社会工作
加州大学洛杉矶分校	纪录片法律诊所	2	丹尼尔·马耶达(Daniel M. Mayeda)	教授	律师:涉及媒体和娱乐行业的诉讼
			戴尔·科恩(Dale Cohen)	教授	媒体律师、诉讼律师和新闻高管,在自由欧洲电台和论坛公司任职
	体育法律诊所	1	史蒂夫·德里安(Steve Derian)	讲师	律师事务所担任诉讼律师、体育法律事务的仲裁人、本科网球和高尔夫球手
	音乐产业法律诊所	2	杰弗里·莱德(Jeffery Light)	教师	律师
			苏珊·希尔德利(Susan Hilderley)	教师	律师
	专业和商标法律诊所	1	钟尤金(Eugene K. Chong)	讲师	律师:知识产权律师事务所
哈佛大学	体育法律诊所	1	彼得·卡法尼亚(Peter A. Carfagna)	客座教授	CEO:拥有体育营销、管理和投资公司、国际管理集团首席法律官和总法律顾问
	调解诊所	1	凯西·蒙德尔(Cathy Mondell)	讲师	律师事务所合伙人:负责诉讼业务
南加州大学	知识产权法律诊所	1	杰弗里·帕尔曼(Jeffery Pearlman)	副教授	法官、非营利组织律师事务所、律师事务所合伙人:主要领域为专利
	商业法律诊所	2	迈克尔·查萨罗(Michael Chasalow)	客座教授	交易律师:并购和复杂债务证券发行等复杂的企业交易
			诺威尔·拉各斯戴尔(Noel M. Ragsdale)	讲师	律师:小企业和非营利组织的法务

续表

院校名称	课程名称	老师人数	姓名	学校职称	社会工作
南加州大学	调解诊所	2	丽莎·克莱曼（Lisa Klerman）	教授	职业调解员：有自己的私人执业，专门从事就业法调解
			马丁·莱文（Martin L. Levine）	客座教授	心理学专家、医学专家
伯克利大学	新商业法律诊所	3	威廉·凯尔（William Kell）	教授	律师、商业咨询
			凯利·伍尔福克（Kelly Woolfolk）	客座教授	娱乐法律师
			德·拉弗勒（Des Lafleu）	客座教授	律师：帮助客户保护、执行和利用他们的知识产权资产，降低风险
	法律政策诊所	3	德文·莎诶（Devan Shea）	副教授	美国外交政策局工作
			史蒂夫妮·坎波斯（Stephanie Campos）	副教授	东湾社区法律中心（EBCLC）的教育部门担任公共利益研究员
			杰弗里·塞尔比（Jeffrey Selbi）	副教授	法律评论编辑委员会的民选成员
	法律技术公共政策诊所	3	凯瑟琳·科鲁普（Catherine Crump）	教授	律师
			埃里克·斯托曼（Erik Stallman）	副教授	在谷歌担任政策顾问
			杰尼福·厄本（Jennifer M. Urban）	教授	硅谷风险法律集团律师

续表

院校名称	课程名称	老师人数	姓名	学校职称	社会工作
哥伦比亚大学	科学、健康和信息法律诊所	1	克里斯托弗·莫腾(Christopher Morten)	副教授	诉讼助理和科学顾问、专利代理人,美国联邦巡回上诉法院法官书记员
	创业与社区发展法律诊所	1	林妮丝·潘坦(Lynnise Pantin)	客座教授	在投资管理集团从事企业和证券法业务、私人投资基金,为发起人和投资者提供法律咨询
	调解法律诊所	1	亚历山德拉·卡特(Alexandra Carter)	教授	私募股权分析,在法院担任助理,诉讼律师
西南法学院	高级娱乐法研习	1	奥利·拉维德(Orly Ravid)	副教授	娱乐法律师、非营利电影组织创始人
	娱乐和艺术法律援助	2	迈克尔·爱泼斯坦(Michael M. Epstein)	教授	记者:美国宪法的系列纪录片;律师:媒体并购
			杰·根德龙(Jay W. Gendron)	副教授	商业和法律高级顾问:娱乐商业谈判

(四)创新性地结合自身优势,开设娱乐法诊所

我国的法律诊所如此有限,是什么造成了美国娱乐法排名前六所名校能开展如此多种多样的娱乐法律诊所呢?分析下来,其主要结合的优势分为两类:地理优势和自身综合大学优势。(见表10)

表 10　美国排名前六所娱乐法专业诊所地理优势和综合优势分析

优势		院校名称					
		加州大学洛杉矶分校	哈佛大学	南加州大学	伯克利大学	哥伦比亚大学	西南法学院
地理优势	位置	加利福尼亚州	马萨诸塞州	加利福尼亚州	加利福尼亚州	纽约州	加利福尼亚州
	发达程度	高	一般	高	高	高	高
	地区优势	娱乐业	—	娱乐业	娱乐业	娱乐业	娱乐业
综合优势	综合排名	20	2	27	22	2	—
	强势学科	电影、体育	体育	商学	商学	科技	法学

优越的地理优势给予丰富的法律诊所以肥沃土壤。从地理优势分析，六所学校中有五所来自美国最具经济实力的纽约州和加利福尼亚州，其世界闻名的百老汇和好莱坞的发源地给予娱乐法以土壤。唯一不具有地理优势的哈佛大学是全世界最出名的综合性学府，这座世界最大的综合性学术航母为娱乐法法律诊所创造了条件。从综合优势分析，可分为强势学科优势和综合排名优势：六所大学综合排名有两所为全美前三位，只有一所西南法学院不在全美前三十位。[12] 因此，我国大学开展娱乐法诊所也可以借鉴美国的先进经验，不拘泥于开设某门特定课程，同时要开拓创新，以高阶性挑战新高度、新模式，参考自身综合优势和地理优势来开设娱乐法诊所。

---

⑫ See U. S. News, "Best national school ranking", Accessed September 13, 2021, https://www. usnews. com/best-colleges/rankings/national-universities.

结 语

美国高校前六所娱乐法法律诊所,以实践为核心,教学体系贯通理论与实践、课内和课外结合。课程核心在于侵权法、合同法、知识产权法理论,课程内容贯通学科前沿与实践相结合的教学,体现创新型和高阶性,提高学生的积极性,帮助学生更好适应今后的工作。法律诊所主要涉及音乐、体育和电影行业。法律诊所的实质在于弥补理论课程讲述缺乏实践的不足,因此分专业开设法律诊所尤为必要。美国法律诊所的老师有很多都没有博士学位,即使有博士学位也已经工作了10年以上,在娱乐法行业已经成为一方翘楚,是典型的复合型人才。近年来,中国娱乐法教育取得了一定的进步,但相较于应用复合型人才的培养目标,实际的培养状况并不能令人满意。⑬ 教育部、中央政法委员会《关于实施卓越法律人才教育培养计划的若干意见》为高校法学教育指明了方向,对应用型、复合型法律职业人才的培养提出了要求。⑭ 在推进主辅修、双学位的培养基础上,也探索了许多专业复合型人才的培养目标,如"外语+法学""计算机+法学"。⑮ 美国娱乐法诊所主要涉及领域为音乐、影视和体育,因此建议增加"音乐+法学"、"影视+法学"和"体育+法学"。为了展示更多美国娱乐法法律诊所的细节,本文仅选取了娱乐法专业排名前六的名校,将来如果有机会搜集到更多细节及案例,从理论到实践切入,将娱乐法专业课程纳入研究,以期为中国法律诊所的课程设置作出更多贡献。

---

⑬ 参见杜健荣:《论基于能力本位的法学本科课程体系构建》,载《法学教育研究》2019年第3期。

⑭ 参见屈茂辉:《应用型复合型卓越法律人才培养方案研究》,载《大学教育科学》2015年第2期。

⑮ 参见唐勍:《美国音乐商业专业法学课程设置及启示》,载《法学教育研究》2020年第3期。

On the Enlightenment from the Legal Clinic Curriculum of American Entertainment Law Education

—Taking the Top six Universities in the United States as an Example

Tang Qing

Abstract: The major of entertainment law originated in the United States, with the goal of cultivating entertainment law lawyers and legal professionals, and is known for its emphasis on application and practice in its teaching. After the reform of legal education, China'sentertainment law education has made great progress in theoretical elaboration, but attention has been less paid to legal clinics as the mainstay of legal practice teaching. The top six entertainment law schools in the United States have distinctive features of legal clincis: the courses are based on practical operations, and there are 3 – 6 different legal clinic courses for the entertainment law majors, all of which focus on tort law, contract law, and intellectual propertylaw, etc., involving music, sports, film and television industries. This paper analyzes the construction of the legal clinics curriculum system for entertainment majors in the United States, emphasizing practicality, output orientation, and high-level natureof the teaching system, flexibility of the forms of the courses, and the student-centered concept, all of which convey positive meaning not only for the legal clinics of entrtainment law majors in Chinese universities, butalso for the legal clinics of all majors in the Chinese Law Schools.

Key Words: the United states, entertainmentlaw, legalclinic, enlightenment

学问人生

在2021年中国法学会比较法学研究会年会闭幕式上的致辞（节选）*

高鸿钧**

摘　要:我们需要使专业进一步细化。学术研究领域和议题的选择,应倡导“与人不同”,敢于尝试新领域,甘居边缘领域。成果的质量不在于研究领域或论域,而在于研究者的理论素养、学术洞察力和方法。深化专业研究时,每个年轻学者都应根据自己的兴趣进行选择。兴趣是最好的老师,而兴趣的内在驱动力是好奇心。我们应热爱自己的专业,要在从事专业研究中养成痴迷的兴趣、超越的情怀和忘我的精神。学者的成果主要有三类:第一类是论文;第二类是专著,专著勿求多,应求精,倡导传世之作和拳头产品;第三类是译著,翻译涉及两种语言的转化,翻译法律作品实际上是在进行法律移植。

关键词:比较法学　专业分工　学术兴趣　传世之作　拳头产品

---

* 本发言稿由邱昭继老师带领的会议秘书组记录并整理,会后我进行了修改和补充。向邱老师和他领导的秘书组特致谢忱。

** 高鸿钧,清华大学法学院教授,中国法学会比较法学研究会会长。研究方向:法理学、比较法学。

一、加强队伍建设

我们上午聆听了严存生老师的发言。严老师已逾80高龄,但还能思考一些重大问题,提出新见解,思路清晰。同时,我们的年会也有许多新生力量的发言、参与。实际上今天参会者大致可以分为四个年龄段:一是像严老师这样的"80后";二是以我为代表的"60后",也就是60岁以上的人;三是一批40岁上下的年富力强的中年学者;四是20~30岁的青年学者。我们今天可以说是"四世同堂",我们在这个交流平台上都属于忘年交,其乐融融。今年的年会的一个特点是"新老相结合",但是我们也意识到,80岁以上的人,今年只有严老师参加。严老师也是我的师长,是我们敬重的前辈。对他的参与,我们特别感谢。我们也看到,今年年会,60~70岁的参会者很少。但我们高兴地看到,年青一代已经成长起来。这次年会作主题报告的发言人,基本上是年轻学者。王志华老师主导的秘书组挑选发言人的标准,一是看论文是否契合年会选题;二是看论文是否有新意,尤其看论文内容是否涉及新的领域或知识类型;三是看论文是否下了功夫,而不是"急就章"或一般性评论。这种不论年资仅仅考虑论文质量的挑选标准,我非常赞成。我们的年会是学术会议,不是联谊会或同业嘉年华,因而选取提交高质量的论文,让作者发言,从而使交流具有质量,听者有所收获。这次会议的主题报告人都学有专长,在某个领域具有深入研究,讲述的内容都具有一定程度的新颖性,有的还具有趣味性。同时,年长参会者都积极作为主持人或评议人,甘当年轻人的"绿叶",陪衬和扶持"红花"。在这方面,年长学者高风亮节,默默奉献,表现出优良的长者风范,也代表了比较法研究的优良传统。我们为年轻学者已经成长起来而感到欣喜。同时,我们也应不断充实新生力量。有了一定规模精干强干的队伍,我们的比较法学事业才能兴旺发达;有了新生力量不断加入,我们的比较法研究才能继往开来,长盛不衰。近年来,青年比较法论坛办得风生水起,有声有色,质量很高,在比较法学领域和整个法学界产生了很好的影响。这足以表明,年轻一代已经主动承担起承前启后的学术使命。实际上,中国比较法学的未来希望在年轻一代。为了强化队伍,增加新生力量,这次年会吸收了一批理事。未来的每届年会,我们都要吸收新生力量参加,并吸收新理事。我们学术队伍建设所面临的另一个问题是应尽快完成新老交接。我们希望年轻人有更多的舞台、更多的表现机会,有更好的发展环境。

二、要深化专业分工

我们研究会的年轻人各有所长,在一定程度上实现了自然分工。今年讨论的议题范围涉及面很广,除了传统议题,我们还组织了一个印度法与伊斯兰法的专题讨论。有的学者讨论了以色列宪法问题,有的学者还论及其他一些过去没有涉及的领域。但从整体上看,我们还应该进一步地推进分工专业化。目前国内对外国法和比较法的研究,覆盖的范围越来越广,对于大陆法、英美法的研究取得了很多成果,其中对于美国法和罗马法的研究,成果尤其显著。一些学者近年来开始关注印度法和伊斯兰法,但总体而言,这两个领域的研究仍显薄弱。此外,一些重要外国国别法或重要的论域,研究还处于空白或十分粗浅状态,如古以色列法、古埃及法和古巴比伦法等,还有该领域的专家,当然也没有重要成果。卢曼说《汉谟拉比法典》是关于占卜的文本,这是什么意思?我们是否可以说《周易》是一部关于法律的经典?占卜与法律的共同性在于决断,从而消除不确定?总之,我们需要使专业进一步细化。否则,许多人都做相同的领域,结果会"内卷",而一些空白或边缘领域却无人问津。许多人担心研究冷门或边缘领域被边缘化,都争抢热门领域。热门领域过热,但也会导致成果重复,不断"内卷",不久就会变成冷门。学术研究领域和议题的选择,应倡导"与人不同",敢于尝试新领域,甘居边缘领域。实际上,成果的质量不在于研究领域或论域,而在于研究者的理论素养、学术洞察力和方法。研究大象的成果未必比研究蚂蚁的成果更重要。在21世纪的自然科学中,许多重大突破都发生在边缘领域和交叉学科。人类学家研究的都是少数族群或边缘群体,但许多著名人类学家所取得的成果,其价值和影响力并不逊于研究国家等宏大主题的成果。

我们比较法研究会的成员,基本分为两部分。一部分人从事比较法专业研究,另一部分人从事部门法研究。对于从事比较法专业研究的学者而言,存在如何能够和部门法与外国国别法结合起来的问题。只有这样,我们的研究才能落到实处,我们的理论才有载体,我们的理论和方法才能与具体知识结合起来。

同时,对于研究部门法的学者,应该强化比较法基本理论和方法的训练。比较法的研究虽然需要部门法的支撑,但是法学研究发展到今天,法律概念、规则和制度的一般比较,缺乏理论指导和方法自觉,往往会缺乏思想性,因而比较的结果失之简单,缺乏新意。当我们运用比较法的理论和方法进行部门法的比较时,我们就会自问,我们从事的是微观比较还是宏观比较?是纵向比较还是横向比较?是意义比较还是功能比较?是从事规范性的论述还是描述性的阐释?是求同性比较还是求异比较?我们面临不同法系或法律传统的概念、规则和制度时,如何避免功能比较导致概念、规则和制度脱离语境,而忽略这些概念、规则和制度的意义?比如,在比较法学领域,功能比较方法十分重要,通过功能比较,我们可以辨析不同法律传统中的"同名异物"和"异名同物"。前者是指在不同法律传统中,同样的概念却具有不同的功能,后者是指不同的概念却具有同样的功能。例如,中国的"法",与古代西方拉丁语的"Jus"、印度的"达摩"以及伊斯兰法的"沙利亚"似乎具有相同或相似的功能。因此,我们可以进行跨文化的"法"概念比较。但我们把这几个概念置于各自的语境中,就会发现它们各自承载的意义具有很大差异,无法通约。因此,我们是否需要超越概念比较或功能比较,而通过"移情潜入"另一种法律传统,把握该法律传统的概念关系和整体意义,从而对该法律传统的概念、规则和制度进行融贯性理解,进而运用深描的方法来诠释"地方知识",并运用比较的方法实现不同"地方知识"的穿越?

我举这个例子意在说明,比较法的理论和方法对于部门法的比较具有指导意义。实际上,立法比较往往着眼于概念、规则制度的异同,也失之简单。因而立法比较也应结合司法判例,并应探索法律规则和制度背后的义理和法律运作的时间效果。因此,比较法研究影视立体化的比较,理论指导和自觉运用比较法的方法,十分重要。当然,比较法的理论要自觉接受社会理论的指导,而社会理论要吸收自然科学的晚近成果。

在选择专业时,最忌讳争主流、抢热点和赶时髦,而应注重与他人的专业不同。当然,虽然填补空白重要,但空白领域研究起点低,填补空白的并不等于是高水平著作。换句话说,填补空白或从事边缘领域的冷门专业,研究者也不应满足于"有聊胜于无",而应严要求和高起点。不然,你的成果很快被后来者所碾压。我们青年学者一旦有了"专业拿手戏"或"专业绝活",就在研究领域有了立足之地,就有可能经过持续努力,使自己成为特定领域的专家。我以为,专家与学者不同,专家只是掌握了某个专业领域的知识、技术和方法,类似于匠人。现在提倡工匠精神,主要是强调人们做事做工应精益求精,不要粗制滥造。但高级工匠也不等于科学家。我们都知道,中国古代技术发达,四大发明等技术都走在当时其他文明之前,但中国没有产生古希腊和近代西方那样的科学。这就是所谓的"李约瑟难题"。这里我无须展开。我的看法是,中国古代重视技术型专家,与中国文化的实用理性导向有关。我们的文化重视经世致用,排斥"无用"或超越的想象。学者与专家不同,他们不满足于作为专家,仅仅掌握知识、技术和方法,还致力于探索技术背后的原理,甚至超越现有技术,通过想象提出新的问题,推演出新的学理,实现"无中生有"的学理创新。爱因斯坦创立相对论就是显例。中国重技术而轻科学、重实用而轻基础理论的倾向导致技术难以持续发展或实现创新,以致我们今天在一些关键技术领域无法自主创新,被外国"卡脖子"。事实证明,没有基础理论引领,技术也难以实现新的突破。暂时无用的东西,可能未来有用。探索无用是探索各种可能性的应有之义。就此而言,无用之用乃大用。现在有个说法,叫作"把论文写在祖国大地上"。这句话强调研究者脚踏实地,使研究工作服务于国家。这一点我不反对,但这句话也有局限:一是透露出实用主义的倾向。二是透露出视域的局限。我们知道,科学无国界,在全球化的今天,全人类都居住在地球村中,许多研究成果都是人类共享。我们要问,为何不能把论文写在世界地球村的大地上?为何不能把论文写在天空或外层空间?为何不能把论文写在分子、原子或具有二象的波粒中?为何论文不能写在我们的心性与灵魂中?为何论文不能写在我们的童话和神话想象中?难道我们的眼界就仅仅限于自己脚下的大地,而不能眼望星空?在比较法学领域,我心目中的理想学者是能够赋予知识以心智、赋予方法以灵性、赋予文本以意义,在专业研究中创立新思想,即太史公所言,“究天人之际,通古今之变,成一家之言”。更高境界是“为天地立心,为生民立命,为往圣继绝学,为万世开太平”。当然张载的要求未免过严,目标未免过高,所谓“为天地立心”,大而无当,人类出现很晚,宇宙没有心,也不需要你为它立心,立了也没有,宇宙按照自身的法则运行。“为生民立命”,俨然以救世主自诩,更不可取。科学研究的真谛是追求真理。追求真理永无止境,学者永远在路上。但话说回来,学者心中应有抱负、有情怀、有思想、有担当。我们的目标和理想可以取乎其上,得乎其中;如取乎其中,则得乎其下。但要避免那些假大空的目标。

深化专业研究时,每个年轻学者都应根据自己的兴趣进行选择。兴趣是最好的老师,而兴趣的内在驱动力是好奇心。一个人对学术没有兴趣,就不适合以学术为业;一个人对专业没有兴趣,就无法撰写出心性之作。一些人很早就基于好奇心培养起专业兴趣,但许多人是在从事专业很久之后,“久病成医”,逐渐产生了专业兴趣,类似于先结婚后恋爱。研究工作是一种劳动,马克思曾经指出,人为了谋生而“奴隶般服从分工”,与其自由天性相悖。因此,他认为只有出于需要而劳动,才会消除异化,实现人的复归。他认为,到了共产主义社会,那时没有国家,也没有分工,劳动成为人的第一需要,人们按照自己的兴趣从事各种有意义的活动。当然,现在还没有到共产主义社会,我们必须面对分工,选择自己的职业,通过职业劳动来谋生或从事创造性活动。一些学者产生专业疲劳感,甚至感到研究工作无聊,常常感叹“青灯古殿人将老,辜负了,红粉朱楼春色阑”。也有人戏称“书山有路行路难,学海无涯苦无边”。我们对专业没有兴趣,专业就会成为负担。在这种情况下,就应考虑改行,寻找自己感兴趣并能够发挥作用的专业领域。例如,马克思本科学的是法律专业,后来侧重经济、哲学和历史研究;卡夫卡本科学的也是法律专业,后来却弃法从文;鲁迅学的是医学,后来弃医从文。他们转行后,都取得了骄人的成就。人一旦有了苦感,生命就处于低迷状态。释迦牟尼认为,生命即苦,生、老、病、死、爱别离、怨憎会、求不得、五蕴炽盛,构成“八苦”;苦海无边,回头是岸;岸是指彼岸,即通过觉悟获得智慧,经由八正道到达彼岸的涅槃之境。叔本华受到包括佛教的印度文化影响,认为生存意志是本质,而世界的表象只是现象。人的生存意志遭遇外界环境,常常受挫,难以实现;即便一时实现,作为愿望的意志会不断升级,得寸进尺,难以持续实现。因而,他也认为人生苦海无边,但并非回头是岸。他认为,苦海之舟是艺术,即人只有从事艺术工作,才会使谋生手段与生存意志相契合,才能在对艺术的不断追求中,自己的意志在艺术作品的改进和变化中得以持续实现。叔本华作为哲学家,生前长期默默无闻,著作也无人问津。到了晚年,他的著作才引起人们的关注和重视。他从事哲学研究,是否感到很苦呢?他没有直说,但根据他的结论,哲学高度抽象,与形象化的艺术截然不同,无疑属于苦业。叔本华逝世4 年之后,一个迷惘青年在街上游荡。他在街角书摊上偶然发现一本书,随意翻了几页,便对该书发生兴趣。他以廉价买下这本书,回到寝室,废寝忘食,埋头两周,通读全书。随后,他顿感心明眼亮。我们知道,这本书就是叔本华的《作为意志和表象的世界》,而阅读此书人就是后来大名鼎鼎的尼采。尼采从叔本华著作中汲取了灵感,把生存意志改造成权(强)力意志。他认为一个人只要秉持强力意志,就可以成为超人,而外界一切环境都不构成意志实现的障碍。由此,他创造性地解构了形而上学,在用锤子从事哲学的过程中,把体系化的哲学打造成段子,把概念化的哲学书写方式转变为激情四溢的散文诗文体。前者的代表作是《权力意志》,后者的代表作是《查拉斯图拉如是说》。由此,尼采把令人痛苦的哲学变成了快乐的哲学。人类学家格尔茨曾说,所有人文学科的研究都涉及阐释。阐释通常离不开叙事,应寓理于事,论从史出。借鉴尼采的做法和格尔茨的观点,我们从事法学研究,也可以采取文学创作的方式,不再仅仅关注文学中的法律,而是尝试把法学本身做成文学。我们知道,文学创作是源于兴趣,胸中有感,心里有话,不吐不快。文学创作虽不无辛苦,但作家苦中有乐。我们如果以从事文学创作的方式从事法学研究,会不会激发兴趣,使自己乐在其中呢?比较法学与其他领域相比,我们的研究更有可能转变成文学创作。因为我们的研究与文、史、哲关联密切。我们可以阅读和阐释文学作品,如解读古希腊两大史诗和古印度两大史诗中的法律。我们的研究与法律史密切相关,一切材料都是过去的记录,而一切过去的记录都是历史。就此而言,我们从事法律制度的比较就是从事法律史的比较。我们在从事法律思想史的研究中,直接涉及法哲学,而理解法哲学需要我们阅读哲学文本,进行哲学思考。因此,哲学也是比较法的天然盟友。哲学尚能采取文学形式,我们的比较法学为何不能采取文轩形式进行表述?

伽达默尔从诠释学的角度认为,解释者与文本之间的关系类似于游戏中各方的互动。解释者在遭遇文本时,基于当下视域,在阅读和理解文本中,使自己的前见与文本意义进行互动,一方面不断调整自己的前见;另一方面对文本的意义进行重构。在这种互动中冲击出新的理解就构成新意,而这就是通过诠释文本的创新。我们都有参与游戏的经历。一旦进入游戏,游戏者就要服从游戏规则和程序,也要受到其他参与者的制约。结果是游戏者被游戏,而游戏结果也不确定。因为游戏结果一旦预定,游戏就失去吸引力。我们的研究活动所涉及的阐释类似于游戏。如果我们能以游戏参与者的角色理解和从事比较法研究,研究也许就不会成为负担,而我们会沉浸其中,在与文本的互动中感到愉悦,在阐释中实现创新。只要不是命题作文,并被迫证明某种观点,我们就有可能在就读文本的过程中,如打游戏一样,一道一道闯关,撞出思想火花,产生新的观点。实际上,学术研究风险远比种红薯更高。我们栽种红薯,只要有适当的土壤、水分、阳光就会收获红薯,只要增加配料、精心培护就会有更好的收成。这就是所谓一分耕耘,一分收获。但科研活动则不是这样。在自然科学领域,多数研究都无果而终,或取得的成果微不足道,而原创性成果的发现和证成往往具有偶然性,与爱情的概率差不多,可遇不可求。文科研究稍微好一些,这个领域对科研成果的要求,没有自然科学那样严格,一个专业者只要努力,好歹都会有一些成果。但真正原创性成果也不易取得。因此,数量很少的原创性成果被奉为经典。我的意思是,研究者应把研究视为游戏,满怀兴趣地从事这种游戏,在游戏的状态中,调动想象力,激发创造力,尽可能撞击出新的观点。这就要求有宽松的科研环境,研究者可以从容读书,慢慢形成自己的观点,瓜熟蒂落,水到渠成,成一家之言。

我再提起一件事。霍姆斯大法官曾出席一场律师协会的晚餐会,并以《法律,我们的情人》为题作了演讲。我刚看到这个题目,感到有些扎眼。在我们受到的法学教育中,法律是统治阶级的意志,是统治工具,是被统治阶级的枷锁。萨维尼是历史法学的代表人物,他认为法律是民族精神的反映。马克思认为,他的历史法学进路虽然意在避免轻佻,但当他把法律视为民族精神,则最终又落入轻佻。法律怎么会成为情人呢?这种比喻显得更加轻佻。但冷静想想,我们发现霍姆斯是说,法律承载着正义和道德等基本价值,旨宏义远,也关乎生活的方方面面,具体入微。他说:"如果我们把法律当作情人的话","她是一个只能用持续而孤独的激情去追求的情人","只有在一个人用尽了他接近神的一切能力时才可能得到她"。因此,"每一种职业都是崇高的,当它被崇高地追求的时候"。霍姆斯认为,法律职业更是一种崇高的职业,值得我们像追求情人那样追求这种职业。我们从事的比较法研究,便是法律职业的一个分支。我们如果把自己的专业当作情人,执着追求,念兹在兹,莫失莫忘,最终实现灵犀相通、灵魂契合,那么,我们还会有痛苦感和疲劳感吗?由此,我们会对专业情人朝思暮想,在期待中充满希望,在期许中耐心等待,在欢聚中把瞬间变成永恒,在回忆中咀嚼甜蜜。

因此,我们应热爱自己的专业,要在专业研究中养成痴迷的兴趣、超越的情怀和忘我的精神。要对专业上瘾,如醉如痴,如切如磋,如琢如磨。当一个研究者如集邮爱好者那样迷恋自己的专业,他还会对专业研究感到痛苦和无聊吗?念念不忘,必有回响。他在经历漫长旅途之后,蓦然回首,发现那人正在灯火阑珊处。其实,在他的整个学术之旅中,在孜孜不倦的追求中,见或不见,那人都在那里。

以上我讲的是研究者如何通过改变思维方式和表述形式,使自己热爱专业,从而把研究工作变苦为乐,并富有创造力。但这不意味着研究是一种轻松工作,也不意味着研究成果可轻而易得。实际上,要取得富有价值的研究成果,一定要付出艰辛的努力。只有经过绞尽脑汁之苦,才有豁然贯通之乐。20 世纪 90 年代中期,社会流传一个段子,形容社科院研究人员。当时我在社科院法学所工作,对这个段子印象非常深刻。这个段子带有讽刺意味,一方面讽刺社科院研究人员生活寒酸,另一方面讽刺当时脑力收入严重倒挂。现在我们回想一下,社科院研究人员大多数没有教学任务,平时不坐班,每周只有一个下午到单位,称为"返所日"。他们潜心研究,没有时间和精力打扮自己,在家里也不需要怎么打扮。久而久之,大多数研究人员便养成了生活简单、不修边幅的习惯。他们很少出门,进入闹市便有些不适应,过马路时避车躲人不免有些类似于进入上海的"乡下人",显得笨手笨脚,穷于应付。但我们反过来想想,如果一个人满身名牌,西装革履,在街上眼观六路、耳听八方,是否更像富商、律师或高级公务员,而不像一位学者?学者应生活从简,不必在衣着打扮和修饰上花费更多时间。在外人看来,一个人对专业"上瘾成癖",见人两眼发直,走路若有所思,那他的研究就"入境"了,他就成为了真正的学者。

三、出有价值的成果

过去有一句话,叫作"莫斯科不相信眼泪"。我们无论如何强调比较法研究重要,都要用我们的研究成果来证明我们专业的价值。农民种地要产粮食,工人做工要出产品,而我们学者研究要出成果。

我们知道,近年来中国学界的成果不是少而是很多。法学界是这样,人文社科界也是这样,甚至自然科学界还是这样。中国人很聪明,动不动就著作等身,制造数百万字甚至上千万字的成果。仅在法学界,就"教授多如毛,著作涌若潮;博士遍地走,成果漂似瓢"。法学比起文史哲传统人文学科,虽然是后起学科,显得幼稚,但成果数不胜数。法学学术成果多本是好事,但成果中泥沙俱下、良莠不齐。第一,很多成果是抢热点的应景之作。这些成果如瓢之漂水,顺流漂去;或如柳絮浮空,随风飘散。第二,很多成果是剪刀加浆糊的产物,在网络时代,不但获取信息便捷,复制或拼接技术比剪刀加浆糊时代也更先进。这些成果大同小异,基本上没有新意,而是低水平的重复。在数不胜数的法学著作和论文中,真正有学术价值的著作和文章几乎凤毛麟角。

面对上述问题,学界几乎人人抱怨,官方管理部门也认识到了。我们一般学者所能做的,就是管好自己,努力形成有质量的成果。我们学者的成果,除通过教学培养人才之外,主要有三类。第一类是论文。我们要多读书,厚积薄发;我们可以勤动笔,但不成熟就先不要发表,待修改成熟再发表。好文章是改出来的,字斟句酌,反复打磨,才能达到较为理想的状态。第二类是专著。专著勿求多,应求精。高产且高质的学者毕竟是少数,多数学者一生中有几部专著就不错了。过去学界曾有个口号,叫作"一本书主义",意思是一个学者积累一生,将其学术精华凝聚在一部专著之中。这样的口号意在倡导学者撰写传世之作。所谓传世之作,就是能够经受时间考验的不可替代之作。现在学界不断强调创新,其实创新是学术成果的应有之义。换言之,没有新意,出版著作或发表论文有何意义?以这样的成果晋升职称或捞取好处,就属于投机专营。"一本书主义"的标准或许要求过高,但至少要倡导"十年磨一剑"。所以,年轻学者要静下心来,立志撰写传世之作。除了传世之作,值得提倡的另一类专著是"拳头产品"。"拳头产品"是指厚重之作,虽然未必十分精致,但很有分量。这种著作往往是多人合作,知识互补,就某个专题进行全面、深入和系统的研究。它们出版之后,即便不代表该领域的学术高峰,也是该领域成果的重中之重。其实,"传世之作"和"拳头产品"是20世纪90年代中国社科院所倡导的学术目标。当时我在社科院法学所工作,非常认同这种目标。那时,社科院还有许多学贯中西的大学者。这种学术目标无疑是吸收他们建议的结果。记得当时一些研究所由于年终上报的成果太多,竟受到院部的批评,被责令精选一些成果重新上报。但后来,那批大学者相继离世或退休,当时的目标也就搁置不提了。第三类是译著。我们比较法学的发展首先得益于译著。但我们读书时,法学译著不仅很少,而且翻译的原著都是20世纪之前的作品。我们参加工作后,不得不耗费很多时间和精力翻译比较法著作,先是潘汉典先生带着我们翻译,其后是我们同龄人合作翻译,最后我们带领学生翻译。自己在翻译上花费的时间太多,影响了研究进度。但回想一下,我们那时如果自己撰写一些有关比较法的著作,实际水平远不如译著。现在,我们高兴地看到,世界上大多数比较法的重要著作都被译成中文。但还有一些重要著作没有被翻译过来,如德国学者茨威格特和克茨的《比较法总论》(第2卷)和法国学者达维德的《当代主要法律体系》(第28版)。值得欣慰的是,北京大学的纪海龙副教授和中国政法大学的朱明哲副教授正在分别翻译这两部名著。我们有望在近一两年内读到这两部译著。我建议年轻学者从事一些翻译工作。翻译不仅有助于提高外语水平,而且有助于培养严谨治学的态度,因为翻译不能躲避任何一个词语,而往往为了一个词语要反复查询。另外,翻译涉及两种语言的转化,语言是文化符码,翻译法律作品实际上是在进行法律移植。

我今天讲这些内容,主要是为了与青年学者交流。我一般不愿意谈论一些励志内容,因为觉得从小学开始,人们被灌"励志鸡汤"太多了。同时,励志总会让人觉得讲话者居高临下,以成功者的姿态教训别人。我不是成功者,没有经验,更多的是教训和遗憾。因此,我与各位年轻朋友交流的不是经验,而是教训或遗憾。

我们这一代人"先天不足"。我们赶上学制缩短时期,小学和中学合起来9年,其间还断断续续。我的小学和中学教育都不完整。大学所学的是苏联教科书的内容和当时政策,法学基础没有打好。我上大学才开始学英语,当时已经23岁。这个年龄不太适合学外语。加上缺乏语言环境,外语也没有学好。我留校后,专业和外语都进行了弥补。但补习像补种的庄稼,总不如原来种得好,因为季节不对。我当过5年农民,种过地,对补种的庄稼的缺陷有很深体验。亡羊补牢,羊都跑了,损失已经无法弥补。另外,我年轻时,研究比较法和外国法,材料很少,研究哪个问题都觉得材料不足。因此,我们当时立志撰写传世之作也不现实。我们这一代,尤其是我自己,只是过渡性学者,做的也是过渡性学问,无力也不可能撰写传世之作了。我希望我们这一代的缺憾能够由年轻学者所弥补,真如父母的缺憾希望子女弥补。年轻学者受到完整和系统的教育和学术训练,通常都有博士学位。你们外语好,许多人在国外取得博士学位,有的掌握几门外语。你们的视野很开阔,生活条件和研究条件也比较好。因此,我希望你们一方面应对体制的要求,在体制内生存下来;另一方面应有远大学术抱负,致力于撰写出高质量著作和论文,力争创造传世之作,在比较法领域作出更突出的学术贡献。

Remarks at the Closing Ceremony of the 2021 Annual Meeting of the Comparative Jurisprudence Research Association of the China Law Society (Excerpt)

Gao Hongjun

Abstract: We need to further refine the discipline. The choice of academic research fields and topics should advocate the "uniqueness" of each and every individual researcher, which means to try new fields, and willing to live in marginal fields. The quality of the achievements is not limited to the research field or domain of academic discussion, but should pay attention to theoretical literacy, academic insight and methods of researchers as well. To deepen professional research, every young scholar should make a choice based onpersonal interests. Interest is the best teacher, and curiosity is its inner driving force. Therefore, we should love our major and developan obsession with interest, the passion to transcend ourselvesand the spirit of dedication in our professional research. The achievements of scholars mainly include three categories: the first one is papers; the second category is monographs, which do not require quantity, but must ensure quality, and advocate classic and competitive works; the third category is translation works, translation involves the conversion of two languages, and translating a legal work is a process of legal transplant.

Key Words: comparative jurisprudence, specialization of work, academic interest, classic works, competitive achievements

教育法治

二级学院能否增设论文发表作为学位授予标准?

——以"柴某杰案"为分析样本的展开

郑　琳*

摘　要:将发表论文与学位授予相挂钩,一直是个饱受争议的话题。在"柴某杰案"中,法院虽然作出了确认违法的判决,但仍然采取的是程序主义的审查进路,以学术自治回避了论文发表作为学位授予标准的实体性问题。在高校权力下放的背景下,学院作为专业的科研管理机构可以成为制定论文发表标准的适格主体,但是将其作为学位授予标准有严格的适用条件,要体现学校的科研理念,接受学校的监督,在大学章程和学院学术权力清单中予以明确。此外,学院要严格遵循制定程序,让有利害关系的学生参与和发表意见,经过学校备案审查后方有效力。为了保障学生权利,司法应当具有能动性,构建正当性审查标准,以此来检验学院增设的论文发表要求作为学位授予标准的合法性和合理性。

关键词:论文发表　学位授予标准　制定程序　能动司法

---

* 郑琳,大连海事大学法学院讲师,法学博士。研究方向:行政法学、部门行政法。

引　言

2019年3月20日,柴某杰一纸诉状将母校上海大学告上法庭。该案被媒体报道后,迅速引来舆论的高度关注。最引人关注的就是"柴某杰案"中,博士学位授予标准是否应当与发表核心期刊论文挂钩的问题。其实,博士生发表核心期刊论文才能毕业并非一个新话题,高校的这一做法在实践中一直颇受争议。直接相关的学术讨论也并不在少数。大多数学者一般对此持否定态度,认为该做法缺乏法律及政策依据①,高校"内部规章制度"不能对学位授予的条件和标准作出创设性规定②。高校的做法掺杂着各种学术排名的考量③,并不有利于教育质量的提高,不公正的学术评价机制反而会给学生毕业和身心健康带来巨大压力。④ 此种做法,以"高校办学自主权"名义侵害学生学位获取权及其平等权。⑤

不过,与学术讨论的批评形成鲜明对比的是,司法实践对此话题却一直谨慎克制。早在2010年的"杨某诉北京大学案"中,杨某通过学位论文答辩却因为未发表一篇SCI,北大未授予其博士学位。杨某将北大起诉至北京市西城区人民法院,然而该案最后只以驳回起诉告终。⑥ 另一起值得关注的案件是发生在2019年7月16日的"王某案",该案原告

① 参见张俊华:《对高校研究生发表论文制度的思考》,载《北京理工大学学报(社会科学版)》2003年第5期。

② 参见丁伟、阎锐:《以论文发表数量作为学位论文答辩前提的法理追问》,载《政法论坛》2008年第2期。

③ 参见倪洪涛:《论法律保留对"校规"的适用边界——从发表论文等与学位"挂钩"谈起》,载《现代法学》2008年第5期。

④ 参见张颂昀、龚向和:《博士学位授予资格论文要求的法理分析——以40所法学一级学科博士点院校为例》,载《学位与研究生教育》2019年第8期。

⑤ 参见王春业:《高校办学自主权与学生学位获得权的冲突与平衡——以博士学位授予需发表论文为视角》,载《东方法学》2022年第1期。

⑥ 参见周慧蕾:《高校学位授予权研究》,中国社会科学出版社2016年版,第231页。

的起诉时间晚于"柴某杰案",但是法院受理后在当年的10月15日很快就作出了判决。法院认为,广西大学将发表论文作为授予博士学位的要求,属于学术自治的范畴,是对授予博士学位的标准的细化,并没有违反《学位条例》第6条和《学位条例暂行实施办法》第25条的规定,最终驳回了王某的诉讼请求。⑦

相比于上述两起案件,法院在"柴某杰案"中有所创新,作出了确认违法的判决。⑧ 高校学位授予标准能否与发表论文挂钩,在司法实践中从早期"杨某诉北京大学案"中的程序上裁定驳回起诉,到"王某案"中法院实体性受理后判决驳回诉讼请求,再到"柴某杰案"中法院作出确认高校行为违法的判决,司法的阳光从夹缝中一点点照射进布满藤萝的学术象牙塔。作为弱势群体的学生在面对处于强势地位的高校提出不合理的标准时,司法的天平应当向学生权利一端倾斜。在"柴某杰案"中,除了体现在"发表一定数量和级别的资格论文作为获得博士学位的限制性条件"这一话题本身所具有的争议性和判决可能产生的后续社会效果,更为关键的是法院在判决书中所涉及的学院增设论文发表要求,以此作为学位授予标准的主体问题,学院制定论文发表标准的制定程序要求,以及司法审查与学术自治等议题,都值得进一步探讨。随着《学位法草案(征求意见稿)》的公开,学位授予标准引发了学界的热烈关注。判决对法律规范的适用和解释形成了运行中的学位制度⑨,以"柴某杰案"为分析样本展开对于法官裁判要点的讨论,无疑有益于高等教育法治的推进。

一、学院增设论文发表作为学位授予标准有严格的适用条件

高校作为学位授予标准的制定主体,经"何某强案"所确立的"高等

⑦ 参见南宁铁路运输法院行政判决书,(2019)桂7102行初309号。

⑧ 参见上海市浦东新区人民法院行政判决书,(2019)沪0115行初362号。

⑨ 参见陈越峰:《高校学位授予要件设定的司法审查标准及其意义》,载《华东政法大学学报》2011年第3期。

学校在学术自治范围内有依法制定学术评价标准职权"后,[10]已基本达成共识。在"柴某杰案"中,法官也指出,"上海大学作为博士学位授予单位有权制定博士学位授予的相关细则"。然而,在"柴某杰案"中,进一步延伸出的问题是学院能否成为制定学位授予标准的适格主体?在判决书中,法官认为,"各学科标准高于或低于学校标准,应在学校规定中予以体现,高校在学位授予方面的程序规制并未否定各学科制定具有本学科特点科研标准的自主性"。应当说,学院在"专业相关度上对学位授予标准有重大发言权"[11],在当前高校权力下放的背景下,作为委托与被委托的高校与学院关系,学院作为学位授予标准的制定主体并无不可,但是增设论文发表等科研标准作为学位授予标准则有严格的适用条件。

(一)学院增设论文发表标准应当符合学校科研理念

在二级办学和"放管服"的改革背景下,学校权力下放至学院确实是一种趋势。不容否认,学院相比于学校而言更了解自身学科特征和发展方向,学校管理重心下移至学院,从长远来看,能够充分调动学院的积极性,激发学院的办学活力,完善高校内部治理结构。[12] 不过,就目前而言,高校只下放少部分的行政管理权限给二级学院,包括科研自主权在内的学术权力仍然主要集中在校级层面,学院并不是学术权力的主体。[13] 学院增设论文发表标准,更多的应当是面向未来的学院治理的制度建构,必须符合学校的科研理念。

学院增设论文发表标准不宜直接与学位授予标准挂钩。我国实行的是国家学位制度,高校可以对学位授予标准进一步细化。虽然有些高

---

⑩ 参见最高人民法院案例指导工作办公室:《〈何小强诉华中科技大学拒绝授予学位案〉的理解与参照——高等学校在学术自治范围内有依法制定学术评价标准职权》,载《人民司法·案例》2016年第20期。

⑪ 张颂昀:《学位授予标准设定权:基本内涵、核心争议与制度构设》,载《中国高教研究》2021年第6期。

⑫ 参见张德祥、李洋帆:《二级学院治理:大学治理的重要课题》,载《中国高教研究》2017年第3期。

⑬ 参见段从宇、朱德玲、李增华:《概念阐释、来源分析与边界厘定:高等学校二级学院权力管窥》,载《教育发展研究》2020年第7期。

校的学位授予标准是“具体化体现学术自治”还是“增设条件突破法律规定”，在学理和司法实践中存在一定的争议，但不容否认的是，高校学位授予权属于学校，而不是学院。高校治理重心的下移，并没有将学位授予权也下放给学院。如果学院通过获得的科研自主权，增设与学位授予标准直接挂钩的论文发表标准，显然有僭越权力之嫌。此举极其容易造成学校层面的学位评定委员会和学术委员会形同虚设。学院制定不同于学校的论文发表标准，应当主要是从科研方面考核以教师（研究员）为学术主体的人员，不应当把学生安排在考核之列，更不能将其与学生的学位授予标准直接挂钩。尽管现行有效的《学位条例》对于学生获得学位设定一定标准，但更多的是课程和学位论文方面的硬性要求。即使是《学位条例》第6条关于授予博士学位的标准，也应当是更多地在博士学位论文中体现，而非以发表科研论文作为主要适用标准。

学院增设论文发表标准应当做到科研提升与公正评价相结合。科研自主权下放到学院，并不是为了搞科研竞赛，形成不良竞争。根据不同学科的特点，学院制定差异化的科研标准，是为了人才的培养和院系的长远发展。学院盲目地制定严苛的论文发表标准，特别是将学生群体也纳入其中并与其学位授予相挂钩，显然不利于学生获得公正评价权。虽然科研对于博士生至关重要，但并非评价博士生的全部。特别是将科研的表现形式仅仅体现在论文的数量和期刊载体上，本身就与国家科研政策和教育理念不相符合，更谈不上是衡量学术的公正尺度。因此，如果要优先适用学院增设的论文发表标准，必须做到科研提升和公正评价相结合。相比于学院的规定而言，至少在“柴某杰案”中，学校层面出台的科研规定设置为两篇发表要求，更多是综合考虑和审慎考量的，特别是与学位授予标准存在关联，一定程度上考虑到保障学生利益，并不是“唯科研论”。学院如果要制定科研标准突破学校的规定，必须充分地评估以及说明理由。除非学校层面的规范性文件中明确授权委托，二级学院的科研标准可以另行规定，学院的科研标准才有适用的余地。经济学院在没有获得学校授权委托的情况下，无权另行制定科研标准。

（二）学校应当对学院增设的论文发表标准予以监督

学校将科研自主权下放给学院，并非“一放了之”。针对学院增设的论文发表标准,学校应当予以监督,防止学院的论文发表标准侵害学生和教师的权益,以及与学校的规划目标不一致或相抵触。[14] 笔者认为,学校监督的方式主要包括"立法式"的备案审查和后评估。

学院增设论文发表标准后应当交由学校进行备案审查。首先,从审查主体来看,学院作为学校的二级组织,其制定的具备规范性文件性质的科研标准,学校的法务部门(校办法务室)有权对其进行审查。其次,从审查内容来看,学院论文发表标准作为针对不特定对象能够反复适用并具有约束力的规范性文件,学校法务部门应当秉持"合理性"审查标准,审查其与大学章程、校级科研标准等规定是否有明显抵触、不合理的地方。在"柴某杰案"中,法官认为,"上海大学并未将经济学院应用经济学学科纳入另行制定科研成果量化指标的学科范围。上海大学经济学院的科研量化指标规定的论文发表载体和数量与学校规定不相一致,并非对学校规定的简单细化,而是重新定义"。由此可见,学院在没有获得学校授权的情况下,增设与学校科研标准不一致的论文发表标准,已经超出学校的一般标准,学校应当对该标准进行重点审查。最后,从审查的效力来看,学校法务部门作为学院制定的规范性文件的备案审查主体,其审查通过的决定能够赋予学院文件与学校文件同等效力。学院制定的规范性文件,由此具有高校内"准法"的效力,从而得以直接适用。

学校应当对学院增设的论文发表标准进行后评估。之所以要求学校进行后评估,是因为在实践中普遍存在学院的论文发表标准在制定后长时间不修订或者不更换,已经明显滞后于最新的科研评价理念和规则。针对上述问题,学校实施的针对学院论文发表标准的评估,旨在评价标准实施的质量和影响状况。后评估分为定期评估和非定期评估两种方式。定期评估是一般在标准实施一段期限后(两年至三年为宜),由校学术委员会主动实施的评估方式。不定期评估则是在接到学生、教师投诉或抽查发现后进行的评估方式。无论采取哪种标准评估方式,程序一旦启动,即要求学院层面的学术分委员会汇报学院论文发表标准的

---

[14] 参见罗建河:《学术接管:高校院系治理的新举措》,载《江苏高教》2015 年第 1 期。

实施状况，校学术委员会商议后做总体性评价，最后决定继续实施还是予以修改。

（三）通过大学章程和权力清单明确作为学院增设论文标准的科研自主权

虽然很多高校在大学章程里明确了“校院两级管理体制”，但是对于学术权力的划分并不清晰。⑮ 大学章程作为高校治理领域的“基本法”，如果规定的内容过于原则，显然可操作性不强。⑯ 因此，进一步在大学章程中划分校院两级之间的学术权力，为学院增设符合学校科研理念的论文标准赋权，同时保留学校监督的权力就显得尤为必要。具体而言，可以分为两步走。

第一步，明确大学章程中的学术权力划分。写明“校院两级管理体制”高校的大学章程主要是赋予二级学院一定人、财、物的行政管理权限，指导和监督学院相对独立地自主运行，⑰对于学术权力的划分并未涉及。为此，如果要赋予学院制定论文发表要求等科研标准的正当性，增强其作为学术权力的科研自主权，很有必要在大学章程中增加“赋予学院相应的学术管理权限”的规定。只有在大学章程中明确了学院的学术权力，学院增设论文发表标准才能寻求到根本依据。此外，学院增设的论文发表标准应当是在学校规划目标和授权之下开展，符合学校的科研理念。如果学院制定的科研标准偏离学校方向，只重视学术产出而非真正实现学术自由，侵害师生权益，应保留学校纠正的学术权力。

第二步，制定学院学术权力清单并细化大学章程中的相关规定。在大学章程中明确学院的学术权力后，学院应当在章程的指引下，完善学院的学术组织和规章制度建设，⑱制定学院的学术权力清单。学院制定

---

⑮ 参见王庆林：《论“去行政化”背景下大学学院的学术权力》，载《江苏高教》2015 年第 4 期。

⑯ 参见湛中乐等：《大学章程法律问题研究》，北京大学出版社 2016 年版，第 269 页。

⑰ 参见宣勇：《论大学的校院关系与二级学院治理》，载《现代教育管理》2016 年第 7 期。

⑱ 参见文少保：《权力清单推进大学治理现代化的价值、困境及路径研究》，载《中国高教研究》2016 年第 6 期。

的学术权力清单中应当列明论文发表标准等科研自主权,包括其适用对象、适用范围、适用程序等规定。学院制定学术权力清单,并不是追求扩张学术权力,反之应当作为自制规范,严格规范科研自主权的行使。

二、学院增设论文发表作为学位授予标准应当遵循制定程序

即便学院已具备增设论文发表作为学位授予标准的适用条件,在其制定环节同样要遵循正当程序。法官在"柴某杰案"中,第一次将正当程序原则运用到了规范的制定程序之中,应当说充实了正当程序的内涵。

(一)论文发表标准制定程序中学生群体作为利害关系人的参与

实践中,学校和学院在制定规范性文件过程中漠视程序法治的现象比比皆是:前期不经过调研和论证,制定过程随意,发布过程草率,缺乏最基本的民主、公开和说明理由等程序要求。⑲ 在"柴某杰案"中,作为影响学生重大权益的学院增设的论文标准,在整个制定过程中竟然没有学生的参与,给学生提出异议的机会都没有就直接通过,显然不符合正当程序的要求。

作为利害关系人参与学院论文发表标准的制定程序,是对大学自治精神的遵循。大学自治有一个核心原则——利害关系之参与(betroffenen partizipation)。换言之,大学自治要求自治事务应由与大学之学术自由具有直接之利害关系的大学内部成员共同参与决定。⑳ 很显然,学生作为大学成员,应当享有学术事务方面的"参与民主"。㉑ 至于学院的规则制定程序,亦属于大学自治的一环,原则上应由大学自行决定。然而,自治规则的生效需要经过公告,是一个法治国原则普遍的

⑲ 参见张显伟:《高校规范性文件法治化的诉求》,载《政治与法律》2019年第11期。

⑳ 参见周志宏:《学术自由与高等教育法制》(Ⅱ),台北,高等教育文化事业有限公司2012年版,第140页。

㉑ 参见[美]约翰·S.布鲁贝克:《高等教育哲学》,王承绪等译,浙江教育出版社2001年版,第42页。

要求，而学院论文发表标准为自治规则的一环，学院在订立或修改规范性文件时，除应预先公告外，还须赋予学生表示意见的权利。[22]学院论文发表标准的制定与实施，作为关涉学生重大权益的事项，其整个过程皆须遵守正当程序，允许学生参与并发表意见。[23]对于学院论文发表标准的制定，如果作为有利害关系的学生群体连参与和发出不同声音的机会都没有，这显然不是我们一直追求的"大学自治"。然而，学院制定或修改自治规则忽视学生群体参与和表达意见的现象非但未引起警惕。即使高校给予学生参与的机会，但参与的实效性因为缺乏反馈机制而影响甚微，[24]导致学生的利益容易被推向受侵害的危险边缘。

论文发表标准制定程序中利害关系人的参与要进行正当程序的构造。在学院论文发表标准的整个制定过程中，应当要确保学生群体作为重要利害关系人的参与权利与表达意见的权利。在起草阶段，制定事宜应当向全校公开，吸收学生群体参与讨论，重大争议事项可以采取听证会、座谈会的方式。对于学生群体提出的意见，会议应当形成记录。为了防止讨论与交涉流于形式，高校对学生意见无论采纳与否，都应当说明理由。在草案出台后的征求意见阶段，高校同样要面向全校师生公开，可以采取线上与线下相结合的方式并对所提出的意见作出回应。最后，学院的论文发表标准制定完毕后，规范性文件应当向社会公布。制定过程的程序正当是高校规范性文件获具合法性与正当性的基本程序保障，只有经过充分的程序规制，方能确保制定结果的实质正义。

（二）学院论文发表标准制定程序的瑕疵与补强

相比于校级层面的规范性文件制定而言，学院规范性文件的制定程序稍有不同。这也是法官在"柴某杰案"中所指出的，学院的论文发表标准"应在学校规定中予以体现"。

学院的论文发表标准不能当然上升为学校规定。传统上，高校的管

[22] 参见许育典：《大学法制与高教行政》，台北，元照出版有限公司2014年版，第19页。

[23] 参见李惠宗：《教育行政法要义》，台北，元照出版有限公司2004年版，第297页。

[24] 参见高俊杰：《论高校自治规则的司法审查》，载《行政法学研究》2012年第3期。

理模式接近于行政管理的科层制,学院对于学校的规定只是"贯彻与执行",学院通过制定规则实现治理的空间非常有限,其制定的规则拥有校级层面效力的可能性微乎其微。现在,虽然我国高等教育改革正在赋予学院治理更多的权力,但这并非意味着学院的规定和学校的规定有着同等的效力。毕竟学校和学院是两个不同的层级,学院的规定也只有在学校规定授权委托的范围之内才能代表学校法人的意志,继而产生校级层面规定的效力。因此,学院制定的论文发表标准如果超过学校授权委托的权力范围,未经任何程序进行补强,欲产生与校级层面规定一样的效力是不具备合法性与正当性基础的。在"柴某杰案"中,上海大学经济学院制定的论文发表标准,在未经过学校程序审查的情况下,也就不具备校级层面规定的效力。

学院制定的论文发表标准如关涉学位授予标准应通过学校程序审查。如果说院系在授权委托的权力范围之内,制定适用于院级层面的规范性文件,就无须通过学校的程序审查。问题在于,现行的学位制度即使承认学术性标准的"大学自治"㉕,也只是将该学术权力保留在校级层面,在校级层面的规定未作例外规定的情况下,学院层面显然无权增设限制性条件。正如"柴某杰案"中,法官认为,"上海大学并未将经济学院应用经济学学科纳入另行制定科研成果量化指标的学科范围"。当然在判决书中,法官未指明通过何种程序方式,在学校规定中体现学院规定的特殊性。就目前的学术讨论而言,也存在不同的观点。比如,有学者认为,学院制定的规范性文件必须经过高校审核、批准后以高校名义制定并实施,才有"准法"效力。㉖ 也有学者认为,如果经过高校合法授权,学院依照合法合规程序制定的学术性规范性文件,经过高校审核批准,即使以学院名义发布也具备法律效力。㉗ 笔者认为,对于明显不同于学校规定的学院规定,如果学校规定没有允许作出例外的不同规定,

㉕ 参见杨铜铜:《高校学位授予标准的合法设定——兼论〈学位条例〉的修订》,载《东方法学》2020年第3期。

㉖ 参见张显伟:《高校规范性文件法治化的诉求》,载《政治与法律》2019年第11期。

㉗ 参见任海涛:《高校二级学院"规则"的法律效力研究——从"柴丽杰诉上海大学不履行法定职责案"谈起》,载《教育发展研究》2020年第7期。

正如前文所提及的,在制定完毕后程序上应当由学校进行备案审查,而非进行审核批准。“审核批准”是科层制下的行政管理方式,基于新型的“校院关系”,采用备案审查的方式也是对于学院治理权的一种尊重。至于以“谁的名义”作出,如关涉学位授予标准,应当以“学校的名义”作出更为合适,毕竟学院分享的是学校的学术权力。

三、学院增设论文发表作为学位授予标准应当接受司法的能动审查

高校行政诉讼虽然打开救济之门,但是司法审查标准的自我封闭与司法介入的过于克制,[28]容易助长高校的气势,使学生权利获得救济的可能性大为降低,高校学位纠纷案件的发展同样也因此裹足不前。学院增设论文发表要求作为学位授予的前置要件应当接受司法的能动审查,这是学生权利保障之所系。

(一)起点:《学位条例》中学位授予标准的严格解释

《学位条例》第6条规定获得博士学位必须通过课程考试和论文答辩,高校制定的学位授予实施细则对此就不能作相抵触的规定。然而,《学位条例》并没有规定发表一定级别和数量的期刊论文作为博士学位授予的前提条件,高校是否能对此作出具体规定?有学者认为,这是高校综合考查博士生学术水平的方式之一,是学位授予的柔性标准。[29] 也有学者认为,学校以自主标准的形式将发表论文规定为取得学位的必备要件,属于增设学位申请人义务的行为。[30] 应当说,学校和学院可以要求学生通过发表论文的方式来提高自身的学术水平,因为学生在投稿的

---

[28] 参见刘桂清:《公立高校学生权利行政司法救济的困境及其化解》,载《中国高教研究》2014年第9期。

[29] 参见徐雷:《作为博士学位授予标准的学术论文发表:逻辑正当性与误区澄清》,载《学位与研究生教育》2020年第7期。

[30] 参见徐靖:《论高等学校学位授予标准中的否定性条款》,载《学位与研究生教育》2020年第2期。

过程中,根据外审反馈的意见进行修改,有助于打磨学术论文,提升科研水平。

不过,学院要求发表一定级别刊物的论文和数量作为学位授予的硬性标准,则是有问题的。其主要理由如下:第一,根据《学位条例》第6条的规定,我国博士学位的取得并不以发表资格论文作为前提条件,这从字面解释的角度即能分析出。在我国实行国家学位制度和上位法没有明确授权的情况下,高校的学位授予权并不是自由裁量不受规制的,从博士生受教育权的保障角度出发,应当限制学校和学院制定细则将发表论文作为博士学位授予的前提条件。第二,博士学位论文是博士生涯最重要的学术成果的结晶,是博士生学术水平的最客观体现,而非发表的资格论文。如果博士学位申请者能完成一份优秀的博士论文并通过答辩,显然证明其拥有较高的学术水平,应授予其博士学位。第三,学院增设发表资格论文与学位授予标准挂钩,在当前的学术环境中给博士生增加了超过其能够承受的科研压力,[31]已经与博士人才的培养初衷背道而驰,不符合《学位条例》第1条"促进我国科学专门人才的成长,促进各门学科学术水平的提高和教育、科学事业的发展,以适应社会主义现代化建设的需要"的立法原意。

(二)主阵地:对《学位条例暂行实施办法》第25条的重新理解与适用

对于高校学位授予标准,法院基本秉持司法克制的态度是有问题的。在高校与学生的两造关系中,学生是处于弱势地位的。尽管高校与学生之间已经不是"特别权力关系",高校行政案件的诉讼之门已经打开,但是高校学生权利得到救济的概率仍然非常低,大量败诉的后果仍然是由学生承担,学生受教育权并没有得到有效保障。大学生群体在当前我国社会总体中占比不高,仍然属于少数群体,研究生特别是博士生

---

[31] 张颂昀、龚向和:《博士学位授予资格论文要求的法理分析——以40所法学一级学科博士点院校为例》,载《学位与研究生教育》2019年第8期。

更是稀有群体，司法机关在保护少数人权利方面应当发挥特殊的作用。[32] 因此，法官对于高校学位授予权的审查应当更主动，高校学位授予权的自由裁量必须受到规制，而《学位条例暂行实施办法》第25条正是保障高校学生权利、能动司法的“主阵地”。

具体而言，法院在适用该条文时，应当注意前半句的规定，即学校制定的学位实施细则应当以《学位条例暂行实施办法》为依据。以博士学位授予为例，该办法第10～15条对于博士学位授予的主体、要求、程序等做了较为详细的规定，博士学位的获得更多的是强调通过课程考核以及撰写合格的博士学位论文。即使学校制定实施细则，也应当是在课程内容、形式和结构的设置，博士学位论文的写作指导、送审评阅、组织答辩等方面作出细化规定，法院对此应当予以尊重。一旦学校制定的实施细则超出该办法划定的范围，特别是学院增设发表一定级别和数量的论文作为博士学位授予的条件，显然违背了《学校条例暂行实施办法》的规定，侵犯了学生的受教育权，法院应当发挥司法能动性，进行权利救济。

(三)终极手段：正当性审查标准的建构

“田某案”和“何某强案”的起因面向有所不同，存在非学术标准(纪律标准)和学术标准，司法干预程度不同的一般判断。然而，果真涉及“学术标准”，法院就只能进行合法性审查？如果高校借“学术自治”之名，行“侵犯学生受教育权”之实，法院必须有所作为。即使是涉及学术标准话题，法院也不应理所当然拒绝进行实质审查。首先，学术标准存在明显不合理问题，进而可能导致侵犯学生受教育权的现象发生。其次，高校制定的所谓“学术标准”，是否真的属于学术水平标准的范畴，还是本质上是科研管理标准，令人存疑。最后，即使高校设定更高的学术标准，亦要受到学术自治的内在的限制，遵循“法定的基本原则”，[33]满

---

[32] 参见[美]克里斯托弗·沃尔夫：《司法能动主义——自由的保障还是安全的威胁?》，黄金荣译，中国政法大学出版社2004年版，第48页。

[33] 参见伏创宇：《高校校规合法性审查的逻辑与路径——以最高人民法院的两则指导案例为切入点》，载《法学家》2015年第6期。

足正当性的要求。很显然,当下诸多高校制定的"学术标准",或多或少都存在问题,特别是将发表一定级别和数量的期刊论文也作为一种学术标准与学位授予挂钩,显然是明显不合理、不正当的。应当反思在当下高校学位纠纷案件中法院所坚持的"合法性审查"标准,"何某强案"相对于"田某案"而言,其实是司法的过度收缩,并不利于高校规范性文件制定的合法性推进以及高校学生的受教育权保障。[34] 因此,构建一种正当性审查标准,更能回应当前学位管理过程中社会现实的需求,扩大高校学生的权利救济,促进司法良好效果的实现。

具体而言,正当性审查标准包括程序正当与实体正当两个维度。程序正当在上文已经提及,主要是判断高校的行为是否符合正当法律程序,[35]这里不再赘述。实体正当,主要是从运用比例原则的手段,审查高校制定的"学术性标准"是否具有正当性。同样以学院增设论文发表与学位挂钩为例,之前有学者认为该举措符合比例原则的"适当性"和"必要性"要求,是否符合"狭义比例原则"值得研究。[36] 而有学者认为,该举措不符合"最小侵益性"的"必要性原则"。[37] 在笔者看来,大多数情况下,其实该做法连"比例原则"的"目的正当性原则"都无法检测通过。[38]其理由如下:首先,学院在不符合适用条件和制定程序的情况下,将增设论文发表与学位论文挂钩目的就不完全纯正。由于面临发表压力,很多博士生无法潜心学术,过于急躁功利,为顺利发表盲目追逐热点,所撰写的发表论文与博士学位论文并无多大关联,反而耽误博士学位论文写

---

[34] 参见王霁霞:《高校校规司法审查的类型分析与进路重构——基于近3年40起高校教育行政诉讼案件的实证研究》,载《中国高教研究》2018年第9期。

[35] 参见周慧蕾、孙铭宗:《论大学自治权与学生权利的平衡——从台湾地区司法实践切入》,载《行政法学研究》2013年第1期。

[36] 参见黄厚明:《高校学位授予案件司法审查进路研究:基于两种法律性质定位的考察》,载《高教探索》2017年第6期。

[37] 参见徐靖:《论高等学校学位授予标准中的否定性条款》,载《学位与研究生教育》2020年第2期。

[38] 参见刘权:《目的正当性与比例原则的重构》,载《中国法学》2014年第4期。

作，甚至发生学术不端的现象。[39] 其次，有些学院将发表论文作为学术标准可能无视学科之间的差异性，并不完全有利于学术提高的目的。有些学科更强调科技成果的专利性，或者绘画表演的艺术价值，通过学术论文的发表并不能提高学生的学术水平。有些学科可能更看重会议论文而非发表论文，如果"一刀切"地采取将论文发表与学位授予挂钩的方式，显然忽视了不同学科的特征。最后，学院过分强调科研发表反而忽视了高等教育培养的目的。高等教育是为了培养学生获得精深的学问和为公共服务的能力，学生获得受教育权应当是高等教育的主旋律，而非科研发表。学院将增设论文发表与学位授予标准挂钩，属于本末倒置。这方面可以参考学习西方的做法，强调学生的课程考核和学位论文撰写，而非将发表论文作为学术标准。[40] 即使在学术严谨的德国也未将论文发表作为博士学位授予的限制性条件。[41]

结　语

"柴某杰案"的发生并非偶然，在当下学生权利被高校挤压的狭窄空间中，诉诸司法，是学生权利获得救济的重要途径。我们呼吁在高校学位纠纷案件中法院更为能动的司法立场。正当程序仍然是审查的主要方式，但是对于学院增设的论文发表标准等规范性文件，法官并不是一概不作审查。该规范性文件不仅要有严格的适用条件且符合制定程序，而且如果规定的学术标准明显不合理，严重侵犯学生的受教育权，法院仍然可以基于"正当性审查"标准，认为其与上位法相抵触。甚至在高校仍然不作为的情况下，法院未来可以直接介入行政行为，判决高校

[39] 参见叶继红：《高校研究生学术不端行为及与论文发表制度关联性思考》，载《研究生教育研究》2018年第5期。

[40] 参见龚向和、张颂昀：《论硕士、博士学位授予的学术标准》，载《学位与研究生教育》2019年第3期。

[41] 参见袁治杰：《德国博士学位法律制度研究及其对我国的启示》，载《比较法研究》2009年第6期。

授予学生学位。司法是推动高等教育法治前进的重要动力,在"柴某杰案"发生后,清华大学等高校已经陆续取消博士发表论文要求,相信有更多高校会作出类似的规定。"柴某杰案"提供了一个思考高等教育学术标准的契机,结合当下《学位法草案(征求意见稿)》第17条规定的对于博士学位的授予条件,其中也只是强调"完成科研或者实践训练",没有直指论文发表。本文希望能够抛砖引玉,期待学术界与实务界更为热烈的讨论,以实现学位授予标准真正的学术评价功能。

Can Secondary Colleges Add Academic Article Publication as a Degree Awarding Requirement?

—Taking "Chai Moujie" Case as an Analysis Sample

Zheng Lin

Abstract: It has been a controversial topic to link the publication of dissertation with the award of degree. In "Chai Moujie" case, although the court made a decision to confirm the violation of law, it still adopted a proceduralapproach to review the case, avoiding the substantive issue of dissertation publication as a degree awarding criterion with academic autonomy. In the background of decentralization of universities, the college, as a professional scientific research management institution, can become a qualifiedsubject to formulate the standards for the publication of articles, but there are strict conditions for its application as degree awarding standards, which reflect the university's scientific research philosophy, accept the supervision of the university, and be clarified in the university constitution and the list of academic powers of the college. In addition, the college should strictly follow the formulation procedures to allow interested students to participate and express their opinions, which willbe valid after the university's record review. In order to protect the rights of students, the judiciary should be active and have the ability to construct the justification review standard to test the legitimacy and rationality of the academic article publication requirement added by the college as a degree awarding standard.

Key Words: academic article publication, degree awarding requirement, procedure of making, active judiciary

管理经纬

论高校学科建设中的“根、茎、叶”*

孙昊亮** 宋 景*** 程雨薇****

摘 要：学科建设是高校工作的龙头，高校的三大基本功能——科学研究、人才培养和社会服务也体现在学科建设中。在科学研究方面，要顺应学科建设的内在规律，切忌过度“功利化”，为人才培养和社会服务打下坚实的基础；在人才培养方面，不同类型的高校应有不同侧重点，研究型高校应致力于培养拔尖创新人才，应用型高校则应立足于产教融合培养高水平应用型人才，使科学研究能够得以延续，也为社会服务提供人力保障；在社会服务方面，要以为国家和社会发展服务为导向，结合自身学科性质，开展多样化的社会服务，通过社会服务获取的社会资源也为科学研究和人才培养提供充足的滋养。

---

* 本文为2020年度“陕西省研究生教育综合改革研究与实践项目”、2018年西北政法大学教学改革项目“人工智能发展下的法学教育模式改革研究”(一般项目，项目编号：XJY201834)和“陕西高校人文社会科学青年英才支持计划”成果。

** 孙昊亮，西北政法大学经济法学院教授，博士生导师，法学博士。研究方向：知识产权法学。

*** 宋景，西北政法大学博士研究生。研究方向：知识产权法学。

**** 程雨薇，西北政法大学博士研究生，西安航空学院教师。研究方向：知识产权法学。

关键词:学科建设　科学研究　人才培养　社会服务

在高等教育强国战略大背景下,2015 年国务院印发了《统筹推进世界一流大学和一流学科建设总体方案》,其重要原则之一是坚持以学科为基础。"学科"一词内涵十分丰富。从语义内涵出发,学科是关于某领域内知识的集成,是系统化的知识体系。从高校建设角度来看,学科是高校的功能单元,是高校实现其功能的核心载体。[①] 高校的学科建设主要体现在科学研究、人才培养和社会服务三个方面。高校的学科建设就像一棵树,科学研究是树的根,为高校学科建设提供必需的营养;人才培养是树的茎,连接着树的根和叶,人才吸收科学研究的成果,成长为具有创新意识的栋梁之才;社会服务是树的叶,是根和茎的延伸,汲取着社会养分的同时,也服务于国家和社会的发展。

一、高校学科建设的"根"——科学研究

(一)学科建设不能成为"无本之木"

科学研究、人才培养和社会服务是高校的三大主要功能。人才培养是高校的直接任务,社会服务是高校的终极目标,科学研究则是实现这两大职能的基本路径。可以说,科学研究是高校学科建设的根,是最重要的基础。高校没有了科学研究做支撑,人才培养和社会服务的功能就无法实现。

科学研究应当服务社会。科学研究探索未知、创造新知的认识活动,是学科建设的永恒主题和学科发展的动力之源。作为树根,现代高校的科学研究首先要能固着在国家、社会发展这片现实土壤上,并从中吸取养分。从历史发展进程来看,虽然科学研究一直是高校生产知识的主要方式,但传统的知识生产模式是"为科学研究而科学研究",知识生

---

① 参见别敦荣:《论大学学科概念》,载《中国高教研究》2019 年第 9 期。

产的主体是有着共同学术追求和研究领域的学者们组成的学术共同体，他们对知识的探究完全凭借个人的兴趣和爱好，并不认为知识是用来改变世界的主要工具。这种模式下的知识生产组织是封闭的，且有明确的边界，以“校—院—系”纵向科层式结构为基础的学术组织，内部有稳定的学科规范和学术规训，学者只专注于自己学科内部的学术研究。传统知识生产模式“孤岛化”明显地体现为高校与社会之间存在区隔，即满足社会要求并不是衡量学科发展、科学研究成果的标准。② 然而，高校和社会之间的高墙在几次信息技术革命中逐渐倒塌。随着人类社会面临的问题日益复杂，文化、科技的创新能力对国家发展愈发重要，新的知识生产模式表现为“高校—企业—政府”三重螺旋结构，“为了社会而科研”成了学术活动新的价值追求，解决国家、社会中的重大问题成为了科学研究的主要目的之一。高校、政府、企业等多元主体间的多重价值取向和利益诉求影响着科学研究的方向、方法和方式。

第四次科技革命的时代背景下，科学技术是国家的核心竞争力，谁掌握了更为先进的科学技术，就有可能打破原有的力量均势，对其他国家形成压倒性的优势。高校作为知识生产和科研人才的孵化地，是国家创新体系的主要执行主体。例如，美国东北部有依托于哈佛大学和麻省理工学院的波士顿科研中心，东南部有依靠杜克大学、北卡罗来纳州立大学和北卡罗来纳大学的科研三角园，西部有依靠斯坦福大学和伯克利大学的硅谷工业园。正是这些高校为美国不同区域的高新技术产业区发展提供了不竭动力，从而有力地推动了美国科技创新的发展。当前中国正全力完成从科技追随型到科技领先型国家的蜕变。“十三五”期间，我国的创新型国家建设取得重大进展，未来五年，我国将以习近平新时代中国特色社会主义思想为指导，深入实施创新驱动发展战略。因此，高校推进以创新为引领的科学研究也是势在必行。坚持学术导向与问题导向相结合是以创新为引领的科学研究的基本原则，高校应始终承担着提升国家与民族文化与科技创新能力，服务更高质量发展，提升国

② 参见白强：《大学知识生产模式变革与学科建设创新》，载《大学教育科学》2020 年第 3 期。

家核心竞争力的时代重任。其科学研究应围绕我国发展的现实需求,聚焦关系国计民生的关键技术研发,文化创新核心命题,提供技术突破与创新方案。

科学研究应当服务人才培养。科学研究不仅要从国家社会发展的土壤中吸收养分,还要将这些养分输送到人才培养的全过程中。19世纪初叶,科学研究开始进入高校并实现体制化。③ 自此,高校同时承担着教学与科研两大职能。我国为了实现2035年进入创新型国家前列,建成人才强国的战略目标,高校既要制定实施基础研究人才专项,长期稳定支持一批在自然科学领域取得突出成绩且具有明显创新潜力的青年人才,又要研究编制哲学社会科学和文学艺术人才发展规划,为构建中国特色哲学社会科学、繁荣发展社会主义文艺提供坚实人才支撑。④ 必须注意的是,高校培养创新型人才不能只依靠简单的知识传承,必须以能力、素质培养为核心,充分发挥科研的育人功能,突出培养学生的科学精神、创造性思维和科研能力。⑤ 德国和美国大学的经验表明,通过高水平的科学研究支撑高校人才培养,已成为全面提高高等教育质量的关键。⑥

大学不仅是学校,而且是产出思想、培养创新意识的圣殿。传统的灌输式被动学习模式远不能培养出能引领社会发展的高质量人才。大学生需要对某一领域的问题产生更深层次的思考与学习,大学应培养出具有批判精神与创新意识的高层次人才。科学研究是系统性地提升大学生高阶思维能力的最佳途径。学生参与具体的科研项目,不仅是一个确定问题和寻找答案的学术研究的过程,而且是一种引起批判思维和开

---

③ 参见周光礼、周详、秦惠民:《科教融合　学术育人——以高水平科研支撑高质量本科教学的行动框架》,载《中国高教研究》2018年第8期。

④ 参见习近平:《深入实施新时代人才强国战略　加快建设世界重要人才中心和创新高地》,载《求是》2021年第24期。

⑤ 参见周光礼:《高校人才培养模式创新的深层次探索》,载《中国高等教育》2012年第10期。

⑥ 参见周光礼、周详、秦惠民:《科教融合　学术育人——以高水平科研支撑高质量本科教学的行动框架》,载《中国高教研究》2018年第8期。

发探究智能的方法。[⑦] 洪堡曾说：“在大学中，听课只是次要的事情；重要的是，使学生与情趣一致、年龄相同以及具有自觉性的人紧密合作。”[⑧]科学研究为这种紧密合作提供了机会，教师发起项目，搭建起科研平台，师生在这个平台中协同努力。无论是社会科学的田野调查，还是自然科学的实验模拟，学生可以直接学习到最新的科研成果，了解最前沿的科研问题，教师还可以将自己的学术精神、态度、思维通过师生互动潜移默化地传递给学生。高校人才队伍中的院士、学术带头人和学术大师应充分发挥其在人才培养方面的积极作用。越高层次的科学研究，教师与学生的角色区别越模糊，教师不再只负责讲授自己已知而学生未知的知识，而是同学生一起踏上探索未知的旅程。从高校组织内部来看，两者之间是师生关系，但从更广的维度出发，教师与学生都是国家的人才，科学研究让国家人才储备良性循环。可以说，学科发展、科学研究和人才培养三者之间存在天然的相互促进关系。[⑨]

（二）科学研究是促进社会发展的“必由之路”

随着新一轮科技革命加速到来，各国综合国力的竞争核心就是高科技产业的竞争，是自主创新能力的竞争。习近平总书记在党的十九大报告上强调：“要瞄准世界科技前沿，强化基础研究，实现前瞻性基础研究、引领性原创成果重大突破。”[⑩]根据2022年印发的《关于深入推进世界一流大学和一流学科建设的若干意见》，服务国家战略需求是新时期、新阶段“双一流”建设高校的重要责任和使命，高校应着力发展国家急需学科，以及关系国计民生、影响长远发展的战略性学科，瞄准世界科学前沿和关键技术领域优化学科布局。努力加强基础学科的创新引领作用，突破关键核心技术的制约。

世界主要发达国家都希望通过发展前沿学科抢占科技创新与产业

---

⑦ 参见周光礼、周详、秦惠民：《科教融合　学术育人——以高水平科研支撑高质量本科教学的行动框架》，载《中国高教研究》2018年第8期。

⑧ 周川：《从洪堡到博耶：高校科研观的转变》，载《教育研究》2005年第6期。

⑨ 参见冯向东：《学科、专业建设与人才培养》，载《高等教育研究》2002年第3期。

⑩ 习近平：《决胜全面建成小康社会　夺取新时代中国特色社会主义伟大胜利——在中国共产党第十九次全国代表大会上的报告》，载《求是》2017年第21期。

发展的先机,继而维护国家的全球竞争力。高校作为科学研究、人才培养和创新发展的联结点,理应在前沿技术研究和突破性技术创新中发挥先导作用。随着全球科技创新进入空前密集活跃期,我国高校应该通过预测及时判断科技创新的方向和趋势,超前部署和建设一些与科学前沿或与国家重大需求相关、未来可能成为学科高峰或办学特色的学科。前沿是学科的生长点,前沿的突破就是创新;前沿是改革和发展的突破口,突破前沿,学科就能向前发展。[11]

科学研究不但要在"新"上下功夫,而且要强调交叉融合,一个强壮的"根"一定不是单一的、平面的,而是扩张、交叉、融合而成的。生物科学、量子化学、人工智能等无不是多学科交叉融合的产物。在大科学时代,学科从高度分化又走向了高度融合,某一学科内部的理论和方法发展遇到了"瓶颈",往往要通过借鉴其他学科的理论或方法经验实现重大突破。比如,磁共振成像(Magnetic Resonance Imaging ,MRI)技术就是物理学与医学交叉融合的结果。对1901~2008年授予的诺贝尔自然科学奖的统计发现,交叉性的合作研究获得诺贝尔奖项的比例已接近50%。[12] 21世纪以来,国家在发展过程中遇到的科技、经济、社会等问题都具有高度的综合性和复杂性,单个学科的理论与研究方法往往难以提供完整的解决方案,不同学科领域的研究者必须跨越固有的学科边界,通力合作才能解决这些问题。可以说,学科交叉的科研模式是知识生产复杂化的内在要求,是科学发展的必然规律,也是经济社会发展的现实需求。[13]

世界一流大学普遍重视交叉学科的发展。麻省理工学院的跨学科研究中心和研究组织超过60个;斯坦福大学的Bio-X研究计划涉及生物工程、生物医学、生物科学三大领域。我国高校近年来也开始探索通过发展交叉学科提高科研和创新能力的路径。北京大学于2006年成立

---

⑪ 参见刘献君:《论高校学科建设》,载《高等教育研究》2000年第5期。

⑫ 参见李立国:《国家发展与交叉学科建设的新使命》,载《北京社会科学》2023年第1期。

⑬ 参见李志峰、高慧、张忠家:《知识生产模式的现代转型与大学科学研究的模式创新》,载《教育研究》2014年第3期。

了前沿交叉学科研究院，在全国高等院校中率先开辟了跨学科研究的试验田。经过十多年的发展，北京大学前沿交叉学科研究院现有纳米科学与技术研究中心、生物医学跨学科研究中心、定量生物学中心、生命科学联合中心、大数据科学研究中心等10余个研究机构，涵盖数学、物理学、化学、生物学、医学、工学等学科的众多交叉研究领域。2017年，浙江大学设立“多学科交叉人才培养卓越中心”，涉及工学、农学、文科、信息、医药、海洋等多个学科交叉领域。

2021年，我国已将“交叉学科”设置为第14个学科门类，这是我国学科设置方式的重大突破，可见我国对交叉学科的重视度与日俱增。在学科专业目录上直接体现交叉学科，可以增强高校、企业、社会等多方主体对交叉学科的认同度，为跨学科的科学研究提供更好的制度保障。值得注意的是，交叉学科不仅发生在理工学科内部，随着互联网、大数据、人工智能等技术日益成熟，科技革命的浪潮也为人文社会科学的未来发展带来了挑战与机遇。例如，法学与人工智能、大数据处理技术的结合日渐紧密，计算法学作为法学与计算机科学的交叉研究科学应运而生。人工智能、数据挖掘等最新技术与法学的对接可能为法学中的根本性、基础性和前沿性的问题提供新的视角，跨学科研究领域的拓展有助于完善法律制度和法学基础理论，为司法实践提供更具可行性的解决策略与方法，促进立法的科学性与司法的公正性、效率性。⑭

然而，当前我国现有高校学科组织的体制依然制约交叉学科的发展。传统的纵向科层结构导致了学术边界过于僵化，科研人员局限于单一学科的思维方式，容易导致学术视野狭窄。此外，基于传统学科的资源配置方式和考核评价体系也不利于激发科研人员的学术积极性，抑制了交叉学科的发展。高校必须破除现有学术组织中的体制机制障碍，突破传统以院、系为基础的学术组织，应以问题为中心，围绕人工智能、国家安全、国家治理等领域培育新兴交叉学科，搭建有利于不同学科背景的研究人员的交流合作平台，使其能够面向市场需求的前提下整合人才

---

⑭ 参见张妮、徐静村：《计算法学：法律与人工智能的交叉研究》，载《现代法学》2019年第6期。

资源,组建科研团队。高校应坚持“四个面向”,加强学科间交流互通,融合发展,将科学研究与人才培养和社会服务有机融合起来,实现学科建设的最终目标。

(三)科学研究须遵循学科的“内在规律”

从学科内部来看,知识是学科的安身立命之本、自然生长之基,但只有通过大量科学研究,某一领域的知识才能被系统整合,逐渐形成独立的研究内容和成熟的研究方法。随着学术研究的持续深入,研究者源源不断地生产知识,拓宽、加深人类认知范围,科学研究是高校自我发育最重要的途径。

值得注意的是,就像每棵树都有自己的生长进程一样,每一个学科也都是按照自己的生命节律、成长轨道去发育、去生长的。[⑮] 坚持学术性是科学研究的本质特征和可持续发展的内在生长逻辑。诚然,服务社会是科学研究的重要目标,但切忌掉入“庸俗实用主义”的泥潭。当前我国高等教育背后存在一定程度的经济理性的价值观导向,即适应经济增长需求是高校教育合理存在的前提,高校教育作为上层建筑领域中的某一类活动服从社会经济基础。这种“适应论”否认了知识生产和物质生产的区别,忽略了大学“学术性”的本质。虽然知识生产活动通过输出知识产品渗透在社会的经济、政治、文化各个领域,但其本质上是一种主要依托于高等教育机构进行的相对独立的学术创新活动,以追求真理为目标,以学术自治和自由为原则,其存在与发展不以适应其他社会活动为前提。[⑯] 在“双一流”建设中,不少高校以“经济理性”为导向进行学科建设。为了达到目标,高校不免抱有急功近利的态度,专业课程的设置、科研平台的建立是为了符合某些评价指标,过分强调短期办学效率和效益,“追求真理”的价值理性缺位,忽略了高等教育自身的发展规律。

---

⑮ 参见龙宝新:《学科作为生命体:一流学科建设的新视角》,载《高校教育管理》2018年第5期。

⑯ 参见展立新、陈学飞:《理性的视角:走出高等教育“适应论”的历史误区》,载《北京大学教育评论》2013年第1期。

优势学科和特色学科往往聚集着高校最顶尖的科研、师资资源，是高校整体水平和基本特色的集中体现，也是学科生态系统生长发育的核心竞争力。⑰ 它们吸引来的社会资源和声誉会产生辐射效应，反哺整个学校的发展。但在强调优势学科的同时，也不能忽略学科结构的多样性，这是学科建设活力之本。单个学科并不能完全独立发展，而是需要与其他学科协同演进。因此，一个和谐的学科生态系统里除了优势学科、特色学科，一定也包含着相对弱势、规模较小的学科。这些看似处于边缘化的弱势学科往往是培养人才的基础性学科。由于这些学科自身生长周期较长，与产业发展的契合度不高，高校对其资源投入低于那些在评价体系中表现优异的学科。但是，学科建设是一个长期且循序渐进的过程，前沿科学的发展需要完整的知识体系提供强有力的支撑。所以，必须科学对待理论学科和应用学科的关系，特别是那些短期内难以见效，但对未来和整体发展至关重要的基础理论研究和基础理论学科。有专家指出，“我国目前在诸多领域面临‘卡脖子’问题，创新链的断裂归根结底在于基础研究和基础学科人才培养的缺失”⑱。如果办学者一味地依据“学术 GDP”来分配资源，甚至裁撤基本的学科建制，人为地破坏学科生态环境，这或许在当下显示不出任何策略上的失当，但从长远发展来讲有可能影响学科交叉的知识增长点，不利于学科建设的长期发展。⑲ 多样化的学科设置为交叉学科的发展、不同层次的学科协同创新起到了积极推动的作用。

除了基础理论学科，我国理工科高校中的一些人文学科也通常是该校的弱势、边缘学科。一方面，由于理工科的科学研究更容易转化为现实生产力，政府或企业更愿意为其投入科研经费；另一方面，以论文产出

---

⑰ 参见宋亚峰、王世斌、潘海生：《一流大学建设高校的学科生态与治理逻辑》，载《高等教育研究》2019 年第 12 期。

⑱ 许宁生：《科教融合　创新发展　建设新型研究型大学》，载中华人民共和国教育部网，http://www. moe. gov. cn/jyb _ xwfb/moe _ 2082/2021/2021 _ zl22/202103/t20210323 _ 521955. html，最后访问日期：2022 年 3 月 5 日。

⑲ 参见武建鑫：《学科生态系统：核心主张、演化路径与制度保障——兼论世界一流学科的生成机理》，载《高校教育管理》2017 年第 5 期。

为主的学科评价标准也更有利于理工学科,这些做法既忽视了学科之间的差异性,也忽视了理工科高校中人文学科在学科生态系统中的重要性。牛津大学前校长柯林·卢卡斯(Colin Lucas)指出,"一流大学应该是在科技方面有很突出的成就,但是不能忽略其他人文方面的学科……在发展科技的同时,不能只强调应用科学的发展,还要强调人文学科的平衡发展。否则,大学的发展就会扭曲"⑳。社会科学、人文科学也许短时间内无法转化为现实生产力,创造巨大的经济效益,但是科学技术快速发展的背后需要正确的价值观和道德观的引导支持,没有科学研究支撑的人文价值是愚昧的,但没有人文价值支撑的科学研究是危险的。

总而言之,学科建设中的科学研究有一定的自主性和规律性,不是一个可以任由外部行政力量去揉捏、规划的事物,不能只按照人的意志去随意增删或变更,不能违背科学研究本身的发展逻辑和规律。

二、高校学科建设的"茎"——人才培养

培养人才是国家和民族长远发展的大计,当今世界人才的竞争首先是人才培养的竞争。㉑ 人才是知识生产的源泉,人才培养是高校的核心活动,高校的学科建设要靠人才队伍来推进。必须将科学研究的成果转化为专业建设和课程建设成果,不断提高人才培养质量,学科建设的可持续发展才有保障。国家各项重大战略的推进和社会和谐发展需要各领域各层次的人才。按照人才培养的规格(博士、硕士、学士、专科)、类型(学术人才与理论人才、应用人才、技能人才),以及高校学生学科专业和高校学生就业的行业职业,我国高等学校分为研究型高校和应用型

---

⑳ 《世界一流大学要保持文理平衡》,载"中青在线"网,http://zqb.cyol.com/content/2001-04/30/content-215407.htm。

㉑ 参见习近平:《深入实施新时代人才强国战略 加快建设世界重要人才中心和创新高地》,载《求是》2021年第24期。

高校两个大类。[22] 研究型高校以基础学科和应用学科为主，研究高深学问，培养拔尖创新的研究人才；应用型高校面向区域经济社会发展、行业技术进步的需求，培养具有较强理论基础和实践能力的应用型人才。

（一）拔尖创新人才是经济社会高质量发展的有力支撑

知识经济时代，知识创新能力是促进经济持续增长的关键要素。研究型大学作为我国高等教育系统的重要组成部分，是培养创新型人才的摇篮，是国家基础研究的主要力量和国家经济发展的科技支撑和智力保障。[23] 在2022年印发的《关于深入推进世界一流大学和一流学科建设的若干意见》中，基本原则之一是发挥“双一流”建设高校培养急需高层次人才和基础研究人才主力军作用。然而，当前我国研究型高校在基础学科和关键技术领域拔尖创新人才培养和世界一流大学相比仍有差距且原创性成果匮乏。

我国的研究型大学发展起步相对较晚，20世纪90年代，随着国家的改革开放和经济崛起，“211工程”和“985工程”的开展推动了我国研究型大学的实践尝试。2015年开始的“双一流”建设标志着我国的研究型高校发展进入了新阶段。我国的研究型高校建设已取得长足发展，但仍存在不少问题。近年来国家对高校科研经费投入逐年上升，绝大部分科研经费涌入“985工程”或“双一流”名校。在外部资源的驱动下，这些研究型高校的科研功能被不断强化，甚至逐渐与教学相对立。2016年2月，中央第八巡视组在给教育部的反馈意见中明确指出，教育部直属高校中存在的突出问题之一是重科研轻教学。[24]

与其他类型的高校相比，研究型高校拥有更雄厚的人才队伍、更充足的经费支持和更完善的科研设施设备，理应承担起培养更高水平人才的重任。“双一流”建设的《总体方案》、《实施办法》和《指导意见》这三

㉒ 参见李立国、薛新龙：《建立以人才培养定位为基础的高等教育分类体系》，载《教育研究》2018年第3期。

㉓ 参见何晋秋：《建设和发展研究型大学，统筹推进我国世界一流大学和一流学科建设》，载《清华大学教育研究》2016年第4期。

㉔ 参见王严淞：《凝聚共识·交流理念·分享实践——“一流大学本科教学高峰论坛”综述》，载《中国高教研究》2016年第7期。

个政策文件中都重点提及与部署了“拔尖创新人才”的培养。拔尖创新人才是具有丰富的科学文化知识、高尚的思想道德修养、较高的创新意识、独立的研究能力和创造精神,在自己的领域中有较大影响且为社会作出突出贡献的高端人才。拔尖创新人才的“拔尖”体现在人才的高端性和稀缺性。在知识创新和科技创新的时代,拔尖创新人才是影响国家竞争力的核心战略性资源。作为先进生产力和先进文化的代表,拔尖创新人才不仅要有“发前人未发之秘,辟前人未辟之境”的创新能力,而且要有时代使命感,愿意用一己之力为中华民族的伟大复兴作出贡献。

研究型高校人才培养是一个多层次的系统工程,涉及本科和研究生两个阶段。在新时期新发展阶段,“双一流”学科建设离不开高质量本科教育和卓越研究生教育体系。本科教育一直是我国拔尖创新人才的重要阶段,为拔尖创新人才的成长奠定基础。基础的内涵意味着学生在本科阶段不仅要饱览群书,拥有广博的知识,更要形成科学批判的思维方式和学习能力以及厚德载物的人格。研究生是我国进行“从 0 到 1”突破原始创新的重要青年人才储备,因此学生的创新思维是培养重点,特别是对博士生的培养强调其在相关领域的研究应站在国际最前沿,必须具有创造性和创新性。㉕

为服务国家重大战略需求,加强基础学科拔尖创新人才选拔培养,强基计划㉖应运而生。在持续实施强基计划,深入实施基础学科拔尖学生培养计划 2.0 的过程中,研究型高校应着重以下几方面工作:第一,推进基础学科本硕博贯通培养,统筹安排本科、硕士和博士培养阶段,对人才培养内容进一步整合优化,避免培养环节的重复,保持科学研究的连续性,提高科研工作的效率,缩短人才培养周期。第二,打破学科专业壁

㉕ 参见何晋秋:《建设和发展研究型大学,统筹推进我国世界一流大学和一流学科建设》,载《清华大学教育研究》2016 年第 4 期。

㉖ “强基计划”主要选拔培养有志于服务国家重大战略需求且综合素质优秀或基础学科拔尖的学生,聚焦高端芯片与软件、智能科技、新材料、先进制造和国家安全等关键领域以及国家人才紧缺的人文社会科学领域。参见《关于在部分高校开展基础学科招生改革试点工作的意见》,载教育部官网,http://www.moe.gov.cn/srcsite/A15/moe_776/s3258/202001/t20200115_415589.html。

垒，整合高校学科建设资源，建立跨学科课程体系，搭建科研平台，让学生在教师和科研团队的引领下，逐渐成长为多学科知识融合发展的拔尖创新人才。第三，提高拔尖创新人才的国际影响力。拔尖创新人才也是国际化的人才，高校应坚持开放办学，积极开拓多样化人才培养途径，鼓励、选派学生参加国际会议、竞赛，尝试探索高水平中外联合办学模式，引进优质教育资源，拓宽学生国际视野，增强学生国际竞争力。

研究型高校本科教育中教学与科研的疏离也是影响其培养拔尖创新人才的重要因素之一。拥有高水平高层次的师资队伍是研究型高校培养拔尖创新人才的前提和保障。“名师出高徒”既是一句传统谚语，也在一定程度上解释了人才培养的规律。

从“211 工程”到“985 工程”再到“双一流”建设，以科研成果为导向的学术评价体系使科学研究在研究型高校中的地位持续强化。从北京大学开始，许多研究型高校开始引入类似美国高校“非升即走”的教师评聘制度，强化考核，对固定聘期内未能晋升的教师不予聘用。[27]“非升即走”制度的重点在于学术水平上的竞争，特别强调对教师发表论文数量、质量以及所获科研项目类别的考核。[28]然而，青年教师在高校中往往同时承担科研和本科生教学任务，一旦将大量精力投入科学研究，对于教学活动往往是有心无力。本科生的课程中相当一部分是公共课或者专业基础课，不太涉及本学科学术前沿，但公共课能够拓宽学生视野，专业基础课帮助学生搭建基本的学科知识框架，这都是进行高层次知识创新活动的必要准备，重要性不言而喻。教学不同于科研，前者是知识的传播，后者是知识的生产，二者侧重点不同。好的研究者虽然有成为好老师的潜力，但需要投入大量精力才能成功地实现角色转换。

科研与教学在本质上并不是割裂的，对于研究型高校，要想可持续地培养拔尖创新人才，必须实现二者的良性互动。一方面，科学研究中

㉗ 参见娄宇：《我国高校“非升即走”制度的合法性反思》，载《高等教育研究》2015 年第 6 期。

㉘ 参见黄文武：《大学教师“非升即走”制度安排的利弊分析》，载《江苏高教》2020 年第 6 期。

产生的知识是教学的物质基础,没有了不断更新的知识,教学的内容会走向枯竭;另一方面,教学过程中产生的人才是科学研究不竭的动力之源,教学活动是科研成果实现代际传承的重要方式。研究型高校应以科教融合为原则优化教师的考评制度,不能因为科学研究容易被量化比较,就以科研评价替代整个教师的评价。应多维度考察教师在思政建设、教学投入等方面的实绩,促进教学质量持续提升。鼓励教师以课程为桥梁,将学术成果转化为教学资源,对教师在教学上的投入予以制度保障。从学生的角度来看,研究型大学本科生的生源质量普遍较高,教师更容易结合科研课题开展启发式、探究式教学,培养创新人才。本科生在教师指导下参加科研项目,把所学知识融会贯通,从成功或失败的探索中养成问题意识和批判精神,提高分析问题和解决问题的能力。㉙

(二)应用型人才是高校服务地区发展的关键

经济新常态下,我国经济增长正加快从要素驱动、投资驱动转向创新驱动。2018 年 9 月,习近平总书记在全国教育大会上强调,要提升教育服务经济社会发展能力,着重培养创新型、复合型、应用型人才。以服务区域经济社会发展能力为导向,培养具有良好专业知识和实践应用能力的高质量人才是应用型大学最重要的目标。

应用型人才首先要服务地方经济发展。改革开放已有 40 余年,我国社会生产水平取得了历史性发展和飞跃,“落后的社会生产”已经不再是主要问题,取而代之的是发展的不平衡和不充分。区域财富占有不均是经济发展不平衡的突出表现。

地方经济发展进入“瓶颈”期,区域竞争力的培育是知识经济时代下地区经济发展的动力,区域科技创新和知识溢出是区域竞争力成长的源泉。㉚ 高质量的应用型人才是支撑区域经济发展和科技创新的主体。“一带一路”倡议、京津冀协同发展、粤港澳大湾区建设等重大区域活动

㉙ 参见钟秉林:《推进大学科教融合 努力培养创新型人才》,载《中国大学教学》2012 年第 5 期。

㉚ 参见苏志刚:《高水平应用型大学建设探索与实践》,载《中国高校科技》2019 年第 6 期。

的深入推进都需要高层次人才来具体实施。因此,主要扎根地方的应用型高校的根本任务就是通过与经济带、城市群、产业链的布局紧密结合,与国家主体功能区高度耦合,培养满足区域经济发展的需求的应用型人才。

2015 年,为贯彻落实党中央、国务院关于引导部分地方普通本科高校向应用型转变的决策部署,教育部、国家发展和改革委员会和财政部联合颁布《关于引导部分地方普通本科高校向应用型转变的指导意见》,明确规定"产教融合、校企合作"既是高校转型发展的指导思想,也是基本思路和主要任务。从近十年高等教育改革实践的角度来看,应用型大学的转型升级必须遵循开放办学的基本思路,走"产教融合、校企合作"的道路。产教融合通常指的是通过教育发展和产业升级的协同互动,形成有机整体,解决高校人才培养与社会发展需求脱节的矛盾,促进经济的高质量发展。

自 20 世纪 60 年代起,德国、瑞士、荷兰等欧洲国家陆续开始发展应用型大学,经过几十年的发展,通过培养大批高层次的技术人才,应用型高校为欧洲经济发展的产业结构优化升级作出了不可小觑的贡献。

产业发展需要的应用型人才主要是通过高校学科和其下设的各专业进行培养,所以应用型高校也要发展学科建设。在深化产教融合的过程中,高校学科实力是基础和依托。一所高校所拥有的特色学科、优势学科越强,科研水平越高,它越能为企业和社会提供更好的服务。当前社会上存在一种误解,认为比起研究型高校,应用型大学的层次和水平更低。诚然,由于资源不足或平台有限,地方应用型高校没有教育部直属研究型高校在科研能力和师资力量上天然的优势,但服务地方经济转型发展,同样需要优质的师资力量和科研能力作保障,特别是兼具教学能力和实践能力的"双师双能型"教师。"双师双能型"教师是连接高校和产业的重要桥梁。一方面,教师通过参与校企合作,以最直观的方式认识行业对人才的实际需求。[31] 通过有效的师生交流,学生也能够及时

---

[31] 参见徐金益、许小军:《产教融合背景下应用型本科高校教师的转型路径探析》,载《江苏高教》2019 年第 12 期。

了解经济社会发展中最亟待解决的问题到底是什么,并据此进行必要的职业规划。另一方面,产教融合下的“双师双能型”教师除了在高校开展科研,还可以在深度的社会实践中实现知识的应用与创新,然后通过持续更新教学理念、内容、方式将最新实践所得反哺教学。如果学生所接受的专业知识是最新的,是与行业发展接轨和同步的,他在毕业后就能更快更好地回应社会发展的现实需求。

三、高校学科建设的“叶”——社会服务

(一)社会服务是科学研究和人才培养的延续

中世纪的大学只重视文学、法学、神学、医学领域的人才培养。1810年柏林大学的创立确立了科学研究也是高校的基本职能之一,但这些活动都发生在高校这座“象牙塔”内部,影响范围很有限。现代高校的社会服务理念起源于美国。1862年《莫里尔法案》(*Morrill Act*)的颁布奠定了美国大学服务于社会的法律基础。该法案出台后,一批研究农业与机械的公立大学得以建立发展,并将研究成果应用于国内农业及相关产业,开创了大学服务社会经济发展的先河。著名的得克萨斯农工大学的成立与发展就得益于该法案。第二次世界大战是美国高等教育发展转型的关键节点。“二战”期间,迫于战时的需要,大学的研究几乎全部投入到了军事领域,包括研究和发明原子武器、雷达等。[32] 此外,1944年颁布的《军人安置法案》不仅解决了大量退伍军人的福利问题,也掀起了美国国内的教育高潮,是美国高等教育大众化的开端。此后,1980年,美国国会通过了《贝多法案》,该法案为政府、高校、产业三方协同合作提供了有效的制度激励,加快了科技成果向市场转移的步伐。正是在高校社会服务功能的联结下,“政府—企业—高校”三螺旋模式极大地推动了美国的发展。20世纪90年代至今,美国高校的社会服务功能一直

---

[32] 参见陈贵梧:《美国大学社会服务使命及其实现路径》,载《高等教育研究》2012年第9期。

处在强化发展阶段。1990年,博耶(Ernest L. Boyer)首次提出“社会参与的大学”这一概念。他认为,当今时代赋予了大学全新的内涵,大学不再只是独立自由的学术组织,而正在发展成为通过跨学科的合作来解决各种实际问题的社会机构。[33] 从那时起,美国高校逐渐将社会服务纳入对教师和大学整体的考核体系中,社会服务成为美国各高校重要的办学目标之一。综观美国和其他发达国家高等教育建设发展历程,社会服务功能不断被强化是一个普遍趋势。英国政府在1999年设立“高等教育面向商业及社区溢出基金”的同时,也开始支持“高等教育与商业及社区互动项目”,对英国高校社会服务职能的履行进行资助和监督。[34] 2017年,英国政府提出了“知识交换框架”政策,从合作研究、与企业共同工作、知识产权及商业化、公众及社区参与等七个领域评价高校社会服务功能,进一步推进了英国高校与社会的融合。

随着知识生产的工具属性和社会属性日益加强,高校早已不再是单纯的“象牙塔”,而是一个涉及学生、教师、政府、企业、社会的利益相关者组织。因此,高校学科建设的目标应当是实现所有利益相关者的整体利益最大化,而不能以某一部分利益相关者的利益最大化为目标,否则就会顾此失彼。[35] 由于知识已经成为经济增长的重要引擎,高校在国家创新体系中占据关键地位。政府不仅出台一系列宏观政策支持高校发展,还为高校提供大量财政拨款,同时监督和评估高校的办学质量,所以政府一直以来都是高校的主要利益相关者。此外,在市场经济中,企业也逐渐成为高校重要的经济来源,对其影响力也日益增强。但是,科学研究和人才培养这两项基本活动主要围绕着教师与学生这两个高校的核心利益相关者展开,高校的科学研究、人才培养必须统一于社会服务才能实现所有利益相关者整体利益的最大化。一方面,高校的科学研究能够帮助企业攻克技术难题,转化为现实生产力,推动国家经济发展。

---

[33] 参见李瑞琳、[澳]哈米什·寇提斯:《我国大学社会服务职能发展:国际经验、现实问题与政策建议》,载《高校教育管理》2020年第4期。

[34] 参见马星、冯磊:《以评价改革促进高校社会服务的英国实践》,载《中国高教研究》2021年第8期。

[35] 参见李福华:《利益相关者视野中大学的责任》,载《高等教育研究》2007年第1期。

通过参与社会服务,高校又从政府、企业那里获得科研经费,投入到更深层次的研究实践中,实现学校和社会发展的合作共赢。[36] 另一方面,高校培养出来的人才最终是通过各类社会实践服务于国家、社会和全人类发展的人才。可以说,社会服务是高校知识生产过程的外延和继续,让高校的知识生产有了更大的溢出效应。[37]

高等教育与经济社会发展深度融合意味着高校的学科建设离不开与外部主体的协同创新。协同创新是政府、企业、高校整合资源、实现互补,加速技术推动应用和促成产业化的科研新范式。[38] 多元主体协同互动、深入合作,提高综合优势,能够产生更大的集成效应。斯坦福大学和硅谷工业园就是多元主体协同创新的典型例证。20 世纪 80 年代中期,斯坦福大学在工程和科学方面的学术成就使其跻身世界顶尖大学之列,与斯坦福大学一同崛起的还有全球高科技企业中心——硅谷。20 世纪 50 年代,时任斯坦福大学校长是被誉为“硅谷之父”的弗兰德里克·特曼(Frederick Terman),在他的领导下,斯坦福大学通过向本地公司提供科学技术支持让大学直接和区域经济发展挂钩,发展成了一个“企业型”大学。[39]惠普公司的创立者之一就是斯坦福大学教授,且公司最早就位于斯坦福工业园区内。数据表明,旧金山湾区超过 2000 家高科技公司都是由斯坦福大学的校友或者教职员建立的,其中最著名的有硅图、雅虎、谷歌等公司。[40] 硅谷工业园所在的加利福尼亚州常年位于美国各州 GDP 榜首,其中硅谷的大大小小的高科技企业功不可没。2012 年,我国教育部和财政部联合颁发了《关于实施高等学校创新能力提升计划的意见》。高等学校创新能力提升计划简称“2011 计划”,以创新能力提升

---

[36] 参见李晓华、郑美丹:《提升大学人才培养质量的根本出路——构建大学三大职能的共生系统》,载《江苏高教》2020 年第 11 期。

[37] 参见瞿振元:《知识生产视角下的学科建设》,载《中国高教研究》2019 年第 9 期。

[38] 参见曹青林:《协同创新与高水平大学建设》,载《华中师范大学学报(人文社会科学版)》2014 年第 1 期。

[39] See Stephen B. Adams, *Stanford and Silicon Valley: Lessons on becoming a high-tech region*, California Management Review 48, 2005, p. 29 – 51.

[40] See Stephen B. Adams, *Stanford and Silicon Valley: Lessons on becoming a high-tech region*, California Management Review 48, 2005, p. 29 – 51.

为突破点，大力推动协同创新，充分发挥高校作为科技第一生产力和人才第一资源重要联结点在国家发展中的独特作用，促进高等教育与科技、文化、经济有机结合，开展协同攻关，建立一系列科研合作平台，在提高学校科研水平的同时推动本地经济高质量发展。

（二）科学研究和人才培养需要社会服务的滋养

社会服务为高校的科学研究和人才培养提供了坚实的基础。高校通过社会服务可以获取更多的社会资源，这些社会资源成为科学研究和人才培养的基础。改革开放以来，在“教育必须为社会主义现代化建设服务、为人民服务，必须与生产劳动和社会实践相结合”方针的指引下，我国高校不断提高科研能力和人才培养质量，对国家经济建设和社会发展作出了不可小觑的贡献。我国高校为新中国建设培养了大批干部和各类专业人才。但不可否认，当前我国高校的社会服务功能还存在一些不足。发展的不平衡是我国高校社会服务功能最亟待解决的问题。一是地域间的不平衡，东部沿海地区高校的社会服务功能普遍要强于西部内陆地区高校。改革开放后，沿海率先发展战略使东部地区经济率先崛起，高等教育领域也因此获得了更多资源得以快速发展，东部沿海地区高校的社会服务功能自然也就更强。但是，如果我们任由这种不平衡继续扩大，就会加剧不同区域间高校社会服务能力的差距，进而导致高等教育系统的全面失衡。[41] 二是学科间的不平衡，科学研究中“重理工，轻人文”的现象同样存在于社会服务中。相较于理工科，人文社科的社会服务形式很多都是公益性的，如公共讲座、博物馆教育。这些服务的社会价值很难被量化衡量，难以得到科学合理的评价，导致相关学科的教师和学生缺少社会服务的意识和动力。此外，当前我国高校的社会服务职能的履行大都停留在经济领域，对社会其他领域的关注还不够。诚然，高校的科学研究和人才培养能否促进区域和国家的经济发展、科技进步是衡量学科建设和学校实力的重要标准，但是随着社会的发展，高校在社会生活中的作用不应局限于经济和科技领域。

---

[41] 参见李瑞琳、[澳]哈米什·寇提斯：《我国大学社会服务职能发展：国际经验、现实问题与政策建议》，载《高校教育管理》2020 年第 4 期。

深化高校“双一流建设”,改善区域间、学科间的不平衡发展是强化高校社会服务功能的前提。在区域不平衡方面,要改善政府对教育资源的宏观分配,加强对西部高校师资、经费、教学科研关键设施的投入,通过信息技术共享东部高校教育资源,培育西部高校核心竞争力,缩小东西部高等教育质量差距。同时,西部高校应立足于所在区域具体发展状况,结合自身的特色学科、优势学科履行社会服务功能。比如,广大西部地区有许多少数民族聚居区,普通话普及程度低是制约这些地区脱贫致富、社会和谐发展的关键问题,西部高校可以大力发展语言学科建设,加强应用研究,强化语言服务的社会功能。通过语言扶贫等活动,帮助贫困地区人们更好地走出去,实现民族团结。在学科不平衡方面,要根据学科特点,构建科学的高校社会服务评价标准,强调人文社科社会服务的重要性。拓宽服务领域是强化高校社会服务功能的必要措施。高校的社会服务的范围应突破经济领域的限制,尤其是高校的人文社会学科,可以结合优势学科和区域定位,在国家重大决策、中长期战略发展、地方及地区层次发展的重大问题等方面作出重要贡献,努力成为社会发展的“智囊团”。[42] 高校提供高质量的社会服务,不仅实现了学科建设的重要功能,而且可以获取源源不断的社会资源,促进高校科学研究和人才培养功能的更好实现。

结　语

高校学科建设是一个整体,反映着高校的三大功能,即科学研究、人才培养和社会服务。这三大功能各自独立,但又相互作用、相互支撑。

科学研究是学科建设的“根”。首先,在知识经济时代,高校的科学研究应发挥固定和吸收的功能,坚持“四个面向”,主动融入国家创新发展战略,积极承担起关键核心技术研发的任务。其次,高校科学研究的

㊷ 参见李庆豪:《提高人文社科类大学服务社会的质量》,载《江苏高教》2007 年第 2 期。

输导功能也不容小觑。通过具体的科研项目,可以系统性培养学生的批判性思维和创新能力,人才的质量才能不断提高。最后,高校的科学研究应保持一定的“纯粹性”,不能急功近利,要遵循高等教育机构自身的发展规律。当前,知识生产活动日益复杂,学科从分化走向融合,交叉学科是高校学科建设新的突破点。高校应努力破除制约交叉学科发展的体制障碍,推动不同学科研究人员之间的沟通合作,充分释放人才资源的活力,在前沿技术研究和突破性技术创新中发挥先导作用。

人才培养是学科建设的“茎”。研究型高校和应用型高校应在实施创新驱动、建设创新型国家的背景下,找准各自的定位。深化“双一流”建设,研究型高校应着力培养国家急需的高层次人才和基础学科拔尖创新人才,应注意科研与教学的平衡,加强教师教学能力在考评中所占比重。地方应用型高校应根据区域定位,大力培养满足区域经济发展需求的应用型人才。依靠“产教融合、校企合作”,以培养“双师双能型”教师为主要路径,实现人才与国家发展的快速接轨。

社会服务是学科建设的“叶”。科学研究和人才培养的成果最终会很大程度表现在高校的社会服务能力上,社会服务所带来的社会资源也可以为高校的科学研究和人才培养带来充足的养分,促进高校科学研究和人才培养质量的提高。我国高校的社会服务当前还存在区域不平衡,学科之间不平衡以及社会服务领域单一的问题。因此,在“双一流”建设的深化阶段,地方高校应结合各自学科优势和区域定位,展开相应的社会服务,国家也应当加大对地方高校的资源投入,增强地方高校服务地方经济社会发展的能力。高校高质量的社会服务不仅能带来直接的经济效益,也会对政治、文化等各个领域的建设产生良好的促进作用。

On the "Roots, Stems and Leaves" of Discipline Construction in Universities

Sun Haoliang　Song Jing　Cheng Yuwei

Abstract: The social resources required through serving the society would in turn provide nutrition for scientific research and talents cultivation. Being the core mission of universities, discipline construction contains three basic functions of universities, including scientific research, talents cultivation and social service. Scientific research should conform to the inherent growth rule of discipline construction and avoid being too "utilitarianism", laying a solid foundation for future talents cultivation and social service. In terms of talents cultivation, different types of universities should have different emphases. To be more specific, research universities should be committed to cultivating tip-top innovative talents, while applied universities should cultivate high-level applied talents based on the integration of industry and education, trying to serve the regional economic development. Only in this way can scientific research be continued, and social service can have sufficient talents support. When it comes to social service, it should be oriented towards the national and social development. Different disciplines should carry out diversified social services in combination with their own characteristics. The social resources obtained through serving the society would in turn provide adequate nutrition for scientific research and talents cultivation.

Key Words: discipline construction, scientific research, talents cultivation, social service

法律硕士实践教学基地评估指标体系的构建研究*

靳文辉** 关 佳***

摘 要:法律硕士实践教学基地是培养法律硕士职业技能、实践能力的主要载体,以相应的评估指标体系对其建设成效进行评判不仅是保障和提升法律硕士教育质量的现实需要,也是法律硕士授权点专项评估体系科学细化的必然要求,更是对培养"高素质法治人才"之时代吁求的积极响应。以教育评估理论、利益相关者理论为理论基础,以科学导向、系统全面与兼顾重点、定性与定量相结合等原则为归宿,是指引法律硕士实践教学基地评估指标体系构建的核心机理。在具体构建路径上应分两步走:首先,应根据相关文献研究、理论学说、政策梳理以及实地调研等方式方法形成一个初步的框架性评估

---

* 基金项目:2021 年度重庆市研究生教育教学改革研究项目"法律硕士职业能力指标体系构建与培养机制优化研究"(一般项目,项目编号:yjg213019);2018 年度中央高校基本科研业务费研究生科研创新项目"关于绿色金融监管法律制度的研究"(项目编号:2018CDYJSY0055)。

** 靳文辉,重庆大学法学院,教授,博士生导师。研究方向:市场规制法、金融法、教育行政法。

*** 关佳,重庆大学法学院,在读法学博士研究生。研究方向:市场规制法、金融法、教育行政法。

指标体系;其次,可根据德尔菲法和层次分析法对各项指标进行筛选与权重赋值,并最终确立终局性的评估指标体系。

关键词:法律硕士实践教学基地评估指标体系　必要性分析　理论基础　基本原则　具体路径

在我国,法律硕士教育的目标是培养高素质、复合型、应用型的法治人才,其中,职业技能和实践能力的培养是法律硕士培养体系中的重要内容。实践教学基地作为培养法律硕士职业技能和实践能力的关键性基础设施,是对法律硕士展开临床式教育的重要场所,①其在塑造和锻炼法律硕士根据具体事实寻求法律解决方案所必需的法律实务本领上,具有不可替代的位置。然而,基于种种现实条件制约、主观因素束缚等原因,基地建设发展进程中遇到了诸多问题与阻窒,并一直得不到妥善解决和处置。相关研究发现,其主要原因之一是尚缺乏一套对实践基地进行评估的指标体系②,因为一套科学的评估指标体系是检验、加强和完善法律硕士实践教学基地建设成效及其实践教学效果的保障之一③。2020年9月,教育部等部门联合发布《关于加快新时代研究生教育改革发展的意见》(教研〔2020〕9号),其中便强调应"强化产教融合育人机制,加强专业学位研究生实践创新能力培养"。总之,法律硕士实践教学基地良好的运行保障机制离不开完善的、适切的评价制度④,将其建设成效纳入评估体系,构建合理的评估指标体系,是一个应然的选择,兼备检查、监督、评估并最终用于"改进决策"等功能的评估指标体系,能够在实践维度切实地促进法律硕士实践教学基地建设发展的提质增效。据此,对法律硕士实践教学基地评估指标体系的构建进行深入研究,便

---

① 参见陶建国:《日本法科大学院教育制度及其问题》,载《学位与研究生教育》2009年第9期。

② 参见朱晓英:《专业学位研究生教育实践基地评估指标体系构建及实证研究》,河北大学管理学院2020年硕士学位论文,第1页。

③ 参见何洪奇:《法律硕士实践教学研究——以我国西南地区部分法硕培养单位实践教学为视角》,广西师范大学2011年硕士学位论文,第45页。

④ 参见马永红、刘润峰、于苗苗:《我国产教融合培养专业学位研究生:内涵、类型及发展状况》,载《学位与研究生教育》2021年第7期。

成为一项必要且需具体展开的任务。

一、构建法律硕士实践教学基地评估指标体系的必要性分析

法律硕士实践教学基地评估指标体系是指一套用以评估法律硕士实践教学基地建设成效的统计指标系统,对其进行系统构建具有充分的必要性。

(一)保障和提升法律硕士教育质量的现实需要

比附产品质量标准的界定、依据教育质量的专业性概说,所谓法律硕士的教育质量,意指法律硕士专业培养单位就法律硕士研究生群体法律人格的培养结果与相关法律、政策制定的"质量标准"之间的匹配程度。随着国家经济实力的增强和人民生活水平的提高,人们对专业学位研究生教育质量的提升提出了更多更高的要求⑤,而质量保障为核心的人才培养机制是研究生培养能力的生命线⑥。时下,法律硕士的培养应着力于培养一批具备职业技能、实践应用能力的复合型、应用型之高素质法治人才。据此,法律硕士教育质量提升的关键便在于对法律硕士研究生群体职业技能与实践能力的塑造与强化。当下,实践教学是保证与提升法律硕士教育质量的核心手段⑦,其在实现实务型人才培养目标,尤其是在激发法律硕士研究生创新精神、提升其职业综合素质等方面具有其他教学环节所不能替代的作用。⑧ 其中,实践教学的重要形式——

---

⑤ 参见王莉:《我国专业学位研究生教育政策的演进与发展趋势》,载《高等教育研究》2021年第7期。

⑥ 参见王战军、常琅:《研究生教育强国:概念、内涵、特征和方略》,载《中国高教研究》2020年第11期。

⑦ 参见杨忠孝、缪志心:《法律硕士专业学位实践基地建设的路径选择》,载《上海教育评估研究》2014年第3期。

⑧ 参见何洪奇:《对复合型法律人才实践培养模式的几点思考》,载《辽宁教育行政学院学报》2010年第12期。

法律硕士实践教学基地是培养法律硕士职业技能、实践能力的主要载体。[⑨] 近年来,利用政府政策指引,诸多开展法律硕士教育的法学院校积极寻求与法院、检察院、律师事务所、监狱、企事业组织等法律实务部门的合作,通过共建、共管、共享的方式共同开发建设法律硕士实践教学基地,[⑩]已然成遍地开花之势。在法学教育学术界,许多学者已经注意到法律硕士实践教学基地建设对于提升法律硕士职业技能、实践能力以及保障法律硕士教育质量的重要性,并主要就发展建设实践教学基地的路径选择、存在的显著问题和改进策略等内容进行了缕析。例如:在路径选择方面,有政法部门内部挂牌设立、在高校内部设立政法部门工作站、法律硕士参与政法部门定期实习、律师事务所或企业订单式培养法律硕士等形式;在基地运行中凸显的一些问题上,诸如高校单方和工作单位之间的合作意愿与单位实际能提供的支持之间存在落差,在组织、制度、基础条件、师资、平台交流机制等基地规范建设层面存在诸多不足等;在改进策略上,应着手制定基地总体建设方案并完善相应配套规章制度,加强组织保障与经费投入/补贴,细化基地教学考核评价内容、推进建立基地规范化管理机制等。总之,我国当下的实践教学基地无法产出或者很低程度上产出符合"质量标准"的"产品",而作为"产品质量"检验、检测的重要机制——质量评估,恰恰是高等教育创新发展的助推器。[⑪]

(二)法律硕士授权点专项评估体系科学细化的必然要求

法律硕士学位授权点专项评估工作是对我国法律硕士研究生教育质量进行监督的重要手段,在保证法律硕士学位授权点建设和法律硕士研究生教育质量方面发挥着重要作用。在我国,法律硕士专项评估指标体系包括师资队伍、人才培养、质量保证 3 个一级指标,一级指标下共设

---

⑨ 在我国,法律硕士实践教学基地包括校内和校外两种,本文仅指狭义上(人们通常性认知维度上)的校外实践教学基地。

⑩ 参见洪萍、颜三忠:《创新法律硕士校外实践教学基地建设的思考》,载《亚太教育》2019 年第 10 期。

⑪ 参见别敦荣、易梦春:《高等教育质量文化及其建设策略》,载《高等教育研究》2021 年第 3 期。

12个二级指标,26个测评点,各测评点分值均按三个等级给分。然而,由于评估工作起步较晚,其间尚存在诸多待完善之处,其中,对实践教学基地的评估就既不科学又不系统,还无法评出实效。在该评估体系中,是以"区域(行业)部门合作建设实习基地使用"称谓"实践教学基地"的建设情况,在分值10分的二级指标"实践教学"中,它只是作为一个主要测评点出现,并只占3分比重。该项指标的评价标准为"实习时间不足、合作一般、效果一般"(权重50%,1.5分)、"实习时间充足、合作密切、效果较好"(权重75%,2.25分)和"实习时间充足、合作密切、效果好"(权重100%,3分)三个层次。其存在的问题如下:第一,该指标设置不够科学。一方面,对于评价标准中"实习时间是否充足",专家可以根据培养方案作出相对客观的判断,但是"合作情况"和"实习效果"却混杂许多复杂多元的主观情形,在测评标准不够细化具体的情形下,评价范围和幅度只能依赖于专家的主观评判,很可能产生裁量的随意性,从而影响评判的客观实效性。另一方面,该指标设置未能充分认识到实践教学基地建设的重要性,给予的分值与权重配比过低。第二,该指标设置不够系统与全面,其中,像基地的组织建设、管理制度、师资条件等事关基地建设机制根本的因素未予纳入考量,严重凸显出指标设置不够周延全面的缺漏。随后,在2018年专项评估中,就该指标新增了"研究生参与实习实践情况表",要求参评院校提供实践基地单位名称、地点、联系电话、签约情况、教学活动类型和每学年实践基地活动次数、学生人数及时间长度等信息。显然,这一要素的增加也并不能较好地改善科学、系统、有效评估实践教学基地建设情况的困境,进而在一定程度上有损法律硕士授权点专项评估体系的科学有效性。为此,出于进一步增进、完善法律硕士授权点专项评估体系的科学有效之效度,以及更好地检验实践教学基地建设中的具体情况,从而对实践教学基地的不良建设行为进行约束和管制,构建法律硕士实践教学基地评估指标体系便尤为必要。

(三)对培养"高素质法治人才"之时代吁求的积极响应

自十八届四中全会作出前所未有的"法治决定"之后,欲要实现依法治国的总目标以及落实各项具体任务⑫,在法治系统运行的各个环节,无一不需要“法治人才”这一有生力量的注入,正如习近平总书记所强调的,法治人才培养上不去,法治领域不能人才辈出,全面依法治国就不可能做好。⑬ 所谓法治人才,是指德法兼修,能够驾驭中国特色社会主义法治体系,具备国际法治视野,掌握具体法治知识和技能,从事法治系统各个环节工作的高素质专业人才。⑭ 而法律硕士教育正是强调“应用型”法治人才的培养,其在培养高素质法治人才方面具有不可替代的优势地位。对比法学教育体系中其他层次的教育,可以窥见法律硕士的培养当居于关乎“法治人才”培养成败的核心位置。一般而言,在我国法学教育体系中,法学本科教育主要以通识教育的开展为基础,注重于本科生的理论知识积淀,其职业技能培养存在普遍性的不足;而法学专科教育或高职教育,虽主要培养学生学习掌握一定的专业技能,但一个明显的现象是学生群体专业理论储备的匮乏;而法学博士教育的主要目标是培育致力于法学学术研究的理论型人才,其同样能为中国的法治蓝图之擘画作出非凡贡献,由他们所组成的法学家群体是当之无愧的“法治人才”,但从“法治”之“治”所突出强调的实践理性样态上来看,法学博士群体普遍缺乏与之匹配的实务技能;而有异于法学硕士教育通过认知教育着力于培养专业性较强的理论学术人才,法律硕士更为强调培养拥有多项专业知识、技能的复合型人才或者精专实务的应用型人才,其更多地体现了法律教育的职业属性,而这正恰切地回应了习近平曾强调的要提升教育服务于经济社会发展的能力,重点培养创新型、复合型、应用型人才。⑮ 鉴于此,我们可以说,欲要培养高素质法治人才,必当以培

---

⑫ 参见张守文:《法治人才培养的目标与路径》,载《中国高校社会科学》2017 年第 4 期。

⑬ 参见黄进:《志存高远 培养卓越法治人才》,载《光明日报》2017 年 5 月 26 日,第 11 版。

⑭ 参见董娟、赵威:《从法律人才到法治人才:法律硕士培养目标的新转变》,载《学位与研究生教育》2019 年第 5 期。

⑮ 参见张烁:《习近平在全国教育大会上强调 坚持中国特色社会主义教育发展道路 培养德智体美劳全面发展的社会主义建设者和接班人》,载《人民日报》2018 年 9 月 11 日,第 1 版。

养法律硕士为要。因此,我们可以说,构建法律硕士实践教学基地评估指标体系是对培养"高素质法治人才"这一时代吁求的积极回应。

二、构建法律硕士实践教学基地评估指标体系的理论基础与基本原则

(一)理论基础

1. 教育评估理论——以CIPP教育评估模式为中心。随着教育评估理论的历史演进与流派整合,专门为决策服务的"改进—决策"模式——CIPP教育评估模式逐渐成为广为人们所接受的一种能够有效评估并帮助改进决策的评估模式。CIPP评估模式是由背景评估、输入评估、过程评估、结果评估四个部分组成的系统工程。概括而言,背景评估是对方案的目标进行合理性分析,输入评估是对方案的可行性进行鉴定,过程评估是对方案的有效性进行评判,结果评估是对方案的运行结果及可推广程度进行评估。[16] 将CIPP模型用于高等教育各领域评估指标体系构建的研究屡见不鲜,因而将CIPP模型与法律硕士实践教学基地结合起来具有充分的理论依据与实践依据,而从法律硕士实践教学基地的现实作用考量,其"输入—过程—结果"的人才锻造流程与CIPP模型"背景(目标)—输入—过程—结果"这四个评估要素亦是恰切匹配的。基于此,可以依据逻辑框架法的垂直逻辑将法律硕士实践教学基地的"背景(目标)—输入—过程—结果"四个层次的要素所体现的指标和分解后内含的细分指标架构为具有一定逻辑关系的评估指标体系。例如:在背景(目标)评估层面,法律硕士实践教学基地的建设目标主要是培养出具备职业技能和实践能力的高素质、复合型、应用型法治人才。围绕被评估对象的目标需要,在这一层面的评估指标当是保障评估目标实现的那些背景性、基础性条件,如组织机构的建立健全、组织管理制度

---

⑯ 参见谢娟、张婷、程凤农:《基于CIPP的翻转课堂教学评价体系构建》,载《现代远程教育研究》2017年第5期。

的建设与完善、组织管理运行机制等指标。在输入评估层面,围绕法律硕士实践教学基地的建设目标,培养单位和合作单位应当为评估对象所欲实现的目标提供哪些必备的人、财、物等条件或资源,指标的选取和确立也以此为据。一般而言,在“人”上,应当提供专门的指导实践的导师,其中应关注的要素有导师的数量、导师的学历或职称结构、导师的实践工作年龄等;在“财”上,应当具备一定的经费投入,要素内容包括基地建设经费是否充足、人才培养的必要性支出是否完备、给予导师的奖励或补贴是否具备等;在“物”上,应当考量实体性基础设施的建设状况,如实践指导性法律图书或档案文献的数量、法律实验室是否具备及其运行状况好坏、智慧司法设施的供给等。在结果评估层面,核心关注点当是针对法律硕士实践教学基地建设目标达成程度所做的评估,亦即是否有效培养出了具备职业技能和实践能力的高素质、复合型、应用型法治人才,此时指标的选取与确立应关注的要素主要是人才培养质量,而对人才培养质量的评估涵摄实践时长与频率、实践报告综合评价、论文选题来源、科研项目研究来源、学术论文发表级别、数量及引注比等。需要注意的是,结果评估的内容并非只有“人才培养质量”这一单一内容,还包括基地的科研成果、成果转化等内容,如基地申请的课题数量和级别(法律实践类)、科研成果的转化率或级别(如实践性科研报告被省检察院批复采用)等,相应地,其指标选取和确立也以此为据。

2. 利益相关者理论。利益相关者理论是产生并广泛应用于企业管理和经济活动中的重要理论,随着利益相关者理论在教育质量或绩效评估中的嵌入,其在高等教育领域的应用也越来越普遍,学界也不乏将该理论与专业硕士实践教学基地或产学研基地评估结合起来的研究,而这些都恰切地符合建构主义评估模式的原理,因之建构主义评估模式的理论基石正是:根据利益相关者的情况决定需要评估什么问题,以及收集什么信息。[17] 总体来说,利益相关者理论能够对法律硕士实践教学基地中的各个核心利益相关者主体进行限定,并在此限定基础上框定和确立

---

⑰ 参见桂庆平:《西方教育评估理论变迁的价值之维》,载《大学(研究版)》2018 年第 9 期。

与各个核心利益相关者密切相关的评估指标;而基于各个利益相关者的利益目标不尽相同乃至甚为迥异,可基于此判定来进行评估指标的细分设置。第一,从限定关乎基地建设与发展的几个主要的利益相关者这一方面来看,我们认为,各个法律硕士院校(培养单位)、各个提供基地平台的政法部门、律师事务所、企事业单位(合作单位)与法律硕士群体或个人(培养对象)当是核心的利益相关者。第二,从在利益相关者相异的利益目标基础上细分设置评估指标这一方面来看,主要关注以下几点:其一,培养单位主要是各个非营利性的院校,无论是在法治人才培养的时代使命担当上而言,还是在体系性的学科评估压力下来看,其主要的利益目标基本上是以培养高素质、复合型、应用型的法治人才为导向。由于种种现实原因制约,培养单位往往表现为基地建设中的“需求方”角色,其在经费提供与管理、人才培养方案制定、后勤保障、学生实践管理等规制制度建设以及基地管理委员会、基地视察指导等组织机构运营建设方面,愿意发挥更多作用,故指标范围应以此为考量。其二,合作单位类型多元、职业岗位众多且相异。具体情况具体分析下,各个具体性的合作单位所欲求的具体性利益目标是不尽相同的,但总体而言,由于并无硬性的政策规定、适当的经济激励、一定的制裁措施等,现行法律硕士实践教学基地建设中的普遍情形是,无论是法检部门、律师事务所还是其他企事业单位,都主要寻求“经济效益”的提升,如能否为“我”减轻工作繁杂、能否为“我”创造实践性成果(如科研论文写作与发表)、能否为“我”培养后备人才等。因而,对合作单位基地建设的评估指标不仅应涵盖基础条件提供层面(经费投入、设施设备、指导导师数量等),更应聚焦于人才培养(实践频率与时长、双导师队伍建设情况等)、合作成果(科研成果产出、职业技能水平提升)等层面。其三,法律硕士群体或个人所欲的利益目标主要聚焦于自身能力的锻炼和储备以用于长远发展。据此,根据其所依赖的资源条件与所致力实现的目标,评估指标几乎涵盖以上两者所有内容。

(二)基本原则

第一,科学导向原则。法律硕士实践教学基地作为一个独立运作的组织系统,结构体系较为复杂,含有多元利益主体、各种不同的因素等,为了客观量度该评估对象,不得不寻求科学、严谨的测量与统计方法,以将评估对象的具体因素进行具化、量化。教育评估指标是经由收集整理各种教育相关信息,为教育系统提供可解释的资料,以作为教育政策说明与决策参考之用。⑱ 之所以评估法律硕士实践教学基地,不是为了“证明”而是为了“改进”,为了给“改造升级”基地建设提供更多反映具体实际、展现客观情况的依据,从而切实保障基地拥有培养出具备职业技能、实践能力的高素质、复合型、应用型法治人才之能力,因而必须坚持科学教育理论和统计学的科学性要求,以科学的标准框定指标范围、筛选与确立指标。

第二,系统全面、兼顾重点的原则。在CIPP教育评估模型“背景(目标)—输入—过程—结果”四要素内容涵摄下,法律硕士实践教学基地评估指标体系至少可分解为垂直逻辑下的四个指标系统,每个指标系统下又涵摄多个独立各异的指标,每个独立各异的指标又有着不同的测评标准。如此分层、分类的方式,能比较系统、全面地反映出评估指标体系中所有评估构成要素的具体情况,使评估指标能够形成一套完整的评估体系。然而,基于人类理性的有限性,任何人对任何评估工作都难以声称其能够穷尽罗列所有可以用于评估对象的评估指标,即使能够穷尽罗列,也是一种不符合经济效益的行为。比如,在法律硕士实践教学基地评估指标体系中,对于“输入”指标系统中的“基础条件”维度下的“实践性设施设备”,其当然地包括“会议室中多媒体设备的数量或完好情况”,但该项指标相对于基地建设所欲的目标——培养出具备职业技能、实践能力的高素质、复合型、应用型法治人才——而言,无论是从普遍性的主观认知还是从科学性的客观评价上来看,它都是无关大碍的一个指标。基于此,对类似这般的指标不必一一穷尽罗列,抓住重点性指标才是理性的选择。

第三,定量与定性相结合的原则。定量指标的评价结果容易获取且

---

⑱ 参见简茂发、李琪明主编:《当代教育指标》,台北,学富文化事业有限公司2001年版,第252页。

相对公正,但定性指标可以补充定量指标无法涉及的评价维度。对法律硕士实践教学基地的建设成效进行评估,需要坚持定量与定性相结合的原则,以实现最大限度的、全面的(主客观相结合的方式)绩效评估。⑲法律硕士实践教学基地本身就是一个培育高素质法治人才的平台,我们不能够将所有指标都简单粗暴量化,其中的许多要素内容是难以定量测度的,并不能够一一以量化指标的形式呈现,如管理制度、培养方案、教学方案、人才培养质量、科研成果价值等定性指标对于基地建设的重要影响因素,而这些通常只能依靠法律职业从事者、法学教育者等专家的主观评判。因此,坚持定量与定性相结合的原则是必要的。然而,并不能因为定性测评的需要而"化繁就简"地一律优先定性而后定量,基于科学性原则的要求,当以优先设置简洁可测度的定量指标为要,只要当某些要素实在无法量化时方能设置定性指标。还需要强调的是,对于定量指标,应根据专家意见提供层次清晰的达标标准,以增强指标的可测量性;对于定性指标,应根据专家意见,采用多个测评点统摄评估指标,防止评估中的主观随意性评价占比过高。

三、构建法律硕士实践教学基地评估指标体系的具体路径

构建法律硕士实践教学基地评估指标体系的具体路径应分两步走。

(一)评估指标体系的初步构建

法律硕士实践教学基地评估指标体系的初步构建是指结合法律硕士实践教学基地的建设目标及其建设内容,根据相关文献研究、理论学说、政策梳理以及实地调研等方式方法,所初步选定的一系列指标及其按照逻辑架构所形成的一个框架性评估指标体系。其一,在相关文献研究方面,从既有相关文献的研究现状来看(既包括与基地建设直接相关的文献,也包括诸如保障法律硕士实习质量等非直接相关的文献),对法

⑲ 参见冯晖、王奇:《高等教育绩效管理体系探析》,载《中国高等教育》2012年第7期。

律硕士实践教学基地评估指标体系进行专门研究的理论性文章或实践性报告都是尚付阙如的，多数研究聚焦于法律硕士实践教学基地建设发展困境与规范路径，笔者对此进行归纳，管理制度保障（如基地建设方案）、组织机构设置（如加强培养单位与合作单位的沟通机制）、人才培养质量（如实习质量保障、双导师配置）、产出成果（如实践性论文的标准要求）等内容是相关研究的重点。基于此，法律硕士实践教学基地评估指标体系中评估指标的框定与选取当以上述要素为据。其二，在理论学说方面，主要以教育评估理论（以 CIPP 教育评估模式为核心）与利益相关者理论为归旨，前文对此已有详述，不再赘述。其三，在政策梳理方面，通过对教育部《关于加强专业学位研究生案例教学和联合培养基地建设的意见》（教研〔2015〕1 号）、《法律硕士专业学位研究生指导性培养方案》（学位办〔2017〕19 号）、《关于坚持德法兼修实施卓越法治人才教育培养计划 2.0 的意见》（教高〔2018〕6 号）、《学位与研究生教育发展“十三五”规划》（教研〔2017〕1 号）、《专业学位研究生教育发展方案（2020—2025）》（学位〔2020〕20 号）等政府部门颁布的政策文件，以及一些代表性法律硕士院校公布的“关于开展专业学位研究生实践基地建设检查工作”或者“专业学位研究生联合培养基地/实习（践）基地建设管理办法”等政策文件的研读、梳理与归纳，笔者认为，法律硕士实践教学基地建设的主要内容或普遍性考核标准主要包括以下四个方面：一是规范基地建设，完善基地运行管理机制；二是加大基地投入，完善基地各项基础条件的建设；三是严格人才培养过程，提高人才培养质量；四是加强合作，推进实践性合作成果的产出。其四，实地调研当择选政法部门、律师事务所、企事业单位等各个领域的单位，并从中遴选代表性的法律硕士实践教学基地样本，而后通过实地访谈（访谈对象应包括“三方主体”），研判基地建设的核心内容、突出性困境、代表性发展经验、建设目标与趋向等，并基于此为法律硕士实践教学基地评估指标体系的构建提供一些事实依据。总之，法律硕士实践教学基地评估指标体系的初步构建有着充分的理论依据、政策依据与事实依据，经过笔者初步提取与归纳，法律硕士实践教学基地评估指标体系的初步框架见表 1。

表1　法律硕士实践教学基地评估指标体系的初步框架

一级指标	二级指标	三级指标
A 组织管理	A1 组织机构设置	A11 统一的组织管理机构(领导小组/业务工作小组) A12 组织管理机构的指导建设情况 A13 岗位职责分工明确
	A2 管理制度供给	A21 经费管理制度 A22 后勤保障制度 A23 人才培养方案/计划 A24 实践成绩管理制度
	A3 管理运行情况	A31 运行机制状况 A32 动力机制状况 A33 监督约束机制状况 A34 定期交流情况 A35 实践总结情况
B 基础条件	B1 经费投入	B11 科研经费是否充足 B12 人才培养经费是否充足 B13 教师指导费用是否充足
	B2 师资条件	B21 指导教师的数量 B22 指导教师的学历构成比例 B23 指导教师的职称构成比例 B24 实践性导师的占比 B25 优秀教师参与基地建设的情况
	B3 实践条件	B31 信息化设施设备拥有量与使用率 B32 专门用于学生法律实践的设施设备(如基地中的"实习法庭") B33 实践基地实习档案资料是否完备 B34 实践场所干净整洁
	B4 教学条件	B41 实践基地指导性法律图书或档案文献的数量 B42 实践基地教学计划文件

续表

一级指标	二级指标	三级指标
C 人才培养	C1 实践指导	C11 校外实务导师指导 C12 校内外导师合作指导情况
	C2 实践考核	C21 实践过程考核 C22 实践结果考核
	C3 培养质量	C31 实践教学项目参与情况 C32 实践报告综合评价 C33 论文选题来源
D 成果产出	D1 法律硕士实践能力的自我提升	D11 职业技能水平 D12 综合实践能力水平
	D2 科研成果	D21 基地申请的课题数量和级别（法律实践类） D22 省级以上期刊发表数 D23 出版的学术专著数
	D3 实践性成果	D31 合作单位或企业对实践基地学生的评价和满意程度 D32 科研成果的转化率或级别（如实践性科研报告被省、市检察院批复采用）

注：限于篇幅，本表未对三级指标的相关评测内容及评测标准一一罗列，表中仅就个别三级指标做一解释说明。需要注意的是，本文仅就法律硕士实践教学基地建设中所包含的通性指标做了相对健全的涵盖，虽不够面面俱到，但其涵摄性依然能广泛应用于各个法律硕士实践教学基地建设成效的评估中去。

（二）评估指标体系的指标筛选与权重赋值

在初步构建出法律硕士实践教学基地评估指标体系后，为了保障这套评估指标体系的科学性、合理性与权威性，还需要就已框定和选取的指标进行再次筛选，通过增删相关指标来完善指标系统。从教育评估的指标来看，由于评价主体的多样性、评价对象的复杂性、评价数据的模糊性、评价成本的高额性等原因，评估指标的筛选就如同组织决策制定，同样甚为复杂和艰难。现实中，对指标的筛选方法种类繁多[20]，基于德尔菲

[20] 参见韦云、唐国强、徐俊杰：《指标体系的构建模型》，载《统计与决策》2013年第4期。

法(专家调查法)与法律硕士实践教学基地评估指标筛选的高度匹配性,将德尔菲法应用在法律硕士实践教学基地评估指标体系的制定上,具有充分的合理性与效率性。其核心内容是:为了对法律硕士实践教学基地评估指标体系中的某一指标或某些指标达成一致认识,以分发问题表或专家咨询问卷的形式,征求、汇集并统计一些专家人士对某一项指标重要性程度的意见或判断,以便在这一问题的分析上使大家取得一致的意见。[21] 其具体性的流程大致如下:合理选取相关专家,组建咨询专家组;拟定专家咨询问卷;以数理计算方式,进行专家咨询可靠性分析;将专家筛选的指标进行数据化处理;结合专家增删指标的综合建议以及数据处理结果确定最终的指标。具言之,本研究主要选取了西南地区高校、法检系统、律师事务所、企事业单位等相关单位在内的 20 位不同领域的学者、专家组成了咨询专家组;并根据之前拟定出来的法律硕士实践教学基地评估指标体系初步框架进行专家咨询问卷的设计,其中,问卷中每个指标后面都设有"打分栏""专家修改意见栏";而后将专家的打分数值代入 SPSS 软件,得出每个二级指标和三级指标的标准差、均值和变异系数,根据均值和变异系数的分布特性,以均值 >3.5 和变异系数 <0.2500 作为该研究筛选指标的标准。综合数据计算和专家修改意见,B34 三级指标、B4 二级指标及其 B41、B42 三级指标予以删除,并增加一项三级指标"D13 就业竞争力水平",最终形成包含 4 个一级指标、12 个二级指标、38 个三级指标的终局性的法律硕士实践教学基地评估指标体系,限于篇幅,不再单独制表。

法律硕士实践教学基地评估指标体系是各层级、各细分领域评估指标的集束。然而,各个指标之间的关系以及各个具体性指标在指标体系中的重要程度,并不能当然地反映在指标集束中,为了合理权衡各项指标在指标体系中的重要程度,以及出于量化该评估指标体系使之一目了然地用备于改进决策,寻求科学方法合理地确定各个指标的权重,亦是构建法律硕士实践教学基地评估指标体系的一项重要工作。一般而言,权重赋值即为对评估对象用指标规定的标准进行定量分析的活动,通常

㉑ 参见霍力岩:《编制教育评价方案的一个关键问题——加权及其方法研究》,载《教育科学研究》2000 年第 1 期。

表现为对指标体系中各项指标逐个赋值并进行数学处理的过程。实践中常用的确定权重的方法有主观赋权法、客观赋权法、德尔菲法、层次分析法等。在处理结果呈现上,权重就是各个下级指标相对其上一级指标的重要程度,某个指标的下级指标权重之和为1。[22] 总之,权重反映了所测评指标相对于指标体系的重要性程度,权重的确定与分配是评估指标体系设计中非常关键的步骤。[23] 参照其他相关研究,研究过程中选择运用德尔菲法与层次分析法确定法律硕士实践教学基地三级评估指标体系中各项指标的权重。具言之,在专家意见的基础之上利用层次分析法,构造两两比较判断矩阵,得到各专家确定的指标权重;最后用专家集值统计的方法,对专家的权重分配结果进行加权汇总统计,最终得到各项指标的权重值。[24] 结果见表2。

表2　法律硕士实践教学基地评估指标权重比

单位:%

一级指标权重	二级指标权重	三级指标权重
A(20.8)	A1(30.6)	A11(22.2) A12(36.6) A13(41.2)
	A2(28.3)	A21(21.3) A22(18.7) A23(23.4) A24(36.6)
	A3(41.1)	A31(14.6) A32(15.4) A33(18.3) A34(24.1) A35(27.6)

㉒ 参见娄枝、张务农、乔刚:《博士学位论文质量监测评估指标体系研究》,载《学位与研究生教育》2020年第6期。

㉓ 参见李静、王富荣:《专业学位研究生教育:质量评估指标权重述评》,载《黑龙江教育(高教研究与评估)》2011年第3期。

㉔ 周剑、胡明钦:《企业E-Learning系统培训绩效综合评估模型的构建》,载《统计与决策》2011年第13期。

续表

一级指标权重	二级指标权重	三级指标权重
B(27.1)	B1(21.7)	B11(28.1) B12(30.6) B13(41.3)
	B2(38.9)	B21(14.4) B22(16.6) B23(20.2) B24(36.7) B25(12.1)
	B3(39.4)	B31(24.6) B32(35.8) B33(39.6)
C(37.2)	C1(29.5)	C11(52.7) C12(47.3)
	C2(32.6)	C21(46.9) C22(53.1)
	C3(37.9)	C31(30.4) C32(47.8) C33(21.8)
D(14.9)	D1(35.6)	D11(45.7) D12(27.6) D13(26.7)
	D2(37.8)	D21(38.4) D22(35.3) D23(26.3)
	D3(26.6)	D31(40.7) D32(59.3)

Research on the Construction of Evaluation Index System of Practical Teaching Bases for Law Postgraduates

Jin Wenhui　Guan Jia

Abstract: The practical teaching bases for the law postgraduatesare the major carriers for cultivating the professional skills and practical ability of law students. To evaluate its construction effect with the corresponding evaluation index system is not only a practical need to ensure and improve the quality of the law postgraduate's education, but also a special appraisal of the authorization units for the Master of Law in China. The inevitable requirement of the scientific refinement of the system is also a positive response to the call of the era of cultivating "high-quality rule-of-law talent". Taking educational evaluation theory and stakeholder theory as the theoretical basis, and following the principles of scientific orientation, systematic comprehensiveness and consideration of key points, and combination of qualitative and quantitative, all of which are the core mechanism that guide the construction of the evaluation index system of the practical teaching base for the law postgraduates. The specific construction path should be divided into two steps: First, a preliminary framework evaluation index system should be formed according to relevant literature research, theoretical theory, policy review and field research. Second, according to the Delphi method and the analytic hierarchy process, the indicators can be screened and weighted, and the final evaluation indicator system can be established.

Key Words: evaluation index system of practical teaching base for law postgraduates, necessity analysis, theoretical basis, basic principles, specific path

勘误声明

由于编辑部工作失误，导致《法学教育研究》第39卷《高等学校课程建设的理念与路径分析》一文作者赖绍聪的部分作者信息丢失，现补充作者信息："西北大学副校长，教授"。特向作者及读者致歉，并发此声明。

《法学教育研究》编辑部

《法学教育研究》稿约

《法学教育研究》创办于2009年，是国内较早系统关注法学教育研究的专门性学术出版物，由西北政法大学高等教育研究所主办、法律出版社定期出版。2017年起本书每年出版4卷，现已入选南京大学CSSCI来源集刊。

宗旨：本书恪守科学性、实践性、创新性、开放性原则，集中出版法学教育教学研究成果，探索法学教育教学规律，促进法学教育事业的发展。

主要栏目有理论探讨、教学研究、比较研究、教材体系、管理经纬、学问人生、教育法制、法务反哺、法学资讯、书评等。

《法学教育研究》致力于搭建高水平的学术探讨平台，所有来稿均以学术价值为遴选标准。敬请作者来稿时提供：(1)中英文题目及作者姓名，标题尽量确切、简洁；(2)中英文摘要(不超过200字)；(3)中英文关键词(3～5个)；(4)作者简介(含姓名、工作单位、职称、学历学位、研究方向、通信地址、邮政编码、联系电话、电子邮箱)，如果来稿系作者承担的省级以上科研基金项目，请注明项目名称和编号；(5)正文；(6)注释。

注释：是对文内某一特定内容的进一步解释或补充说明。用①②③……数字标注序号，采用当页脚注整篇连续编号形式。著作类包括“序号,著者:《书名》,出版社出版年,起止页码”。论文类包括“序号,作者:《题目》,载《报刊名》出版日期或期号”。

声明:《法学教育研究》已许可中国学术期刊(光盘版)电子杂志社在中国知网及其系列数据库产品中以数字化方式复制、汇编、发行、信息网络传播全文。《法学教育研究》已许可北大法宝法学期刊数据库以电子形式对本书进行制作、以不脱离于数据库的形式进行传播和销售;《法学教育研究》被北京万方数据股份有限公司、万方数据电子出版社数据库收录,相关著作权使用费和稿费一并支付;《法学教育研究》已被维普网全文收录。如无特别说明,作者提交文章发表的行为即视为同意上述声明。

本书的微信公众号为 fxjyyj-xfd,定期发布相关信息,敬请关注,官方网站为 http://ler. nwupl. cn/。本书的网络采编系统现已开通,网址为 http://fxjy. cbpt. cnki. net,请通过网络采编系统投稿。

联系方式:

E-mail:fxjyyj@ 126. com

电话:029 - 88182796

地址:西安市长安区西长安街 558 号

西北政法大学长安校区 80 号信箱

邮编:710122

图书在版编目(CIP)数据

法学教育研究. 第四十卷 / 范九利主编. -- 北京 : 法律出版社, 2023

ISBN 978-7-5197-7933-7

Ⅰ. ①法… Ⅱ. ①范… Ⅲ. ①法学教育-研究-中国 Ⅳ. ①D92-4

中国国家版本馆 CIP 数据核字(2023)第 084694 号

法学教育研究(第四十卷)
FAXUE JIAOYU YANJIU (DI-SISHI JUAN)

范九利 主编

责任编辑 孙东育 曲 杰
装帧设计 臧晓飞

出版发行 法律出版社
编辑统筹 学术·对外出版分社
责任校对 杨锦华 王语童
责任印制 陶 松
经　　销 新华书店

开本 710 毫米×1000 毫米 1/16
印张 25.5 **字数** 357 千
版本 2023 年 1 月第 1 版
印次 2023 年 1 月第 1 次印刷
印刷 永清县金鑫印刷有限公司

地址:北京市丰台区莲花池西里 7 号(100073)
网址:www.lawpress.com.cn
投稿邮箱:info@lawpress.com.cn
举报盗版邮箱:jbwq@lawpress.com.cn

销售电话:010-83938349
客服电话:010-83938350
咨询电话:010-63939796

版权所有·侵权必究

书号:ISBN 978-7-5197-7933-7　　**定价**:98.00 元

凡购买本社图书,如有印装错误,我社负责退换。电话:010-83938349